普通高等教育“十二五”应用型本科规划教材·计算机系列

山西省高等学校省级教学成果奖配套教材

# 程序设计基础
## ——思想与方法


中国高等教育学会　组织编写

冯　俊　编著



中国人民大学出版社

·北京·

# 前言

为贯彻落实《国家中长期教育改革和发展规划纲要（2010－2020年）》，结合“高等学校本科教学质量与教学改革工程”万种新教材建设项目，充分发挥教材在提高人才培养质量中的基础性作用，积极推进高等院校教学改革和教材建设，中国高等教育学会启动了《普通高等教育“十二五”应用型本科规划教材》立项项目。本书是普通高等教育“十二五”应用型本科规划教材，是山西省高等学校省级教学成果奖配套教材。教材充分吸收学科新知识、新技术、新成果，使其具有基础性、理论性、指导性、概括性，注重应用性、实践性，以增强读者计算思维能力与运用计算机解决实际问题的能力。

2005年6月，美国总统信息技术咨询委员会（PITAC）给美国总统提交报告《计算科学：确保美国竞争力》(Computational Science：Ensuring America’s Competitiveness)。报告中写道：虽然计算本身也是一门学科，但是其具有促进其他学科发展的作用。21世纪科学上最重要的、经济上最有前途的研究前沿都有可能通过熟练掌握先进的计算技术和运用计算科学而得到解决。报告建议：将计算科学长期置于国家科学与技术领域的中心领导地位。

美国卡内基·梅隆大学计算机科学系原系主任、时任美国国家科学基金会计算机与信息科学与工程部负责人周以真（Jeannette M. Wing）教授于2006年3月在美国计算机权威杂志、ACM会刊《Communications of the ACM》杂志上给出计算思维（Computational Thinking，CT）的定义，计算思维是运用计算机科学的基础概念进行问题求解、系统设计以及人类行为理解等涵盖计算机科学之广度的一系列思维活动。

20世纪80年代，计算技术开始渗透到大多数学科领域。1985年春，（美国）计算机协会（Association for Computing Machinery，ACM）与（美国）电气和电子工程师学会计算机分会（Institute of Electrical and Electronics Engineers－Computer Society，IEEE－CS）联手组成攻关组，经过近4年工作，提交了《计算作为一门学科》（Computing as a Discipline）的报告。1990年，攻关组在该报告的基础上提交了计算学科教学计划的Computing Curricula 1991（CC1991）报告。1998年秋，ACM与IEEE－CS再次联手组成任务组，经过3年多的努力工作，于2001年12月提交了计算学科教学计划的Computing Curricula 2001（CC2001）报告。该报告将计算学科划分为14个领域，每个领域分成若干知识单元，每个知识单元又包括若干主题。CC2013又将计算学科扩展到18个领域。CC2001将这些领域的大多数知识单元规定为计算机及相关学科本科学生必须掌握的核心知识。程序设计基础主要涉及程序设计基础（PF）、算法与复杂性（AL）和程序设计语言

(PL) 等领域。掌握这些领域的知识对于利用计算机资源，开发高效的程序系统是必不可少的。本书内容涵盖或涉及上述 3 个领域中的多个知识单元，主要包括 PF1（基本程序设计结构）、PF2（算法和问题求解）、PF3（基本数据结构）、PF4（递归技术）、PF5（事件驱动程序设计）、AL1（基本算法分析）、AL2（算法策略）、AL3（基本计算算法）、PL1（程序设计语言概述）、PL3（语言翻译）、PL4（数据类型）、PL6（面向对象程序设计）和 PL9（数据抽象）等。

计算机运行的过程就是程序执行的过程，运用计算机解决现实世界中的任何实际问题，最终都要将现实问题转换成计算机程序，在这一转换过程中，需要运用多方面的知识进行程序设计，程序是程序设计的结晶，程序设计是开发和应用计算机的钥匙。

程序设计基础课程是为高校大多数专业设置的，长期以来，关于如何讲授程序设计基础课程，许多人把争论的焦点放在了语言的选择上，把讲授的重点放在了语言本身，却忽略了程序设计真正实用的基本思维方式和方法，最后导致学生几乎没有分析问题、解决问题的技能。程序设计基础课程教学的核心目标，应该是让学生学习和掌握对于实际问题，如何分析问题和设计解决它们的算法；帮助学生理解程序设计的基本思想和科学原理；掌握程序设计的基本知识、基本技术和基本方法；掌握程序设计中的数据组织结构和程序流程控制结构；培养学生的计算思维能力。为学生能用计算机处理实际问题打下良好基础。

本书在脱离具体语言环境下，以计算思维为基础，围绕程序设计的中心问题——如何分析解决实际问题、如何构思算法，简明扼要地介绍了程序设计中的基本概念、基本思想、基本技术和基本方法。主要内容大体可分为六个组成部分。第 1 章为第一部分，主要介绍程序设计的基础知识。包括程序设计的基本概念、基本思想、基本方法和基本步骤等。帮助读者理解这些概念，弄清这些术语之间的关系，为学习后续内容打好基础。第 2 章为第二部分，主要介绍 C 语言与 C++语言。包括 C 语言的发展与特点、C 语言应用程序结构、C++语言集成开发环境、运行应用程序方法与上机操作步骤、从面向过程到面向对象以及 C++语言中的核心内容类与对象的运用。方便读者能尽快进入一个良好的语言编程和上机实践环境。第 3 章、第 5 章、第 7 章为第三部分，主要阐述程序设计中的数据组织。包括基本数据类型、构造数据类型和基本数据结构。帮助读者掌握数据的组织形式，能够选择合适的数据组织形式解决实际问题。第 4 章与第 6 章的 6.6、6.7 节为第四部分，主要阐述程序设计中的控制结构。包括三种基本控制结构、函数、子程序与过程文件等内容。帮助读者掌握程序的三种基本控制结构（顺序结构、选择结构、循环结构）与实现过程的封装。在解决实际问题中，能够设计出具有良好结构的程序。第 6 章的 6.1～6.5 节与第 8 章为第五部分，主要阐述程序设计中的技术与方法。包括程序设计的技术与方法（模块化设计技术与方法、自顶向下设计技术与方法、逐步求精设计技术与方法、结构程序优化技术与方法等）以及算法设计中的常用方法（包括枚举法、递归与递推、分治法、动态规划法、贪心法、回溯法与分支限界法等），在这一部分将通过对能付诸实施的、生动有趣的大量应用示例进行讲解，使读者进一步熟悉前面所学内容，熟练掌握程序设计的基本思想、基本技术和基本方法。第 9 章为第六部分，以解决问题为中心。通过几个典型问题，综合运用前面所学知识，完成问题分析、算法设计、程序实现与程序运行。使所学知识综合应用到解决实际问题中。

由于 Pascal 语言具有丰富的数据类型和良好的结构，所以在数据组织描述中，拟选用类 Pascal 语言作为工具；为了着重体现算法设计的思想与算法结构，对算法的描述拟选用结构化流程图（N－S 图）作为工具；为了方便读者上机实践，将选用较流行的 C 语言或 VFP 语言对所有算法进行编程实现。既让读者在脱离复杂语言环境下轻松学习程序设计思想和方法，又不至于使他们陷入只有思想的纸上谈兵，这是本书的特色之一。程序设计既是一门实践性很强的带有艺术特性的变换技术，又是一门科学。本书在每一章都开辟了一个课程设计题目，包括问题描述、基本要求、测试数据、实现提示和问题拓展，旨在提高读者分析问题和解决问题的能力，这是本书的又一个特色。

本书条理清楚，内容详实。概念表述严谨，逻辑推理严密，语言精练，算法构思精巧，结构清晰。既注重程序设计思想的介绍，又重视算法设计能力的培养。本书深入浅出，配有大量实例和图示，每一章都有一个课程设计题目和丰富的习题，适合于自学。

程序设计基础课程在教学计划中至少应为 6 学分，课堂教学在 60～80 学时之间。本课程是一门技术性、实践性很强的课程，为了使学生能真正掌握有关理论知识和应用技术，在整个教学过程中至少应安排 5 个以上课程设计，必须保证学生有足够的课下思考作业时间和上机实践时间。上机时数、课下作业时数和课堂讲授时数的比例应不低于 0.5：6：1。

本书作为山西省普通本科高等教育教学改革研究项目——“《程序设计基础》课程教学内容和体系结构改革研究与实践”以及山西省高等学校省级教学成果奖的组成部分，在教育教学改革研究与课程建设过程中，得到各级领导的支持、专家的指导和同事的帮助。在此表示谢意。

本书凝结了作者 30 多年来的教学科研成果和在讲授《程序设计基础》等课程中的教学经验。在编写过程中，参考了多种优秀教材。在编辑出版过程中，得到了中国人民大学出版社各级领导的支持，负责本书编辑工作的全体同仁付出了辛勤劳动。在此表示衷心感谢。

由于作者水平有限，加之学科理论与技术发展日新月异，书中疏漏谬误之处在所难免，恳请广大读者指正。E-mail：feng1682000@126.com。

作　者<br>2014 年 5 月

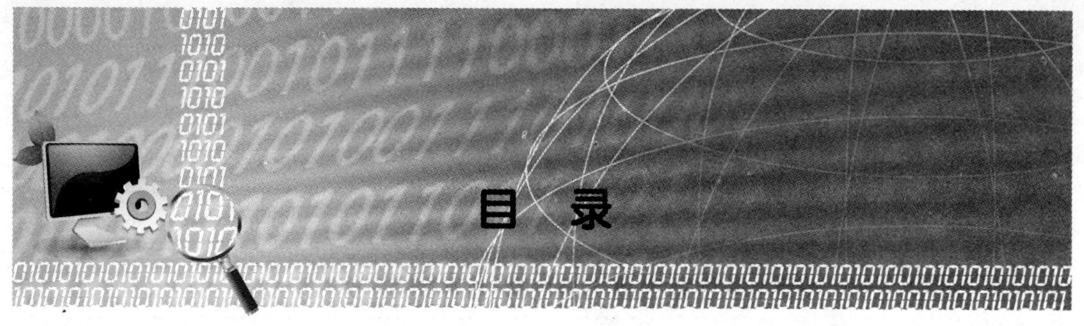

# 目　录


**第1章　绪　　论** …… 1

1.1　计算学科 …… 1
1.2　计算思维 …… 3
1.3　程序＝数据结构＋算法 …… 5
1.4　程序设计＝数据结构＋算法＋程序设计方法 …… 11
1.5　语言工具和环境 …… 15
1.6　程序设计步骤与程序设计风格 …… 22
1.7　算法设计与分析 …… 24
1.8　课程设计相关知识 …… 33
1.9　课程设计题目——求最大公因子 …… 35
习题 …… 36

**第2章　C语言与C＋＋语言** …… 37

2.1　C语言的发展与特点 …… 37
2.2　C语言应用程序结构 …… 41
2.3　Visual C＋＋ 6.0　集成开发环境 …… 42
2.4　运行C语言应用程序方法与上机操作步骤 …… 46
2.5　从面向过程到面向对象 …… 60
2.6　C＋＋语言 …… 62
2.7　课程设计题目——类与对象 …… 77
习题 …… 78

**第3章　简单数据类型与表达式** …… 79

3.1　数据类型 …… 79
3.2　常量与变量 …… 82
3.3　运算符与表达式 …… 87
3.4　课程设计题目——求最小公倍数 …… 93
习题 …… 94

**第 4 章　程序的基本控制结构** ………… 95

4.1　程序的基本控制结构 ………… 95
4.2　顺序结构程序设计 ………… 98
4.3　选择结构程序设计 ………… 101
4.4　循环结构程序设计 ………… 111
4.5　课程设计题目——求解方程的根 ………… 123
习题 ………… 124

**第 5 章　构造数据类型** ………… 125

5.1　数组类型 ………… 125
5.2　结构体类型 ………… 142
5.3　其他构造数据类型 ………… 153
5.4　课程设计题目——排序算法 ………… 164
习题 ………… 165

**第 6 章　结构化程序设计** ………… 167

6.1　结构化方法概述 ………… 167
6.2　模块化设计技术与方法 ………… 168
6.3　自顶向下设计技术与方法 ………… 172
6.4　逐步求精设计技术与方法 ………… 173
6.5　结构程序优化技术与方法 ………… 181
6.6　子程序与过程文件 ………… 185
6.7　函数 ………… 192
6.8　课程设计题目——学生成绩管理系统 ………… 207
习题 ………… 207

**第 7 章　基本数据结构** ………… 209

7.1　顺序表 ………… 209
7.2　链表 ………… 220
7.3　栈 ………… 235
7.4　递归与非递归过程 ………… 242
7.5　队列 ………… 250
7.6　二叉树 ………… 258
7.7　课程设计题目——一元多项式计算器 ………… 275
习题 ………… 276

**第 8 章　算法设计中的常用方法** ………… 279

8.1　问题的解空间 ………… 279

8.2 枚举法 …… 281
8.3 递归与递推 …… 290
8.4 分治法 …… 304
8.5 动态规划法 …… 312
8.6 贪心法 …… 319
8.7 回溯法 …… 325
8.8 分支限界法 …… 333
8.9 课程设计题目——0－1 背包问题 …… 339
习题 …… 340

**第 9 章 以解决问题为中心** …… 342

9.1 一元多项式问题 …… 342
9.2 八皇后问题 …… 349
9.3 骑士游历问题 …… 360
9.4 哈夫曼树与哈夫曼编码 …… 364
9.5 课程设计题目——哈夫曼编/译码系统 …… 373
习题 …… 374

**参考文献** …… 375

# 第1章 绪 论

计算思维是当今颇受关注的涉及计算学科本质问题和未来走向的基础性概念；程序、程序设计、数据结构和算法是计算学科中最具有方法论性质的核心概念。计算机运行的过程就是程序执行的过程，运用计算机解决现实世界中的任何实际问题，都需要通过计算思维方式最终将现实问题转换成计算机程序。在这一转换过程中，需要运用多方面知识进行程序设计，程序是程序设计的结晶，程序设计是开发和应用计算机的钥匙。本章介绍计算学科、计算思维、程序设计的基本概念和基础知识。

## 1.1 计算学科

计算学科是对描述和变换信息的算法过程的系统研究，包括它的理论、分析、设计、有效性、实现和应用等。计算学科是一门交叉学科，它将各个学科的知识经过高度综合，形成一整套有关信息表示、变换、存储、处理、控制和利用的理论、技术与方法。

计算作为一门学科，究竟是科学、是技术、还是工程？计算学科可分为科学型、技术型和工程型3类，它包括计算机科学、计算机技术、计算机工程和计算机应用等。科学、技术与工程是现代科学技术中的三个不同领域或不同层次。科学是对客观世界本质规律的探索与认识，发展的主要形态是发现，主要手段是研究，主要成果是学术论文和专著；技术是科学与工程之间的桥梁，发展的主要形态是发明，主要手段是研发，主要成果是专利，也包括论文和专著；工程是科学与技术的应用和归宿，是以创新思维对现实世界出现的新问题进行求解，发展的主要形态是综合集成，主要手段是设计、制造、应用和服务，主要成果是产品、作品、工程实现与产业。计算学科既需要优秀的科学家，又需要发明家和工程师，更需要大量高素质的能够创造性解决实际问题的实用型人才。

### 1.1.1 计算学科的根本问题

计算学科是研究计算机及其周围各种现象和规律的科学，亦即研究计算机系统结构、程序系统（即软件）、人工智能以及计算本身的性质和问题的学科。计算学科是一门包含各种各样与计算和信息处理相关的系统学科，从抽象的算法分析、形式化语法等，到更具体的主题。计算学科根植于电子工程、数学和语言学，是科学、工程和艺术的结晶。它在

20 世纪最后的三十年间兴起，并成为一门独立的学科，形成了自己的理论、方法与术语。

运用计算机进行问题求解，人们首先必须对问题进行分析，提出需求，通过抽象，建立模型，用适当的符号将问题求解过程表示出来，然后通过计算机对这些符号实施规定的计算完成问题求解。世界著名的计算机科学家、PASCAL 语言的发明者、第 19 位图灵奖（1984 年）获得者 N. 沃思（Niklaus Wirth）教授指出："在较高的认识层次上，硬件和软件是一样的。"因为它们最终都可以归结为用一定形式的数据表示现实世界的某一系统，并使用算法通过对这些数据的变换获得相应的处理结果。

研究表明，并不是所有问题都是"可计算"的。在 1989 年 1 月的《ACM 通讯》（Communications of the ACM）杂志上刊登的《计算作为一门学科》的报告中，对计算学科中的根本问题作了这样的概括：什么能被（有效地）自动进行？即计算机科学讨论的根本问题是"可行性"的有关内容。或者可以更直接地说，计算学科各分支领域的根本任务就是进行计算，其实质就是字符串的变换。因此，计算学科的根本问题不仅要研究什么可以被有效地进行自动计算，而且还要研究如何进行有效地自动计算。在论述人的计算能力方面，就机械过程的计算而言，著名的美籍华裔数理逻辑学家和计算机科学家王浩教授认为：人要做机械永远不能做的某些计算是不容易的。

### 1.1.2 计算学科的基本特征

计算机硬件系统的非连续特性，确定了计算机系统对客观对象的描述是离散的，该离散性体现在系统的状态及其变化的刻画上。另一方面，计算学科所关注的计算已经从早期的实例计算迁移到当前以模型为主的计算。根据这一事实，符号、模型及其变换成为计算机系统处理问题的重要特征，使得离散结构和算法在计算学科中占有重要地位。

以符号表示和变换为核心的抽象和形式化是计算学科最强有力的工具。形式化、模型化是基本的描述手段，符号是基本表示形式，符号变换是基本求解方式，抽象思维和逻辑思维是基本思维方式。计算学科的基本特征是抽象表示和自动计算，如图 1—1 所示。

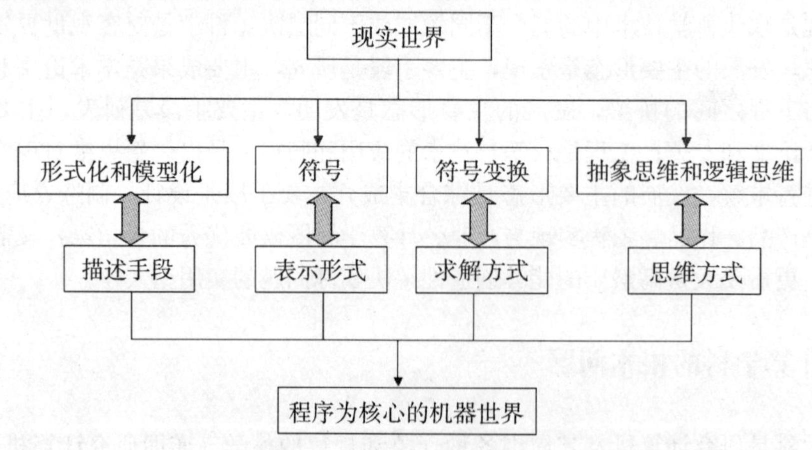


**图 1—1 计算学科的基本特征**

计算学科具有"抽象、理论、设计"三个学科形态，这表明计算学科同时具有理科与工科特征。计算学科的抽象性、逻辑性和构造性并存，决定了计算学科的教育、科学研究和项目开发都具有理论与实践紧密结合的特征。科学理论与技术应用相辅相成、相互作用、高度融合是计算学科的突出特点。

计算学科的专业人才应该具备计算思维能力、系统开发和应用能力、算法设计与分析能力、程序设计与实现能力。

## 1.2 计算思维

科学是反映现实世界各种现象的本质和规律的分科的知识体系。科学一般包含：自然科学、社会科学和思维科学。

科学思维（简称思维）是高级的心理活动形式。是理性认识及认识的过程，即经过感性阶段获得的大量材料，通过整理和改造，形成概念、判断和推理，以反映事物的本质和规律。人脑对信息的处理包括分析、抽象、综合和概括。

科学思维不仅是一切科学研究和技术发展的起点，而且始终贯穿于科学研究和技术发展的全过程，是创新的灵魂。科学思维主要分为理论思维、实验思维和计算思维三大类。

一般认为，理论、实验和计算是推动人类文明进步和科技发展的三大支柱。这种认知被科学文献广泛引用。

理论源于数学，理论思维支撑着所有的学科领域。正如数学一样，定义是理论思维的灵魂，定理和证明则是它的精髓。公理化方法是最重要的理论思维方法，科学界一般认为，公理化方法是世界科学技术革命的源头。用公理化方法构建的理论体系称为公理系统。

理论思维又叫推理思维，以推理和演绎为特征，理论思维以数学学科为代表。

实验思维又叫实证思维，以观察和总结自然规律为特征，实验思维以物理学科为代表。实验思维的先驱是意大利科学家伽利略，他开创了以实验为基础具有严密逻辑理论体系的近代科学，被人们誉为“近代科学之父”。一般来说，伽利略的实验思维方法可以按以下三个步骤进行：（1）提取从现象中获得的直观认识的主要部分，用最简单的数学形式表示出来，以建立量的概念；（2）由此式用数学方法导出另一易于实验证实的数量关系；（3）通过实验证实这种数量关系。

与理论思维不同，实验思维往往需要借助于某些特定的设备，并用它们来获取数据以供分析。以实验为基础的学科有物理、化学、天文学、生物学、医学、农业科学、冶金、机械，以及由此派生的众多学科。

计算思维又叫构造思维，以设计和构造为特征，计算思维以计算学科为代表。

### 1.2.1 计算思维的概念

2006 年 3 月，美国卡内基·梅隆大学计算机科学系主任周以真（Jeannette M. Wing）教授在美国计算机权威杂志，ACM 会刊《Communications of the ACM》杂志上给出计算思维（Computational Thinking，CT）的定义：计算思维是运用计算机科学的基础概念进行问题求解、系统设计以及人类行为理解等涵盖计算机科学之广度的一系列思维活动。

计算思维是通过约简、嵌入、转化和仿真等方法，把一个困难的问题阐释成如何求解它的思维方法；计算思维是一种递归思维，是一种并行处理方法，是一种把代码译成数据又能把数据译成代码的方法，是一种多维分析推广的类型检查方法；计算思维是采用抽象和分解的方法来控制庞杂的任务或进行巨型复杂系统的设计，是基于关注点分离的方法(SoC 方法)；计算思维是一种选择合适的方式陈述一个问题，或对一个问题的相关方面建模使其易于处理的思维方法；计算思维是按照预防、保护及通过冗余、容错、纠错的方式，并从最坏情况进行系统恢复的一种思维方法；计算思维是利用启发式推理寻求解答，即在不确定情况下的规划、学习和调度的思维方法；计算思维是利用海量数据来加快计算，在时间和空间之间、在处理能力和存储容量之间进行折中的思维方法。

### 1.2.2 计算思维的 6 个特征

(1) 计算思维是概念化的，不是程序化的。计算机科学不只是计算机编程。像计算机科学家那样去思考意味着远远不只能为计算机编程，还要求能够在抽象的多个层次上进行思考。计算机科学不只是关于计算机，就像音乐产业不只是关于麦克风一样。

(2) 计算思维是根本的，不是刻板的技能。计算思维是一种根本技能，是每一个人为了在现代社会中发挥职能所必须掌握的。刻板的技能意味着简单的机械重复。

(3) 计算思维是人的思维，不是计算机的思维。计算思维是人类求解问题的一条途径，但决非要使人类像计算机那样去思考。计算机枯燥且沉闷，人类聪颖且富有想象力。是人类赋予计算机激情。计算机赋予人类强大的计算能力，人类应该好好地利用这种力量去解决各种需要大量计算的问题。

(4) 计算思维是思想，不是人造品。不只是将我们生产的软硬件等人造物到处呈现给我们的生活，更重要的是计算的概念，它被人们用来求解问题、管理日常生活，以及与他人进行交流和互动。

(5) 计算思维是数学和工程思维的互补与融合。计算机科学在本质上源自数学思维，它的形式化基础建筑于数学之上。计算机科学又从本质上源自工程思维，因为我们建造的是能够与实际世界互动的系统。所以计算思维是数学和工程思维的互补与融合。

(6) 计算思维面向所有的人，所有地方。当计算思维真正融入人类活动的整体时，它作为问题求解的有效工具，人人都应当掌握，处处都会被使用。

### 1.2.3 计算思维的本质

计算思维的本质 ( Essence) 是抽象 ( Abstraction) 和自动化 ( Automation)。计算思维中的抽象完全超越物理的时空观，并完全用符号来表示，其中，数字抽象只是一类特例。

计算思维中的抽象显得更为丰富，也更为复杂。比如，堆栈 ( Stack) 是计算学科中常见的一种抽象数据类型；算法也是一种抽象；程序也是一种抽象。计算思维中的抽象与其在现实世界中的最终实施有关。

抽象层次是计算思维中的一个重要概念，它使我们可以根据不同的抽象层次，有选择地忽视某些细节，最终控制系统的复杂性；在分析问题时，计算思维要求我们将注意力集中在感兴趣的抽象层次或其上下层；我们还应当了解各抽象层次之间的关系。

计算思维中的抽象最终要能够机械地一步步自动执行。为了确保机械的自动化，就需要在抽象的过程中进行精确和严格的符号标记和建模。

计算思维不仅仅属于计算机科学家，它应当是每个人的基本技能。在培养人们的解析能力时，不仅要求人们掌握基本的阅读、写作和算术（Reading，writing，and arithmetic，3R），并且还应该要求人们学会基本的计算思维。

## 1.3 程序＝数据结构＋算法

数据结构与算法是计算学科中研究的基本课题。世界著名的计算机科学家、PASCAL语言的发明者、第19位图灵奖（1984年）获得者N. 沃思（Niklaus Wirth）教授曾提出了这样一个有名公式：

程序＝数据结构＋算法

它清楚地揭示了计算学科中数据结构与算法这两个概念的重要性和统一性。人们不能离开数据结构去抽象地分析求解问题的算法，也不能脱离算法去孤立地研究程序的数据结构。N. 沃思教授还说，不了解施加于数据上的算法，就无法决定如何构造和组织数据；反之，算法的选择也常常在很大程度上要依赖于作为基础的数据结构。

### 1.3.1 程序

"程序"一词，从广义上讲可以认为是一种行动方案或工作步骤。这里的程序指的是计算机**程序**（Program），它实际上表示的是一种处理事务的步骤和顺序。由于组成计算机程序的基本单位是指令，因此，计算机程序就是按照操作步骤事先编制好的、具有特定功能的有限指令序列。

一个计算机程序必须对问题的每个对象和处理规则给出正确详尽的描述。针对问题所要处理的对象，设计合理的数据结构，常常可以有效地简化算法，数据结构与算法是计算机程序的两个重要方面。数据结构是加工处理的对象，一个计算机程序要进行计算或处理总是以某些数据元素为对象，要设计一个好的程序就需要将这些数据按照某种要求组织成一个适合的数据结构。算法是程序的核心，它在程序编制、软件开发，乃至在整个计算机科学中都占有重要地位。程序是算法和数据结构两要素统一的全过程，或者说，程序就是在数据的某种特定表示方式以及存储结构的基础上对抽象算法用某种程序设计语言进行的具体描述（实现）。程序与算法不同，程序不一定满足算法要遵循的准则。例如，操作系统是一个在无限循环中执行的程序，它不是一个算法。

### 1.3.2 什么是数据结构

数据结构是随着计算机科学和技术的发展而逐渐形成的一门计算机相关专业的核心课

程。当今，计算机应用已渗透到人类社会的各个领域，除了用于科学计算之外，更广泛地用于科学管理等方面。因此，计算机处理的数据量越来越多，数据间的关系越来越复杂，这就要求人们必须研究如何有效地组织数据和处理数据，这正是数据结构要研究的内容。下面通过一个例子说明数据结构在计算机科学和技术中的重要地位。

**例 1—1**

工厂生产模型与计算机解题模型。

工厂的生产过程可以看成是对原材料的加工处理，最后得到产品的过程。在这个过程中，显然包括两个关键阶段：

(1) 原材料的管理——原材料如何在仓库中进行组织、存储和管理。

(2) 原材料的加工处理——采用什么样的工艺技术、按照什么样的操作顺序对原材料进行加工处理，最后得到合格产品。

**工厂生产模型**，如图 1—2 所示。

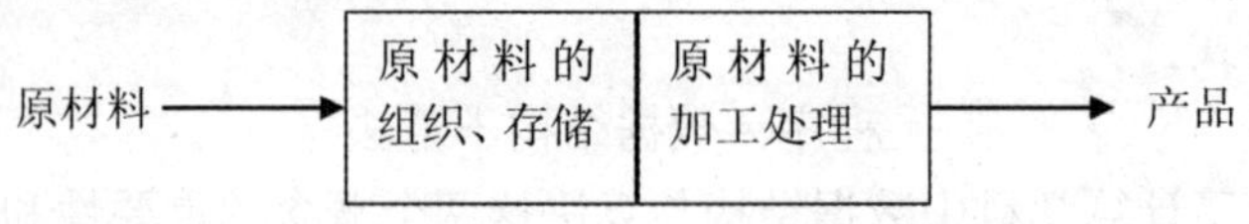


**图 1—2 工厂生产模型**

由此可见，原材料的组织、存储管理和原材料的加工处理是工厂进行正常生产的关键。

学习计算机科学和技术的目的就是运用计算机来解决实际问题。计算机解题过程也可以看作是对原材料进行组织、存储管理、加工处理，最后得到产品的过程。只不过这里的原材料是数据，产品是处理结果，对数据的加工处理是由算法决定的。数据是对客观事物采用计算机能够识别、存储和处理的形式所进行的描述。对数据组织结构的研究越来越受到重视。

**计算机解题模型**，如图 1—3 所示。

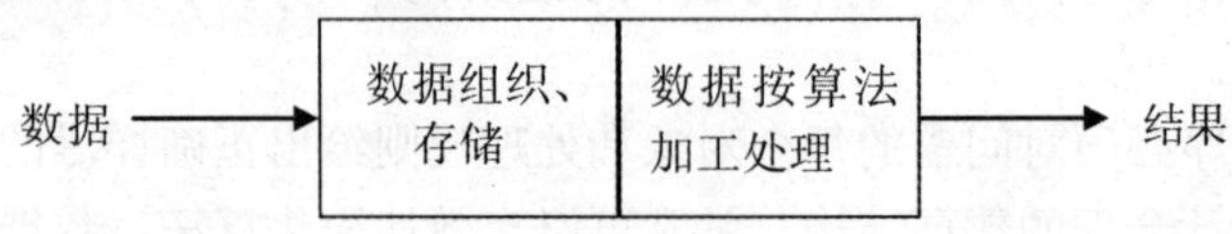


**图 1—3 计算机解题模型**

由此可见，计算机解题的关键是数据的组织和算法的设计。数据结构就是研究数据组织和算法设计的。

简单地说，**数据结构**（Data Structure）是研究一些数据的集合。就是根据数据的性质、数据元素之间的关系，研究如何表示、存储、操作这些数据的技术。

在**计算学科教学计划 2001**（Computing Curricula 2001，CC2001）的 14 个研究领域中，数据结构和算法的基本内容主要涵盖在**程序设计基础**（Programming Fundamentals，PF）、**算法与复杂性**（Algorithms and Complexity，AL）和**程序设计语言**（Programming Language，PL）3 个领域中。CC2001 强调了算法和程序设计。由此可见，人们越来越重视数据结构和算法，认为程序设计的实质就是对确定的问题，选择一种好的数据结构和设计一个好的算法。因此，《数据结构》课程已不仅仅是计算机相关专业教学计划中的核心课程之一，而且是非计算机专业的主要选修课程之一。

究竟什么是数据结构？计算机求解问题一般经过这样几个步骤：首先从问题中抽象出一个适当的数学模型，然后设计一个解决数学模型的算法，最后编出程序、调试程序、进行测试、最终得到解答。对于求解数值计算问题，数学模型一般可以用数学方程描述。然而，对于更多的求解非数值计算问题，通常是无法用数学方程描述的，这类问题数据量大、数据间关系复杂，求解的不是某个数值或几个数值，而是要得到某种检索结果、某种排列状态或某种设计表示等，这类问题通常是用一种被称为数据结构的工具来描述数据及其数据之间的关系。下面通过例子来认识数据结构。

**例 1—2**

图书馆的书目检索问题。

当你想借阅一本参考书又不知道书库中是否有此书的时候；或者当你想找某一方面的参考书又不知道图书馆内有哪些这方面书的时候，都需要到图书馆去查阅图书目录卡片。在图书馆内有各种名目的卡片：有按书名编排的、有按作者编排的、还有按分类编排的。若利用计算机进行检索，则计算机处理的对象就是这些目录卡片上的书目信息。列在卡片上的一本书的书目信息由登录号、书名、作者名、分类号、出版单位和出版时间等若干数据项组成，每一本书都有唯一登录号，但是不同的书目之间可能有相同的书名、或者有相同的作者名、或者相同的分类号。因此，在书目自动检索系统中，可以建立一个按登录号顺序排列的书目文件和三个分别按书名、作者名和分类号顺序排列的索引表，如图 1—4 所示。这 4 张表就是书目检索问题的数学模型描述。

| 登录号 | 书名 | 作者 | 分类号 | … |
|---|---|---|---|---|
| 1001 | 高等数学 | 樊映川 | S01 | … |
| 1002 | 理论力学 | 罗远祥 | L01 | … |
| 1003 | 高等数学 | 华罗庚 | S01 | … |
| 1004 | 线性代数 | 滦汝书 | S02 | … |
| … | … | … | … | … |

（a）按登录号排列

| 书名 | 登录号 |
|---|---|
| 高等数学 | 1001,1003 |
| 理论力学 | 1002, … |
| 线性代数 | 1004, … |
| … | … |

（b）按书名排列

| 作者 | 登录号 |
|---|---|
| 樊映川 | 1001, … |
| 罗远祥 | 1002, … |
| 华罗庚 | 1003, … |
| 滦汝书 | 1004, … |

（c）按作者名排列

| 分类 | 登录号 |
|---|---|
| S | 1001,1003 |
| L | 1002, … |
| … | … |
|  |  |

（d）按分类号排列

**图 1—4 书目文件和索引表示例**

这个例子中的问题是非数值计算问题，此数学模型无法用数学公式或数学方程描述，它使用了被称为表的数据结构进行描述。简单地说，数据结构是指数据及其数据之间的关系。对于数据结构这个概念，至今尚未有一个被一致公认的标准定义。不过在讨论任何一种数据结构时，都会自然地联系到这种类型的数据所需要的运算，以及为了在计算机上实现这些运算，如何将这些数据存储到计算机中。因此，在讨论数据结构的时候，一般考虑以下三方面。

（1）数据之间的逻辑关系——称为**数据的逻辑结构**。

（2）数据在计算机中的存储形式——称为**数据的存储结构**。

（3）定义在逻辑结构上的运算及其在存储结构上运算的算法实现——称为**数据的运算**。

**例 1—3**

设有某单位职工工资表，如表 1—1 所示。

**表 1—1** **某单位职工工资表**

| 编号 | 姓名 | 基本工资 | 津贴 | 扣除费 | 实发工资 |
| --- | --- | --- | --- | --- | --- |
| 1 001 | 王一华 | 1 420 | 1 260 | 200 | 2 480 |
| 1 002 | 李静 | 980 | 880 | 180 | 1 680 |
| 1 003 | 张丽华 | 1 420 | 1 260 | 210 | 2 470 |
| … | … | … | … | … | … |

上述工资表可以看做是一个数据结构。表中的每一行反映的是一位职工的工资信息，把它看做是一个整体，称为一个**结点**或**数据元素**，它是数据结构中讨论的基本单位，即数据结构是结点的集合。

事实上，这个数据结构可以看做是一个线性表，表中结点与结点之间是一种简单的线性关系，即表中有且仅有一个结点是开始结点，有且仅有一个结点是终端结点，对于表中任一结点，与它相邻且在它前面或后面的结点最多只有一个，这就是数据的逻辑结构。当将这个线性表存入计算机时，是采用**顺序存储**方式还是采用**链接存储**方式，这是数据存储结构要解决的问题。至于数据的运算问题，是指对表中的结点进行查找、修改、删除、插入等操作。这些问题都弄明白了，该表的数据结构也就完全清楚了。

**1. 数据的逻辑结构**

数据的**逻辑结构**（Logical Structure）是对数据间关系的描述，形式地可以用一个二元组表示：

**DS=（K，R）**

其中：K 是结点的有穷集合，R 是 K 上的关系的有穷集合，每个关系都是从 K 到 K 上的**结点序**偶的集合。在不易产生混淆的情况下，有时把数据的逻辑结构简称为数据结构。

**2. 数据的存储结构**

数据的逻辑结构是从逻辑关系的角度来考察数据的，它是面向问题实体的，是独立于计算机的。数据的**存储结构**（Storage Structure）是逻辑结构在计算机存储器里的实现，它是依赖于计算机的。研究数据的存储结构，一方面要考虑使逻辑结构组织好的数据完整地存储到计算机的存储器中；另一方面还要考虑使运算能够较好地实现。

因此，对数据的逻辑结构 DS=（K，R）的存储表示（数据的存储结构）需要考虑以下三方面问题。

（1）保证结点集合 K 中的每个结点 k 都存储到计算机的存储器中；

（2）这种存储方式必须明显或隐含地体现结点间的联系；

（3）这种存储方式应该能使定义在逻辑结构上的一组运算较好地实现。

在实际应用中，数据的存储方法是灵活多样的，可根据问题规模和运算种类等因素适当选择。基本存储方法有：顺序存储方法、链接存储方法、索引存储方法和散列存储方法。

**3. 数据的运算**

研究数据结构是为了更有效地处理数据和使用数据。对数据的处理一般称为数据的**运算**（Operation）。数据的运算是定义在数据的逻辑结构之上，运算的具体实现是在数据的存储结构上进行。执行运算可以对数据结构中的数据元素实施相应的操作。

在不同的应用场合，对数据会有各种各样的运算要求。亦即每种逻辑结构都有一个运算的集合。最常用的运算有以下几种：

（1）**检索**（Search）：又称为查找，就是在数据结构中查找满足一定条件的结点。

（2）**插入**（Insert）：在数据结构中的指定位置插入一个新结点。

（3）**删除**（Delete）：将数据结构中指定的结点删除。

（4）**更新**（Update）：修改数据结构中指定结点的一个或多个字段的值。

插入、删除、更新运算都包含着一个检索运算。

（5）**排序**（Sort）：保持结构的结点集合中结点数不变，将结点按照某种指定的顺序重新排列。

数据的运算是数据结构三个方面中不可分割的一个重要方面，有时由于运算性质的不同，将会导致数据结构的很大差别。例如：对于一个线性表。若所有的插入、删除都限制在表的一端进行，则该表称为栈。若所有的插入限定在表的一端进行，所有的删除限定在表的另一端进行，则该表称为队列。

研究数据结构是为了解决实际应用问题，解决问题的实质是对数据进行有效的处理。因此，在讨论数据结构时，不但要讨论数据的逻辑结构，讨论数据的存储结构，还要讨论在逻辑结构上定义的运算集合以及在存储结构上实现这些运算的算法。通过对运算及实现这些运算的算法的性能分析，使得在求解实际应用问题时，能有效地选择和设计适当的数据结构，编写出高效的程序。

综上所述，数据结构就是按某种逻辑关系组织起来的一批数据，并在其上定义了一个运算的集合；按照一定的存储表示方式把它存储到计算机中，并在其上实现这一组运算。

数据结构的讨论可以分为两个层次：抽象层和实现层。抽象层讨论数据的逻辑结构及其运算的定义；实现层讨论数据的存储结构及其运算的算法实现。

在数据结构的论述中，人们所探讨的内容是：**对于一个给定的问题，它的数据在逻辑上有什么特征；应该如何组织它，才便于人们对数据的处理和利用。**

### 1.3.3 什么是算法

数据结构与算法之间存在着密切的联系。可以说，不了解施加于数据上的算法需求，就无法决定数据结构；反之，算法的方法选择和结构设计在很大程度上又依赖于作为基础的数据结构。在程序设计过程中，有相当多的时间是花费在考虑如何解决问题上，即通常所说的构思算法，一旦有了合适的算法，用某种程序设计语言来编写程序并不是一件特别困难的事。因此，要设计出一个好的程序，很大程度上取决于设计出一个好的算法。

**例 1—4**

公元前 300 年左右，欧几里得在其著作《几何原本》中阐述了关于求解两个数最大公因子的过程，这就是著名的欧几里得算法：给定两个正整数 m 和 n，求它们的最大公因子，即能同时整除 m 和 n 的最大正整数，求解步骤如下：

(1) 输入两个正整数 m 和 n。

(2) 以 n 除 m，所得余数为 r。

(3) 若 r=0，则输出结果 n，算法结束；否则，继续进行步骤 (4)。

(4) 将 n 的值送给 m，将 r 的值送给 n，继续进行步骤 (2)。

**例 1—5**

设 m=66，n=36，求 m 和 n 的最大公因子。

算法运行过程如下：

(1) m=66，n=36。

(2) 36 除 66，余数为 30。

(3) m=36，n=30。

(4) 30 除 36，余数为 6。

(5) m=30，n=6。

(6) 6 除 30，余数为 0，输出 m 与 n 的最大公因子 6，算法结束。

**算法** (Algorithm) 也称为能行方法或能行过程，是对解题过程的精确描述，它由一组定义明确且能机械执行的规则（指令、语句、命令等）组成。简单地说，算法就是指令的有限序列。每个算法都必须符合以下 5 个准则。

(1) **输入** (Input)：一个算法有零个或多个输入，这些输入取自于某个特定的数据集合。如在欧几里得算法中，有 m 和 n 两个输入。

(2) **输出** (Output)：一个算法至少产生一个输出，这些输出是与输入有着某些特定关系的量，是算法运行的结果。如在欧几里得算法中，有一个输出量 n。

(3) **有穷性** (Finiteness)：一个算法必须在执行有穷步之后结束，且每一步都能在有限时间内完成。如在欧几里得算法中，因为 m 和 n 都是正整数，在算法运行过程中，它们严格递减，所以算法运行有穷步之后，r 必为 0，算法结束。

(4) **确定性** (Definiteness)：算法中的每一步或每一条指令，都必须是确切定义的，无二义性。并且，在任何条件下，对于相同的输入只能得到相同的输出。如在欧几里得算法中，每一步都是确切定义的。

(5) **可行性** (Effectiveness)：算法中的每一条指令都必须充分基础，是可实现的。即算法中描述的操作都是可以通过已经实现的基本运算执行有限次完成。如在欧几里得算法中，任意给定正整数 m 和 n，运行算法，最终都能得到正确结果。

在算法的论述中，人们所探讨的是：**对于一个给定问题，用什么方法来解决它；如果**

**有不同的方法，哪种方法更好。**

## 1.4 程序设计＝数据结构＋算法＋程序设计方法

随着计算机科学技术的发展，人们愈来愈意识到程序设计除了数据结构和算法这两个主要要素外，还应该包括程序设计方法、相应的语言工具和计算环境等内容。因此，数据结构、算法、程序设计方法、语言工具和环境是一个程序设计人员应具备的基本知识。其中，数据是程序加工处理的对象；算法是程序的灵魂，体现了程序设计的思想与思路；在程序设计过程中，还需要采用合适的方法，算法设计与程序设计方法解决了分析问题、分解问题、建立模型和解题步骤，它体现了程序设计真正实用的基本思维方式和方法；语言工具和环境是对解决具体问题的算法思想的一个表达工具。学习程序设计的核心目标，应该是学习和掌握如何分析问题、分解问题与如何组织数据、构思解决问题的算法。程序设计语言本身，只是在最后用来描述算法的一种工具，当然，熟练掌握一门程序设计语言，是进行程序设计的基本条件。

### 1.4.1 程序设计

**程序设计**（Programming）就是根据计算机要解决的问题，提出需求，分析问题，设计数据结构和算法，编制程序和调试程序，使计算机程序能正确完成需求所设定的任务。简单地说，程序设计就是设计和编制程序的全过程。

计算机程序设计是伴随着计算机的产生和发展而发展起来的。程序设计发展的历史，大体上可划分为三个不同的时期。

20 世纪 50 年代的程序都是用指令代码或汇编语言来编写的。当时，评论程序好坏的标准，就是看它能否做到指令条数少，存储单元省，执行速度快。这样，培养一个熟练的程序员，要经过长期的训练和实践。

20 世纪 60 年代开发了一系列不同风格、为不同对象服务的程序设计语言。它大大简化了程序设计，缩短了解题周期。高级语言的蓬勃发展，使得编译理论和形式语言日趋完善。但是，就整个程序设计方法而言，并无实质性的改进。

20 世纪 70 年代是计算机程序设计观念发生重大改变的重要时期。在此之前，人们虽然已认识到程序是数据结构和算法的统一，但是，人们却把程序设计简单地视为无非是用程序设计语言来反映这一全过程的某种艺术而已。在这一时期，随着大型软件系统的出现，如操作系统、数据库系统等。这给程序设计带来了许多新问题，人们称为 **“软件危机”**。一个大型软件系统的研制开发，通常要耗费大量的人力、物力、财力和时间，传统的程序设计观念只注重程序的效率，忽视程序的结构和清晰度，从而使研制出来的软件产品的可靠性、可读性、可维护性都相当的差，它们随时都可能给人们带来意想不到的重大损失甚至灾难。这就促使人们开始重新研究程序设计中的一些最为本质的问题。诸如，程序的基本组成部分是什么？应该用什么样的方法来设计程序？程序设计的主要技术和方法应如何规范化和工程化等等。

正是在这种历史背景下，1969 年，世界上著名的数学家、计算机科学家、ALGOL 语言的主要贡献者、第 7 位图灵奖（1972 年）获得者 E. W. 迪杰斯特拉（E. W. Dijkstra）教授首先提出了结构程序设计的重要概念，强调必须从程序结构和风格上来研究程序设计，使得现代编程语言逐渐不鼓励使用 GOTO 语句，提倡使用编程控制结构。以此为开端，人们争论、探索、研究、实践和总结，终于形成了一整套关于如何进行程序设计的理论和方法，并逐渐升华为一门带有艺术性特点的新学科——程序设计方法学。

### 1.4.2 程序设计方法学

程序设计方法学是一门非常年轻、发展又极其迅速的学科。作为一门学科，它有其自身的科学原理和方法。在探究学习程序设计方法时，著名的计算机科学家 N. 沃思（Niklaus Wirth）教授有这样的观点：因为要进行程序设计而学习语言，本质是进行程序设计，程序设计的工具是语言，而不要本末倒置。一种好的学习程序设计方式是从简单的（不是一眼可以看穿的）例子开始。当设计一个程序时，必须时刻谨记程序设计的正确性取决于它的作用（功能）。为了构建更复杂的程序，需要能够提供组织结构的符号或指令，以便能够对各部分充分发展，并将它们顺利组合成一个整体。显然，抽象在其中扮演了重要的角色，必须鼓励洁净的、结构良好的语言设计，使程序设计者不必拘泥于具体计算机的烦琐。但不幸的是，现在应用最广泛的语言并不具备这些特点。即使是最简单的程序也充满了含糊不清的符咒，使得初学者，哪怕是专家，也不知所云。它们往往十分复杂，诱使程序员用形式奇怪的结构和夸张的风格。新语言定义模糊，程序员们被诱使，如果一个方式行不通，就试试别的。这种通过反复试验从错误中学习程序设计的方式可以称为 hacking。这种方式不能被接受，尤其是在学校教育上更难接受，因为它是拙劣工程学的基础，并且造成今天错误百出的软件工程。现在已经到了大学扮演主角的时候了，我们要成为领导者而不是跟随者。对于计算机科学来说，一种好的大学教育应该是，将数学中的逻辑学部分加入到程序设计中来。这不是要进行程序执行的正确性证明，而是要追求正确的程序结构，尤其是对事物的精确把握与抽象思考的能力。一个学习程序设计的学生在大学阶段应该将全部的数学基础课程都掌握，如果能获得某个应用领域的知识（包括商业、科学计算和自动控制等方面），则会更好。学习程序设计的最大挑战是，因为程序设计者所面对的实际问题已经足够复杂，所以应该避免在程序设计中加入更多的人为的复杂的事情。著名计算机科学家 E. W. 迪杰斯特拉（E. W. Dijkstra）也说："编程的挑战不是去将它搞成一团糟"。

抽象、枚举和归纳是人们通常进行思维的方法，也是进行程序设计的基本原则。

（1）**抽象**（Abstract）：为了解决一个复杂问题，人的智力往往不可能一下就触及到问题的细节方面。人们总是首先设计出一个抽象算法（在抽象数据上实施一系列抽象操作，这些数据和操作反映了问题的本质属性），然后考虑这些抽象数据和抽象操作的具体实现。由于抽象技术的应用，使大问题分解成了相对独立的一个个子问题，子问题的解决使整个问题得到解决。

（2）**枚举**（Enumeration）：组织程序结构中的条件结构是枚举原则的应用。

（3）**归纳**（Induction）：组织程序结构中的循环结构是归纳原则的应用。

程序设计还涉及程序推导、程序变换、程序的可靠性、程序的可维护性和程序的效率等许多方面。为了改善整个程序设计的过程，使之更加科学化、规范化，这就需要有一整套关于如何进行程序设计的理论和方法。这就是**程序设计方法学**（Programming Methodology）。

有人认为，不学程序设计方法学，不是也可以写出程序吗？虽然不学程序设计方法学，也可以写出程序，但是这样的程序设计既费劲，又容易出错。实践证明，使用程序设计方法学中的一些行之有效的技术与方法，写出的程序不仅结构清晰、结论正确，而且程序更有效。因此，我们应该学习一点程序设计方法。结构化程序设计技术与方法就是程序设计方法学的一个重要组成部分。

**结构化程序设计**（Structured Programming，简称 SP）技术与方法的基本思路是：把一个复杂问题的求解过程分阶段进行，每个阶段要处理的子问题都控制在人们容易理解和处理的范围内。具体地说，主要包括两个方面：

（1）在程序设计过程中，提倡采用自顶向下、逐步求精的模块化程序设计原则。

（2）在程序设计过程中，强调采用单入口单出口的三种基本控制结构（顺序结构、选择结构和循环结构），避免使用 GOTO 语句。

用结构化程序设计技术与方法编出的程序不仅结构良好，易写易读，而且易于证明其正确性。结构化程序设计技术与方法的推行，其意义远不止于它的实用价值，更深远的意义在于它向人们揭示了研究程序设计方法的必要性。

在这一时期，除了结构化程序设计技术与方法日趋完善外，在数据类型抽象、程序的推导和综合、程序变换和程序自动化等方面，都取得了重大进展。在程序设计方法学的发展过程中，常常因对一些问题的看法不一致而引起争论。下面是几个具有代表性的有争议的概念。

（1）**关于好结构和效率。**所谓好结构程序，是指程序结构清晰，易于理解，也必然易于验证。但结构好不一定是效率好。结构化程序设计的观点要求设计好结构程序。

（2）**关于证明程序的正确性。**证明程序正确，是程序员义不容辞的职责。所谓证明，就是使自己和别人确信一个断言真实性的论证。这种意义下的证明并非一定指从公理出发的形式推导，它可以是形式的，也可以是非形式的。现在虽然已有各种不同风格的自动证明系统或程序自动设计系统；但它只能是一种辅助工具，盲目地追求庞大的纯机械证明系统，注定是要失败的。

（3）**关于小规模程序和大规模程序。**只有学会有效地研制小程序，才能期望有效地研制大的程序或程序系统。另一方面，也不要低估“量”的因素。进行大的程序或程序系统的研制，仅仅凭借已有的小规模程序设计的经验是不够的。

（4）**关于程序设计是一门艺术、是一门技术、还是一门科学。**一个程序员只要掌握一些程序设计的语言、算法和基本技巧，就能编制出适合要求的程序，为此人们称程序设计是一种艺术，也是一门技术；随着大型程序系统的发展，原有的技巧已不能满足要求。人们开始总结出一整套程序设计的基本原理和方法。使程序设计不再是一种纯粹技术性的工作，逐渐上升为一门科学性的学科。但是，在实现级的细节上和程序优化等方面，还离不开人的聪明才智及其积累的丰富经验。因此，程序设计既是一门科学，又是一门仍保持着艺术特性的技术。

结构化程序设计技术与方法虽然已经得到了广泛的使用，但仍然存在着尚未解决好的问题。

(1) 结构化程序设计主要是面向过程的。

(2) 程序模块和数据结构是松散地耦合在一起的。

20 世纪 80 年代提出了**面向对象的程序设计**（Object Oriented Programming，简称 OOP）方法。用该方法解决问题，不是将要解决的问题分解为过程（任务或功能），而是将要解决的问题分解为对象。**对象**（Object）是现实世界中可以独立存在、可以区分的实体，也可以是一些概念上的实体，现实世界是由众多对象组成的。对象有自己的数据（属性），也有作用于数据上的操作（方法或过程），将对象的**属性**（Property）和**方法**（Method）封装成一个整体，供程序设计者使用。对象之间的相互作用通过**消息**（Message）传递来实现。因此，面向对象程序设计的基本步骤如下：

(1) 确定程序中使用的对象；

(2) 确定每个对象的属性；

(3) 为每个对象定义方法；

(4) 确定程序中对象之间的关系。

这种"对象+消息"的面向对象的程序设计模式有取代"数据结构+算法"的面向过程的程序设计模式的趋势。当然，面向对象程序设计并不是要抛弃结构化程序设计方法，而是站在更高、更抽象的层次上去解决问题。当所要解决的问题被分解为低层模块时，仍需要结构化的编程技术和方法。

结构化程序设计与面向对象程序设计的主要区别在于。

(1) 结构化程序设计的问题分解突出过程。它强调**如何做**（How to do），亦即模块的功能是如何得以实现的。

(2) 面向对象程序设计的问题分解突出对象。它强调**做什么**（What to do）。程序员需要说明要求对象完成的任务，对象中的数据组织细节与操作实现细节得以隐蔽，大量的工作都由相应的对象来完成，

面向对象程序设计技术与方法的自然发展，又产生了基于构件的程序设计技术与方法、基于组件的程序设计技术与方法，以及 GUI 和事件驱动的程序设计。

基于构件的程序设计技术与方法其基本思想是：如何使程序设计也能像通过零部件组装设备一样来实现程序编制。目前，许多编程工具已普遍采用了构件技术来提高编程效率。组成程序的部件称为程序构件，所谓程序构件就是可视化的对象，它与实体对象存在着本质的区别。普通实体对象是在程序运行期间创建的；而构件对象是在程序设计阶段创建的。普通实体对象只有在程序运行时才能看到效果；而带显示界面的构件可以在程序设计时直接见到显示效果。普通实体对象是靠人工完成所有的程序代码；而构件所涉及的处理例程可以在设计期间自动生成框架和调用模式。显然，基于构件的程序设计简单省时。人们对构件技术的最大期望是具有良好的装配特性。

基于组件的程序设计是 Microsoft 公司提出的思想，即 COM（component object model，组件对象模型）。使用 COM 技术，对于提高系统的开发速度、降低开发成本、增强软件的灵活性、降低软件的维护费用很有帮助。

Windows 画图程序是事件驱动的。GUI（图形用户界面）的基本目的是为了让计算机

的学习和使用更加简单。编写GUI程序要用一种不同的程序设计方法。最关心的是程序的输出形式。程序被设计成一些相互关联的窗口，窗口中的对象都有特定的功能。用户的动作，例如，点击鼠标选择了一个工具、选择了一种颜色或显示一个菜单，决定了程序的执行流程。这些动作称为**事件**（Event），这种程序设计方式称为事件驱动程序设计。为GUI设计一个事件驱动的程序，一般需要完成以下内容：（1）设计程序窗口的外观（包括处理程序任务和选项所需的窗口、每个窗口的内容以及不同窗口之间的关系等）；（2）为窗口界面上的对象设置属性（包括对象名称、对象的位置和大小、与对象一起显示的文本以及可以激活对象的动作等）；（3）设计并编写过程（模块）代码，当与对象相关的事件发生时，这些模块被激活，执行相应的过程代码。

对于任何一种程序设计技术与方法（模式），都需要系统设计、程序模块、控制结构、清晰的文档、良好的程序设计风格以及严格的程序测试，因此，人人都需要结构化程序设计，它涵盖了程序设计的基本原则、基本技术和基本方法，学习讨论这些原则、技术和方法有助于人们使用任何方法、任何语言来进行程序设计。

由此可见，设计程序的全过程实际上是程序及其程序设计方法统一的全过程，即程序设计是数据结构、算法、程序设计方法以及语言工具和环境四要素统一的全过程。因此，我们可以给出这样的公式：

**程序设计＝数据结构＋算法＋程序设计方法＋语言工具和环境**

实践证明，程序设计既是一门带有艺术特性的变换技术，又是一门科学。在本书中，将从大处着眼、小处着手，力图通过大量短小精悍、典型的程序设计示例，深入浅出、结构清晰地阐述程序设计思想。

## 1.5 语言工具和环境

科学思维是通过可感知的语言、符号文字等来完善并得以显现的，否则人们将无法使自己的思想清晰化，更无法进行交流和沟通。

自然语言是在某一社会发展中逐渐形成的一种民族语言。由于其历史性和文化性，自然语言符号系统的基本特征是：具有不够统一严格的语法结构和歧义性。它除了语法外，还包含复杂的语义和语境，人们能理解很多不完全符合语法结构的语句。但是，计算机还不具有这样的能力。

随着科学技术的发展，人们在自然语言符号系统的基础上，逐步建立起了人工语言符号系统，称为科学语言系统，它使语言符号保持了单一性、无歧义性和明确性。科学语言系统发展的第二阶段称为形式语言，形式语言的基本特征是：有一组初始的专门的符号集；有一组精确定义的符号串（由初始的专门的符号集中的符号组成）转换规则。它从类型上来说，基本上是属于描述性和断定性的。这样，人们就有可能在科学技术中充分运用形式语言来表达自己深刻而复杂的思想，并进行演算化推理。

计算机和程序设计语言都是形式化的产物，程序设计语言就是一种形式化的规范语言，它是人们同计算机进行交流的工具。

### 1.5.1 程序设计语言

计算机的基本功能是进行信息处理，最简单的信息处理方式是：信息输入——信息处理——信息输出。计算机要完成这个过程，需要分成若干个基本步骤来进行，事实上，每个基本步骤都是一个操作，每个操作是在一个确定的命令下实现的，这个命令称为指令。最简单的指令一般包含两部分：操作码和地址码。操作码规定了操作的类型；地址码规定了操作对象的存放地址。指令的一般格式，如图 1—5 所示。

| 操作码 | 地址码 |
| --- | --- |

**图 1—5 指令格式**

程序就是由若干条指令组成的一个序列。编制程序所使用的语言就是程序设计语言。或者说程序设计语言就是一套符号和规则，这些规则描述了如何使用这些符号和如何构成程序。随着计算机科学技术的迅猛发展，程序设计语言从低级语言进化到高级语言。

**1. 机器语言**

用于命令计算机执行某种操作的一组 0、1（二进制）代码称为机器指令。某种型号计算机所包含的全部指令集合称为指令系统或机器语言。用机器指令编写的程序称为机器语言程序。这种程序有两个主要优点：其一可以直接上机运行，不需要做任何预处理工作；其二程序的运行速度快、效率高。但也有致命的缺点：用机器指令编写程序相当麻烦，必须记忆各种二进制代码的含义，还要给每个数据分配存储单元。写出的程序很不直观，而且容易出错。设计程序的时间比机器解题运行程序所花的时间要多成千上百倍。花费很多时间写出的一个程序仅能在特定型号的计算机上运行，没有通用性，不利于程序员之间的经验交流。

**2. 符号语言与汇编程序**

人们在机器语言的基础上创造出了一套帮助记忆的符号系统，这就是符号语言，也称为汇编语言。用符号语言编写的程序称为符号语言程序。当然计算机是不能直接运行符号语言程序的，需要将符号语言程序翻译成机器语言程序，这个工作称为代真。代真工作是由计算机系统软件完成的，这个系统软件就是汇编程序。常用的汇编程序有小汇编（ASM）和宏汇编（MASM）。

以上两种语言都是面向机器的语言，通常称为低级语言。汇编语言与机器语言相比有许多优点，用汇编语言编写程序更容易一些，其运行速度与机器语言程序基本相近。但它仍然没有摆脱具体计算机的指令系统，仍然受到具体计算机特点的限制，没有解决程序的移植问题，所以还需要进一步改进。正因为如此，程序员一般使用高级语言来编程。

**3. 高级语言与编译（或解释）程序**

高级语言是面向问题的语言，是一种比较接近于自然语言的程序设计语言，也称为算法语言。高级语言中的一条语句或命令相当于机器语言中的许多条指令。用高级语言编写的程序称为源程序，源程序必须经过编译或解释为机器语言程序，计算机才能运行。编译或解释是由系统软件来完成的，这个系统软件就是编译程序或解释程序。

高级语言的出现不仅是软件领域的一大突破，也是整个计算机领域的一大突破。程序设计语言从低级语言到高级语言的抽象，带来了许多好处：高级语言接近自然语言，易学易用，使用高级语言既便于程序的编写和调试，又便于交流编程经验，提高编程水平，从而推动了计算机的广泛应用；高级语言提供了良好的程序设计工具和环境，从而提高了编程效率，也提高了所编程序的正确性、可靠性、可读性和可维护性；高级语言远离机器，面向问题，从而增强了所编程序的可移植性。

20 世纪 50 年代末 60 年代初，是高级语言兴起的时代，典型代表有 FORTRAN、ALGOL、COBOL 和 BASIC 等，FORTRAN（FORmula TRANslation Language）语言是第一种高级语言，适用于进行工程和科学计算；ALGOL 语言结构严谨，是 60 年代程序设计语言发展的主导，它对后来许多重要程序设计语言都产生过重大影响；COBOL（Common Business—Oriented Language）语言是面向商业的通用语言；BASIC（Beginner ALL—purpose Symbolic Instruction Code）语言是由 FORTRAN 等高级语言的主要功能设计而成的具有人机对话功能的简洁高级语言，由于简单易学，得到了广泛应用。

20 世纪 70 年代的典型代表是 PASCAL 语言和 C 语言等。PASCAL 语言结构清晰，数据类型丰富，同人的思维接近，属于结构化程序设计语言，是描述算法较为理想的工具，人们认为掌握了 PASCAL 语言，能在程序设计技巧上获得良好的训练，它成为最理想的教学语言之一。C 语言既有高级语言的优点，又有汇编语言的效率，它是一种被广泛应用于专业程序设计中的语言。80 年代的典型代表是 ADA 语言，人们认为它是命令式语言发展的顶峰。

上述语言都属于面向过程的高级语言。VB、VC 或 C＋＋、Java 是面向对象程序设计语言的典型代表。LISP 与 PROLOG 分别是函数式语言和逻辑式语言的典型代表。它们共同影响着推进着计算机的广泛应用。

有这么多程序设计语言，好像很难全部掌握。事实上，程序设计语言之间的差别并不像汉语与英语之间差别那样大，基本的程序设计思想、技术与方法适用于所有的程序设计语言。一旦学会了一种程序设计语言，且掌握了程序设计的实质，再学习其他语言的规则和结构就相对容易多了。

### 1.5.2 程序设计范型

程序设计的艺术就是管理复杂性的艺术。随着计算机科学技术的发展，人们不断思考、寻求新的程序设计方式，产生了许多适合不同程序设计**范型**（Paradigm）的语言。大致有命令式程序设计语言、函数型程序设计语言、逻辑型程序设计语言、面向对象程序设计语言以及数据库管理系统等。

#### 1. 命令式程序设计语言

**命令式**（Imperative）程序设计语言是基于动作的语言，计算被看成是动作的序列。它关注的是如何让计算机去完成人们要做的事情。命令式程序设计语言也称为面向过程的程序设计语言。该语言族源于 FORTRAN 语言、PASCAL 语言、C 语言等，它们体现了面向过程程序设计的关键思想。它们的基本原语是语句或命令，即通过语句或命令建构程序。

### 2. 函数型程序设计语言

**函数型**（Function type）程序设计的基本概念源于 LISP 语言，它是 1958 年为人工智能的应用而设计的语言。LISP 是“List Processing”的缩写。LISP 语言的基本原语是表操作或函数，它是通过用表操作或函数来建构程序的。LISP 语言的设计者 John McCarthy 曾对 LISP 有这样的解释：LISP 的初始设计是为了做符号数据处理的。它被用于做各种符号演算，微积分演算、数理逻辑推演以及人工智能领域。

### 3. 逻辑型程序设计语言

**逻辑型**（Logic type）程序设计语言是一类以形式逻辑为基础的语言，它的典型代表是建立在关系理论和一阶谓词理论基础上的 Prolog 语言。Prolog 是“Programming in logic”的缩写。Prolog 语言的基本原语是规则和事实，它是通过规则和事实来组建程序的。该语言是利用给定的规则和大量的事实来推导出处理问题的结果。Prolog 语言主要应用于人工智能领域。

### 4. 面向对象程序设计语言

面向对象程序设计源自 Simula 语言。Simula 改变了人们思考程序设计的方式，提出了对象和类的概念。对象实现了数据和操作的**封装**（Encapsulation），将数据的描述细节和操作的实现细节加以隐藏。**类**（Class）的**继承性**（Inheritance）解决了软件的重用性和扩充性问题。

面向对象程序设计语言的典型代表是 C++语言和 Smalltalk 语言。这两种语言是在不同程序设计方式的基础上建立起来的。C++语言的设计目的是为了把对象的优点带入 C 的命令式程序设计里，所以它仍保持了 C 的优点和高效率，兼容了面向过程设计和面向对象设计的编程模式。Smalltalk 语言则是作为个人计算环境的一部分进行设计的，它不仅是一种语言，还是一个具有图形用户界面的完整交互式系统，是一种完全的面向对象程序设计语言。比较流行的面向对象程序设计语言还有 Visual Basic、Java 等。

### 5. 数据库管理系统

前面介绍的高级语言大多数是以文件系统组织数据，数据文件往往依赖于程序，数据的冗余度大、独立性差，数据的共享有限。为了克服文件系统的弊端，产生了数据库系统。**数据库系统**（Data Base System，DBS）有效地解决了数据的独立性问题，减少了数据冗余，提高了数据的共享程度，并提供了数据的安全性、完整性和并发控制功能。数据库系统主要由数据库和数据库管理系统组成。数据库管理系统是核心。

**数据库**（Data Base，简称 DB）是以一定的组织方式存储在计算机存储器中的、相互关联的数据集合。它不是根据个别用户的需要来建立的，而是按照信息的自然联系，以最佳的方式和最少的冗余，为多个用户和多个应用程序，构建共享数据库。数据库是独立于应用程序的。

**数据库管理系统**（Data Base Management System，DBMS）是数据库的管理软件包。由于数据库是一个很复杂的数据集合，大量的数据为多个用户所共享。为了能够有效地、及时地处理数据，并提供数据的安全性、完整性保护等，必须有一个功能完善的系统管理软件来自动处理。这样的管理软件就是数据库管理系统。DBMS 为用户提供了定义数据库、操纵数据库和维护数据库的方法和命令，并且它还能自动控制数据库的数据安全性和数据完整性。常用的关系数据库管理系统有 FoxPro、Oracle、Sybase 等。

面向对象程序设计思想和面向过程的结构化程序设计技术与方法是构建优良程序的核心思想和技术。

### 1.5.3 程序设计语言的语法元素及其元素功能

程序设计语言的语法元素与基本功能往往决定了该种语言的编程风格。在实际编程过程中，必须严格遵循语言的编程规范。

**1. 程序设计语言的语法元素**

程序设计语言的语法元素主要包括字符集、标识符、表达式、关键字/保留字、分隔符、语句/命令、注释等。

**字符集**规定了在编程中可以使用的字符符号。国际标准组织规定了一些标准字符集，如 ASCII 字符集。程序设计语言通常都选用一个标准字符集。字符集中的符号一般不具有语义，或者说它只能表达一些简单基本的直观语义。字符集是有限的，但语义的表达却是无限的。为了用有限的符号表达无限的语义，采用的基本方法就是将符号进行组合。组合时需要确定相应的构成规则和语义范围。

**标识符**是程序员在编程中用来命名对象的名称，通常由字符集中的字母和数字串组成。标识符的命名应该遵循容易记忆、容易理解、有意义的原则。比如，用 name 表示姓名，用 age 表示年龄等。人们在编程实践中总结出了一些较为实用的命名方法，比如匈牙利命名法：标识符＝对象属性＋对象类型＋对象描述。不同的程序设计语言，对标识符的构成有一定的限制，标识符应遵循语言构成规则。比如，不能使用保留字做标识符等。有含义的标识符可以增强程序的可读性。

**表达式**是用运算符按一定的规则将数据连接起来的有意义的式子。程序中的数据处理主要由表达式来实现，它是组成程序的重要对象，必须熟练掌握表达式。表达式主要包括算术表达式、字符表达式和逻辑表达式等。

**关键字**也称为**保留字**。顾名思义，保留字是程序设计语言本身保留的，具有特殊含义。它是程序设计语言中规定的一套命令字、函数名或特殊对象的标识符。一般语言中的保留字都是一些英文单词，具有确定的功能，它是构建程序的关键词语。程序员只能严格按规定使用。

**分隔符**是语法结构中的语法单位，它用来分隔语言中的各个基本语法单位，与其他语法单位共同构成完整的语法结构。分隔符基本上是一些标点符号和特殊符号，如空格等。

**语句**或称为**命令**是程序设计语言中的重要部件。程序就是语句或命令的序列。语句的语法结构对程序的易写性、易读性有着重要影响。有的语言采用单一的语句格式，大多数语言对不同的语句类型使用不同的语法结构。语句结构中的重要差异体现在结构控制语句与简单语句之间。简单语句往往可以在一个程序行写完，而结构控制语句常常包含多个保留字与多个程序行。在程序设计中，结构控制语句的运用是难点。

**注释**主要对所书写的程序做注解。可以是对整个程序做说明，也可以是对某个程序段或语句或所用的标识符做说明。注释是面向人的，不是面向机器的。用它可以说明程序的功能、设计思想、注意事项等，主要是增强程序的可读性。有经验的程序员都会为自己所编制的程序添加合适的注释。

**2. 程序设计语言的元素功能**

程序设计语言的元素功能包括环境设置与说明、数据组织、数据处理、程序的组织结构与执行流程控制等。

环境设置与说明。为了使自己所编制的程序能正确、有效地运行，需要设置和说明合适的运行环境。即对系统本身可调参数或对程序运行环境的某些可调参数进行必要设置和调整。比如，ANSI C 标准规定可以在 C 源程序中加入一些“预处理命令”（Preprocessor Directives），以改进程序设计环境，提高编程效率。不同的程序设计语言，在解决不同的实际问题时，都应该设置和说明一个适合的运行环境。

数据组织。数据是程序处理的对象，数据组织是否合适，直接影响着程序的质量，包括是否能设计出有效的算法，是否能编制出具有可读性、可维护性以及结构合理的程序，甚至包括是否能正确的处理数据。数据组织在程序设计语言中涉及常量、变量、数组以及数据类型等。数据类型包括简单数据类型、构造数据类型以及数据结构。它们都在一定程度上规范着数据的存储形式和数据的作用域。数据组织是程序设计的重要组成部分。

数据处理。它在程序设计语言中涉及数据的输入/输出语句、赋值语句以及表达式等。

程序的组织结构与执行流程控制。已经证明，任何程序结构都可以用顺序结构、选择（分支）结构和循环结构这三种基本结构来描述。函数与子程序是实现程序模块化的重要组成部分。

### 1.5.4 编程环境和程序运行

操作系统等系统软件是支撑应用软件的运行环境。支持输入、编辑修改、编译/解释、项目管理以及调试程序的软件环境是程序的开发环境或称为编程环境。

**1. 编程环境**

为了用高级语言编写程序，必须在计算机上安装某种软件，这种软件一般包含几个协同工作的程序来帮助你创建最终产品。它们是进行输入和编辑进行输入和修改你所编程序的文本编辑器；帮助你发现程序中的错误的调试器；将你的程序翻译成机器语言程序的编译器（解释器）；用于收集和形成可直接执行程序的链接程序；以及帮助你管理程序和其他文件的项目管理器等。

**编辑器**（Editor）是用来进行文本处理的程序。大多数源程序都是纯文本的，可以在任何文字处理软件的纯文本方式下编辑源程序，但程序设计语言所提供的编辑器更具有针对性、更好用，比如它用不同的颜色区分程序中的语法元素。

**编译器**（Compiler）/**解释器**（Interpreter）是将源程序翻译成机器语言程序（也称为目标程序）的程序，也称为编译程序或解释程序。

**链接程序**（Linker）是将目标程序与所需资源代码链接成可执行程序的程序。比如，链接需要的标准库函数的代码，链接需要操作系统提供资源的代码等。

**调试程序**（Debugger）是一个跟踪程序运行状态的程序。编译系统可以检查出语法错误，但无法检查出逻辑错误。使用调试程序可以使程序每执行一行就暂停下来，这时，程序员可以检查各有关变量和表达式的值，以便帮助发现问题。也可以在程序中设置若干个断点，只有当程序执行到断点时，才暂停下来进行检查，帮助你发现程序中的逻辑错误。

**项目管理器**（Project Manager）是用来管理多个程序文件、多个数据文件以及其他资源文件的程序。一个大型程序系统，往往由一组程序、多个数据文件和其他资源文件组成，这就需要用项目管理器来组织和管理这些文件并使它们构成一个有机整体。

**集成开发环境**（Integrated Develop Environment，IDE）是一套用于开发程序的软件工具集合。一般包括编辑器、编译器/解释器、链接程序、调试程序、项目管理器以及图形界面工具。它集多种功能于一体，为程序员提供一个良好的编程环境。现在大多数程序设计语言都提供集成开发环境。

**2. 程序运行**

用高级语言编制的源程序必须经过翻译，计算机才能运行。翻译的方式可分为解释方式和编译方式。翻译后的程序称为目标程序。运行程序时，采用解释方式还是编译方式由所选用的程序设计语言确定。比如，BASIC 语言采用的是解释方式，C 语言采用的是编译方式。有些程序设计语言兼有解释和编译这两种方式。

解释方式是由解释程序对源程序边解释边执行，遇到错误就会停止执行，这时，就需要修改源程序，然后再运行源程序，直到得出正确结果。对于解释方式程序设计语言，每运行一次源程序，都要进行一次解释翻译工作，程序运行速度慢，效率比较低。解释方式下的程序运行过程，如图 1—6 所示。

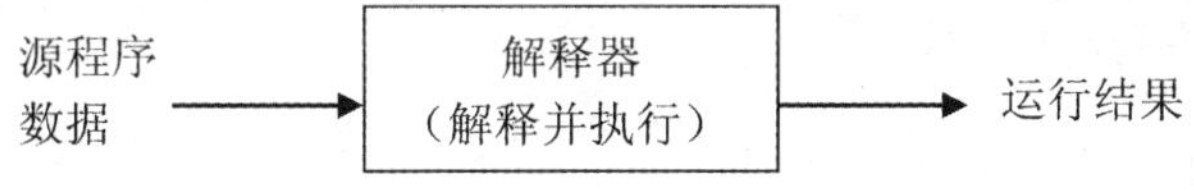


**图 1—6　解释方式下程序运行过程**

解释方式程序设计语言便于进行程序调试，方便程序修改，可以及早看到程序的部分运行结果。

编译方式首先由编译程序将源程序全部翻译成目标程序（. obj）；再由链接程序将目标程序及其辅助程序链接起来，生成可执行程序（. exe）；最后运行可执行程序，才能得到程序处理结果。在编译和链接过程中，需要对程序做多遍扫描，以便进行词法分析、语法分析及其代码优化等工作，当发现有语法等错误时，给出提示信息，编译、链接通不过，得不到可执行程序，无法看到程序的处理结果。编译方式下的程序运行过程，如图 1—7 所示。

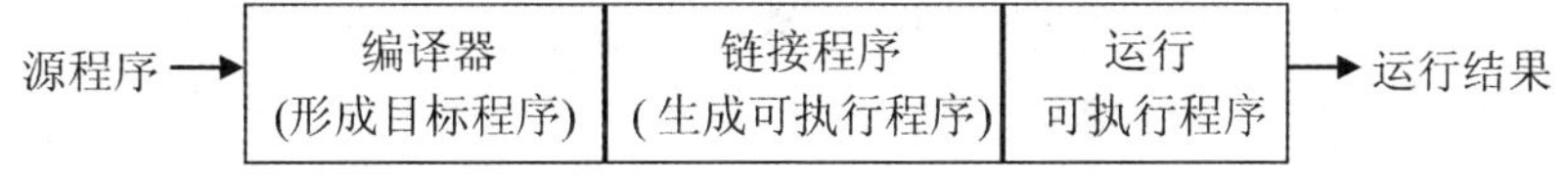


**图 1—7　编译方式下程序运行过程**

编译方式的特点是将源程序编译链接成一个完整的可执行程序。这个可执行程序以可执行文件的形式存储在外存储器中，可以脱离程序设计语言直接在操作系统下运行。节省了重复翻译的时间，提高了程序的运行效率。

## 1.6 程序设计步骤与程序设计风格

程序设计的目标就是通过程序控制计算机按照人们的意愿去运行。也就是说，程序设计是将现实世界中的特定问题变换为计算机世界中的程序，运行程序得到预期结果的全过程。

### 1.6.1 程序设计步骤

程序设计必须从给定的问题入手，分析问题，设计一个解决问题的方案，实施这个方案，检查结果。所以，程序设计不是简单地编写程序代码，程序设计的核心问题是确定“做什么”和解决“怎样做”。它是一个不断反复的过程，这个过程包括需求分析、设计一个解决问题的方案、编码和测试、整理程序文档、运行和维护 5 个步骤。在实施这一过程中会经常反复，即在实施后一步骤时，会发现前一步骤有错误或不合理的设计，则需要返回到前一步骤进行修改。

**1. 需求分析**

彻底理解问题，明确问题要“做什么”，期望得到怎样的结果（输出），确定需要那些输入数据来产生输出信息，以及对输入数据如何进行处理可以得到期望的输出信息。它是程序设计中比较困难的部分，也是最重要的部分。

**2. 设计一个解决问题的方案**

它包括总体设计和详细设计。若问题规模比较大，则需要进行总体设计。总体设计的主要工作是将复杂问题分解为简单问题（模块），并确定复杂问题与简单问题的关系以及简单问题之间的层次结构。详细设计是对各个简单问题进行详细描述，抽象出反映问题本质特征的数据，设计合理的数据组织形式，确定对数据的处理方法，设计好的算法解决问题。

**3. 编码和测试**

根据详细设计的规格说明，选择合适的程序设计语言，编写程序代码。

测试包括静态测试和动态测试，单元测试和总体测试。根据程序目标要认真设计若干组测试数据，检查程序运行的正确性。测试的目的是为了确保程序没有错误，并且能真正解决所给的问题。因此，测试（或检查）应该贯穿在整个程序开发的过程中，比如，在详细设计中，假定你是计算机，用简单的输入数据来运行算法，检查是否能得到预期的输出数据，这就是静态测试。动态测试是让计算机执行程序输出结果。静态测试与动态测试相互验证。

**4. 整理程序文档**

程序文档包括内部文档和外部文档。内部文档由注释组成，注释是插入在程序中起说明作用的文本。在编程过程中，这项工作非常重要，所有程序中都应该包含注释，说明程序中各部分代码的作用，增强程序的可读性。外部文档包括技术文档和使用说明文档。技术文档是指将程序开发过程中各阶段分析设计所产生的资料整理形成的文档。它为日后的程序维护和程序升级提供方便。使用说明文档是程序商业化（软件）的必备资料，帮助用户使用你所开发的软件。

**5. 运行和维护**

程序通过测试后，解决了给定问题，实现了预期目标，可以投入运行使用。但是，测试工作只能发现程序中的错误，并不能保证程序中没有错误。因此，在程序运行过程中，还会出现这样或那样的问题，并且计算机的使用环境或问题本身也可能发生变化，这就需要对程序的运行作好维护工作，时刻保证程序的正确性、完善性和适应性。

### 1.6.2 程序设计风格

结构化程序设计的目标之一就是创建易于阅读理解和易于使用维护的程序代码。影响程序可读性和易用性的因素统称为程序设计风格。在开始学习计算机科学时，就应该养成良好的程序设计风格。也就是说，在程序设计过程中应该遵循一些良好的习惯和规范要求，力图做到以下几点。

**1. 严格按照程序开发周期进行程序设计**

深刻理解给定问题，构造一个解决问题的方案，实施这个方案，并检查结果。这一基本过程十分有用，而且是一种很自然的做事方式。需要提醒的是，你在这一过程中有时可能会忍不住走捷径，或不认真进行需求分析，或不进行方案设计，而急于进行代码编写，这会使你的程序不能正常运行，或者不能解决给定的问题，谁会想要这样的结果呢?

**2. 设计模块化程序结构**

对于给定的复杂问题需要分解为简单的子问题，每个简单的子问题都是一个独立的模块，每个模块用一个函数或过程实现。在进行模块化设计过程中，应注意模块的独立性和模块的规模。以模块化的形式设计程序，将会得到许多好处。给定的问题越复杂，模块化程序设计的好处就越明显。

**3. 合理地使用提示信息**

为用户提供欢迎信息，当程序运行时，用户需要在屏幕上看到欢迎信息，还应该包括程序的名称、程序的功能等简要说明。在系统请求输入数据时要有提示信息，说明需要输入的数据属性、数据类型等信息。如果不给出提示信息，用户可能都不知道程序已经暂停运行并等待输入数据。合理设计数据的输出格式，并使输出的数据具有自明性。

**4. 程序行的书写格式要保持一致性**

程序行的书写格式对程序的可读性有很大的影响。程序中包含许多诸如选择结构、循环结构以及语句嵌套结构等，在书写时应采用统一的缩进格式，突出程序的逻辑层次结构。

**5. 使用表达式要减少复杂性**

表达式是程序设计语言中的重要计算成分，是处理数据的核心，一定要形式简单、意思明确，不要人为地制造繁琐。表达式的运算顺序由运算符的优先级控制，适当使用括号可以使运算顺序更加清晰、避免误解。在表达式中要善于使用函数，以减少表达式的复杂性。对于选择结构、循环结构中的复杂逻辑表达式要进行适当的化简。

**6. 使用有意义的标识符**

在程序中需要使用大量的标识符对变量、数组、函数、过程等进行命名，要确定标识符的命名规范。比如，当标识符过长时应确定统一的缩写规则。区分系统保留字与自定义标识符。使用有意义的标识符。如果使用 A1、A2 等毫无意义的标识符，将增加对程序阅读理解的困难。显然，对字符型姓名命名，使用 name 比使用 n 要好，使用 strname 比使用 name 意义更明确。对于具有特殊含义的常量，使用符号常量，可以提高程序的可维护性。

**7. 适当地注释程序**

注释虽然与程序的运行无关，但对程序的可读性有着直接影响。应该在程序的适当位置添加必要的注释，以说明程序或程序模块或语句的基本信息。

**8. 简单就是最好**

在选用程序设计语言和方法时，不要刻意去追求最先进的技术和技巧，要以能够解决问题为标准，只要能够解决问题，简单的就是最好的

## 1.7 算法设计与分析

算法是计算学科中最具有方法特性的核心概念，被称为计算学科的灵魂。算法设计的优劣决定着程序的性能好坏，对算法设计与分析进行研究能使人们深刻地理解问题的本质以及得到可能的求解技术与方法。

### 1.7.1 算法描述

在构思和设计好一个解决问题的方案后，必须准确地、清晰地将它描述下来，即算法描述。在不同层次上讨论的算法有不同的描述方法。通常可采用以下 4 种方法进行描述。

**1. 自然语言（Natural Language）表示法**

自然语言是面向问题的描述方法。用人们易于理解的自然语言粗略地描述解决问题的思路、方法和过程。可以有力地描述各个抽象层次上完整的算法结构，明确地描述各个部分的功能，不必过早地进入细节描述，为算法的理解和交流提供方便。比如，例 1—4 中的欧几里得算法描述就是自然语言描述。用自然语言描述算法存在着明显的不足，比如，自然语言的歧义性容易导致算法的不确定性；自然语言是串行表示，对于算法中的选择结构和循环结构，用自然语言难以清晰地表示出来；由自然语言描述的算法直接变换到程序设计语言描述较困难。

**2. 源码（Source-code）表示法**

源码是面向计算机的描述方法。用某种程序设计语言精确地描述解题过程，这种算法描述就是程序，可以直接在计算机上运行。例如，欧几里得算法用 C 语言描述如下：

```
#include<stdio.h>
int CommonFactor(int m,int n)      /*求两个正整数的最大公因子*/
{  int r=m%n;
    while (r! =0)
    {  m=n; n=r; r=m%n;  }
    return n;
}
void main()                        /*主函数*/
{ int m,n;
  m=66; n=36;
  printf ("%d与%d的最大公因子是:%d\n",m,n,CommonFactor(m,n));
}
```

用计算机解决问题，无论用什么方式描述算法，最终都要转换为某种程序设计语言的描述，直接用程序设计语言描述算法避免了不断变换的麻烦。但是，直接用程序设计语言描述算法也存在着明显的不足，例如，程序设计语言是基于串行描述，难于将算法中的逻辑结构表示清楚；用程序设计语言描述算法时，描述了问题的处理细节，忽略了算法的本质，不利于人们交流算法设计思想，并且要熟练掌握某种特定的程序设计语言，过多的精力放在程序设计语言本身，不利于集中精力思考解决问题的策略和进行算法设计。

**3. 伪码（Pseudo－code）表示法**

伪码是介于自然语言与源码之间的一种描述方法。允许某种程序设计语言和自然语言混合使用。伪码描述对于算法的可读性和可维护性是有利的，它接近于程序设计语言又不受其语法的严格限制。目前，大多数算法描述都采用伪码描述。

**4. 流程图（Flowchart）表示法**

流程图有结构化流程图和非结构化流程图。使用流程图可以形象地描述算法中各个操作步骤的具体内容、相互联系和执行顺序，直观地表明了算法的逻辑结构。流程图作为一种形象、直观、方便的描述工具，它不仅可以用来指导编写程序，而且可以用来辅助程序调试，同时还是人们阅读、交流、改进算法的有效工具。

在本书中，采用类 PASCAL 语言（伪码）描述数据的存储形式以及算法中的操作；用结构化流程图描述算法结构；以 C 语言编程实现算法。下面结合 3 种基本控制结构简介结构化流程图。

结构化流程图是 I. 纳斯（I. Nassi）和 B. 施内德曼（B. Shneiderman）于 1973 年提出的，即著名的 **N－S 图**。它的最大优点是：较好地直接反映了结构算法设计的特色和风格，适合采用结构算法设计技术和方法，大大方便了人们对结构算法的设计、阅读、交流与教学。

算法的基本控制结构有 3 种：顺序结构、选择结构和循环结构。结构化流程图也是由描述顺序结构、选择结构和循环结构这 3 类基本结构框组成。

（1）**顺序**（Sequential）结构。

顺序结构是程序（算法）执行的默认结构，即按照语句（命令）的书写顺序依次执行。例如，一个程序（算法）的基本结构是数据的输入部分、数据的处理部分和数据的输出部分，即一个程序或算法的N－S图描述，如图1—8所示。

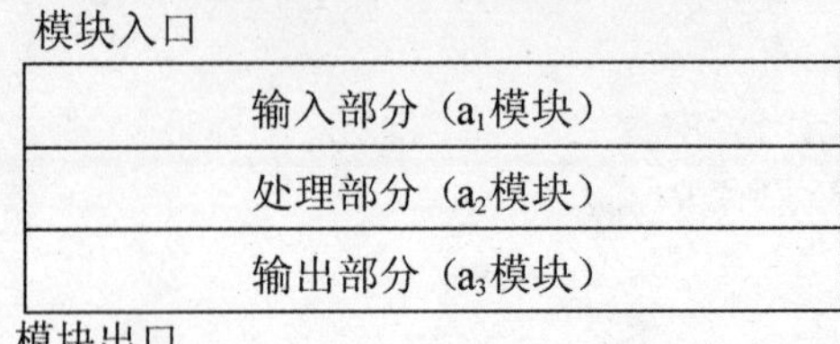


**图1—8　N－S图的顺序结构框**

（2）**选择**（Selection）结构。

选择结构是一种常用的、重要的算法基本控制结构，是解决大多数较复杂性问题的算法必不可少的基本结构。在该结构中，算法或程序的执行流程要根据给定的条件是否成立，来确定执行不同分支的语句（命令）序列。

结构化流程图中的选择结构框是对非结构化流程图中选择结构框的重大改进，它从根本上改善了选择结构表示法的直观性和结构化。稍作修改后的3种N－S图的选择控制结构描述，如图1—9所示。

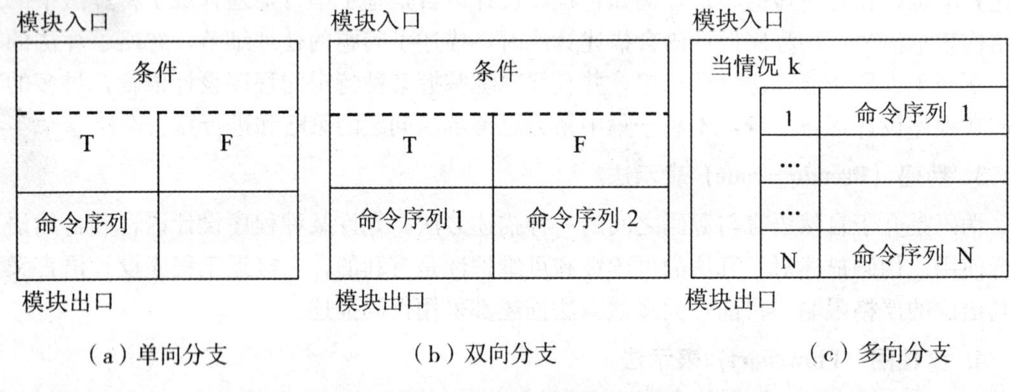


**图1—9　N－S图的选择结构框**

（3）**循环**（Circular）结构。

循环结构是一种常用的、重要的算法基本控制结构，是解决大多数实际问题的算法所必需的基本结构。在算法设计中，经常会遇到需要使某一程序段重复执行多次，对于这种情况的处理，可借助循环控制结构来实现。循环结构一般可分为：当型循环、直到型循环和步长型循环，而步长型循环实质上是前两种结构的一种特殊情况。

结构化流程图中的循环结构框比非结构化流程图中的循环结构框表现得更简明易懂。N－S图的当型循环结构框和直到型循环结构框，如图1—10所示。

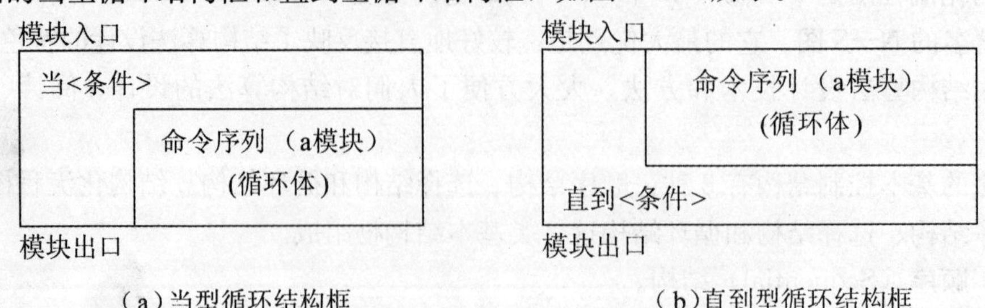


**图1—10　N－S图的循环结构框**

循环结构可以使一段程序代码（a模块）重复执行。在当型循环结构中，首先判断条件，当条件成立时，执行循环体一次；再判断条件，若条件依然成立，再执行循环体一次，…直到条件不成立时退出循环。在直到型循环结构中，首先执行循环体一次，然后判断条件，当条件不成立时，再执行循环体一次，…直到条件成立时退出循环。这个条件称为循环退出条件，在进行算法设计时，必须设计好循环退出条件，以免陷入死循环。

这3种基本控制结构都有一个共同的特征，即每种结构都严格地只有一个入口和一个出口。如果组成算法的各个子结构之间都只是如此简单的接口关系，那么，就可以相对独立地设计各个子结构，静态地分析控制关系，并验证它们的正确性。若某一子结构需要修改，只要接口关系不变，就不会影响到其他子结构乃至整个算法。因此，具有这样结构的算法是好结构算法。

例如，欧几里得算法的N－S图描述，如图1—11所示。

**算法1—1** CommonFactor（int m，int n）

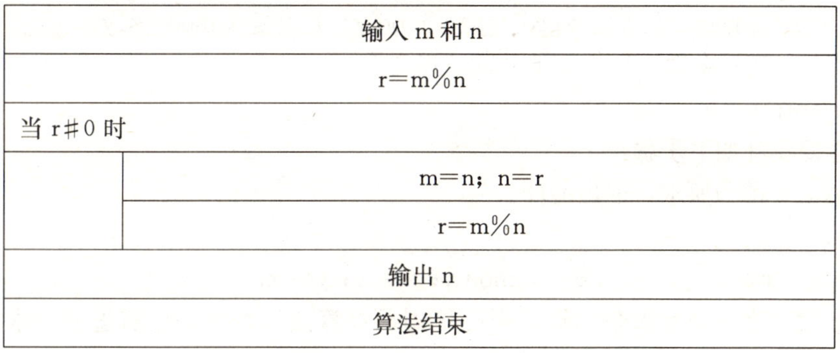

| 输入m和n | |
|---|---|
| r=m%n | |
| 当r≠0时 | |
| | m=n；n=r |
| | r=m%n |
| 输出n | |
| 算法结束 | |

**图1—11 欧几里得算法**

### 1.7.2 算法设计举例

现在强调结构化算法设计的思想，亦即所设计的算法应该具备结构化。也就是说，算法的控制结构必须并且只能由顺序结构、选择结构、循环结构这3种基本控制结构组成。要确保结构化的实现，必须采用各种行之有效的结构化程序设计技术和方法。诸如：（1）遵循程序设计的基本原则——抽象、枚举和归并；（2）模块化设计技术和方法。（3）自顶向下设计技术和方法。（4）逐步求精设计技术和方法；它们是设计好结构算法的重要工具。

**例1—6**

求两个不全为0的整数m、n的最大公因子。

**解法1：** 设有不全为0的整数x、y，记gcd（x，y）为它们的最大公因子，则函数gcd（x，y）具有如下性质：

（1）gcd（x，y）=gcd（y，x）

（2）gcd（x，y）=gcd（－x，y）

（3）gcd（x，0）=｜x｜

根据性质，不妨假定 m、n 为非负整数，且 m≥n。因此，问题求解可分为两种情况。

(1) 若 n=0，则 gcd (m，n) =m；

(2) 若 n>0，则引入变量 x、y 来代替 m、n。按一定方式减少 y，改变 x，且始终保持

$$\gcd(m, n) = \gcd(x, y) \tag{1-1}$$

由于要求 y 为非负整数，所以在有限次减少 y 之后，总可以使 y=0，从而使问题得到解决。这里，虽然 x、y 的值发生变化，但关系式（1－1）却永远保持不变，这样的关系式称为循环不变式。

现在的问题是：如何减少 y，改变 x，却保持（1－1）式不变呢？对于这个问题，有各种不同的解决策略。前面介绍的欧几里得算法正是基于这样的思想。

记 y 除 x 所得的商为 x div y，余数为 x mod y，则有如下关系式

$$x=y*(x \operatorname{div} y)+x \bmod y \tag{1-2}$$

由（1－2）式可知，x、y 的公因子也是 y、x mod y 的公因子，反之亦然。所以

$$\gcd(x, y)=\gcd(y, x \bmod y) \text{ 且 } 0\leqslant x \bmod y<y$$

引入变量 r 表示余数，得到如下的欧几里得算法：

(1) x=m；y=n；

(2) 重复实施如下步骤：

若 y=0，x 即为所求，退出循环。

若 y>0，则

r= x mod y；x= y；y= r；

若程序设计语言中有求余运算，则已得到最终算法。否则，还需进一步求 x mod y。下面设计一个更一般的除法算法。

令 q 表示商 x div y，则有

$$x=q*y+r \text{ 且 } 0\leqslant r<y \tag{1-3}$$

为了计算 q、r 的值，开始时，置 q 为 0，r 为 x；然后，从 r 中减去 y，q 加 1。重复这一过程，直到 r<y 为止。显然，在这一过程中，关系式（1－3）永远保持不变。因此，求余运算的算法如下：

(1) q=0；r=x；

(2) 重复实施如下步骤：

若 r<y，r 即为所求，退出循环。

若 r ≥ y，则

r= r－y；q=q+1；

**注意：**该算法中的两个变量 r、q，r 的终值是所要求的余数，q 的终值并非问题所要求的，q 的值不影响 r 值的正确性。但是，q 的引入可以帮助人们理解算法的思想，也便于对算法的正确性进行证明。

综上所述，求两个不全为 0 的整数 m、n 的最大公因子的完整算法用 N－S 图描述，如图 1—12 所示，算法中的变量说明如下：

VAR m,n,x,y,r:integer

**算法 1—2** CommonFactor1 (m, n)

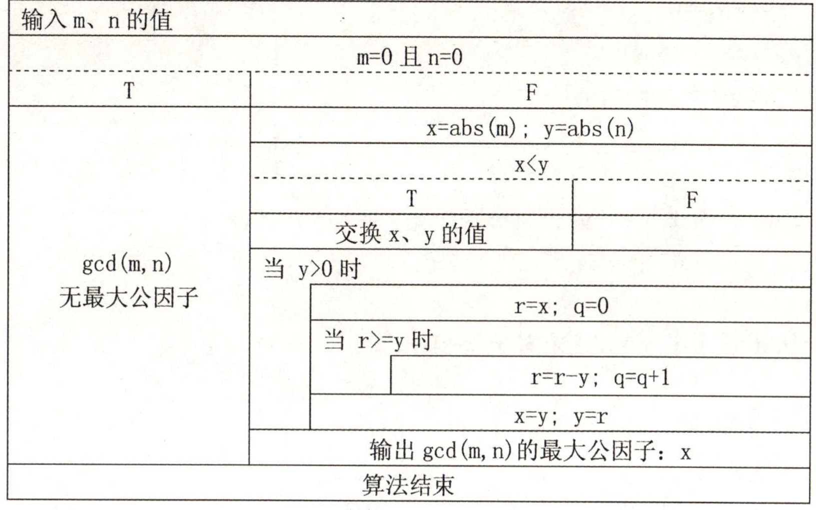


**图 1—12 求最大公因子**

可以看出，上述的解题思路是：将整个问题分解成若干个相对独立的子问题，只要子问题得到正确的解决，整个问题也就解决了。这种分解和证明分解正确性的过程可重复进行下去，直到每个子问题足够简单。每步分解都要做出分解方法的决策，不同的决策将会导出不同的算法，像这样的程序设计方法，人们称为逐步求精法。

同时，还可以看出：循环的设计对于整个算法起着至关重要的作用，循环不变式永远不变的特征反映了循环的特性。结构化程序设计要求依据循环不变式提供的信息设计循环。根据算法 1—2 编制 C 源程序如下：

```
//* * * * * * * * * * * * * * * * * * * * * * * * * * *
//*  程序名称:CommonFactor1.cpp                        *
//*  程序功能:求两个不全为 0 的整数 m、n 的最大公因子  *
//*  作    者:FENGJUN                                  *
//*  编制时间:2014 年 3 月 18 日                       *
//* * * * * * * * * * * * * * * * * * * * * * * * * * *
#include<stdio.h>
#include<math.h>
void main()
{ int m,n,x,y,r,q;
  printf("请输入两个不全为 0 的整数 m,n:");
  scanf("%d,%d",&m,&n);
  if (m&&n)
  {  x=abs(m);y=abs(n);
     if (x<y)
```

```
    {  q=x;x=y;y=q;  }
    while (y>0)
    {  r=x;q=0;
      while (r>=y)
      {  r=r-y;q=q+1; }
      x=y;y=r;
    }
    printf ("%d与%d的最大公因子是:%d\n",m,n,x);
  }
  else
    printf ("%d与%d没有最大公因子。\n",m,n);
}
```

程序运行结果如下：

请输入两个不全为 0 的整数 m,n:296 888,6 988↙

296 888 与 6 988 的最大公因子是:4

**解法 2**：假设 x、y 均大于 0，下面设计一个基于除 2 运算的求 gcd（x，y）的算法。

gcd（x，y）有如下性质：

（1）若 x、y 都是偶数，则 gcd（x，y）=2 * gcd（x div 2，y div 2）。

（2）若 x、y 中仅有一个偶数，比如 x，则 gcd（x，y）=gcd（x div 2，y）。

（3）若 x、y 都是奇数，且 x>y，则 gcd（x，y）=gcd（x−y，y）。

（4）gcd（x，x）=x。

根据上述性质可以得到基于除 2 运算的求 gcd（m，n）的算法，如图 1—13 所示，算法中的变量说明如下：

VAR m,n,x,y, k:integer

**算法 1—3** CommonFactor2（m，n）

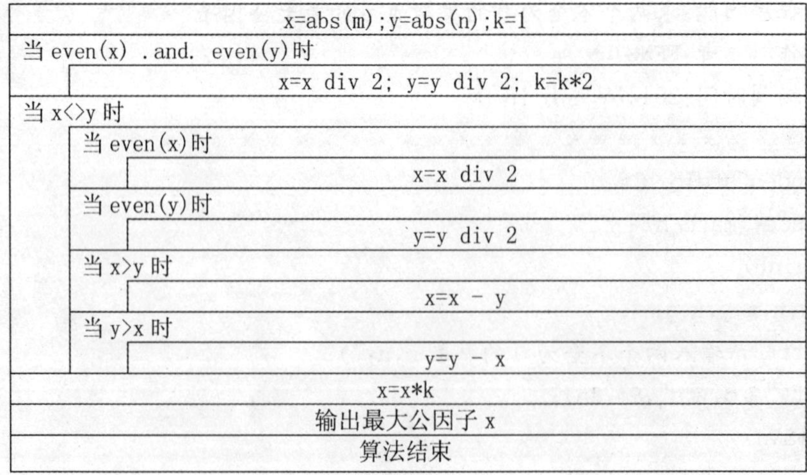


**图 1—13 基于除 2 运算的求 gcd（m，n）的算法**

算法 1—3 中的 even（x）用于判断 x 是否为偶数。也可以将算法 1—3 修改为图 1—14 所示的算法 1—4，算法 1—4 中的 odd（x）用于判断 x 是否为奇数。请读者将这两个算法转换为源程序上机运行，并分析比较这 3 个算法的效率。

**算法 1—4** CommonFactor2（int m，int n）

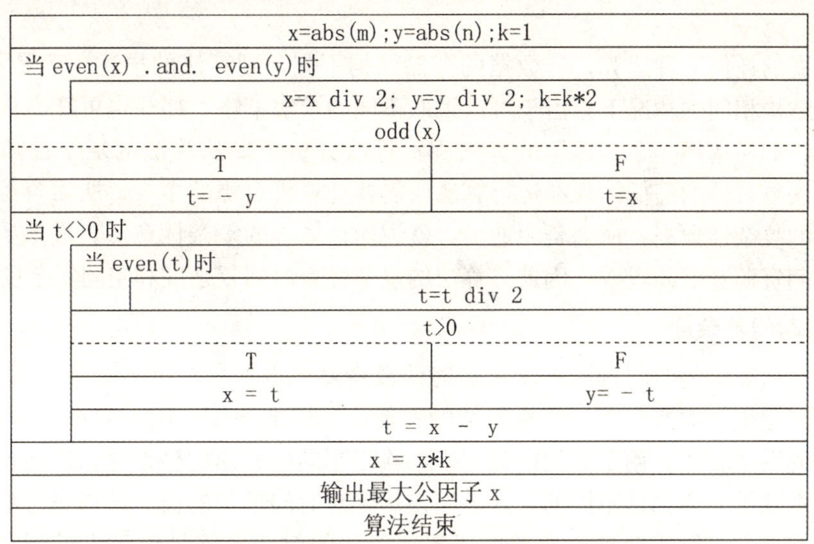


**图 1—14 基于除 2 运算的求 gcd（m，n）的算法**

对于一个程序员来说，如果懂得如何使用不变式和逐步求精的推导方法，并且能够尽力地去追求算法执行的高效率，那么就能设计出既结构良好，又效率较高的算法。

## 1.7.3 算法设计的要求

通常设计一个“好”的算法应考虑达到以下目标：

**1. 正确性**（Correctness）

算法应当满足具体问题的需求。通常一个大问题的需求，要以特定的规格说明方式给出，它至少应该对输入、输出和加工处理等内容进行明确的描述。选择或设计的算法应该能正确地反映这种需求。

**2. 可读性**（Readability）

算法主要是供人们阅读与交流，其次才是机器执行。可读性好有助于加深人们对算法的理解。

**3. 健壮性**（Robustness）

健壮性是指当输入非法数据时，算法也能适当地作出反应或进行处理，而不会产生莫名其妙的输出结果。并且，处理出错的方法应该是返回一个表示错误或错误性质的值，以便在更高的抽象层次上进行处理，而不是打印错误信息或异常，并且终止程序的执行。

**4. 高效率与低存储量需求**

效率是指算法执行时间。如果有多个算法可以解决同一个问题，则执行时间短的算法效率高。存储量需求指算法执行过程中所需要的最大存储空间。高效率与低存储量需求，它们都与问题的规模有关。

### 1.7.4 算法分析

对于数据的任何一种运算，若数据的存储结构不同，则算法的描述一般是不相同的。即使在存储结构相同的情况下，由于可以采取不同的求解策略，往往也可能有许多不同的算法。那么，如何选择一个“好”的算法呢？算法分析主要从算法的复杂性角度进行讨论。一个算法复杂性的高低体现在运行算法所需要计算机资源的多少，所需资源愈多，就说明该算法的复杂性愈高；所需资源愈少，就说明该算法的复杂性愈低。最重要的计算机资源包括时间资源和空间资源，因此，算法的复杂性有时间复杂度和空间复杂度。

**1. 算法时间复杂度**

算法运行所需要的时间资源的度量是**时间复杂度**（也称为算法的效率）。影响算法运行时间的因素很多，主要有：计算机系统的性能；问题的规模；输入数据；算法本身等。显然，对于同一个算法，用不同的语言实现，或用不同的编译程序编译，或在不同的计算机上运行，算法的效率都是不同的。这表明使用绝对时间单位的概念来衡量算法的效率是不合适的。撇开与计算机软硬件有关的因素，算法的效率应该是依赖于求解问题的规模（常用整数 n 表示）、算法的输入数据（常用 I 表示）和算法本身的函数。

任何一个算法都是由控制结构和若干原操作（指固有的数据类型的操作）组成，算法的效率则取决于这二者的综合效果。为了便于比较给定问题的不同算法，通常的做法是：确定算法中对于所研究的问题来说是基本操作的原操作，以这些基本操作执行的次数作为算法的时间度量。

一般情况下，算法中基本操作的执行次数是给定问题规模 n 和输入 I 的函数 f（n，I）。显然，不可能对规模为 n 的问题的每一种合法输入都去评价算法的效率，因此，只能在规模为 n 的某类具有代表性的合法输入中计算算法中基本操作的执行次数 f（n）。这样，算法的时间度量记作

$$T(n)=\mathbf{O}(f(n))$$

它表示随问题规模 n 的增大，算法执行时间的增长率与函数 f（n）的增长率相同，称为算法的**渐近时间复杂度**（Asymptotic Time Complexity），简称**时间复杂度**。

这种衡量效率的方法所得出的不是一个时间量，而是一种增长趋势的度量。它与计算机软硬件环境无关，只反映算法本身执行效率的优劣。

用数量级形式 **O**（f（n））表示算法时间度量 T（n）的时候，函数 f（n）通常取较为简单的形式，如 1、$\log_2 n$、n、$n\log_2 n$、$n^2$、$n^3$、$2^n$、n!、$n^n$ 等。在 n 较大的情况下，常见的时间复杂度之间存在下列关系：

$$\mathbf{O}(1)<\mathbf{O}(\log_2 n)<\mathbf{O}(n)<\mathbf{O}(n\log_2 n)<\mathbf{O}(n^2)<\mathbf{O}(n^3)<\mathbf{O}(2^n)<\mathbf{O}(n!)<\mathbf{O}(n^n)$$

**2. 算法空间复杂度**

一个算法的**空间复杂度**（Space Complexity）是指算法运行时所需要的存储空间。算法运行所需要的存储空间应该包括以下 3 部分：（1）输入数据所占空间；（2）程序本身所

占空间；(3) 辅助变量所占空间。因为输入数据所占空间只取决于问题本身，与算法无关，所以在算法分析时可以不加考虑。另外，不同算法的程序代码本身所占空间一般也不会产生数量级的差别。因此，只需分析除输入数据和程序本身之外的辅助变量所占空间。类似于算法的时间复杂度，定义算法的空间复杂度为：

$$S(n) = O(g(n))$$

它表示随着问题规模 n 的增大，算法运行所需的存储量的增长率与函数 g (n) 的增长率相同。

时间复杂度与空间复杂度二者往往是矛盾的，也是可以相互转换的。经常用牺牲存储空间为代价来提高时间效率；或用增加执行时间为代价来降低存储开销。但情况往往是很复杂的，要考虑各方面的因素，根据具体情况，做具体分析，选择出最适合的算法。

对于给定的问题，设计出复杂性尽可能低的算法，是人们在设计算法时追求的一个重要目标。当给定问题有多种算法时，选择其中复杂性最低者，是人们在选用算法时遵循的一个重要准则。因此，算法的复杂性分析对算法的设计或选用都有着重要的指导意义和实用价值。

## 1.8 课程设计相关知识

课程设计是对学生分析问题、解决问题能力的一种全面综合的训练，是与课堂听讲、自学和练习相辅相成的必不可少的一个教学环节。

### 1.8.1 课程设计目的与内涵

理解课程内容与较好地解决实际问题之间存在着明显差距，解决实际问题的能力与程序设计技术的培养是密切相关的。要想理解和巩固所学的基本概念、基本原理和基本方法，牢固地掌握所学的基础知识、基本技能，达到融会贯通、举一反三、触类旁通的程度，就必须多做、多练、多实践。课程设计正是着眼于理论与实践的结合点，使学生学会如何把书本上学到的知识应用于解决实际问题，培养软件工作者所需要的动手能力。课程设计是程序设计的综合训练，包括问题需求分析、总体结构设计、算法（程序）设计技术和方法，以及开发程序系统的工作规范研究和科学作风的培养。

为了达到上述目的，本书各章都安排了一个课程设计题目，每个题目都采用了统一格式，由问题描述、基本要求、测试数据、实现提示和问题拓展五个部分组成。问题描述给出问题的背景环境，指明要做什么；基本要求是对问题的进一步求精，划定问题的边界，并规定完成该题目的最低要求；测试数据是为学生静态检查和上机调试提供方便，在完成题目时，学生应设计完整的、严格的测试方案；实现提示是对实现中的难点及其解题思路等内容作的简要提示；问题拓展旨在开拓学生的思路，展现学生的创造力，使学生尽可能寻求尽善尽美的解决方案，使得数据组织形式、程序结构更加合理，具有正确性、可读性、可维护性和可扩充性。

在课程设计环节中，有些题目与书中介绍的内容相关，在书中只是应用了面向过程的某种语言进行算法设计和程序编制，重点放在解题思路与解题策略。由于计算科学发展迅猛，可以运用的语言工具和环境愈来愈丰富，对于同样的题目、同样的解题策略、同样的算法，学生可以运用各种自己熟练掌握的程序设计语言（包括面向对象语言）来实现。

### 1.8.2 课程设计步骤

结构化系统分析和设计方法将系统研制过程划分为系统分析、系统设计、系统实施和系统维护四个阶段。这里课程设计的复杂度虽然远不如实际应用系统的复杂度，但为了培养一个软件工作者所应具备的科学工作作风，要求课程设计的步骤如下：

**1. 问题分析和需求定义**

对于给定的题目进行分析和理解，明确题目要做什么。对问题的描述应避开算法和所涉及的数据类型，避免过早地陷入细节，要对所需完成的任务做出明确的描述。即问题如何分解，需要输出什么，需要那些输入数据。这一步还应该考虑测试数据，包括合法数据和非法数据。

**2. 数据的逻辑结构设计和运算的定义**

根据问题分析和需求定义描述数据的逻辑结构，对每个基本操作给出尽可能明确具体的规格说明；并按照以数据结构为中心的原则划分模块，确定模块功能，给出模块之间的关系调用图。在这个过程中，要综合考虑系统功能，使得系统结构清晰、合理、简单和易于实现。

**3. 数据的存储结构设计和算法设计**

它是数据的逻辑结构和运算的具体实现，写出数据存储结构的类型定义和变量说明，根据每个基本操作的规格说明和模块功能设计出可读性强、结构好的算法。在这个过程中，应尽量避免过早地陷入程序设计语言细节。

**4. 编码实现和静态检查**

编码实现是把数据的存储结构设计和算法设计的结果进一步用某种程序设计语言进行描述，变换成可以在计算机上运行的程序。在编程过程中，对于不确定的语句（命令）功能，同样要先上机验证，再使用。把算法变换为程序时，可以适当地追求程序的执行效率。在程序中还应该适当地加一些注释，以增强程序的可读性。

在程序代码编写完成后，认真进行程序的静态检查是必不可少的。静态检查主要有两种方法：一是用一组或几组测试数据静态执行程序，这也为上机动态调试做好了准备工作；二是通过反复阅读或给别人讲解自己的程序，从而达到深入全面地理解程序的逻辑结构。

**5. 设计测试方案和上机调试**

确定几组输入的测试数据以及应该得到的相应结果，包括中间结果和最终结果。调试可以采取自顶向下或自底向上、分模块进行。调试过程中，经常会遇到意想不到的异常现象，这时应积极确定疑点，检查相应变量的值，寻找错误，修改程序，最终得到正确的程序。调试完毕后，认真整理源程序及其注释，记录输入数据和处理结果。

**6. 总结和整理课程设计报告**

### 1.8.3 课程设计报告规范

课程设计报告的开头应给出题目、班级、姓名、学号以及完成日期等信息，并重点整理下列内容：

（1）问题分析和需求定义。

（2）数据的逻辑结构设计和运算的定义。

（3）数据的存储结构设计和算法设计。

（4）调试过程及其分析。内容包括：

①调试过程中遇到的问题是如何解决的，以及对设计和实现的感悟；②算法复杂性分析和算法的改进；③经验、体会和收获等。

（5）用户使用说明，说明如何使用你设计的程序。

（6）程序运行结果，包括输入数据和输出数据。

（7）附录，带注释的源程序及相关资料。

## 1.9 课程设计题目——求最大公因子

**【问题描述】**

求两个整数 m、n 的最大公因子。

**【基本要求】**

（1）至少完成 3 个版本的算法设计和程序实现。

（2）对所设计的算法进行时间复杂性分析。

（3）确定程序中的基本操作，在程序的适当位置添加计数器统计基本操作的执行次数，分析 3 个版本程序的执行效率。

（4）通过分析比较得出结论。

**【测试数据】**

至少准备 15 组测试数据。以较小的数据测试程序的正确性；以较大的数据或能使基本操作执行数百次以上的数据测试程序效率。

**【实现提示】**

可以参照书中算法 1—1 至算法 1—4 编制程序。

**【问题拓展】**

（1）寻求新的解决问题的策略。比如，基于分解质因子求 gcd（m，n）的算法。

（2）求 3 个或 n 个整数的最大公因子。

（3）基本要求中采用的计数法分析程序效率，称为算法的**后验分析**（Posteriori），也称为实验分析。至少准备 50 组测试数据，使每个程序自动完成求这 50 组数据各自的最大公因子，并以表格形式记录每个程序基本操作执行次数，分析得到的实验数据。

## 习　题

**1－1**　简述下列术语：程序、数据结构、逻辑结构、存储结构、运算、算法、时间复杂度、空间复杂度、程序设计、程序设计方法。

**1－2**　什么是计算学科？谈谈你对计算学科的认识。

**1－3**　什么是计算思维？谈谈你对计算思维的认识。

**1－4**　什么是算法？它与程序有什么区别？算法有什么特性？

**1－5**　简述算法的描述方法。

**1－6**　什么是数据结构？数据结构包括那些常用运算？

**1－7**　举一个数据结构的例子，阐述其逻辑结构、存储结构和运算 3 方面的内容。

**1－8**　什么是结构化程序设计？它的主要内容是什么？

**1－9**　结构化程序设计与面向对象程序设计的主要区别是什么？

**1－10**　简述程序设计语言与程序设计范型。

**1－11**　简述程序设计步骤与程序设计风格。

**1－12**　简述编程环境与源程序运行方式。

**1－13**　简述课程设计步骤和课程设计报告的内容。

**1－14**　假设 n 表示问题的规模，且已知算法 A 的执行时间约为 1000n，算法 B 的执行时间约为 $2^n$，那么，这两个算法的时间复杂度分别是多少？当 n≤13 时，选用哪个算法合适？

**1－15**　用自然语言分别描述下列问题的求解算法。

（1）依次输入 10 个数，输出最大数。

（2）输入 3 个数 a、b、c，按由小到大的顺序将它们输出。

（3）求 n!。

（4）求 1＋2＋3＋…＋100 之和。

（5）判断数 m 是否能同时被 5 与 7 整除。

**1－16**　用伪码分别描述第 1－15 题中各问题的求解算法。

**1－17**　用结构化 N－S 图分别描述第 1－15 题中各问题的求解算法。

# 第2章　C语言与C++语言

C语言是20世纪70年代初期在贝尔实验室开发出来的一种用途广泛、功能强大、使用灵活、面向过程的高级程序设计语言。它既可用于编写应用软件，又能用于编写系统软件。虽然采纳了ANSI/ISO标准以后的C语言自身不再发生变化，但是随着基于C语言的新式语言的产生，C语言的演变还在继续。新式语言包括最著名的C++语言，它在许多方面对C语言进行了扩展，尤其是增加了面向对象的编程特性。本章介绍C语言与C++语言的基础知识。

## 2.1　C语言的发展与特点

自20世纪90年代初，C语言在我国推广以来，学习和使用C语言的人越来越多。高等院校理工科专业大多都开设了C语言或C++程序设计课程。在企业级应用软件开发和专业系统软件中，C语言或C++语言的应用非常广泛。

### 2.1.1　C语言的发展

C语言是在贝尔实验室由Ken Thompson、Dennis Ritchie及其他同事在开发UNIX操作系统过程中产生的副产品。Thompson独自动手用汇编语言编写了UNIX操作系统的最初版本。由于用汇编语言编写的程序往往难以调试和维护，因此，Thompson意识到需要用一种更加高级的编程语言来完成UNIX操作系统未来的开发，于是他设计了一种小型的很简单且很接近硬件的B语言。Thompson的B语言是在BCPL语言的基础上开发的，BCPL（Basic Combined Programming Language）语言是1967年英国剑桥大学Martin Richards推出的无类型程序设计语言，而BCPL语言的起源又可追溯到一种更早并且影响更深远的Algol 60语言。

1970年，贝尔实验室为UNIX项目争取到一台PDP－11计算机，Thompson就用B语言重写了部分UNIX代码。1971年，B语言暴露出了非常不适合PDP－11计算机的问题，于是Ritchie开始开发B语言的升级版。最初将新开发的语言命名为NB语言，但是，后来新语言越来越脱离B语言，因此，将其改名为C语言。

1973年，C语言已经相当稳定，它既保持了BCPL和B语言精练、接近硬件的优点，又克服了它们过于简单、无数据类型的缺点。开发C语言的目的在于尽可能降低用它所写软件对硬件平台的依赖程度，使之具有可移植性。这一年 Ken Thompson 和 Dennis Ritchie 合作将 UNIX 操作系统 90%以上的内容用C语言重写，即 UNIX 第5版。随着 UNIX 操作系统的日益广泛使用，C语言也迅速得到推广，成为世界上应用最广泛的高级程序设计语言。

整个 20 世纪 70 年代，特别是 1977 年到 1979 年之间，C语言一直在持续发展。以 UNIX 第7版中的C语言编译系统为基础，1978 年，Brian Kernighan 和 Dennis Ritchie 合著了第1本影响深远的有关C语言的名著《The C Programming Language》。此书一经出版就迅速成为C程序员的宝典。由于当时没有C语言的正式标准，所以这本书就成为事实上的标准，编程爱好者把它称为“K&R”或者“白皮书”。

20 世纪 80 年代，C语言已经超越了 UNIX 领域的界限。运行在不同操作系统下的多种类型计算机都开始使用C语言。编写新的C语言编译系统的程序员都以“K&R”作为标准，但是，“K&R”对于一些语言特性的描述非常模糊，以至于编译系统常常会对这些特性进行不同的处理。而且，“K&R”也没有对属于C语言的特性和属于 UNIX 操作系统的内容进行明确的区分。不久，这种对C语言进行全面、准确描述的需求逐渐显现出来。

1983 年，美国国家标准协会（American National Standards Institute，ANSI）开始编制C语言标准。经过多次修订，C语言标准于 1988 年完成，1989 年 12 月正式通过并公布了一个完整的C语言标准——ANSI X3. 159－1989。1990 年，国际标准化组织（International Organization for Standardization，ISO）通过此项标准，作为国际标准 ISO/IEC 9899－1990。我们将这些标准中描述的C语言称为 ANSI C、C 89、ANSI/ISO C 或者就叫做“标准 C”。

1995 年，ISO 对 C 90 做了一些修订，即“1995 基准增补 1（ISO/IEC 9899/AMD1－1995）”。1999 年，ISO 对C语言标准又进行了修订，在基本保留原来C语言特征的基础上，针对应用需要，增加了一些功能，尤其是C＋＋中的一些功能，命名为 ISO/IEC 9899－1999（或称为C 99）。2001 年和 2004 先后又进行两次技术修订，即 2001 年的 TC1 和 2004 年的 TC2。

值得注意的是，目前由不同软件公司所提供的C语言编译系统并未完全实现 C 99 建议的功能，它们多以 C 89 为基础开发。读者应了解自己所使用的C语言编译系统的特点。在进行实际软件开发工作时，应注意使用能在更大程度上实现 C99 功能的编译系统。本书中所举示例程序都可以在目前大多数编译系统（如 Visual C＋＋ 6.0）上编译、链接和运行。

C＋＋语言是贝尔实验室的 Bjarne Stroustrup 设计的，它在许多方面对C语言进行了扩展，尤其是增加了面向对象的编程特性。随着C＋＋语言的迅速普及，在不久的将来你很可能会用C＋＋编写程序。果真如此，为何还要如此费心地学习C语言呢？首先，C＋＋语言比C语言更加难学，在学习复杂的C＋＋语言之前，最好是先精通C语言；其次，在我们身边存在着大量的C语言程序代码，这就需要能阅读和维护这些代码；最后，对于编写规模相对小的程序，不会从C＋＋语言中获得多少好处。学习C＋＋语言之前是否应先学习C语言，是一个见仁见智问题。C＋＋语言包含了C语言的全部特性。

## 2.1.2 C语言的优缺点

C语言具有自身的优缺点，两者都源于语言自身的预期用途和基础理论体系。

C语言是一种低级语言。作为一种适合编写系统软件的编程语言，C语言提供了对机器级概念的访问，这是其他编程语言试图隐藏的内容。C语言提供了与计算机内部指令紧密协调的操作，使得程序可以快速执行。既然应用程序要依赖操作系统进行输入/输出、存储管理以及其他众多服务，操作系统一定不能运行得太慢。

C语言是一种小型语言。与许多其他高级程序设计语言相比，C语言提供了一套更有限的特性集合。为了保持少量的特性，C语言在很大程度上依赖一个标准函数库。

C语言是一种包容性语言。C语言假定用户知道自己在做什么，它提供了比其他高级程序设计语言更广阔的自由度。另外，不同于其他程序设计语言，C语言不提供详细的查错功能。

**1. C语言的优点**

C语言具有以下主要优点：

（1）高效性。高效性是C语言与生俱来的优点之一。因为C语言原本就是用来编写由汇编语言编写的操作系统 UNIX，所以快速运行并占用有限内存就显得至关重要。

（2）可移植性。虽然程序的可移植性不是C语言的主要目标，但是它还是成为了C语言的优点之一。当程序必须在个人计算机到超级计算机多种机型上运行时，常常会用C语言编写。C程序具有可移植性的一个原因要感谢C语言与UNIX系统的早期结合，以及后来ANSI/ISO的标准化工作。正是由于标准化，C语言才没有分裂成不兼容的多种版本。另一个原因是C语言编译系统规模小且容易编写，这使得此种编译系统得以广泛应用。

（3）功能强大。C语言拥有一个庞大的数据类型和运算符集合，这个集合使得C语言具有强大的表达能力。

（4）灵活性。虽然C语言最初的设计是为了系统软件编程，但是没有将它限制在此范围内。C语言可以用于编写从嵌入式系统到数据处理的各种应用程序。许多在其他语言中认定为非法的操作往往在C语言中是允许的。虽然灵活性可能会漏掉某些错误，但是它却使编程变得更加轻松。

（5）标准函数库。C语言的一个突出优点就是它的标准函数库，它包含了数百个函数，这些函数可以用于输入/输出、字符串处理、存储分配以及其他一些实用操作。

**2. C语言的缺点**

C语言的缺点与它的某些优点本是同根生，均来自C语言与机器的紧密性。如果将类似于Pascal这样的语言看成是“高级语言”，那么，对C语言比较精确的描述应该是“低级语言”。C语言的主要缺点如下：

（1）C程序可能会漏洞百出。C语言的灵活性使得它可能成为一种漏洞百出的语言。许多程序设计语言可以发现的编程错误，C语言编译系统无法检查出来。从这方面来说，C语言与汇编语言极为相似。更为糟糕的是，C语言还包含着大量不易觉察的隐患，比如，一个额外的分号可能会导致无限循环，或者一个遗漏的 & 可能会引发程序崩溃。

（2）C 程序可能会难以理解。虽然根据大多数衡量标准，C 语言是一种小型语言，但是它也有许多其他程序设计语言没有的特性。这些特性可以通过多种方式结合使用，一些结合尽管编程者心知肚明，但是其他人恐怕就难以理解。C 语言的灵活性可能是另一个负面因素，有些程序员实在是太高明了，甚至可以编写出除了他们自己几乎没有人能读得懂的程序。

### 2.1.3　C 语言的特点

C 语言是当前较为流行的一种应用程序和系统软件开发工具，受到广大编程爱好者以及专业程序员的青睐，它具有以下主要特点。

（1）语言简洁、紧凑，使用方便、灵活。C 语言只有 37 个关键字、9 种控制语句。程序书写形式自由，压缩了一切不必要的成分。事实上，C 语言是一个内核很小的语言，只包含极少的与硬件有关的成分，C 语言不直接提供输入和输出语句、有关文件操作语句和动态内存管理语句等（这些操作由编译系统提供的库函数实现）。

（2）运算符和数据类型丰富。C 语言共有 34 种运算符，它把括号、赋值和强制类型转换等都作为运算符处理，从而使 C 语言的运算类型非常丰富，表达式类型多样化。灵活使用各种运算符可以实现其他程序设计语言难以实现的运算。C 语言提供的数据类型包括：整型、浮点型、字符型、数组类型、指针类型、结构体类型和共用体类型等，C 99 又扩充了复数类型、超长整型和布尔类型等。尤其是指针类型数据，使用十分灵活和多样化，能用来实现各种复杂的数据结构的运算。

（3）具有结构化的控制语句。用函数作为程序的模块单位，便于实现程序模块化。C 语言是完全的模块化和结构化程序设计语言。

（4）语法限制不太严格，程序设计自由度大。大多数高级程序设计语言的语法检查都比较严格，能检查出几乎所有的语法错误，而 C 语言允许程序员有较大的自由度，因此放宽了语法检查。程序员应当仔细检查程序，保证其正确性，不能依赖 C 语言编译系统查错。限制严格就失去灵活性；强调灵活性就必须放宽限制。C 语言的灵活性对于初学者来说并不是一件幸事。

（5）C 语言具有汇编语言的大部分功能。C 语言允许直接访问物理地址，能进行位运算，可以直接对硬件进行操作。因此 C 语言既具有高级语言的特性，又具有低级语言的功能。

（6）C 程序可移植性好。由于 C 语言的编译系统相当简洁，因此很容易移植到新的系统。几乎在所有的计算机系统中都可以使用 C 语言。

（7）生成的目标代码质量高，程序执行效率高。

### 2.1.4　高效使用 C 语言

高效地使用 C 语言，要求在利用 C 语言优点的同时避免它的缺点。下面是一些建议：

**1. 学习规避 C 语言的缺陷**

若想了解 C 语言详尽的缺陷列表，可以参考人民邮电出版社于 2002 年出版的由 Andrew Koenig 编写的《C 陷阱与缺陷》一书。现代编译系统都可以检查到常见的缺陷，但是没有一个编译系统可以检查出全部缺陷。我们应养成良好的程序设计风格。

**2. 使用软件工具使程序更加可靠**

C 程序员是众多软件工具的制造者和使用者。lint 是最著名的 C 语言工具之一，它由贝尔实验室 SteveJohnson 于 1979 在 PCC（PortableC Compiler）基础上开发的静态代码分析工具，一般由 UNIX 系统提供。与大多数 C 语言编译系统相比，lint 可以对程序进行更加广泛的错误分析，是一种更加严密的编译工具。另一个有益的工具是 C 语言调试工具。由于 C 语言的本性，许多错误无法被 C 编译系统查出，这些错误会以运行时出错或不正确输出形式表现出来，因此，在实践中 C 程序员必须能够很好地使用调试工具。其他常用工具还有越界检查工具（bounds－checker）和内存泄露监测工具（leak－finder）等。

**3. 利用现有代码库**

将人们编写好的代码用于自己的程序中是一个非常好的主意。大家都在使用 C 语言，C 代码经常被打包进入函数库。获取适当的函数库，既可以大大减少错误，又可以节省许多编程时间。用于常见任务的函数库很容易获得，这些函数库包括用户界面开发、数据库管理等。有些函数库是公用的，有些函数库是作为商品销售的。

**4. 采用一套切合实际的编程规范**

编程规范是一套编程规则，即使语言本身没有强制要求，程序员也必须严格遵守。适当的规范可以使程序风格更加统一，并且易于阅读和维护。使用任何一种程序设计语言都需要编程规范，尤其是 C 语言。由于 C 语言本身具有较高的灵活性，这使得程序员编写的代码可能会难以理解。这就要求我们在使用 C 语言时，必须采纳一套编程规范并且坚持运用它。

**5. 避免“投机取巧”和极度复杂的代码**

C 语言鼓励使用编程技巧。通常用 C 语言完成某项任务时会有多种解决途径，程序员经常会尝试选择最简洁的方式。但是，千万不要没有节制，因为最简洁的解决方式往往也是最难以理解的。

**6. 避免不可移植性**

大多数 C 语言编译系统都提供了不属于标准 C 内容的特性和库函数。除非确有必要，否则最好尽量避免使用这些特性和库函数。

## 2.2 C 语言应用程序结构

在 C 语言中，函数是组成 C 语言应用程序的基本单位。事实上，C 语言应用程序结构具有以下特性。

### 2.2.1 一个应用程序由一个或多个源程序文件组成

按照结构化、模块化程序设计原则，一个规模较大的应用程序一般划分成多个模块，每个模块都可以由一个源程序文件实现。在进行编译、连接时，是以源程序文件为对象进行的。即先分别对各个源程序文件进行编译得到相应的目标程序，再将这些目标程序连接成一个可执行程序。这样，源程序文件规模适当，便于调试和管理。

对于规模较小的应用程序，往往可以由一个源程序文件实现。一个源程序文件由一个或多个函数组成。源程序文件结构可以分为 3 个部分。

(1) 预处理指令。如＃include＜stdio. h＞。C 语言编译系统在对源程序编译前，先由一个预处理程序对预处理指令进行预处理。对于＃include＜stdio. h＞指令来说，就是将 stdio. h 头文件读入。然后由编译系统将预处理结果与源程序其他部分一起进行编译，形成目标程序。

(2) 全局定义和声明。在预处理指令与函数定义之间的数据类型定义和全局变量声明部分。这些数据类型和全局变量在整个源程序文件范围内有效。在函数内声明的变量是局部变量，只在该函数内有效。

(3) 函数定义。一个应用程序中有且仅有一个被命名为 main () 的主函数，还可以包含许多其他函数。每个函数用来实现一定的功能。

### 2.2.2 函数是组成应用程序的基本单位

C 语言应用程序几乎所有功能都是由各个函数分别实现的，函数是组成 C 语言应用程序的基本单位。在设计良好的应用程序中，每个函数都用来实现一个特定的功能。C 语言程序设计的主要工作就是设计编写一个个函数。

C 语言的库函数十分丰富，ANSI C 建议提供 100 多个标准库函数。不同的 C 语言编译系统除了提供标准库函数外，还增加了一些其他专门的库函数。不同的 C 语言编译系统所提供的库函数个数和功能是不完全相同的。

在应用程序中被调用的函数可以是系统提供的库函数，也可以是用户根据需要自己设计编制的函数。自己设计编制的函数结构包括两部分。

(1) 函数首部。即函数的第 1 行，包括函数类型、函数名、函数参数类型和函数参数。函数名后面必须跟一对圆括号，圆括号内为参数类型和形式参数名。

(2) 函数体。即函数首部下面由花括号组成的复合语句。函数体由声明部分（声明本函数所用到的局部变量和所调用的函数）和执行部分（实现函数功能的细节描述）组成。

### 2.2.3 一个应用程序中有且仅有一个被命名为 main () 的主函数

无论主函数 main () 在应用程序的哪个源程序文件中，或在这个源程序文件中的位置如何，应用程序总是从主函数 main () 开始执行。

## 2.3 Visual C＋＋ 6.0 集成开发环境

用 C 语言编写的源程序必须经过编译、连接得到一个可执行文件，运行这个可执行文件，才能得到程序运行结果。

不同的软件厂商开发出了不同版本的C编译系统，功能大同小异，都可以对C源程序进行编译、连接和运行。20世纪90年代，Turbo C 2.0集成开发环境使用比较普遍。在Windows环境下，人们主要使用Turbo C++或Visual C++集成开发环境。C源程序可以在Visual C++集成开发环境中编译、连接和运行。本书C源程序在Visual C++ 6.0中文版集成开发环境下编辑、编译、连接、调试和运行。

### 2.3.1 Visual C++ 6.0的安装

安装和正常运行Visual C++ 6.0的软硬件系统环境的最低要求是：486DX/66MHz或更高的微处理器；32MB以上内存和150 MB以上的硬盘空间；VGA或更高分辨率的显示器；Windows 98或更新版本的操作系统。相对于现在的计算机系统来说，可以说是非常低的要求了。

Visual C++ 6.0是微软公司发布的Windows和Internet平台开发系统Visual Studio6.0中的一个开发工具，用户可以在Visual Studio6.0的安装过程中，通过自定义选项选择Visual C++ 6.0进行安装，也可以使用Visual C++ 6.0安装光盘单独安装。

安装时，将安装光盘放入光驱，稍等片刻就会出现安装向导或执行其中的setup.exe。根据屏幕上安装向导的提示，确定相应参数就会自动完成安装。

### 2.3.2 Visual C++ 6.0的帮助系统

Visual C++ 6.0联机帮助由微软开发的网络（MSDN）库光盘组成。使用联机帮助之前，必须安装MSDN。安装方法类似于Visual C++ 6.0的安装。由于MSDN集成了Visual Studio6.0中所有软件的帮助信息，在安装过程中可以根据需要进行自定义选择安装。

帮助主题对话框中包含了“目录”、“索引”、“搜索”和“书签”4个选项卡。读者可以通过目录或关键字等查找需要的帮助信息。此外，MSDN支持在线获取帮助，单击菜单中的“MSDN Online”，将连接到默认的MSDN站点，在该站点中可以进行帮助查询。在Visual C++ 6.0的理论学习和上机实践中，学会使用帮助系统可以使读者较快地掌握Visual C++ 6.0编程技术。

### 2.3.3 Visual C++ 6.0的启动和退出

#### 1. Visual C++ 6.0的启动

Visual C++ 6.0在安装成功后，可以使用多种方式启动。

(1) 若Windows桌面上有Microsoft Visual C++ 6.0的快捷图标，则直接双击该图标进行启动。

(2) 使用开始菜单启动Visual C++ 6.0。选择【开始】|【程序】|【Microsoft Visual C++ 6.0中文版】命令，即可启动Visual C++ 6.0。

**2. Visual C++ 6.0 的退出**

退出 Visual C++ 6.0 也有多种方式。

(1) 单击标题栏右侧的关闭按钮。

(2) 选择【文件】|【退出】命令。

(3) 使用快捷键 Alt+Q。

### 2.3.4 Visual C++ 6.0 的集成开发环境

Visual C++6.0 简称 VC 或者 VC6.0，是微软公司推出的一款 C++编译系统。Visual C++是一个功能强大的可视化软件开发工具。自 1993 年 Microsoft 公司推出 Visual C++1.0 后，随着其新版本的不断问世，Visual C++已成为专业程序员进行软件开发的首选工具。Visual C++6.0 不仅是一个 C++编译系统，而且是一个基于 Windows 操作系统的可视化集成开发环境（Integrated Development Environment，IDE）。Visual C++ 6.0 由许多组件组成，包括编辑器、编译器、调试器、连接程序以及程序向导 AppWizard、类向导 Class Wizard 等开发工具。这些组件通过一个名为 Developer Studio 的组件集成为一个和谐开发环境。读者只有熟练地掌握它，才能顺利地编译、连接、调试和运行自己设计开发出的 C 源程序。

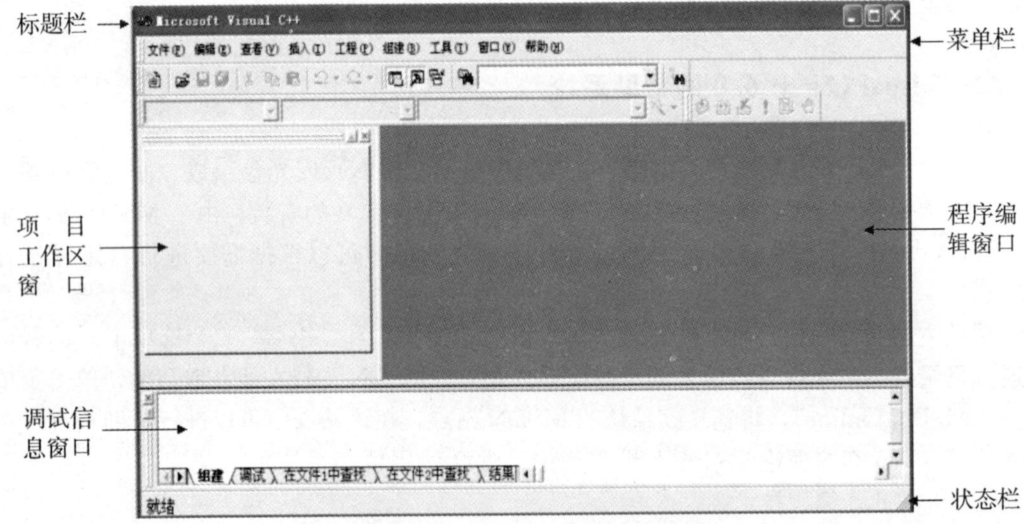


**图 2—1 VisualC++6.0 集成开发环境**

Visual C++ 6.0 启动后，即进入如图 2—1 所示的 VisualC++6.0 集成开发环境（主窗口）。Visual C++ 6.0 集成开发环境界面主要由标题栏、菜单栏、工具栏、项目工作区窗口和程序编辑窗口组成。标题栏从左到右依次是控制菜单按钮、标题内容、最小化按钮、最大化按钮/还原按钮和关闭按钮。默认标题内容为“ Microsoft Visual C++”。

在 Visual C++ 6.0 主窗口的主菜单栏中包含 9 个菜单项：文件（File)、编辑（Edit)、查看（View)、插入（Insert)、工程（Project)、组建（Build)、工具（Tools)、窗口（Window）和帮助（Help)。

以上各项括号内的是 Visual C++ 6.0 英文版的英文菜单显示，以便读者在使用 Visual C++ 6.0 英文版时对照。因为并没有真正的中文版 Visual C++ 6.0，推出的 Visual C++ 6.0 汉化版只是将菜单汉化了，并且汉化的有些用语不完全准确。因此许多人都使用 Visual C++ 6.0 英文版。

项目工作区窗口用于显示所设定的项目工作区信息，以目录树结构显示和组织项目文件、源程序文件和系统资源。程序编辑窗口用于输入和编辑源程序。调试信息窗口用于显示在编译、连接时产生的信息。状态栏用于显示当前的工作状态。

### 2.3.5 Visual C++ 6.0 集成开发环境设置

选择【工具】|【选项】命令，打开“选项”对话框，如图 2—2 所示，可以设置 Visual C++ 6.0 集成开发环境。

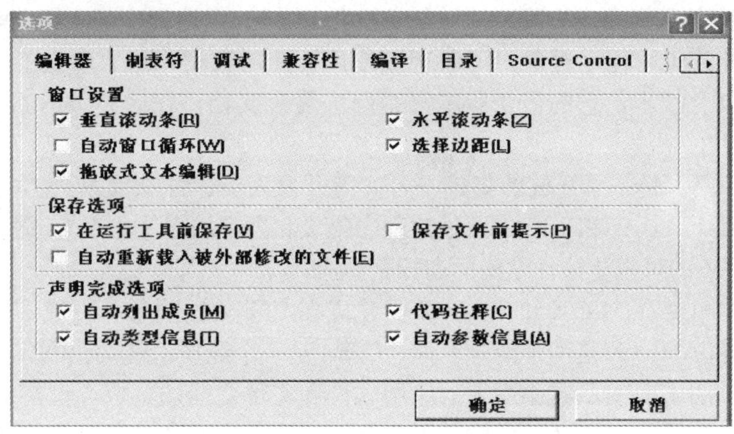


**图 2—2 Visual C++ 6.0“选项”对话框**

### 2.3.6 Visual C++常用术语

为了使读者能更好地理解 Visual C++，下面介绍 Visual C++中的常见术语。

（1）**工作区**（Workspace）。用于存放工程文件的工作区。

（2）**工程**（Project）。也叫项目，是指用于创建一个应用程序的文件集合。

（3）**对象**（Object）。是反映客观事物属性及其行为特征的描述。每个对象都具有描述其特征的属性及附属于它的行为。对象把事物的属性和行为封装在一起，是一个动态的概念。对象是面向对象程序设计的基本元素。

（4）属性（Property）。是用来描述对象特征的参数。如大小、位置、颜色或标题等。

（5）事件（Event）。是每个对象可能用以识别和响应的某些行为和动作。一般情况下，事件是通过用户的操作行为或动作引发。当事件发生时，将执行包含在事件过程中的程序代码。

（6）方法（Method）。是附属于对象的行为和动作，它嵌入在对象中。用户可以直接调用对象的方法。

（7）类（Class）。是一组对象的属性和行为特征的抽象描述。或者说，类是具有共同属性、共同操作性质的对象集合。类是对象的抽象描述，对象是类的具体实例。

(8) 过程（Sub）。是为完成某些特定的任务编写的程序代码。

(9) 组件（Component）。是一个可重用的模块，它是由一组处理过程、数据封装和用户接口组成的业务对象（Rules Object）。

(10) 组件对象模型（Components Object Model，COM）。是软件组件互相通信的一种方式。COM 的基本出发点是，让某个软件通过一个通用的机构为另一个软件提供服务。它是一种二进制和网络标准，是处在底层的基础技术。COM 是独立于语言的组件体系结构，可以让组件间相互通信。随着计算机网络的发展，COM 进一步发展为分布式组件对象模型（Distributed COM，DCOM）。

(11) 对象链接与嵌入（Object Linking and Embedded，OLE）。动态数据交换（Dynamic Data Exchange，DDE）通信协定可以让应用程序之间自动获取彼此的最新数据。而 OLE 将应用程序的数据交换提高到"对象交换"。这样，应用程序间不但能获得数据，同时也能获得彼此的应用程序对象，可以直接使用彼此的数据内容。事实上，OLE 是 Microsoft 的复合文档技术，它的最初版本只是瞄准复合文档，在后续版本 OLE2 中，导入了 COM。

(12) ActiveX。是一个开放的集成平台，为开发人员、用户和 Web 生产商提供了一个快速简便地在 Internet 和 Intranet 创建程序集成和内容的方法。ActiveX 是一种封装技术，是基于 COM 的可视化控件结构的商标名称。

从体系结构角度看，OLE 和 ActiveX 是建立在 COM 之上的，COM 是基础；从名称角度看，OLE 和 ActiveX 是两个商标名称，COM 是一个纯技术名词。OLE 与 ActiveX 最大的不同在于：OLE 针对的是桌面上的应用软件和文件之间的集成，仅指复合文档；ActiveX 是指宽松定义的、基于 COM 的技术集合，最核心技术是 COM，以提供网络应用与用户交互为主。

## 2.4 运行 C 语言应用程序方法与上机操作步骤

Visual C++ 6.0 既可以对 C++源程序进行编译、连接和运行，也可以对 C 源程序进行编译、连接和运行。在初步了解 Visual C++ 6.0 集成开发环境后，可以开始运行 C 语言应用程序。运行 C 语言应用程序方法与上机操作步骤如下：(1) 输入和编辑 C 语言源程序；(2) 对源程序进行编译形成目标程序；(3) 将所有应用程序的目标程序与所需系统资源连接成可执行程序；(4) 运行可执行程序得到问题的解。

### 2.4.1 输入和编辑源程序

输入和编辑 C 语言源程序，可以分为以下几种情况进行。

**1. 新建一个 C 语言源程序文件**

新建一个 C 语言源程序文件，可以按以下步骤进行。

(1) 启动 Visual C++ 6.0，进入如图 2—1 所示的 Visual C++6.0 集成开发环境的

主窗口。选择【文件（File)】|【新建（New)】命令，打开“新建（New)”对话框，如图 2—3 所示。

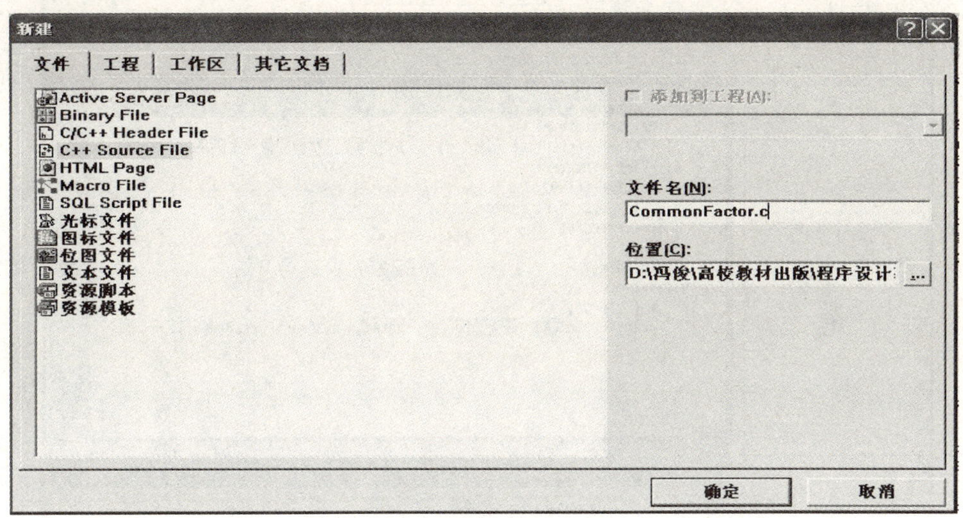


**图 2—3 “新建（New)”对话框**

选择此对话框左上角的“文件（File)”选项卡，单击“C＋＋ Source File”选项，表示建立一个 C＋＋源程序文件（也可以建立一个 C 源程序文件）。在“文件名 [N]：(File)”标识的文本框中输入准备建立的源程序文件名（这里输入的文件名为：CommonFactor. c)。在“位置 [C]：(Location)”标识的文本框中输入源程序文件的存储路径（这里输入的路径为：D：\冯俊\高校教材出版\程序设计基础第二版书稿)。这样，就可以建立一个文件名为：CommonFactor. c，存储在文件夹“程序设计基础第二版书稿”中的 C 语言源程序。

**注意：**要建立 C 语言源程序，必须指定文件名后缀为 . c。若文件名中不指定后缀，则系统默认为要建立一个 C＋＋源程序文件，自动为文件名追加后缀 . cpp。

单击“确定（OK)”按钮后，回到 Visual C＋＋6.0 集成开发环境的主窗口，并打开一个以给定文件为标题的程序代码编辑窗口，如图 2—4 所示。这时，就可以输入 C 语言源程序了，当发现有输入错误时，可以采用全屏幕编辑方法对输入的源程序进行编辑修改。这里输入的是第 1 章中的用欧几里得算法求解两个正整数最大公因子的 C 语言源程序。

在输入和编辑源程序过程中，可以随时选择执行【文件（File)】|【保存（Save)】命令，或单击保存图标，或使用快捷键 Ctrl＋S，将源程序保存。如 Visual C＋＋6.0 集成开发环境主窗口最下部的状态栏显示的“D：\冯俊\高校教材出版\程序设计基础第二版书稿\CommonFactor. c”。

**2. 打开一个已有的 C 语言源程序文件**

若想编辑修改一个已有的 C 语言源程序，则需要首先打开这个源程序文件。打开源程序文件的方法有以下几种。

(1) 执行【文件（File)】|【打开（Open)】命令，或单击打开图标，或使用快捷键 Ctrl＋O，打开“打开（Open)”对话框，如图 2—5 所示。选定要打开的源程序文

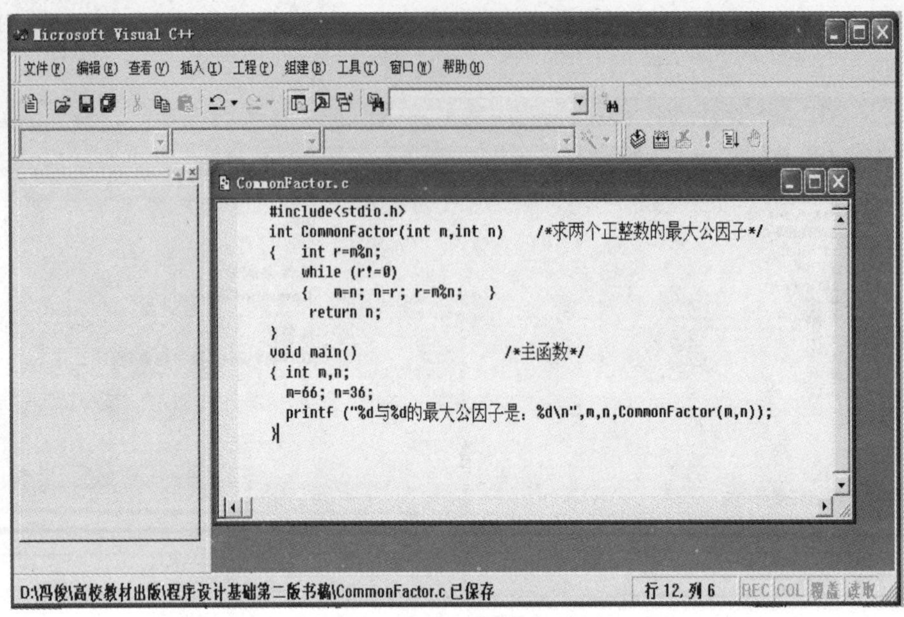


图 2—4 程序代码编辑窗口

件，单击“打开”按钮，即可打开程序代码编辑窗口，并显示该源程序。

(2) 通过“资源管理器”或“我的电脑”，查找要打开的 C 源程序文件，双击此文件名，则自动进入 Visual C++6.0 集成开发环境的主窗口，并打开程序代码编辑窗口，显示源程序。

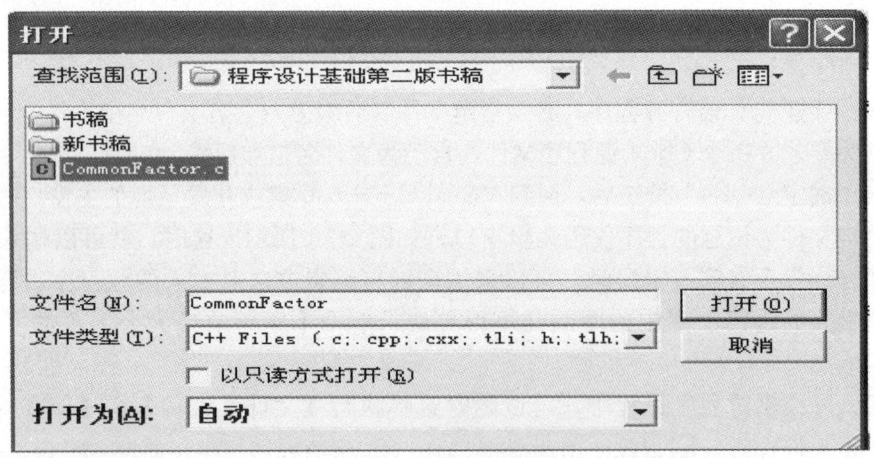


图 2—5 “打开”对话框

**3. 通过已有源程序文件建立一个新源程序文件**

为了避免重复输入程序中的部分内容，可以通过已有的 C 语言源程序文件建立一个新的 C 语言源程序文件，方法如下：

(1) 打开已有的 C 语言源程序文件。

(2) 执行【文件 (File)】|【另存为 (Save As)】命令，打开“另存为 (Save As)”对话框，如图 2—6 所示。确定新源程序文件名和保存文件夹，单击“保存”按钮，则将

已有源程序文件保存为一个新的源程序文件。

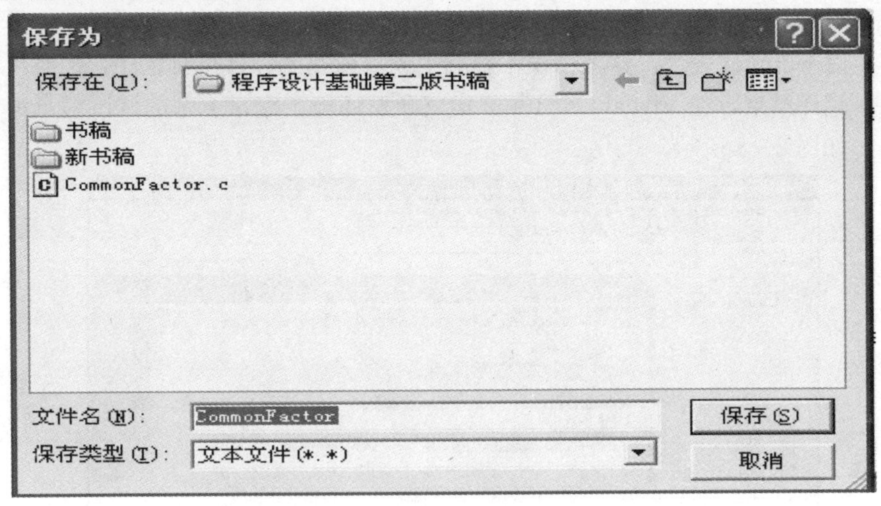


图 2—6 “另存为 (Save As)”对话框

(3) 对这个新的源程序按要求进行编辑、修改和保存，就可以建立一个新的源程序文件。

## 2.4.2 源程序的编译、连接和运行

当输入、编辑和保存好一个C语言应用程序后，就可以对源程序进行编译、连接得到可执行程序，运行这个可执行程序得到问题的解。

**1. 对源程序进行编译**

编译系统对源程序进行编译，就是对源程序进行多遍扫描，检查源程序是否有语法错误，若有语法错误，则给出出错信息，要求对源程序进行编辑修改。对编辑修改后的源程序再重新进行编译，直到没有语法错误时，将源程序转换成目标程序。在编译过程中，包括预编译和正式编译两个阶段。预编译是对源程序中的预处理指令进行预编译处理。正式编译是对预编译处理的结果信息与源程序其他部分一起转换成二进制形式的目标程序，目标程序文件名的后缀为.obj。

在输入、编辑和保存好源程序后，执行【组建 (Build)】|【编译 (Compile) [CommonFactor.c]】命令，或单击编译图标，或使用快捷键Ctrl+F7，屏幕上出现一个如图 2—7 所示的消息框，询问“这个编译命令要求一个有效的项目工作区，你是否同意建立一个默认的项目工作区”。单击“是 (Y)”按钮，表示同意由系统建立默认项目工作区，然后系统开始对源程序进行编译。

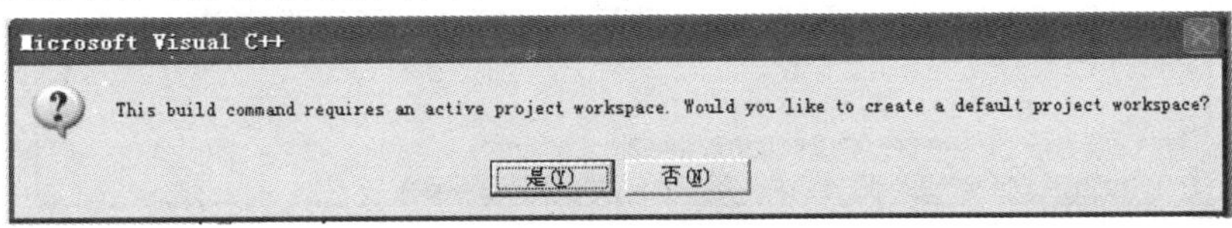


图 2—7 系统消息框

在进行编译时，编译系统检查源程序中是否有语法错误。语法错误分为两类：一类是致命错误，以 error 表示，若有这类错误，则通不过编译，无法形成目标程序；另一类是轻微错误，以 warning 表示，这类错误不影响生成目标程序和可执行程序，但有可能影响运行结果。编译结束，在 Visual C++6.0 集成开发环境主窗口下部的调试信息窗口输出编译信息，如图 2—8 所示。

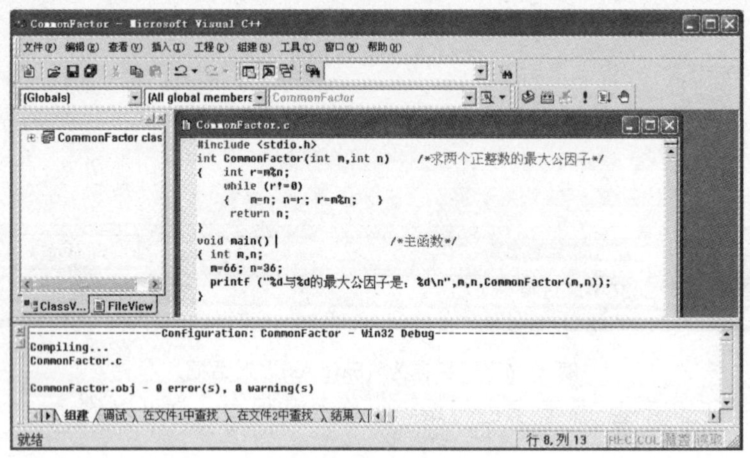


图 2—8　调试信息窗口

**2. 对源程序进行调试修改**

程序调试的任务就是发现和修改程序中的错误。编译系统能够检查出程序中的语法错误，并将出现错误的位置和性质显示在调试信息窗口，如图 2—9 所示。双击调试信息窗口中的第 1 个报错行，这时，在主窗口最下部的状态栏提示错误性质，在程序代码编辑窗口中出现一个粗箭头指向被报错的程序行（第 9 行），提示改错位置。仔细检查，发现出错原因是第 8 行主函数名后多了一个分号，将该分号删除，出错问题就可以得到解决。在分析编译报错信息时，应检查出错点的上下行内容。

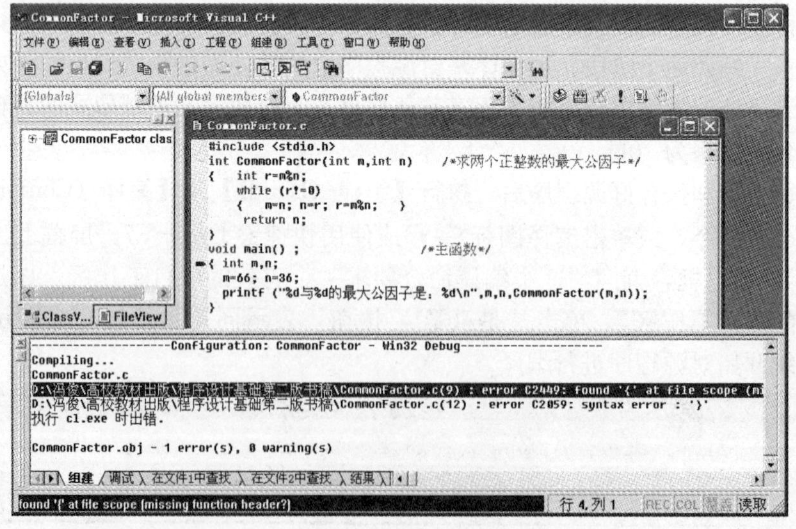


图 2—9　程序调试

根据编译系统的报错信息对源程序进行调试修改完成后，需要再重新编译。若源程序没有语法错误（调试信息窗口显示：0 error（s），0 warning（0）），则编译成功，生成目标程序 CommonFactor. obj，如图 2—8 调试信息窗口所示。

**3. 对目标程序进行连接**

生成目标程序后，就可以对目标程序进行连接，执行【组建（Build)】｜【组建(Build)［CommonFactor. exe］】命令，或单击组建图标，或使用快捷键 F7，完成连接后，在调试信息窗口显示连接信息，若没有错误，则生成一个可执行程序 CommonFactor. exe，如图 2—10 所示。

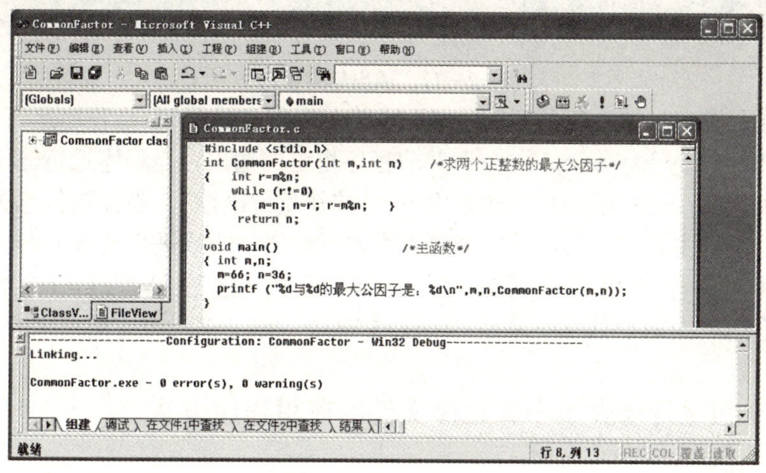


图 2—10　程序连接

**4. 运行可执行程序**

生成可执行程序 CommonFactor. exe 后，就可以直接运行该程序了。执行【组建(Build)】｜【! 执行（Execute)［CommonFactor. exe］】命令，如图 2—11 所示。

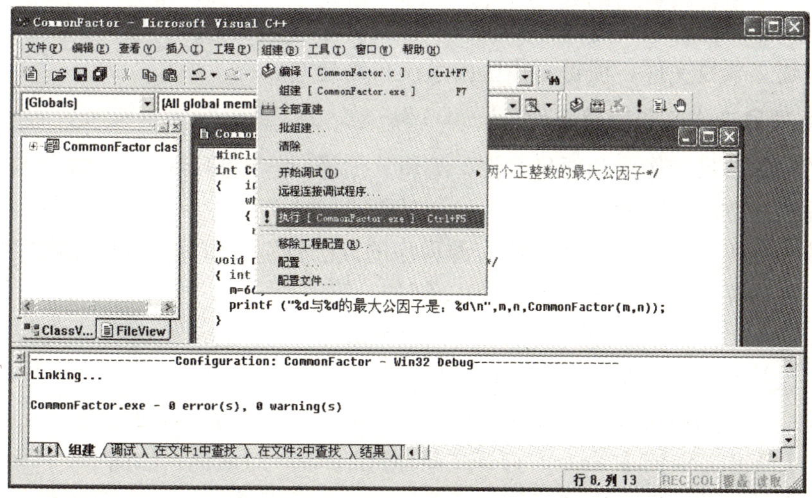


图 2—11　运行可执行程序

也可以单击运行图标❗，或使用快捷键Ctrl+F5来运行程序。程序运行后，打开输出结果窗口，显示程序运行结果，如图2—12所示。

图2—12 输出结果窗口

在输出结果窗口，第1行的“66与36的最大公因子是：6”是程序运行的输出结果。第2行的“Press any key to continue”并非程序指定的输出，是程序运行输出完运行结果后系统自动加上的一行提示信息，通知用户：“按任意键继续”。当你按任意键后，输出结果窗口关闭，返回主窗口，可以继续对源程序进行编辑修改或进行其他工作。

若完成了对一个应用程序的编辑、编译、调试、连接和运行，应当执行【文件(File)】|【关闭工作区（Close Workspace)】命令，以结束对该应用程序的操作。

### 2.4.3 建立和运行包含多个源程序文件的应用程序方法

若一个应用程序包含多个源程序文件，则需要建立一个项目文件（project file)，在这个项目文件中包含多个源程序文件和头文件。项目文件放在项目工作区中，因此还需要建立一个项目工作区。在对应用程序进行编译时，系统会分别对项目文件中的每个源程序文件进行编译，然后将所得到的目标程序与系统的有关资源程序进行连接，生成一个可执行程序，最后运行这个可执行程序。

在实际操作时建立项目有两种方法：一种是由用户建立项目工作区和项目文件；另一种是用户只建立项目文件，项目工作区由系统自动建立。

**1. 建立项目工作区和项目文件**

由用户建立项目工作区和项目文件，编辑、编译、连接和运行一个包含多个源程序文件的应用程序的方法和步骤如下：

(1) 按照2.4.1节建立一个C语言源程序的方法分别编辑好同一应用程序中的各个源程序文件，并保存在你指定的文件夹中。例如，第6章6.7.3节例6—10应用程序包含common_d_m.c、commondiviso.c和commonmultiple.c共3个源程序文件，将它们保存在“程序设计基础第二版书稿”文件夹中，如图2—13所示。

(2) 建立一个项目工作区。在Visual C++6.0集成开发环境的主窗口，执行【文件(File)】|【新建（New)】命令，打开“新建（New)”对话框，如图2—14所示。

选择此对话框第2行中的“工作区（Workspace)”选项卡，表示要建立一个新的项目工作区。在“工作空间名称[N]：(Workspace name)”标识的文本框中输入你指定的工作区名称（这里输入：Wcommon)。在“位置[C]：(Location)”标识的文本框中输入工

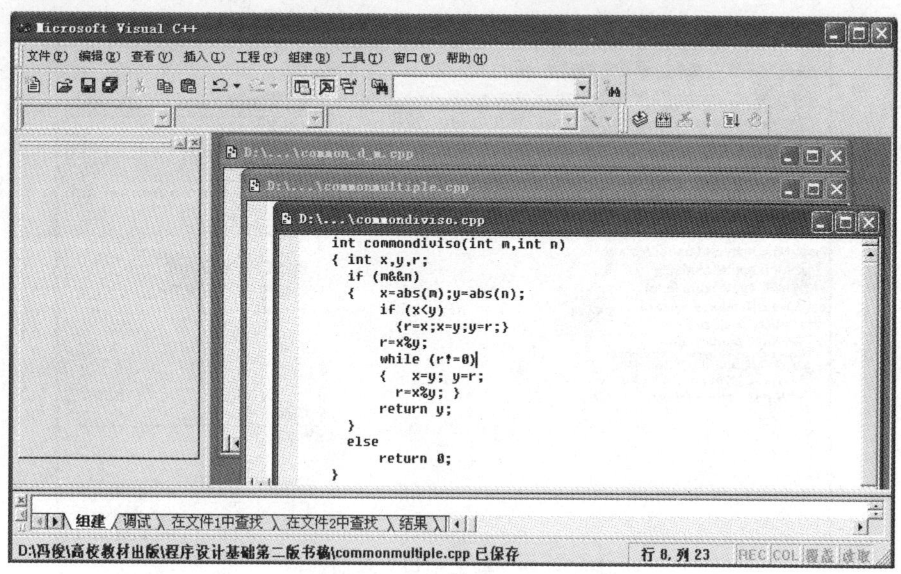


图 2—13 建立多个源程序文件

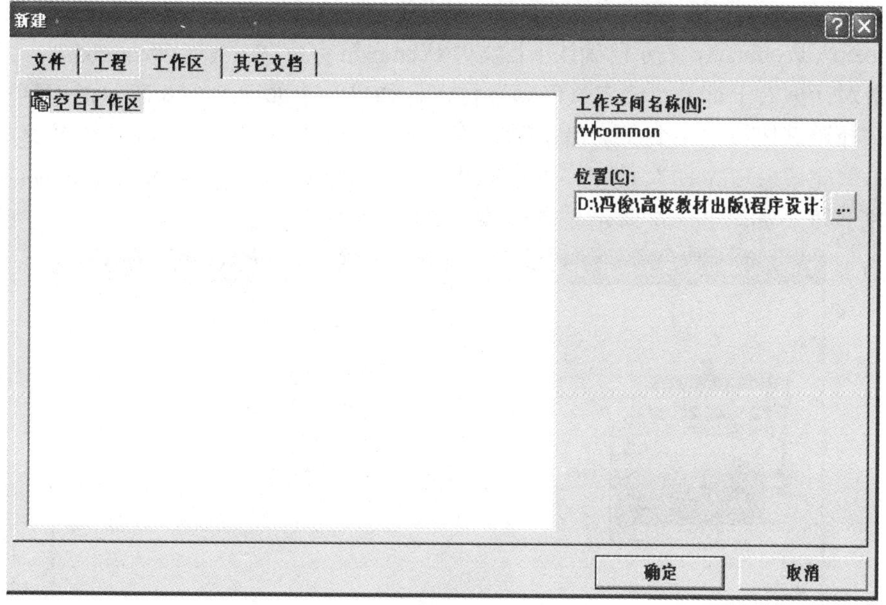


图 2—14 新建工作区对话框

作区的存储路径（这里输入的路径为：D：\冯俊\高校教材出版\程序设计基础第二版书稿）。单击对话框右下部的“确定（OK）”按钮后，返回 Visual C++6.0 集成开发环境的主窗口。

（3）建立项目文件（也叫工程文件）。在 Visual C++6.0 集成开发环境的主窗口，执行【文件（File）】｜【新建（New）】命令，打开“新建（New）”对话框。选择此对话框第 2 行中的“工程（Projects）”选项卡，表示要建立一个项目文件，如图 2—15 所示。

在对话框左部列表中选择“Win 32 Console Application”项，在右部“工程名称［N］：(Project name)”标识的文本框中输入你指定的项目文件名称（这里输入：Pcommon），选择单

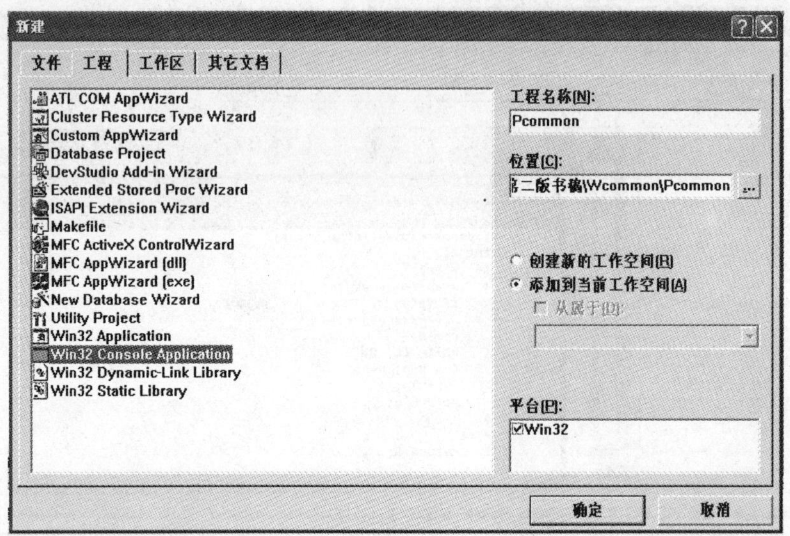


图 2—15　新建项目文件对话框

选按钮“添加到当前工作空间［A］(Add to current workspace)”，此时，以“位置［C］：(Location)”标识的文本框中内容自动变为：D：\冯俊\高校教材出版\程序设计基础第二版书稿\Wcommon\Pcommon，表示已确认项目文件 Pcommon 存放在工作区 Wcommon。

单击对话框右下部的“确定（OK）”按钮，弹出一个如图 2—16 所示的对话框。在对话框中选择单选按钮“一个空工程［E］(An empty project)”，表示新建立的是一个空项目。单击“完成（Finish）”按钮，系统弹出一个“新建工程信息（New Project Information)”消息框，如图 2—17 所示，显示建立项目的有关信息。

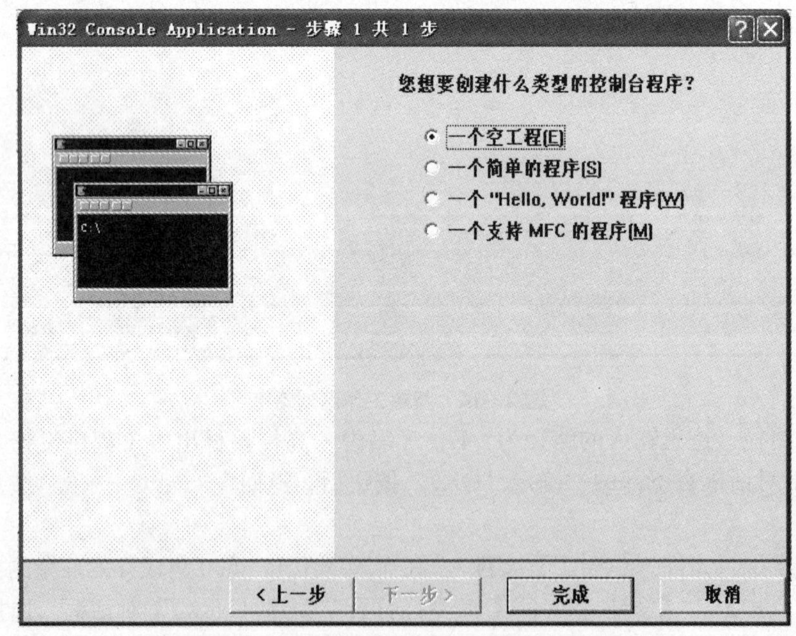


图 2—16　选择创建类型对话框

单击对话框右下部的“确定（OK）”按钮，回到 Visual C＋＋6.0 集成开发环境的主窗口，如图 2—18 所示。可以看到：主窗口左窗格是一个“工作区（Workspace)”窗口，

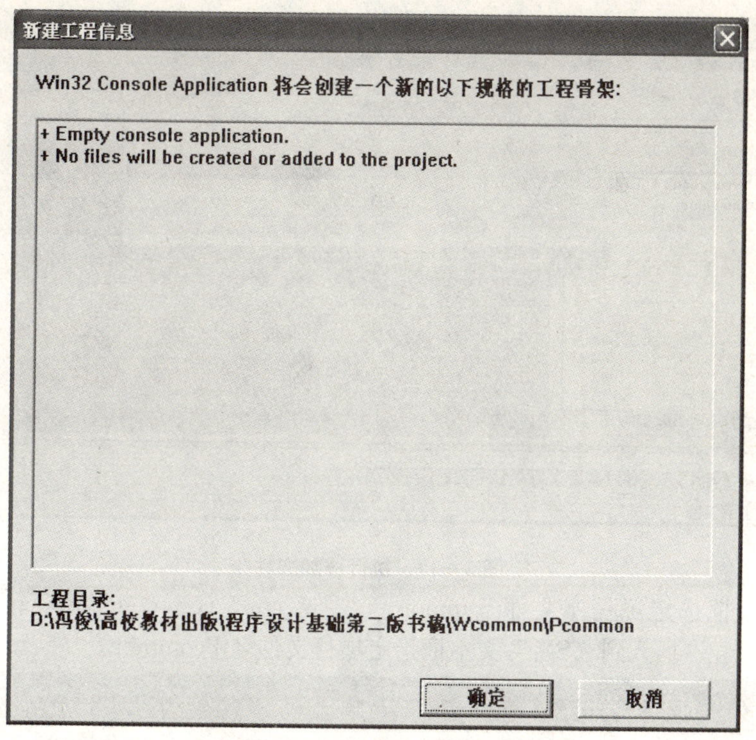


图 2—17 新建工程信息消息框

选定“File View”选项卡，窗口中所显示的内容表示：当前工作区 Wcommon 中有一个项目文件 Pcommon，项目文件中的文件为空。

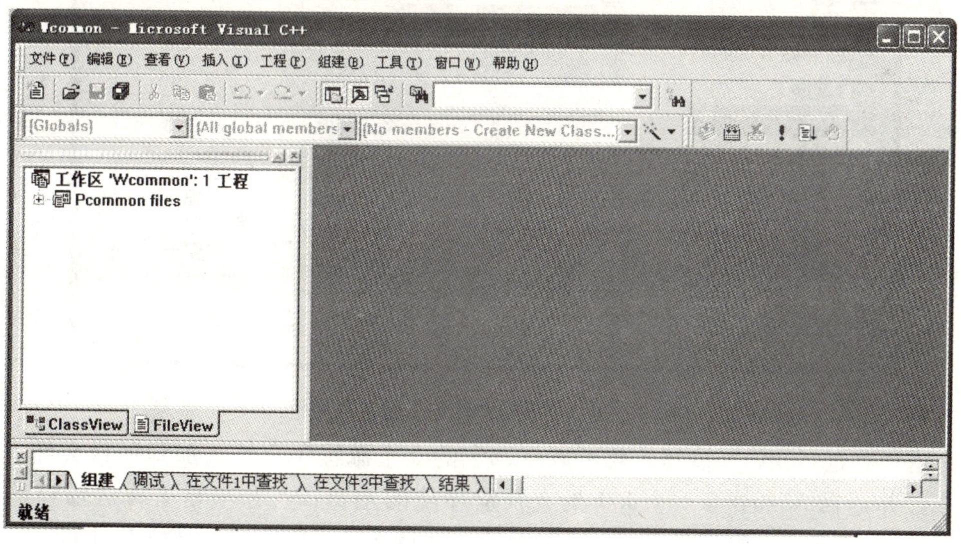


图 2—18 “工作区（Workspace）”窗口

（4）将源程序文件添加到项目文件。执行【工程（Project)】｜【增加到工程（Add To Project)】｜【文件（Files)】命令，如图 2—19 所示。

执行命令后，打开“插入文件到工程（Insert Files into Project)”对话框，如图 2—20 所示。在“查找范围（I)：”对话框指定源程序文件所在文件夹“程序设计基础第二版

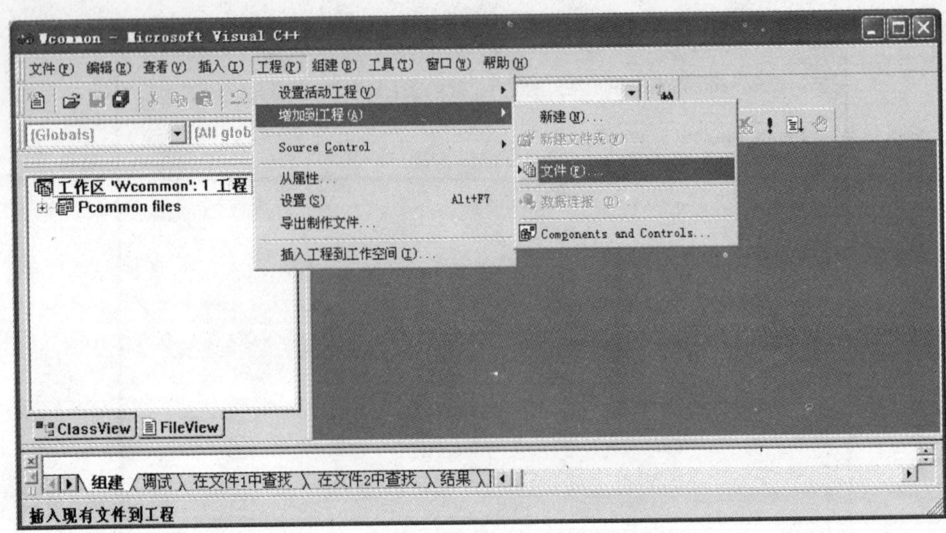


图 2—19　执行添加文件

书稿”，在列表框选定源程序文件 common _ d _ m. cpp、commondiviso. cpp 和 commonmultiple. cpp，在“插入到（S）：”文本框指定项目文件名 Pcommon。

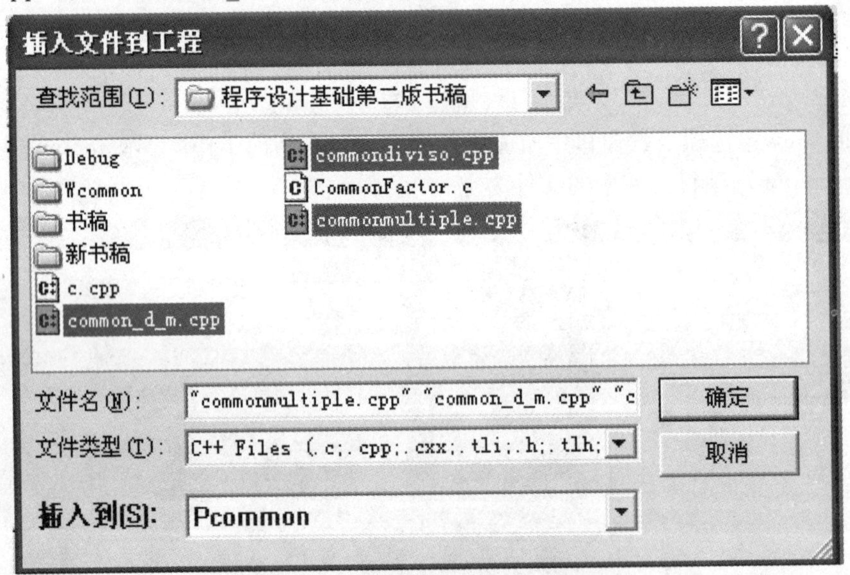


图 2—20　“插入文件到工程”对话框

单击“确定（OK）”按钮，就可以将选定的 3 个源程序文件添加到项目文件 Pcommon 中，并返回 Visual C++6.0 集成开发环境的主窗口。在项目工作区窗口，选定“File View”选项卡，打开目录树，可以看到，项目文件“Pcommon files”中的“Source Files”文件夹中包含了添加的 3 个源程序文件，如图 2—21 所示。

（5）编译和连接项目文件。由于应用程序的项目文件已经建立，因此可以对项目文件 Pcommon 进行统一的编译和连接。执行【组建（Build)】|【组建（Build）[Pcommon. exe】命令，如图 2—22 所示。

编译系统对应用程序的整个项目文件进行编译和连接，在调试信息窗口显示编译和连

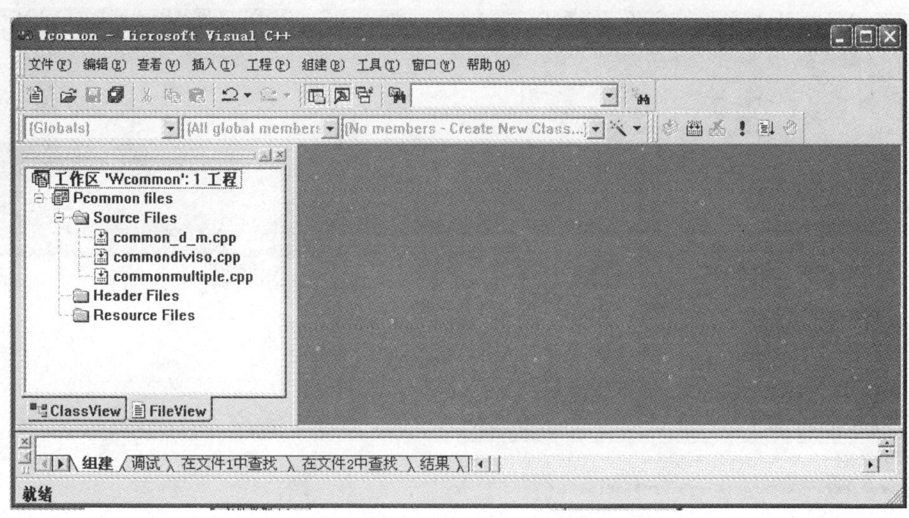

图 2—21 项目工作区窗口

接的有关信息。若源程序有错，则显示出错信息；若整个项目文件中的所有源程序所没有错误，则生成可执行程序 Pcommon. exe，如图 2—23 所示。

（6）运行可执行程序。执行【组建（Build）】｜【! 执行（Execute）［Pcommon. exe］】命令，就运行可执行程序 Pcommon. exe，打开输出结果窗口，显示程序运行结果，如图 2—24 所示。

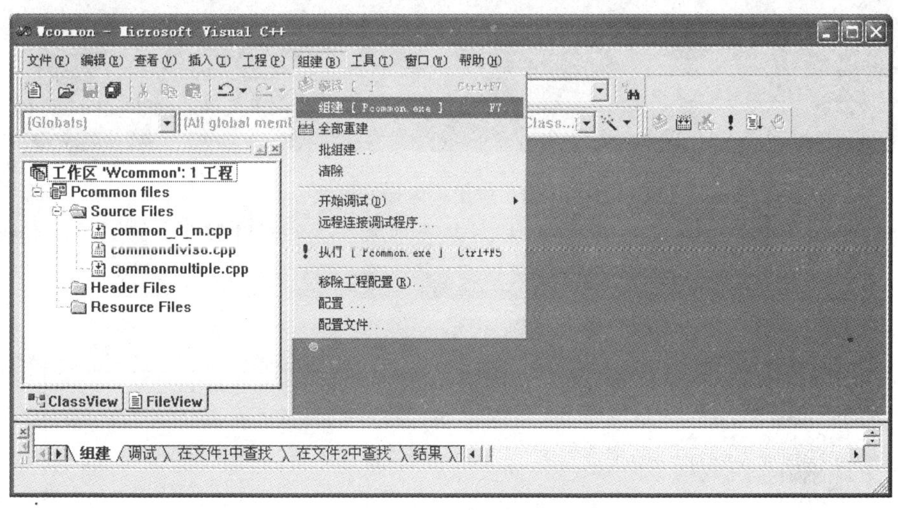

图 2—22 编译和连接项目文件

## 2. 只建立项目文件

用户只建立项目文件，由系统自动建立项目工作区，可以简化上述步骤。即编辑、编译、连接和运行一个包含多个源程序文件的应用程序的方法和步骤如下：

（1）分别输入和编辑好同一应用程序中的各个源程序文件。方法同上述步骤中的第（1）步。

（2）建立项目文件（不必先建立项目工作区）。在 Visual C++6.0 集成开发环境的主窗口，执行【文件（File）】｜【新建（New）】命令，打开“新建（New）”对话框。选择此对

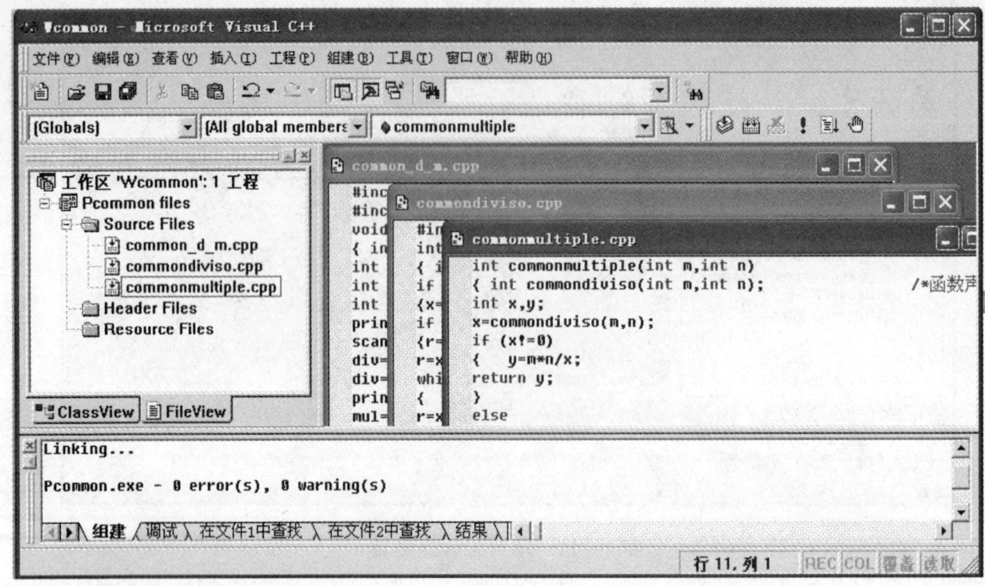


图 2—23　生成可执行项目文件

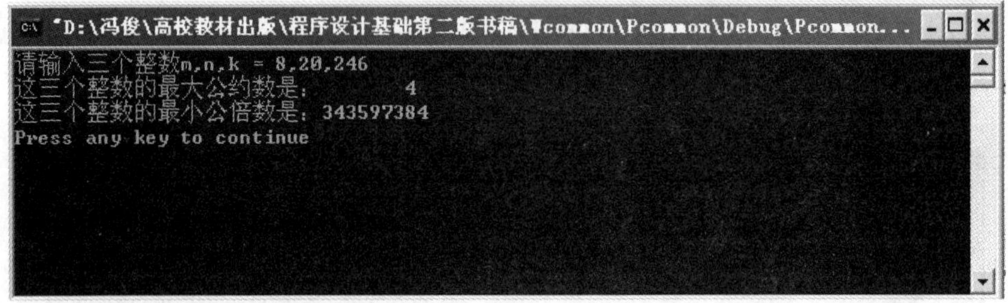


图 2—24　应用程序运行结果

话框第 2 行中的“工程（Projects）”选项卡，表示要建立一个项目文件，如图 2—25 所示。

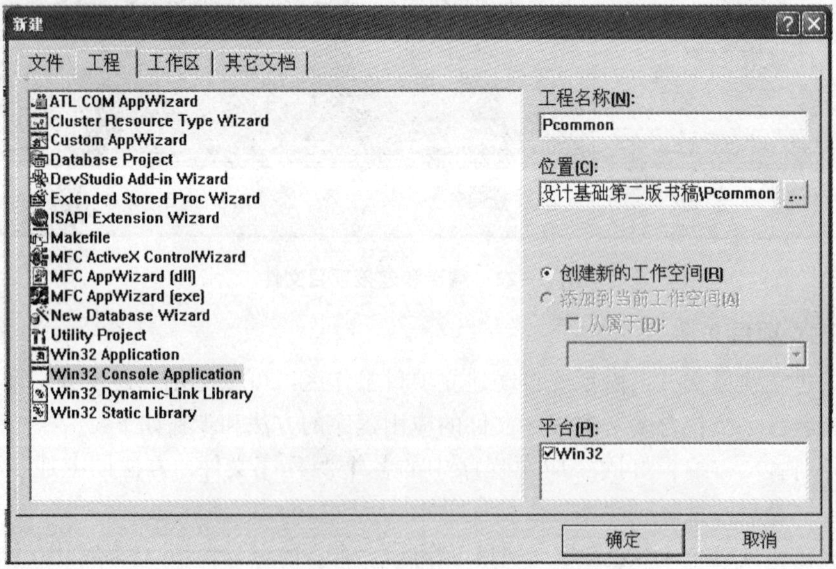

新建
文件　工程　工作区　其它文档
ATL COM AppWizard
Cluster Resource Type Wizard
Custom AppWizard
Database Project
DevStudio Add-in Wizard
Extended Stored Proc Wizard
ISAPI Extension Wizard
Makefile
MFC ActiveX ControlWizard
MFC AppWizard (dll)
MFC AppWizard (exe)
New Database Wizard
Utility Project
Win32 Application
Win32 Console Application
Win32 Dynamic-Link Library
Win32 Static Library
工程名称(N):
Pcommon
位置(C):
设计基础第二版书稿\Pcommon
创建新的工作空间(R)
添加到当前工作空间(A)
从属于(D):
平台(P):
Win32
确定　取消

图 2—25　新建项目文件对话框

在对话框左部列表中选择“Win 32 Console Application”项；在右部“工程名称[N]：(Project name)”标识的文本框中输入你指定的项目文件名称（这里输入：Pcommon)。此时，单选按钮默认选定“创建新的工作空间[R]（Create new workspace)”，这是由于用户未建立项目工作区，系统将自动创建项目工作区；以“位置[C]：（Location)”标识的文本框中内容变为：D：\冯俊\高校教材出版\程序设计基础第二版书稿\Pcommon。

单击对话框右下部的“确定（OK)”按钮，弹出一个如图2—26所示的对话框。在对话框中选择单选按钮“一个空工程[E]（An empty project)”，表示新建立的是一个空项目。单击“完成（Finish)”按钮，系统弹出一个“新建工程信息（New Project Information)”消息框，如图2—26所示，显示建立项目的有关信息。可以看到，工程目录（项目文件的路径）为：D：\冯俊\高校教材出版\程序设计基础第二版书稿\Pcommon。

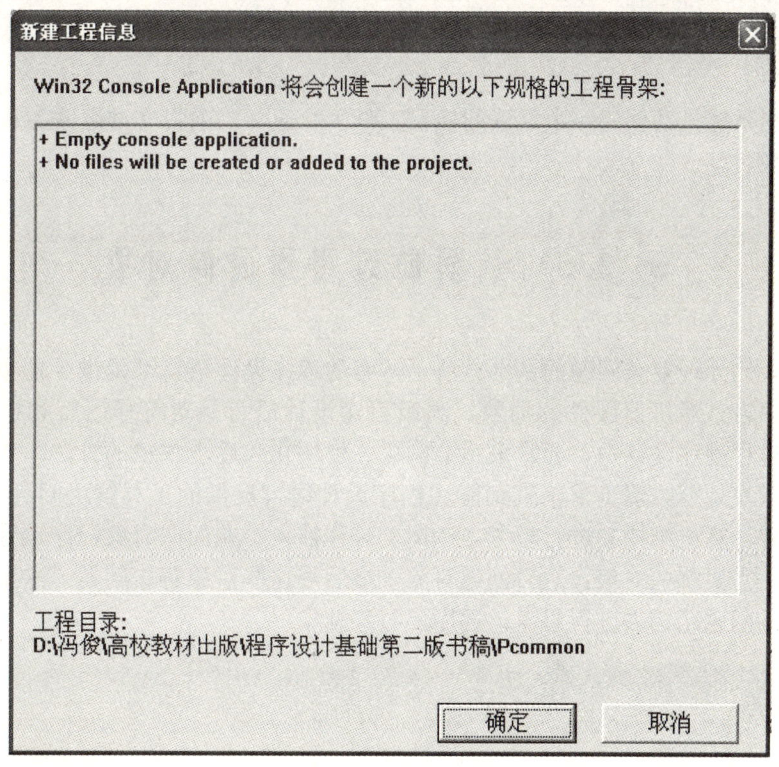


**图2—26　新建工程信息消息框**

单击对话框右下部的“确定（OK)”按钮，回到Visual C++6.0集成开发环境的主窗口，如图2—27所示。可以看到：主窗口左窗格是一个“工作区（Workspace)”窗口，选定“File View”选项卡，窗口中所显示的内容表示：当前工作区Pcommon中有一个项目文件Pcommon，项目文件中的文件为空。说明系统已自动创建了一个以项目文件名Pcommon为名称的项目工作区。

(3) 将源程序文件添加到项目文件。

(4) 编译和连接项目文件。

(5) 运行可执行程序。

事实上，在编译和连接每一个源程序时，都需要一个项目工作区，若用户没有指定项

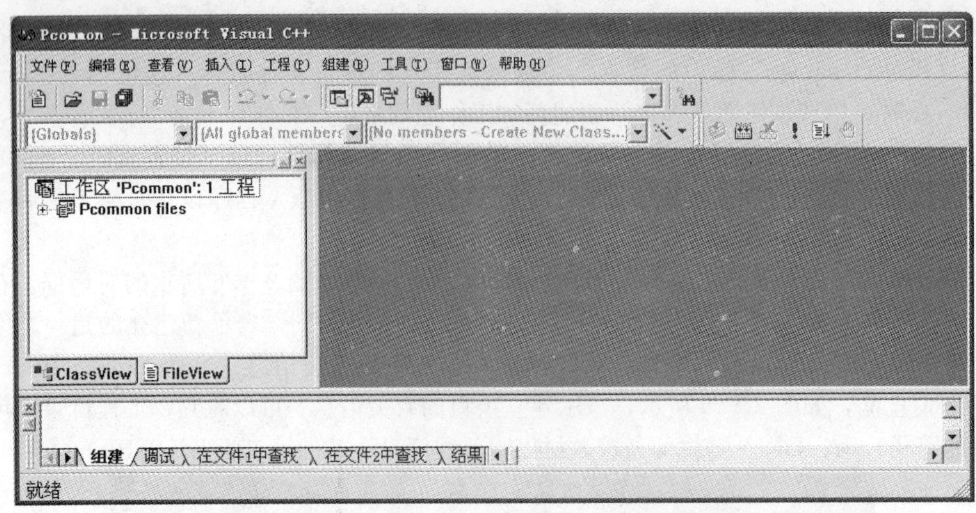


图 2—27 “工作区（Workspace）”窗口

目工作区，则系统自动创建一个默认的项目工作区，通常以项目文件名或源程序文件名作为项目工作区名。

## 2.5 从面向过程到面向对象

抽象是人们处理复杂问题的基本方法，所有的程序设计语言都提供了抽象机制。机器语言和符号语言是对机器硬件的抽象，高级程序设计语言是对符号语言和机器语言的抽象。在面向过程程序设计中，通常采用结构化、模块化和逐步求精的方法，对要解决的问题进行功能模块划分，逐步求精直到能用程序设计语言提供的工具解决问题为止。这里，主要抽象是按计算机结构去进行思考，运用了过程抽象。在面向对象程序设计中，程序员首先考虑的是需要哪些对象，然后创建对象，最后用这些对象解决问题。这里，主要抽象是按要解决的问题结构去进行思考，运用了对象抽象。

### 2.5.1 模块

在设计一个C语言应用程序时，最好将它看成是由一些独立的模块组成。每个模块都有一个接口来描述所提供的功能。在C语言环境下，这些“功能”就是函数；模块的接口就是头文件。头文件中包含哪些可以被调用的函数原型。模块的实现就是包含该模块中函数定义的源程序文件。C语言的库函数本身就是一些模块的集合，库中的每个头文件都作为模块的一个接口。

将应用程序划分成模块具有一系列好处：（1）抽象。若一些模块设计合理，则我们可以把它们看成一些抽象操作。我们只需要知道模块会做什么，不需要知道这些功能是怎样实现的。因为抽象使得我们在修改部分程序时不必了解整个程序；通过抽象我们更容易让一个团队的多名程序员共同开发一个应用程序。（2）可复用性。每个提供一定功能的模块，都有可能被另一个应用程序复用。（3）可维护性。一个模块中的错误不会波及整个程序，更容易找错和改正错误。若问题需求发生变化，则更容易改进和扩充应用程序。

一个好的模块应具有两个性质：（1）高聚合性。模块内的成员应该相互紧密相关。（2）低耦合性。模块之间应该尽可能相互独立。

由于需要模块具有高聚合性、低耦合性，因此模块通常可划分成以下 4 种层次类型：（1）数据池。它是一些相关变量或常量的集合，其中只定义了数据的取值范围，未定义对数据的操作或函数。（2）库。它是一组相关函数的集合。（3）抽象对象。对象就是一组数据以及针对这些数据进行操作的集合。若数据是隐藏起来的，则这个对象是抽象的。即抽象对象是指对于隐藏的数据结构进行操作的一组函数的集合。（4）抽象数据类型。它是将数据操作的具体实现隐藏起来的数据类型。用户可以使用该数据类型说明变量，但不会知道这些变量的具体数据结构。若用户需要对变量进行操作，则必须调用抽象数据类型所提供的函数。

### 2.5.2 信息隐蔽和抽象数据类型

信息隐蔽和抽象数据类型在现代程序设计中起着非常重要的作用。我们在程序设计中应该善于进行信息隐蔽和使用抽象数据类型。

#### 1. 信息隐蔽

一个设计良好的模块经常会隐藏一些信息。例如，第 6 章 6.2.3 节例 6—1 的栈模块，使用者不必知道栈究竟是用数组实现的，还是用链表实现的，模块将内部数据结构和操作实现细节都隐蔽起来了。

信息隐蔽有两大优点：（1）安全性。若用户不知道栈是如何存储和实现的，则用户就不可能通过栈的内部机制擅自修改栈的数据。用户只能通过模块自身提供的函数操作栈。（2）灵活性。无论对栈模块的内部机制进行多大的改动，都不需要改变模块的接口，用户使用栈的方式方法不会改变。

在 C 语言中，可以用于强行信息隐蔽的主要工具是 static 存储类型。若将一个变量或函数声明成 static 存储类型，则可以使该变量或函数只属于这个文件，不允许其他文件调用这个变量或函数。

#### 2. 抽象数据类型

对于作为抽象对象的模块，如第 7 章顺序栈及其基本运算的实现，有一个缺点：不可能对同一对象有多个实例。为了达到这个目的，需要进一步创建一个新的数据类型。

在第 7 章顺序栈及其基本运算的实现中，用 C 语言的结构体定义的 stack（栈）不是抽象数据类型，因为栈的具体实现没有被隐蔽，无法阻止用户将 stack 变量作为结构直接引用。用户通过访问 stack 变量可以破坏栈的数据。

人们真正需要的是一种能够阻止用户知道 stack 类型的具体实现方式。C 语言没有设计专门用于封装类型的特性。实现封装类型的最好方法是使用 C＋＋语言。C＋＋语言中的类允许人们隐藏创建新的数据类型的细节。事实上，C＋＋语言产生的原因之一就是因为 C 语言不能很好地支持抽象数据类型。利用 C＋＋语言中的类可以有效地创建抽象数据类型。

### 2.5.3 面向对象程序设计

面向对象程序设计具有软件复用率高的特性。在面向对象程序设计中，人们的主要工作是创建新的数据类型，用这种类型的变量进行问题求解。例如，对于计算圆的面积和周长问题。人们的主要工作是创建一个有关圆的类型，它可以以某种方式保存一个圆，告诉人们有关这个圆的一些特性，如圆心、半径、面积和周长等。这时，人们只要定义一个圆类型的变量，将圆保存在这个变量中，这个变量就可以告诉人们该圆的面积和周长。对于用计算机所要求解的问题来说，问题需求常常是易变的，但问题中的对象往往是稳定的。当问题需求发生改变时，整个系统可能需要重做，但是这些数据类型在新系统中能够复用。

面向对象程序设计具有实现信息隐蔽的特性。在面向对象程序设计中，分为两级抽象：底层抽象是类的创建者，他们不断地创建新的抽象数据类型；顶层抽象是类的使用者，他们收集尽可能多的抽象数据类型快速地解决问题。类的使用者不需要知道抽象数据类型是如何实现的，抽象数据类型将数据的构成、表示细节和数据运算的实现过程隐蔽起来。

面向对象程序设计具有软件功能容易扩展的特性。例如，在圆类型的基础上可以扩展得到一个圆柱体类型。因为圆柱体的上下两端都是圆，保存一个圆柱体需要保存一个圆的信息和圆柱体的高；圆柱体的体积和表面积的计算都与圆的面积和周长有关。在已知类的基础上扩展一个新类称为类的继承或派生。原有的类称为基类或父类，新建的类称为派生类或子类。类还具有多态性，所谓多态性就是不同的对象调用同一函数，会有不同的行为。类的多态性使得程序功能的扩展比较容易。

面向对象程序设计的本质是封装、继承和多态性，即研究如何定义类和如何使用类的对象。C＋＋语言具有封装、继承和多态性。封装是具有能够定义新的类型以及一组对这个类型的操作能力，并且对类型的具体实现加以隐蔽。C＋＋语言通过限制对私有数据成员的访问，从而支持了封装。继承是具有能够定义新的类型，并在新的类型中继承已经存在的类型的属性和行为的能力。C＋＋语言通过派生类来实现继承。多态性是对于同样的操作，对象能够根据它所属于的类采取不同的响应。C＋＋语言中的虚函数支持了多态性。

## 2.6 C＋＋语言

C＋＋语言是由AT&T贝尔实验室的Bjarne Stroustrup在20世纪80年代开发出来的C语言扩展版。在现代程序设计理念上，C＋＋语言比C语言提供了更好的支持。C＋＋语言的一个目标是尽可能保持与C语言的兼容。C＋＋语言中包含了标准C的全部特性。但这并不意味着所有C语言程序都可以在C＋＋环境下编译、连接和运行。两种语言之间仍然存在一些小的差异，其中一些是由于C＋＋语言增加了更多强制性限制，从而比C语言更加安全。这里，简单介绍C＋＋语言的一些新特性，旨在让读者了解C＋＋语言是一种怎样的语言。

### 2.6.1 C语言与C++语言的差异

C++语言中最重要的特性是支持类，除此之外，C++语言增加的新特性主要包括重载、继承、派生、虚函数、模板以及异常处理等。在讨论这些新特性之前，先给出这两种语言之间的一些小的差异。

**1. 单行注释**

C++语言支持单行注释。单行注释以//开始，以换行符结束。

**2. 允许函数的实际参数有默认值**

C++语言允许函数的实际参数有默认值。例如，若有函数原型 void new_f (int n=1)，则调用该函数时，可以提供一个实际参数（如 new_f (3)），也可以不提供实际参数（如 new_f ()，实际参数默认为 1）。

**3. 允许将函数的形式参数声明为引用**

C语言规定函数的参数是按值传递的，这使得编写那些需要修改作为实际参数的变量值的函数比较麻烦。例如，交换两个变量值的C语言函数实现大致如下：

```
void swap(int *a,int *b)
{   int temp;
    temp= *a;
    *a= *b;
    *b=temp;
}
```

当函数 swap 被调用时，实际参数应该是指向变量的指针：swap (&i, &j)

虽然这种方式可以完成需求，但是使用起来不方便，且容易出错。C++语言在这方面做了改进，允许将函数的形式参数声明为引用。下面是将形式参数 a 和 b 声明为引用的C++语言 swap 函数。

```
void swap(int &a,int&b)
{   int temp;
    temp=a;
    a=b;
    b=temp;
}
```

当调用函数 swap 时，不需要在实际参数前面加 & 运算符：swap (i, j)

在函数 swap 的函数体中，a 和 b 被分别理解为 i 和 j 的别名。调用函数 swap (i, j)，确实可以实现交换变量 i 与 j 的值。

**4. 动态存储分配**

在C语言程序中可以使用 4 个函数 malloc ()、calloc ()、realloc () 和 free () 来动态分配与释放内存空间。虽然在C++语言程序中仍然可以使用这些函数进行动态存储分配和释放，但是更好的做法是使用运算符：new 和 delete。

new 是用来分配存储空间的运算符，操作数是一个类型标识符。例如：

```
int * int_ptr , * int_array;
int_ptr=new int;
int_array=new int[10];
```

当无法分配所需要的存储空间时，new 运算得到一个空指针。delete 是用来释放动态存储空间的运算符，操作数是一个指针。例如：

```
delete  int_ptr;
delete  [ ] int_array;
```

## 2.6.2 类和类的定义

C 语言与 C++语言之间最重要的区别在于 C++语言支持类（class）。一个类从根本上说就是一个抽象数据类型：一组数据以及操作这些数据的函数。通过编写一个类定义一个新的数据类型。这个新数据类型可以像基本数据类型一样使用。比如，构造一个有理数类或复数类，它们可以像 C 语言中的 int 和 float 一样简单易用。

类允许人们构造任何需要的数据类型。还可以构造复杂的数据结构，如栈和队列等。真正使类具有意义的是它可以用来对现实世界中的对象进行建模。使用类的不足之处在于，类的设计和实现比较复杂。这是人们为易用性必须付出的代价。随着系统使用起来越来越方便，系统内部的表示和实现将越来越复杂。

在 C++语言中定义一个类非常像在 C 语言中定义一个结构体。在 C 语言中，结构体只是将一组相关数据捆绑起来，在逻辑上看成一个整体。但与处理这组数据的程序是分离的。将函数放入结构体是从 C 语言到 C++语言的根本改变，即将处理这组数据的函数加入结构体中，结构体就有了全新的功能。它既可以描述对象的属性，又可以对对象进行操作。事实上，它成了与基本数据类型一样简单易用的一种全新的数据类型。在 C++语言中用类表示。

C++语言提供了一个比结构体更安全、更完善的类型定义方法——类。定义一个类就是定义一组属性和一组函数。属性称为类的数据成员，函数称为类的成员函数。类定义的一般形式如下：

```
class 类名 {
      [private:]
            私有数据成员和成员函数;
public:
      公有数据成员和成员函数;
};
```

其中：class 是定义类的关键字，类名即定义的数据类型标识符。private 和 public 分别用于说明成员是私有成员和公有成员。私有成员只能被自己类中的成员函数访问，这些成员被封装在类的内部，不为外部所知。公有成员能被应用程序中的所有函数访问，它们是类对外的接口。

人们在定义类时，一般将数据成员定义为私有成员，将外部需要操作的函数定义为公

有成员 。类是一种封装形式，通常将数据的存储表示形式和操作的实现细节隐蔽起来。

结构体与类都能用来定义新的类型，这两种方法的最大区别在于：在结构体中，只允许有数据成员，若没有对数据成员指明访问特性，则数据成员是公有的。在类中，可以定义数据成员和成员函数，默认情况下，成员都是私有的。

类的定义相当于库的接口，因此被写成一个头文件。

完善类的定义包括类的所有成员函数的实现。成员函数的实现通常有两种方法：一种是在定义类时只给出成员函数的原型，成员函数的具体定义写在一个实现文件（.cpp）中；另一种是将成员函数直接定义在类中，这种函数称为内联函数。良好的程序设计风格是将类的定义与成员函数的实现分离。

### 例 2—1

试定义一个有理数类，该类能提供有理数的加法运算和乘法运算。

**问题分析：**首先考虑如何保存一个有理数。所谓有理数就是可以用两个整数的商表示的数。因此保存一个有理数就是保存这两个整数。然后考虑定义的有理数类包含哪些运算。根据题意，这个有理数类要求定义一个加法函数和一个乘法函数。除此之外，还应该有一个设置有理数的函数和一个可以输出有理数的函数。这些函数都应该定义为公有成员函数。

通常，人们应该保存有理数的最简形式。但是，人们所设置的有理数或有理数经过运算后得到的有理数不一定是最简形式，所以需要一个将有理数化为最简形式的函数。由于化简有理数是类内部的工作，所以这个化简函数可以定义为私有成员函数。按照上述思想设计的有理数类的程序代码如下：

```
//* * * * * * * * * * * * * * * * * * * * * * * *
//*   程序名称:Rational.h                       *
//*   程序功能:定义有理数类                     *
//*   作    者:FENGJUN                          *
//*   编制时间:2014 年 3 月 20 日               *
//* * * * * * * * * * * * * * * * * * * * * * * *
#ifndef rational_h
#define rational_h
#include<iostream>
using namespace std;
class rational {
    int num;            //分子
    int den;            //分母
    void reductfraction();       //将有理数化成最简形式
    public:
        //有理数初始化
        void create(int n,int d) { num=n;den=d; reductfraction(); }
        //r1+r2,结果存于当前对象
```

```
        void add(const rational &r1 , const rational r2);
        //r1 * r2,结果存于当前对象
        void multi(const rational &r1 , const rational r2);
        //输出有理数
        void display()  { cout <<num <<'/' << den; }
};
#endif
```

在定义的有理数类 rational 中，成员函数 create 和 display 作为内联函数直接定义在类中，还有 3 个成员函数没有实现。这 3 个成员函数在下面的源程序文件 rational. cpp 中实现。程序中我们用“类名::函数名”限定成员函数所属的类。

```
//* * * * * * * * * * * * * * * * * * * * * * *
//*   程序名称:Rational.cpp                  *
//*   程序功能:有理数类中成员函数的实现      *
//*   作    者:FENGJUN                       *
//*   编制时间:2014 年 3 月 20 日            *
//* * * * * * * * * * * * * * * * * * * * * * *
#include "rational.h"
//成员函数 add 将有理数 r1 和 r2 相加,结果存于当前对象
void rational::add(const  rational &r1 , const rational r2)
{  num=r1.num * r2.den+r2.num * r1.den;
   den=r1.den * r2.den;
   reductfraction( );
}
//成员函数 multi 将有理数 r1 和 r2 相乘,结果存于当前对象
void rational::multi(const  rational &r1 , const rational r2)
{  num=r1.num * r2.num;
   den=r1.den * r2.den;
   reductfraction( );
}
//成员函数 reductfraction( )将有理数化成最简形式
//方法:找出 num 和 den 的最大公因子,它们分别除以这个最大公因子
void rational::reductfraction( )
{  int  tmp=(num>den)? den :num;
   for ( ; tmp>1 ; --tmp)
     if  (num % tmp==0 && den % tmp==0) { num /=tmp; den /=tmp; break; }
}
```

### 2.6.3 类的对象及应用

定义了一个类，就相当于语言增加了一种数据类型，用这个数据类型可以说明变量。在面向对象程序设计中，这些变量称为类的对象（实例）。

对象的定义与普通变量的说明一样，通过类标识符定义对象。对象的操作与结构体变量类似，通过点运算符访问对象的成员，对对象的成员进行操作。

值得注意的是：在结构体中，默认情况下可以引用结构体的所有成员；而在类中，对象只能访问公有成员。

**例 2—2**

利用例 2—1 中定义的有理数 rational 类，计算两个有理数的和与积。

**问题分析**：有了有理数 rational 类，这个问题的解决与计算两个整型数的和与积一样简单。定义 3 个有理数 rational 类的对象 r1、r2、r3，对有理数 r1、r2 初始化，有理数 r3 访问成员函数 add（r1，r2），得到两个有理数的和，输出求和运算式。有理数 r3 再访问成员函数 multi（r1，r2），得到两个有理数的积，输出求积运算式。按照这个思路设计的源程序代码如下：

```
//* * * * * * * * * * * * * * * * * * * * * * *
//*   程序名称:add_multi.cpp                  *
//*   程序功能:计算两个有理数的和与积          *
//*   作    者:FENGJUN                        *
//*   编制时间:2014 年 3 月 20 日             *
//* * * * * * * * * * * * * * * * * * * * * * *
#include<iostream>
using namespace std;
#include "rational.h"        //使用有理数类
int main()
{  int n , d ;
   rational  r1 , r2 , r3 ;       //定义 3 个有理数类的对象
   cout << "请输入第 1 个有理数(分子和分母):" ;
   cin  >> n >> d ;
   r1.create(n, d);
   cout<< "请输入第 2 个有理数(分子和分母):" ;
   cin  >> n >> d ;
   r2.create(n , d);
   r3.add(r1 ,r2);     //计算两个有理数的和
   r1.display();cout << "+"; r2.display();cout << "=";
   r3.display();cout <<endl;
   r3.multi(r1 ,r2);     //计算两个有理数的积
```

```
    r1.display();cout << " * "; r2.display();cout << "=";
    r3.display();cout <<endl;
    return 0 ;
}
```

进入 Visual C++6.0 集成开发环境主窗口，创建项目文件 rational，输入和编辑源程序文件 Rational.h、Rational.cpp 和 add_multi.cpp，并添加到项目文件。编译运行得到如图 2—28 所示的运行结果。

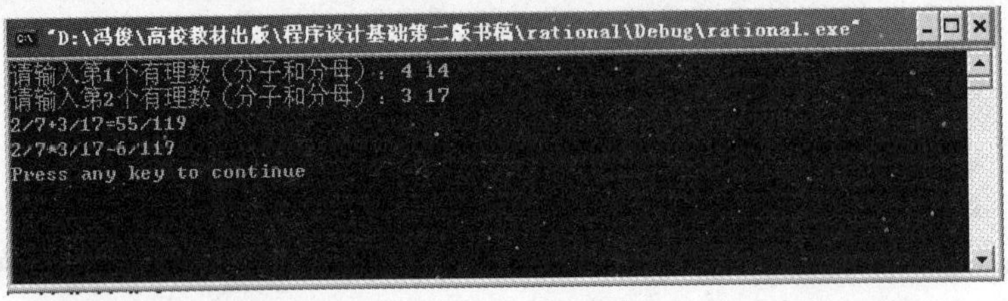

```
"D:\冯俊\高校教材出版\程序设计基础第二版书稿\rational\Debug\rational.exe"
请输入第1个有理数（分子和分母）: 4 14
请输入第2个有理数（分子和分母）: 3 17
2/7+3/17=55/119
2/7*3/17=6/119
Press any key to continue
```

图 2—28　计算两个有理数的和与积

### 2.6.4　构造函数和析构函数

当创建类的对象时，为了确保正确的初始化类的对象，类中可以包含一个特殊的成员函数，称为构造函数（constructor）。当销毁类的对象时，为防止内存泄漏等问题，类中可以包含另一个特殊成员函数，称为析构函数（destructor）。也就是说，需要给我们定义的类编写构造函数和析构函数，编译系统会安排在需要的时候自动调用它们。

**1. 构造函数**

构造函数的主要功能是在创建类的对象时，保证对象的每个数据成员都有合适的初值。构造函数有以下特殊性质。(1) C++语言规定构造函数的名称必须与类名相同。(2) 构造函数是无类型成员函数，也就没有返回值。(3) 构造函数可以是一组重载函数（2.6.5 节）。(4) 构造函数可以设置实际参数的默认值。

有理数 rational 类中已经有一个初始化函数 create。现在将该函数替换成构造函数。

```
class rational {
    ...
    public:
        //构造函数
        rational(int n=0,int d=1) { num=n;den=d; reductfraction(); }
...
};
```

构造函数与其他成员函数不同，它没有返回类型。注意构造函数是公有成员函数，它可以像其他成员函数一样被调用，但它们通常是在创建对象时被隐式调用。如 rational r (3, 8)。

在声明有理数变量 r 时，构造函数 rational (3, 8) 会被调用，r 的初始值为 3/8。

构造函数可以是一组重载函数，也可以设置实际参数的默认值。例如，构造函数 rational 在调用时，可以有两个实际参数或一个实际参数或没有实际参数。下面有理数变量声明都是合法的。

```
rational r1(3,8)          //r1 的初始值为 3/8
rational r2(3)            //r2 的初始值为 3/1
rational r3()             //r3 的初始值为 0/1
```

**2. 析构函数**

释放对象的动态内存分配空间是 C++语言提供析构函数的原因之一。析构函数会在对象销毁时被自动调用。构造函数与析构函数密切相关。构造函数在对象创建时对它进行初始化；析构函数在对象销毁时进行清理。若一个类的构造函数动态分配了内存，则析构函数就要释放这些内存。

析构函数必须有一个特殊的成员函数名。C++语言中析构函数名为“～类名”。析构函数没有参数、没有返回类型和没有返回值

在 C++语言中，每个类都有一个构造函数和一个析构函数。若在类中没有显式定义构造函数或析构函数，则系统会自动生成一个构造函数或析构函数。只是该函数的函数体为空。

### 2.6.5 重载

在 C++语言中，允许参数个数不同、参数类型不同的两个以上的函数取相同的函数名。这两个或两个以上的函数共有一个函数名称为函数重载，这一组函数称为重载函数。

C++语言对重载函数运用了绑定技术，即在编译阶段由编译系统根据实际参数与形式参数的匹配情况来决定调用哪个函数。编译系统首先会为这一组重载函数中的每个函数取一个不同的内部名字。当发生函数调用时，编译系统根据实际参数与形式参数的匹配情况确定具体调用的是那个函数，再用这个函数的内部函数名取代重载函数名。

在 C++语言中，除了类中的成员函数可以被重载，C++语言还支持运算符的重载。根据操作数类型的不同，相同的运算符可以代表不同的操作。运算符重载使人们可以重新定义 C++语言中的运算符，应用在类的对象上。这样编写的程序看起来更自然、更易读。

运算符重载就是写一个函数解释某个运算符在某个类中的含义，这个函数可以是所重载的这个类的成员函数或全局函数。在 C++语言中，规定运算符重载函数名为

operator@

其中，@为要重载的运算符。例如，要重载运算符＋，该运算符的重载函数名为 operator＋。

运算符重载不能改变运算符的操作数个数。运算符重载函数的形式参数个数与运算符的操作数个数相同。

大多数运算符重载函数都可以定义为全局函数或某个类的成员函数。若作为类的成员函数，则它的形式参数个数比运算符的操作数个数少 1。这是因为成员函数有一个隐形参数。在 C++语言中，成员函数的隐形参数是运算符的第 1 个参数。

## 例 2—3

在有理数 rational 类中，用运算符＋和＊的重载函数分别替换现有函数 add 和 multi。

**问题分析：**这两个函数被重载为成员函数时，它们都只有一个形式参数，是运算符的右操作数。运算符的左操作数是当前对象。两个 rational 类的对象相加或相乘得到的结果仍然是一个 rational 类的对象。因此，这两个函数的返回类型仍然是 rational 类。

将 rational 类中的初始化成员函数替换为构造函数。析构函数为空。rational 类的定义、成员函数的实现以及应用的源程序代码如下：

```
//＊＊＊＊＊＊＊＊＊＊＊＊＊＊＊＊＊＊＊＊＊＊＊＊＊＊
//＊   程序名称:Rational.h                       ＊
//＊   程序功能:定义有理数类                     ＊
//＊   作    者:FENGJUN                          ＊
//＊   编制时间:2014 年 3 月 20 日               ＊
//＊＊＊＊＊＊＊＊＊＊＊＊＊＊＊＊＊＊＊＊＊＊＊＊＊＊
#ifndef rational_h
#define rational_h
#include<iostream>
using namespace std;
class rational {
    int num;            //分子
    int den;            //分母
    void reductfraction();        //将有理数化成最简形式
    public:
    //构造函数
    rational(int n=0,int d=1) { num=n;den=d; reductfraction(); }
    rationaloperator+(const  rational &r1 );       //+运算符重载
    rationaloperator*(const  rational &r1 );       //*运算符重载
    //输出有理数
    void display()  { cout <<num <<'/' << den; }
    ~rational() { }
};
#endif
```

---

```
//＊＊＊＊＊＊＊＊＊＊＊＊＊＊＊＊＊＊＊＊＊＊＊＊＊＊
//＊   程序名称:Rational.cpp                     ＊
//＊   程序功能:有理数类中成员函数的实现         ＊
//＊   作    者:FENGJUN                          ＊
//＊   编制时间:2014 年 3 月 20 日               ＊
//＊＊＊＊＊＊＊＊＊＊＊＊＊＊＊＊＊＊＊＊＊＊＊＊＊＊
```

```
#include "rational.h"
//运算符+重载成员函数的实现
rational rational::operator+(const  rational &r1)
{  rational tmp;
   tmp.num=num*r1.den+r1.num*den;
   tmp.den=den*r1.den;
   tmp.reductfraction( );
   return tmp;
}
//运算符*重载成员函数的实现
rational rational::operator*(const  rational &r1 )
{  rational tmp;
   tmp.num=num*r1.num;
   tmp.den=den*r1.den;
   tmp.reductfraction( );
   return tmp;
}
//成员函数 reductfraction( )将有理数化成最简形式
//方法:找出 num 和 den 的最大公因子,它们分别除以这个最大公因子
void rational::reductfraction( )
{  int  tmp=(num>den)? den :num;
     for ( ; tmp>1 ; --tmp)
       if  (num%tmp==0 && den%tmp==0) { num /=tmp; den /=tmp; break; }
}
```

---

```
//*****************************
//*   程序名称:add_multi.cpp                      *
//*   程序功能:计算有理数的和与积(重载运算符+与*的应用*
//*   作    者:FENGJUN                            *
//*   编制时间:2014 年 3 月 20 日                  *
//*****************************
#include<iostream>
using namespace std;
#include "rational.h"       //使用有理数类
int main()
{  int n , d ;
     rational  r3 ;       //声明 1 个有理数类的对象
     cout << "请输入第 1 个有理数(分子和分母):" ;
     cin  >> n >> d ;
```

```
    rational  r1(n, d);        //声明1个有理数类的对象
    cout<< "请输入第 2 个有理数(分子和分母):" ;
    cin  >> n >> d ;
    rational  r2(n , d);       //声明1个有理数类的对象
    r3=r1+r2;                  //相当于 r3=r1.operator+(r2)
    r1.display();cout << "+"; r2.display();cout << "=";
    r3.display();cout <<endl;
    r3=r1 * r2;                //相当于 r3=r1.operator * (r2)
    r1.display();cout << " * "; r2.display();cout << "=";
    r3.display();cout <<endl;
    return 0 ;
}
```

进入 Visual C++6.0 集成开发环境主窗口，创建项目文件 rational _ 1，输入和编辑源程序文件 Rational.h、Rational.cpp 和 add _ multi.cpp，并添加到项目文件。编译项目文件，如图 2—29 所示。运行项目文件得到如图 2—30 所示的运行结果。

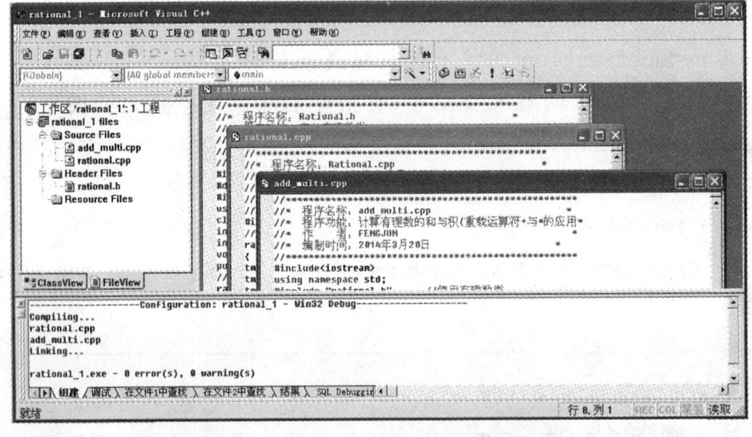


**图 2—29　项目文件 rational _ 1 组建结果**

```
"D:\冯俊\高校教材出版\程序设计基础第二版书稿\rational_1\Debug\rational_1.exe"
请输入第1个有理数（分子和分母）: 4 46
请输入第2个有理数（分子和分母）: 5 13
2/23+5/13=141/299
2/23*5/13=10/299
Press any key to continue
```

**图 2—30　项目文件 rational _ 1 运行结果**

### 2.6.6　派生与继承

C++语言允许从一个已经定义的类派生出新类。原有的这个类称为基类；派生出的新类称为派生类。派生类继承了基类的成员（除构造函数和析构函数）。因此派生类通常

比基类更具体。

派生与继承机制的最大特性是支持软件复用。同时也使得软件的维护更简单。派生与继承机制经常被用来开发可以扩展的相关类的库。

**例 2—4**

定义一个二维平面上的点类型 shape，可以设置点的位置和获取点的位置。在此基础上，定义一个圆类型 circle。

**问题分析：**保存一个二维平面上的点需要保存（x，y）的坐标值，因此需要两个数据成员。该类提供 3 个公有成员函数：设置点的位置、获取 x 值和获取 y 值。

一个圆由圆心、半径确定，也可以保存圆面积等。因此可以在点类型 shape 的基础上再增加一个半径 r 数据成员和 3 个公有成员函数：设置圆位置和圆大小、获取圆半径和获取圆面积。

基类 shape 与派生类 circle 定义如下：

```
class  shape {           //基类 shape
    int  x , y ;
    public :
      shape(int xx=0,int yy=0) { x=xx ; y=yy }
      int getx() { return x; }
      int gety() { return y; }
} ;
class circle: public shape {      //派生类 circle,冒号后面的 public 是继承方式
  int  r ;
  public :
    circle(int xx=0,int yy=0 ,int rr=1) { shape(xx, yy) ; r=rr }
    int getr() { return r; }
    double area() { return 3.14 * r * r; }
} ;
```

---

在派生与继承机制下，C++引入了第 3 种访问特性 protected。protected 访问特性介于 public 访问与 private 访问之间。protected 成员是一类特殊的私有成员，它不可以被全局函数或其他类成员函数访问，但是能被派生类的成员函数访问。

派生类不能直接访问基类的私有成员。其他成员的访问特性取决于它在基类中的访问特性与继承方式。继承基类的方式有 3 种：public、protected 和 private。但 protected 和 private 继承不常用。

当一个类从另一个类派生时，C++语言允许基类的指针指向派生类的对象。例如，shape * 类型的变量可以指向 circle 类型的对象。

### 2.6.7 多态性与虚函数

多态性是面向对象程序设计的一个重要特性。所谓多态性就是对不同对象发出同样的

指令时，不同的对象会有不同的行为。例如，运算符重载就是一种多态性的实现方法。当人们向整数类对象与有理数类对象发出一个“加”命令，这两种对象采取的动作是不一样的。编译系统会调用不同的函数实现这两个运算。

运算符重载中调用哪个函数是在编译时决定的，称为编译时的多态性或静态绑定。虚函数是实现多态性的又一种手段。虚函数中调用哪个函数是在运行时才能确定，称为运行时的多态性或动态绑定。

所谓虚函数就是在类定义中的函数原型前加一个关键字 virtual。在派生类中重新定义时，它的函数原型（包括返回类型、函数名、参数类型和参数个数）必须与基类中虚函数完全相同。

通过基类指针或基类引用可以访问派生类对象中的基类部分，不能访问派生类中的新增成员。若基类中某个成员函数被定义为虚函数，则会有完全不同的效果，它表明该函数在派生类中可能有不同的实现。当使用基类的指针或引用调用该虚函数时，首先会到派生类中去查看这个函数有没有重新定义。若派生类中重新定义了这个虚函数，则执行派生类中的函数，否则执行基类中的函数。

若从一个具有虚函数的基类派生出多个派生类时，则每个派生类都可以重新定义这个虚函数。当用基类指针指向不同的派生类对象时，就会调用不同的函数，这样就实现了多态性。

**例 2—5**

定义一个二维平面上的点类型 shape，可以设置点的位置和获取点的位置，并定义一个计算面积和显示形状位置的虚函数。在此基础上，定义一个圆类型 circle 和矩形类型 rectangle。

**问题分析：**保存一个二维平面上的点需要保存（x，y）的坐标值，因此需要两个数据成员。该类提供 4 个公有成员函数：设置点的位置、获取 x 值、获取 y 值和计算面积及显示形状位置的虚函数。

一个圆由圆心和半径确定。一个矩形由点位置、宽和高确定。圆和矩形的面积计算方法以及显示形状位置方法都不相同，因此必须重新定义这两个虚函数。

基类 shape 与派生类 circle 和 rectangle 定义如下：

```
class  shape {            //基类 shape
  int  x , y ;
 public :
   shape(int xx=0,int yy=0) { x=xx ; y=yy; }
   int getx() { return x; }
   int gety() { return y; }
   virtual double area() { return 0.0; }       //计算面积的虚函数
   virtual void display()
     { cout <<"这个点位置为:(" << x "," << y << ")\n" ; }
 } ;
class circle: public shape {      //派生类 circle
  int  r ;
  public :
```

```
    circle(int xx=0,int yy=0 ,int rr=1) { shape(xx, yy) ; r=rr; }
    int getr() { return r; }
    double area() { return 3.14 * r * r; }          //重新定义虚函数 area
    void display()                          //重新定义虚函数 display
      {   cout <<"这是一个圆,圆心为:(" << x "," << y << ")\t" ;
          cout << "圆的半径为:" << r << endl ;
      }
};
class   rectangle: public shape{         //派生类 rectangle
   int   w , h   ;
   public :
     rectangle(int xx=0,int yy=0 ,int ww=1,hh=1) { shape(xx, yy) ; w=ww;h=hh; }
     int getw() { return w; }
     int geth() { return h; }
     double area() { return w * h; }        //重新定义虚函数 area
     void display()                       //重新定义虚函数 display
       {   cout <<"这是一个矩形,矩形左上角所在位置为:(" << x "," << y << ")\t" ;
           cout << "矩形的宽为:" << w << ";高为:" << h <<   endl ;
       }
};
```

---

```
若有如下程序段
shape * sr;        //基类指针
//基类对象指针指向基类对象成员
shape s(1,2);
sr =&s ;
sr ->display() ;
cout << "这个形状面积为:" << sr->area() endl ;
//基类对象指针指向派生类 circle 对象成员
circle cir(1,1,2) ;
sr =&cir ;
sr ->display() ;
cout << "这个形状面积为:" << sr->area() endl ;
//基类对象指针指向派生类 rectangle 对象成员
rectangle rect(1,1,2,4) ;
sr =&rect ;
sr ->display() ;
cout << "这个形状面积为:" << sr->area() endl ;
```

---

执行该程序段,将输出如下结果。

```
这个点位置为:(1,2)
这个形状面积为:0
这是一个圆,圆心为:(1,1)        圆的半径为:2
这个形状面积为:12.56
这是一个矩形,矩形左上角所在位置为:(1,1)      矩形的宽为:2;高为:4
这个形状面积为:8;
```

### 2.6.8 函数模板和类模板

C++语言提供泛型机制，支持泛型程序设计。所谓泛型程序设计是指以独立于任何特定类型的方式编写程序代码。函数模板和类模板就是泛型机制的具体实现。

**1. 函数模板**

若一组重载函数仅仅是参数类型不同，程序的逻辑结构和处理过程等都完全相同，则这一组重载函数就可以写成一个函数模板。即将一组函数代码用一个函数代码替代，从而减轻程序员的工作强度。

所谓函数模板就是实现类型的参数化（泛型化），即将函数中某些形式参数的类型定义成参数，称为模板参数。在函数调用时，编译系统根据实际参数类型确定模板参数类型，生成不同的模板函数，执行模板函数。

所有函数模板的定义都以关键字 template 开头，之后用尖括号将模板参数括起来，每个模板参数前都有关键字 class。函数定义中的不能事先确定的类型标识符使用模板参数泛型化。例如，求两个数据的较大者，这两个数据可能都是整数、也可能都是实数或者都是字符型数据，事先不能确定。可以用下面的函数模板解决。

```
template  <class  T>
T  max( T  a , T  b)
{  return  a>b ? a  :b  ;}
```

这个函数模板适合解决任意类型的两个数据求较大者的问题。函数模板的使用与普通函数使用完全一样。当发生函数调用时，编译系统根据实际参数类型确定模板参数类型，将模板参数用实际参数类型替代，形成一个普通函数，这个过程称为模板实例化。实例化形成的函数称为模板函数。例如，调用 max（3 ，4）生成如下模板函数并执行这个模板函数，得到函数值 4。

```
int  max( int  a , int  b)
{  return  a>b ? a  :b  ;}
```

调用 max(‘d’，‘w’)生成如下模板函数并执行这个模板函数,得到函数值 w。

```
char  max( char  a , char  b)
{  return  a>b ? a  :b  ;}
```

**2. 类模板**

类模板的定义与函数模板的定义类似。例如，点类型 shape 中的点坐标可能是整数、也可能是实数，事先不能确定。可以用下面的类模板解决。

```
template <class T>
class shape {
  T x , y ;
  public :
    shape(T xx=0,T yy=0) { x=xx ; y=yy; }
    T getx() { return x; }
    T gety() ;
} ;
```

类模板中的成员函数应该定义为成员函数模板。例如，上述类模板 shape 中的成员函数模板 T gety（）定义如下：

```
template <class T>
T shape <T>::gety()  { return y; }
```

函数模板的实例化由编译系统自动完成，用户无需关心自己调用的是函数模板还是模板函数。类模板的实例化无法根据对象定义过程确定模板参数的类型，需要用户明确指定模板参数类型。例如，通过上述类模板 shape 定义点变量 a 如下：

```
shape <int>  a ;或  shape <double>  a ;
```

这时，编译系统首先用整型类型 int（或双精度类型 double）替代类模板中的模板参数，生成一个可应用的类，然后定义这个类的对象 a。

## 2.7 课程设计题目——类与对象

**【问题描述】**

定义一个基类和多个派生类，像基本类型那样应用这些类。

**【基本要求】**

(1) 至少定义一个基类。如有理数类 rational 或点形状类型 shape。

(2) 至少定义 2 个派生类。如圆类型、三角形类型或四边形类型等。

(3) 类定义中包含构造函数、析构函数、重载函数、重载运算符、虚函数等。

(4) 类定义为头文件。成员函数由源程序文件实现。

(5) 像基本类型那样应用这些类编写应用程序。

**【测试数据】**

读者自己设计。

**【实现提示】**

可以参照本章示例。

**【问题拓展】**

运用函数模板和类模板的泛型机制。

## 习 题

**2−1** 什么是类？什么是对象？

**2−2** 结构体与类的主要区别是什么？

**2−3** 构造函数与析构函数的作用是什么？它们各有什么特征？

**2−4** 为什么要使用运算符重载？

**2−5** 为什么要定义模板？什么是模板的实例化？

**2−6** 请设计一个有理数类，使其可以像基本类型那样进行加、减、乘、除运算。

**2−7** 请设计一个复数类，使其可以像基本类型那样进行加、减运算。

**2−8** 请设计一个字符串类，可以实现求字符串长度、取子串、字符串连接等运算。

# 第3章　简单数据类型与表达式

程序加工处理的对象是数据，在程序中对数据的描述要求指定数据类型与数据组织形式。对数据进行加工处理的主要方式之一是对表达式的运算。本章主要介绍简单数据类型以及表达式的构成。

## 3.1　数据类型

数据类型是数据的基本属性，对数据进行加工处理，需要确定数据的类型。大多数程序设计语言中，都包含基本数据类型和构造数据类型。在不同的程序设计语言中，数据类型标识符有所不同，数据存储形式也有差异，但基本概念是相同的。

### 3.1.1　基本概念和术语

**1. 数据**

数据（Data）是对客观事物的符号表示，在计算学科中指所有能输入到计算机中并被计算机程序处理的符号的总称。数据的含义十分广泛，在不同的场合可能有着不同的含义。例如，在数值计算问题中，计算机处理的对象大多数是整数、实数等数值型数据；在文字处理系统中，计算机处理的对象大多数是字符型数据。对于图像、声音等也都可以通过编码归于数据的范畴。

**2. 结点**

结点（Node）也叫做**数据元素**（Data Element）。是讨论数据结构的基本单位，也是数据的基本单位，在计算机程序中通常作为一个整体进行考虑和处理。在不同的、具体的数据结构中，有时也叫做表目、元素、记录、顶点等等。一般情况下，一个结点可由若干个**数据项**（Data Item）组成。例如，在工资表中，每行数据可以看做是一个结点，每个结点可以由编号、姓名、基本工资、津贴、扣除费、实发工资等数据项组成。数据项是数据的不可分割的最小单位。在结点中能起标识作用的数据项称为**关键码**（Key）。例如，工资表中的编号、姓名等。其中能起唯一标识作用的关键码称为**主关键码**（简称主码），如编号；反之称为**次关键码**（简称次码），如姓名等。

**3. 数据结构**

数据结构（Data Structure）是相互之间存在一种或多种特定关系的结点集合。需从逻辑结构、存储结构和运算（操作）三个方面对数据结构进行描述。

**4. 数据类型**

数据类型（Data Type）的概念最早出现在程序设计语言中，是用以刻画操作对象的特性。在程序中，每个变量、常量或表达式都有一个确定的数据类型。数据类型明显或隐含地规定了变量或表达式在程序执行期间所有可能取值的范围、存储方式以及在这些值之间允许进行的运算。因此，数据类型是一个值的集合和定义在这个集合上的一组运算的总称。

## 3.1.2 数据类型与数据结构

数据类型与数据结构是两个容易混淆的不同概念。可以认为，数据类型是在程序设计语言中已经实现了的数据结构；而数据结构是由已有的数据类型构造出新的复合类型数据的一种方法。或者说，在算法设计或程序设计中，当需要引入某种新的数据结构时，可以借助程序设计语言所提供的基本数据类型来描述数据的逻辑结构。数据结构必须指明数据的组织形式、存取方法、结合程度，以及各种处理方案。

在算法设计或程序设计中，每个常量、变量、表达式的值，都应该属于确定的数据类型。变量的所有可能取值，以及在这些值之间允许的运算都要在程序中明显或隐含地被规定。恰当地使用数据类型，可以提高编程效率和程序质量。数据类型的显著特性可概括如下：

(1) 类型决定了变量或表达式的取值范围；

(2) 每一个值属于且仅属于一个类型；

(3) 每一种操作要求一定类型的操作变量，并且得出一定类型的结果；

(4) 任何一个表达式的类型可以从其构成形式推断出来，而不必计算出具体值。

在进行算法设计或程序设计时，可以利用数据类型的信息去识别程序中无意义的结构，也可以用来确定计算机中的数据表示和数据处理方法。在程序设计语言中，数据类型一般可分为简单数据类型、构造数据类型和指针类型等。下面简单介绍类 PASCAL 语言中数据类型的类型标识（或定义）和变量说明。本书中的数据存储结构将用它们来描述。

## 3.1.3 简单数据类型

简单数据类型包括基本数据类型和枚举类型。

基本数据类型有以下 4 种：

(1) **整数类型**：用类型名 **integer** 标识，整数范围由所用具体程序设计语言确定。在许多情况下，只要求变量在一定范围取整数值，这时，可以在变量说明中明确指出要取值的区间界限，这种数据类型称为**子界类型**。例如：

```
VAR  n:min..max
```

其中：保留字 VAR 用于对变量 n 进行说明或定义变量 n；常数 min 和 max 表示变量 n 可取值的下界和上界。即这是一个变量说明语句或称为变量定义语句，说明变量 n 可以取 min 与 max 之间的整数。

(2) **实数类型**：用类型名 **real** 标识，实数范围由所用具体程序设计语言确定。

(3) **字符类型**：用类型名 **char** 标识，取值为计算机可以表示的字符集中的一个字符。

(4) **布尔类型**：用类型名 **boolean** 标识，取值范围只有两个逻辑值——真 (true) 和假 (false)。所有的关系运算都产生一个布尔类型的结果，逻辑运算定义在这种类型的量上。

基本数据类型的变量可以通过变量说明语句定义，例如

```
VAR  a:integer
     b:char
     c:boolean
```

说明变量 a 是一个整型变量，变量 b 是一个字符变量，变量 c 是一个布尔变量。

**枚举类型**：它是通过枚举该类型中的所有可能值来定义的。一个数据类型中所含有的不同值的个数称为该类型的基数。只有当一个类型的基数是一个有限数时，才能使用枚举类型。例如：

```
TYPE colour=(red,yellow,blue)
     sex=(male,female)
```

其中，保留字 TYPE 用于进行新的数据类型定义，定义标识符 colour 与标识符 sex 都是枚举类型，枚举类型 colour 的取值范围具有 3 个值，枚举类型 sex 的取值范围具有 2 个值。

### 3.1.4 构造数据类型

构造数据类型是由已知数据类型通过一定的构造方法构造出的构造数据类型。已知数据类型称为构造数据类型的构造成分。当然，构造成分也可以是构造数据类型。构造数据类型包括数组、记录和集合等。

(1) **数组** (Array)：数组是由同一数据类型的元素组合而成。例如

```
TYPE a=ARRAY[1..n] OF integer
```

其中：保留字 ARRAY 用于说明标识符 a 是一个数组类型，它具有 n 个元素，每个元素的数据类型均为整数类型。

(2) **记录** (Record)：记录与数组的不同之处在于它们的构造方法，以及记录对构造成分的数据类型不加限制。例如

```
TYPE stack=RECORD
           a: ARRAY[1..n] OF real
           t: integer
           END
```

其中，保留字 RECORD…END 结构说明标识符 stack 是一个记录类型，它有两个分量：一个分量是具有 n 个实数类型的元素组成的数组 a；另一个分量是整数类型 t。记录类型在 C 语言中称为结构体类型。

（3）**集合**（Set）：以已知数据类型的集合的子集作为值，所构造的数据类型是集合类型。例如，基色由红、黄、蓝组成，而其他各种颜色都是这两种或三种基色的混合。红、黄混合形成橙色；红、蓝混合形成紫色，…因此，每一种颜色都可以表示为基色集的一个子集，橙色表示为［红，黄］；紫色表示为［红，蓝］；纯红色表示为［红］；白色表示为空集［］，…这样，可得到八种颜色：红、橙、黄、绿、青、蓝、紫、白，以此八种颜色为值就构成一个集合数据类型。用集合论的术语来说，这个构造数据类型是原来基色数据类型的**幂集**（Powset），例如，集合类型可以定义如下：

```
TYPE  primarycolour=(red,yellow,blue)
TYPE  collour=POWSET primarycolour
```

这里，定义标识符 primarycolour 是一个枚举类型，标识符 collour 是一个集合类型。

## 3.2 常量与变量

常量与变量是程序中组织数据的基本形式，在所有的程序中都要用到常量与变量。正确理解常量与变量并恰当地运用它们是进行程序设计的基础。

### 3.2.1 常量

**常量**（Constants）是指在程序运行过程中其值保持不变的量。常量分为直接常量和符号常量。

**1. 直接常量**

可以直接从字面形式判断的常量及其类型称为直接常量。直接常量包括整型常量、实型常量、字符常量和布尔常量。

整型常量就是通常使用的十进制整数，整数的取值范围是无限的。在计算机中，若语言规定用 2 字节存储一个整数，则整型常量的取值范围是－32768～32767。在 C 语言中，整型常量的表示还有八进制和十六进制。

实型常量就是通常使用的十进制实数。在计算机中，实型常量也称为浮点型常量。若语言规定用 4 个字节存储一个实数，则实型常量的取值范围是$-3.4\times10^{38}\sim3.4\times10^{38}$，有效数字是 7 位。实数有两种表示形式。

（1）十进制小数形式。它由数字、小数点和正负号组成。例如，0.123，123.45，0.0 等都是十进制小数形式。

（2）科学计数法。在代数中有指数计数法，用于表示非常大或非常小的数，例如，$1502000000=1.502\times10^{9}$，$0.000000001502=1.502\times10^{-9}$。在计算机中，指数计数法称为科学计数法。它用字母 E 表示底数 10，E 前面的数字称为尾数，E 后面的数字称为指数，如前面的指数计数法转换为科学计数法就是：1.502E9，1.502E－9。

字符常量也称为字符串。字符串是用定界符括起来的一个字符序列，定界符有单引号、双引号等，如，‘A’，“123”，“I am a teacher”都是字符常量。大多数程序设计语言中都包含有字符串。但应当注意，在 C 语言中有字符常量与字符串常量之分，字符常量是用单引号括起来的一个字符，即字符常量只能是单个字符；字符串常量是用双引号括起来的字符序列，字符串常量可以包含多个字符。

布尔常量也称为逻辑型常量。它只有两个值，用 .T.、.t. 或 .Y.、.y. 表示“真”，用 .F.、.f. 或 .N.、.n. 表示“假”。应当注意，在C语言中，用1表示“真”，用0表示“假”，但在判断一个逻辑量时，系统会以0代表“假”，以非0代表“真”。

**2. 符号常量**

用标识符表示的常量称为符号常量。符号常量必须先定义后使用。在不同的程序设计语言中，定义符号常量的方式不同。在PASCAL语言中，符号常量是在程序的说明部分定义的，例如

```
CONST  PI=3.14159
       ZERO=0
```

这里，定义标识符PI和ZERO为符号常量，分别代表实数3.14159和整数0。在C语言中，符号常量是在预处理区域进行声明的，例如

```
#define  PI  3.14159
#define  ZERO  0
```

无论哪一种语言，符号常量的数据类型是由定义它的常量确定的，不能对符号常量再指定类型，也不允许向符号常量重新赋值，即在程序执行部分试图改变PI和ZERO的值或数据类型的做法都是错误的。

在程序中使用符号常量有以下好处。

(1) 使用符号常量比使用直接常量含义清楚。例如，看程序时从字面上就能知道PI代表π。在确定符号常量标识符时应当考虑“见名知意”。一个好的程序中不提倡使用太多的直接常量，应尽量使用“见名知意”的变量和符号常量。

(2) 便于修改参数。当需要修改程序中某个常量时可以做到“一改全改”。

(3) 使用符号常量可以避免人为的输入错误，也能保护所代表的数据不被破坏。

**例 3—1**

已知圆的半径为r，求圆的周长c，圆的面积s，圆球的体积v。

**问题分析：**题目要求输出圆的周长c，圆的面积s，圆球的体积v。需要输入的数据是圆的半径r。由几何知识可得如下计算公式。

圆的周长 $c=2\pi r$；

圆的面积 $s=\pi r^2$

圆球的体积 $v=4/3\pi r^3$

所以定义4个变量r、c、s、v为实型变量，计算公式中有共同常量π，将π定义为符号常量PI，这样既可以增强程序的可读性，又能使程序具有良好的可维护性。根据程序的基本组成结构：输入数据；处理数据；输出结果。算法设计如图3—1所示，算法中的变量说明如下：

```
CONST  PI=3.1415926
VAR  r,c,s,v: real
```

**算法 3—1** Circle (r)

| 输入圆的半径 r |
| --- |
| c=2*PI*r; s=PI*r*r; v=4/3*PI*r*r*r |
| 输出圆的周长 c，圆的面积 s，圆球的体积 v |
| 算法结束 |

**图 3—1 计算圆的周长、面积和圆球的体积**

根据算法 3—1 编写 C 源程序如下：

```
//* * * * * * * * * * * * * * * * * * * * * * * * * * * * *
//*   程序名称:Circle.cpp                                   *
//*   程序功能:求圆的周长 c,圆的面积 s,圆球的体积 v          *
//*   作    者:FENGJUN                                      *
//*   编制时间:201×年 3 月 20 日                             *
//* * * * * * * * * * * * * * * * * * * * * * * * * * * * *
#define PI 3.1415926
#include<stdio.h>
void main()
{  float r,c,s,v;
   printf("请输入圆的半径 r:");
   scanf("%f",&r);
   c=2*PI*r;
   s=PI*r*r;
   v=4.0/3.0*PI*r*r*r;
   printf("圆的周长 c=%f\n 圆的面积 s=%f\n 圆球的体积 v=%f\n",c,s,v);
}
```

---

```
运行程序结果如下:
请输入圆的半径 r:5↙
圆的周长 c=31.415926
圆的面积 s=78.539818
圆球的体积 v=523.598767
```

在进行程序设计时，应尽量少用直接常量，多用符号常量，以增强程序的可读性和可维护性。请读者思考，若将程序中计算圆球体积 v 的常量表达式 4.0/3.0 改为 4/3，程序运行结果会怎样？数据类型起什么作用？

### 3.2.2 变量

**变量**（Variable）是指在程序执行过程中其值可以改变的量。每个变量都有变量名、类型、存储单元和变量的值。事实上，每定义一个变量，系统就会给它分配一个相应的存储单元，以使用来存储数据，存储单元中的数据就是变量的值，给变量赋值就会改变存储单元中的数据。每个存储单元都有一个存储地址，变量名可以看做是这个存储单元的符号地址，或者说，存储单元就以这个变量名来标识。

**1. 变量名**

每个程序几乎都要用到变量，每个变量都要有一个名称，变量的命名应符合程序设计语言规定的标识符命名规则。对于不同的程序设计语言，命名规则稍有差别。除了遵照标识符命名规则外，应尽可能简短地命名变量，同时使变量名具有意义，并且确定统一的命名风格。

**2. 变量的类型**

常量有 4 种基本类型，对应的变量也有 4 种基本类型：整型变量、实型变量、字符变量和布尔变量。整型变量用于存放整型数据；实型变量用于存放实型数据等。不同的变量类型在不同的程序设计语言中所分配的存储单元的大小不同，比如整型变量占用 2 个字节，实型变量占用 4 个字节等。

变量名与变量类型由变量说明语句或变量声明语句确定，称为定义变量。在不同的程序设计语言中，语句格式有所不同。

**3. 变量必须“先定义，后使用”**

大多数程序设计语言规定，变量必须“先定义，后使用”。这样做有以下好处。

(1) 对于每个变量标识符，凡未事先定义，系统不把它作为变量名。这就保证了程序中变量名使用的正确性。

(2) 变量定义后，就有一个确定的类型，系统就可以为它分配相应的存储单元，并用于存储相应类型的数据。当变量在程序中参加运算时将进行合法性检查。这种规定有利于发现程序中的隐蔽性错误，较好地保证了程序的正确性。

**4. 给变量赋初值**

变量定义后，变量的值是不确定的。为了保证程序运行的正确性，应该养成给变量赋初值的良好习惯。一般可以通过赋值语句给变量赋初值，C 语言中可以在声明变量的同时确定变量的初值。

**5. 使用变量的 3 个步骤与变量的三要素**

正确使用变量分为 3 个步骤：先定义变量，再给变量赋初值，最后使用变量。一般在程序的说明部分定义变量，在程序的执行部分给变量赋初值和使用变量。

在使用变量时，要注意变量的三要素：变量名、变量类型和变量的当前值。使用正确的变量名，保证数据类型的匹配，清楚变量的当前值。

**例 3—2**

某人购房向银行贷款，贷款额为 Lmoney 元，每月计划还款 Rmoney 元，月利率为 Rate，求需要多少个月才能还清贷款，还款总额是多少。

**问题分析：**要求输出数据是还款月数 Month，还款总额 Tmoney。需要输入数据是贷款额 Lmoney 元，每月计划还款 Rmoney 元，月利率 Rate。已知分期付款的计算公式是

Month= [log (Rmoney) -log (Rmoney-Lmoney * Rate)] /log (1+Rate)

假设贷款额为 324000 元，月还款额为 3240 元，月利率为 0.8%。所以定义 Lmoney、Rmoney 是整型变量，Rate、Month、Tmoney 是实型变量。根据程序的基本组成结构：输入数据；处理数据；输出结果。算法设计，如图 3—2 所示，算法中的变量说明如下：

```
VAR Lmoney,Rmoney:integer
    Rate,Month,Tmoney:real
```

**算法 3—2** ReturnLoan (Lmoney，Rmoney，Rate)

| 输入 Lmoney，Rmoney，Rate |
|---|
| 计算 Month，Tmoney |
| 输出 Month，Tmoney |
| 算法结束 |

**图 3—2 分期付款算法**

根据算法 3—2 编写 C 源程序如下：

```
//* * * * * * * * * * * * * * * * * * * * * * *
//*   程序名称:ReturnLoan.cpp                  *
//*   程序功能:分期付款的计算                  *
//*   作    者:FENGJUN                         *
//*   编制时间:2014 年 3 月 20 日              *
//* * * * * * * * * * * * * * * * * * * * * * *
#include<stdio.h>
#include<math.h>
void main()
{  int Lmoney=324000, Rmoney=3240;
   double Rate=0.008,Month,Tmoney;
   Month=[log10(Rmoney)-log10(Rmoney-Lmoney*Rate)]/log10(1+Rate);
   Tmoney= Rmoney* Month;
   printf("需要 Month= %f 个月才能还清贷款\n ", Month);
   printf("还款总额 Tmoney= %f 元\n",Tmoney);
}
```

---

```
运行程序得到如下结果：
需要 Month=201.983389 个月才能还清贷款
还款总额 Tmoney=654426.181404 元
```

容易看出，贷款额是月还款额的 100 倍，即 100 个月还清贷款。但由于 0.8%的月利率，借款人需要 202 个月才能还清，总还款额是贷款额的两倍多。另外，输出数据月份数最好为整数，还款总额也没有必要精确到 6 位小数，请读者对程序稍做改进。

## 3.3 运算符与表达式

**表达式**（Expressions）是构建程序最基本、最重要的部件。不可想象没有表达式将如何构建程序，几乎所有的程序都需要表达式。表达式是展示如何处理数据的公式，最简单的表达式是常量和变量。运算符（Operations）是构建表达式的基本工具，大多数程序设计语言都提供了基本运算符，包括算术运算符、字符运算符、关系运算符和逻辑运算符。表达式就是由常量、变量和函数通过运算符按一定规则连接组成的有意义的式子。表达式无论简单还是复杂，经过运算都有一个确定的值，根据这个值的数据类型可以将表达式划分为算术表达式、字符表达式和布尔表达式。

### 3.3.1 算术运算符与算术表达式

**算术表达式**（Arithmetic Expressions）也称为数值表达式。整型数据和实型数据都是数值型数据，数值常量和数值变量是最简单的数值表达式。用算术运算符将它们及其数值函数连接起来，构成较复杂的数值表达式。数值表达式的运算结果仍为数值型数据。

算术运算符是程序设计语言中使用最广泛的一种运算符，它们对数值型数据进行加、减、乘、除等运算。表 3—1 给出了程序设计语言中的算术运算符。在不同的程序设计语言中有些运算符的标识符不同。

**表 3—1　　算术运算符**

<table>
<tr><td>分组优先运算符</td><td>单目运算符</td><td colspan="4">双目运算符</td></tr>
<tr><td rowspan="4">() 先执行圆括号内的运算</td><td rowspan="2">+<br>正号</td><td>乘方</td><td colspan="2">乘法类</td><td>加法类</td></tr>
<tr><td rowspan="3">^ 或 * *<br>求幂运算符</td><td>*</td><td>乘法运算符</td><td rowspan="3">+　加法运算符<br>−　减法运算符</td></tr>
<tr><td rowspan="2">−<br>负号</td><td>/</td><td>除法运算符</td></tr>
<tr><td>% 或 MOD</td><td>取模运算符</td></tr>
<tr><td colspan="6">按运算的优先次序从左至右排列，同级运算自左向右计算。</td></tr>
</table>

双目运算符是指用运算符将两个操作数连接起来，比如 3+5，a * b 等。几乎所有程序设计语言中都含有加、减、乘、除运算，在有些程序设计语言中没有求幂运算符或取模运算符。

取模运算也叫求余运算。取模运算符好像没多大用处，但在解决实际问题时，就会发现它有许多用处。有些程序设计语言中用缩写 MOD 作为取模运算符，在 C 语言中用%作为取模运算符。取模运算 m%n 的值是整数 m 除以整数 n 所得的余数。比如，10%3 的值为 1，36%6 的值为 0。取模运算符要求两个操作数都是整数。

双目运算符+、−、*、/ 既允许操作数是整型数据，也允许操作数是实型数据，或者两者混合使用。当一个操作数是整型数据，另一个操作数是实型数据时，运算结果是实型数据。比如，9+3.5 的值是 12.5，7.0/2 的值是 3.5。

在有些程序设计语言中，使用运算符 / 和运算符 % 时，要特别注意。

(1) 运算符 / 可能产生意外的结果。当两个操作数都是整数时，运算符 / 通过丢掉小数部分而截取结果，比如，7/2 的值是 3。

(2) 运算符 % 要求两个操作数都是整数。若有一个操作数不是整数，则程序无法通过编译。

(3) 当运算符 / 和运算符 % 作用于负的操作数时，则所得结果与具体实现有关。

运算符的**结合性**（Associativity）。若运算符是从左向右结合的，则称这种运算符是**左结合**的（Left Associative）。比如，算术运算符+、－、*、/ 都是左结合的。若运算符是从右向左结合的，则称这种运算符是**右结合**的（Right Associative）。比如，算术运算符中的单目运算符 ＋ 和 － 都是右结合的。

在程序设计语言中，运算符的优先级和结合性规则都是非常重要的，它们决定着表达式的处理过程。但是许多程序设计语言中具有众多运算符，比如，C 语言中有几十种运算符，很少有程序员会费心思去记住这众多运算符的优先级和结合性规则。有疑问时会查阅运算符表，或者只是使用足够多的圆括号。

在表达式中应善于使用圆括号。计算机对程序中的任何表达式的运算都按照运算符的优先级和结合性规则进行处理。为了避免理解上的错误，写表达式的最佳方法就是把表达式中想一起求值的部分用圆括号括起来。在不需要用括号的地方用了括号不会出错，但是在需要用括号的地方没有用括号就会出现意想不到的错误。

**例 3—3**

计算算术表达式的值：20/5+5＊4－3。

(1) 在没有括号的情况下进行计算：

20/5+5＊4－3=4+20－3=21

(2) 添加括号后进行计算：

20/（5+5）＊4－3=20/10＊4－3=2＊4－3=8－3=5

(3) 添加更多的括号后进行计算：

[20/（5+5＊4）]－3=[20/（5+20）]－3=（20/25）－3=0－3=－3

### 3.3.2 字符运算符与字符表达式

字符串常量和字符串变量是最简单的**字符表达式**（Character Expressions）。用字符运算符将它们及其字符函数连接起来，可构成较复杂的字符表达式。字符表达式的运算结果仍为字符型数据。许多程序设计语言中包含至少一个字符运算符：

＋　　　　字符串连接运算符

它将两个字符串常量或字符串变量连接起来，得到的结果是一个字符串常量。

例如，若 String1＝“Part”，String2＝“Time”，则语句

NewString＝String1＋String2

是将字符串“PartTime”赋值给字符串变量 NewString。也就是说，将字符串变量 String1 的值与字符串变量 String2 的值连接起来得到新的字符串“PartTime”，并将该字符串赋值给字符串变量 NewString。在有些程序设计语言中，不可以定义字符串变量，比如，在 C 语言中，只可以定义字符变量，字符串是由字符数组实现存储的。

### 3.3.3 关系运算符与关系表达式

在解决实际问题时，常常需要测试条件来做决策。条件就是布尔表达式。条件可分为简单条件和复合条件。简单条件又称为**关系表达式**（Comparison Expressions）。关系表达式是由关系运算符将数值表达式或字符表达式连接起来的式子，运算结果是逻辑型数据。关系表达式的一般格式为

＜表达式 1＞＜关系运算符＞＜表达式 2＞

关系运算符两侧表达式的数据类型应该一致。在进行数据比较时，数值型数据按其数值的大小进行比较；字符型数据则逐位按其 ASCII 码值或汉字内码的大小进行比较。满足条件则结果为“真”；否则结果为“假”。表 3—2 给出程序设计语言中的关系运算符。在不同的程序设计语言中有些运算符的标识符不同。

**表 3—2　　关系运算符**

| 运算符 | 含义 | 运算符 | 含义 |
|---|---|---|---|
| ＜ | 小于 | ＜＝ | 小于或等于 |
| ＞ | 大于 | ＞＝ | 大于或等于 |
| ＝ 或 ＝＝ | 等于 | ＜＞ 或 ＃ 或！＝ | 不等于 |

关系运算符的优先级低于算术运算符。在大多数程序设计语言中，要求一个关系表达式中只含有一个关系运算符。但是，表达式 i＜j＜k 在 C 语言中是合法的，值得注意的是，它并不是你所期望的意思。这个表达式等价于

（i＜j）＜k

也就是说，表达式首先检测 i 是否小于 j，然后用比较后得到的 1 或 0 再与 k 比较。表达式并不测试 j 是否位于 i 与 k 之间。

又如，有些聪明的程序员会利用表达式（i＜＝j）＋（i＝＝j）产生数值 0、1 或 2。通常，这种技巧性编码并不是一种好风格，它会使程序难以阅读。C 语言的这种运算符和表达式的灵活性，对于初学者来说并不是一件幸事。许多程序设计语言如 PASCAL 语言是不允许有上述表达式的，对运算符的运用和表达式的构成是有严格规则的。

关系表达式的运算次序为：先对关系运算符两侧的表达式进行运算，然后再进行关系运算。最终运算结果是一个逻辑值。在许多程序设计语言中，当关系表达式成立时，则该表达式的值为“真”，用“.T.”表示；当关系表达式不成立时，则该表达式的值

为“假”，用“.F.”表示。在C语言中，若关系表达式成立时，则该表达式的值为1；若关系表达式不成立时，则该表达式的值为0。在判断一个关系表达式是否为真时，当表达式的值为0时，则该表达式为“假”，当表达式的值为非0时，则该表达式为“真”。

逻辑常量、逻辑型变量以及逻辑型函数是关系表达式的特例。

### 3.3.4 逻辑运算符与逻辑表达式

复合条件又称为**逻辑表达式**（Logical Expressions）。它是由逻辑运算符将关系表达式连接起来的式子。运算结果是逻辑型数据。表3—3给出程序设计语言中的逻辑运算符。在不同的程序设计语言中有些运算符的标识符不同。

**表3—3　　逻辑运算符**

| 运算符 | | C语言中的运算符 | 含义 | 优先级 |
|---|---|---|---|---|
| 单目运算符 | NOT | ! | 逻辑非 | 由高到低 |
| 双目运算符 | AND | && | 逻辑与 | |
| | OR | \|\| | 逻辑或 | |

逻辑运算符用于从已知的简单条件构成复合条件。参加运算的操作数是逻辑型数据，运算的结果也是逻辑型数据。

逻辑或运算符OR是将两个简单条件连接成一个复合条件，当且仅当两个简单条件都为“假”时，复合条件为“假”，其余情况复合条件都为“真”。

逻辑与运算符AND是将两个简单条件连接成一个复合条件，当且仅当两个简单条件都为“真”时，复合条件为“真”，其余情况复合条件都为“假”。

逻辑非运算符NOT是单目运算符，它作用于单个已知条件。当已知条件为“假”时，作用结果为“真”；当已知条件为“真”时，作用结果为“假”。

令X和Y表示简单条件，逻辑运算符的运算规则可以用表3—4的逻辑真值表加以总结。

**表3—4　　逻辑真值表**

| X | Y | X OR Y | X AND Y | NOT X |
|---|---|---|---|---|
| 真 | 真 | 真 | 真 | 假 |
| 真 | 假 | 真 | 假 | 假 |
| 假 | 真 | 真 | 假 | 真 |
| 假 | 假 | 假 | 假 | 真 |

逻辑表达式中可以包含上述的所有表达式，也就是说，逻辑表达式中可以含有算术运算符、字符运算符、关系运算符和逻辑运算符。逻辑表达式的求值顺序是：（1）函数运算；（2）算术运算和字符运算；（3）关系运算；（4）逻辑运算。同级运算中，按从左至右的顺序进行。值得注意的是，可以用圆括号改变运算顺序。

在C语言中，若逻辑表达式为“真”，则该表达式的值为1；若逻辑表达式为“假”，则该表达式的值为0。在判断一个逻辑表达式是否为真时，当表达式的值为0时，则该表达式为“假”，当表达式的值为非0时，则该表达式为“真”。

### 例 3—4

表示判断闰年的条件。

**问题分析：** 按照历法的规定，某年是闰年应符合下列条件之一。

(1) 该年份能被4整除，但不能被100整除；

(2) 能被400整除。

用整型变量iyear表示年份，则判断iyear是否是闰年的逻辑表达式为

((iyear MOD 4)＝0)AND((iyear MOD 100)＜＞0) OR ((iyear MOD 400)＝0)

若该表达式的值为“真”，则iyear为闰年。也可以用下面的逻辑表达式判断闰年。

NOT( ((iyear MOD 4)＝0)AND((iyear MOD 100)＜＞0) OR ((iyear MOD 400)＝0))

若该表达式的值为“假”，则iyear为闰年。还可以用下面的逻辑表达式判断闰年。

((iyear MOD 4)＜＞0) OR ((iyear MOD 100)＝0) AND ((iyear MOD 400)＜＞0)

若该表达式的值为“假”，则iyear为闰年。

由此可见，判断iyear是否是闰年的逻辑表达式可以有多种表示形式，在实际应用中，应该根据具体问题做具体分析，综合考虑，选择较适合的表示形式，使得容易设计出结构良好的算法。

### 例 3—5

计算工资。某公司规定：(1) 每周正常工作时间为40小时，超过部分为加班时间；(2) 若每小时工资低于12元人民币，则加班时间工资是正常工资的1.5倍；若每小时工资等于或超过12元人民币，则加班时间工资仍按正常工资计算。试计算员工每周的工资额。

**问题分析：** 要求输出员工每周的工资额（TotalPay）。需要输入员工的每小时工资额（PayRate）和每周工作时间（Hours）。还需要计算员工的加班时间（Overtime）和加班工资（OverPay）。

根据题设规定，当某员工的每小时工资低于12元人民币并且周工作时间超过40小时时，加班时间工资按正常工资的1.5倍计算。这样，可以设置加班工资计算的判断条件为：

(PayRate＜12)AND (Hours＞40)

当该表达式的值为“真”时，加班时间工资按正常工资的1.5倍计算，否则，加班时间工资按正常工资计算。根据程序的基本组成结构：输入数据；处理数据；输出结果。算法设计如图3—3所示，算法中的变量说明如下：

```
VAR  PayRate,Hours:real
     TotalPay:real
     Overtime,OverPay:real
```

**算法 3—3** CalcuPay1（PayRate，Hours，TotalPay）

<table>
<tr><td colspan="2">输入 PayRate，Hours</td></tr>
<tr><td colspan="2">（PayRate<12）AND（Hours>40）</td></tr>
<tr><td>T</td><td>F</td></tr>
<tr><td>Overtime= Hours－40</td><td rowspan="3">TotalPay= PayRate ＊ Hours</td></tr>
<tr><td>OverPay= PayRate＊1. 5O ＊ vertime</td></tr>
<tr><td>TotalPay= PayRate ＊ 40 ＋ OverPay</td></tr>
<tr><td colspan="2">输出 TotalPay</td></tr>
<tr><td colspan="2">算法结束</td></tr>
</table>

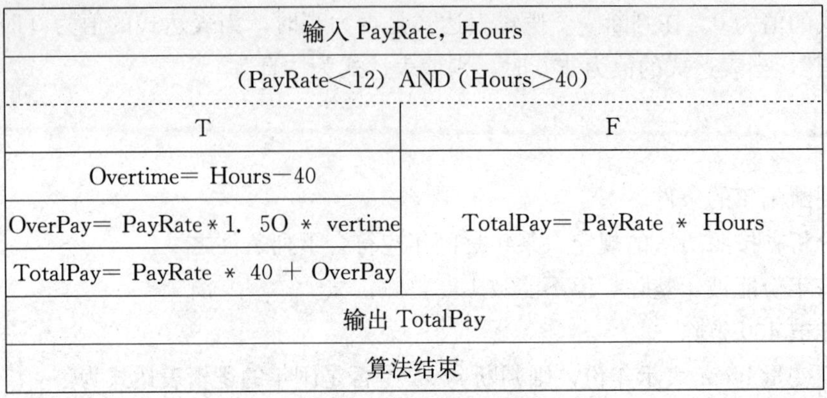

**图 3—3 计算工资**

算法 3—3 还可以改写为算法 3—4，如图 3—4 所示。

**算法 3—4** CalcuPay2（PayRate，Hours，TotalPay）

<table>
<tr><td colspan="2">输入 PayRate，Hours</td></tr>
<tr><td colspan="2">（PayRate>=12）OR（Hours<40）</td></tr>
<tr><td>T</td><td>F</td></tr>
<tr><td rowspan="3">TotalPay= PayRate ＊ Hours</td><td>Overtime= Hours－40</td></tr>
<tr><td>OverPay= PayRate＊1. 5O ＊ vertime</td></tr>
<tr><td>TotalPay= PayRate ＊ 40 ＋ OverPay</td></tr>
<tr><td colspan="2">输出 TotalPay</td></tr>
<tr><td colspan="2">算法结束</td></tr>
</table>

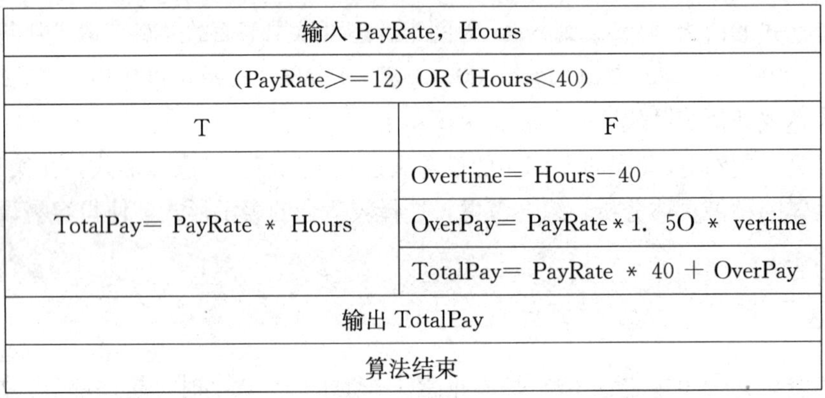

**图 3—4 计算工资**

对于几乎所有的问题，解决方案都不止一种，根据不同的方案可以设计出不同的算法，逻辑表达式更是如此。比如，确定加班工资计算方法的判断条件，至少有上述两种表示方式。根据算法 3—4 编写的 C 源程序如下：

```
//* * * * * * * * * * * * * * * * * * * * * *
//*   程序名称:CalcuPay.cpp                  *
//*   程序功能:计算工资                      *
//*   作    者:FENGJUN                       *
//*   编制时间:2014 年 3 月 20 日            *
//* * * * * * * * * * * * * * * * * * * * * *
#include<stdio.h>
void main()
{  float PayRate,Hours;
   float TotalPay,Overtime,OverPay;
   printf("请输入某员工的小时工资额 PayRate 和周工作时间 Hours：");
   scanf("%f%f",&PayRate,&Hours);
```

```
    if ((PayRate>=12)|| (Hours<40))
        TotalPay= PayRate * Hours;
    else
    {    Overtime=Hours-40;
         OverPay=PayRate*1.5*Overtime;
         TotalPay=PayRate*40+OverPay;
}
printf("员工的周工资额 TotalPay = %f \n ",TotalPay);
}
```

运行程序得到如下结果：

请输入某员工的小时工资额 PayRate 和周工作时间 Hours:8 58↙

员工的周工资额 TotalPay =536.00

## 3.4 课程设计题目——求最小公倍数

**【问题描述】**

求两个非负整数 m、n 的最小公倍数。

**【基本要求】**

(1) 至少完成 3 个版本的算法设计和程序实现。

(2) 对所设计的算法进行时间复杂度分析。

(3) 确定程序中的基本操作，在程序的适当位置添加计数器统计基本操作的执行次数，分析 3 个版本程序的执行效率。即用后验分析法分析程序的执行效率。

(4) 通过分析比较得出结论。

**【测试数据】**

至少准备 15 组测试数据。以较小的数据测试程序的正确性；以较大的数据或能使基本操作执行数百次以上的数据测试程序的执行效率。

**【实现提示】**

可以将求最小公倍数问题转换为求最大公因子问题。即最小公倍数是两个整数的乘积除以它们的最大公因子。

**【问题拓展】**

(1) 寻求新的解决问题的策略。比如，辗转相除两个整数的所有公因子，再将两个整数所得的商与所有公因子相乘。

(2) 求 3 个或 n 个非负整数的最小公倍数。

(3) 至少准备 50 组测试数据，使每个程序自动完成求这 50 组数据各自的最小公倍数，并以表格形式记录每个程序基本操作的执行次数，分析得到的实验数据。

## 习　题

**3—1**　简述下列术语：数据、结点、数据项、数据类型、常量、符号常量、变量、运算符、表达式。

**3—2**　试说明数据结构与数据类型的异同。

**3—3**　简单数据类型有哪些？对应的类型标识符是什么？如何定义变量？

**3—4**　变量为什么要“先定义，后使用”？

**3—5**　使用变量的 3 个步骤与变量的三要素分别是什么？

**3—6**　有哪几类表达式？各自对应的运算符有哪些？并说明它们的运算优先级。

**3—7**　将下面的代数表达式改写为程序中的表达式。

(1) $b^2-4ac$　　(2) $ax^2+bx+c$

(3) $\pi r^2$　　(4) $0\leqslant x\leqslant 60$

**3—8**　写出下面各表达式的值。设 a=3，b=4，c=5。

(1) a+b/c−a＊c/b−c　　(2) a+b>c AND b=c

(3) a<0 OR b+c>6 AND b−c>=0　　(4) NOT (a>b) AND NOT (a<c)

**3—9**　试编制程序，输入三角形的 3 条边长，计算并输出三角形的面积。

**3—10**　设圆的半径 r=1.5，圆柱高 h=3，求圆的周长、圆的面积、圆柱表面积、圆柱体积。试编制程序实现，计算结果精确到小数点后 2 位，在程序中添加适当的注释，输出数据应有文字说明。

**3—11**　编制程序计算：$y=\sin^2(\pi/4)+\sin(\pi/4)\cos(\pi/4)-\cos^2(\pi/4)$

要求使用符号常量，并且使基本操作执行次数达到最少（不包括三角函数求值）。

**3—12**　试编制程序，判断某年是否是闰年。

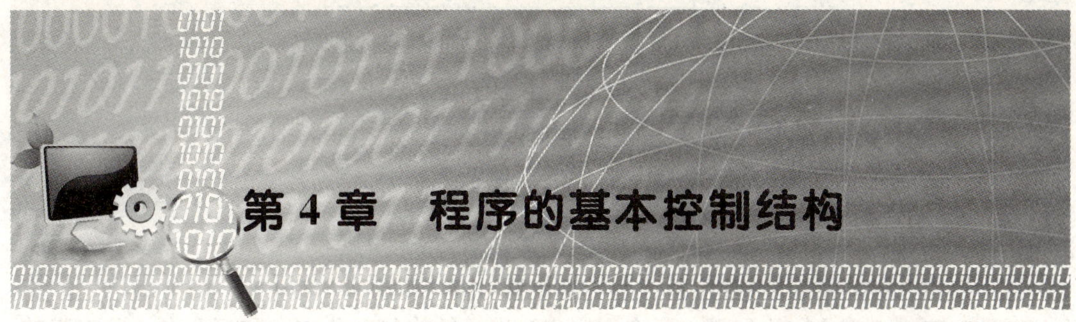

# 第 4 章　程序的基本控制结构

程序的基本组织结构是数据结构和程序控制结构。程序的基本组成部分包括数据输入、数据处理和数据输出，它们可以分解为适当的模块。为了构建结构良好的程序，每个模块都应该由一些适当的语句组构成，每个模块最好只实现一个功能，它们除了应该具有良好的数据结构外，还要有良好的程序控制结构。本章主要介绍程序的 3 种基本控制结构及其简单的应用。

## 4.1　程序的基本控制结构

为了构建较复杂的程序，需要提供能够组织程序结构的语句，以便能够使各部分语句组充分发挥作用，并将它们顺利地组合成一个整体。程序的控制结构是指影响程序执行的逻辑顺序。计算机科学家已经证明只需要使用 3 种基本控制结构就可以构建任何复杂程序或算法。这 3 种基本控制结构是：顺序结构、选择结构和循环结构。

### 4.1.1　3 种基本控制结构

一个程序包含一系列的执行语句，每个语句使计算机完成一定的操作。在编制程序时，要仔细周密地考虑各语句的排列次序。语句的排列次序不仅决定程序的正确性，而且影响程序的可读性和可维护性。要使程序清晰地表达算法的设计思想，使程序具有良好的可读性，编制程序时应当遵循人们的思维习惯，尽量避免不必要的无条件转向，最好能使程序的执行顺序从上到下依次进行。1966 年，由 C. BÖhm 和 G. Jacopini 提出了 3 种基本控制结构，如果只用这 3 种基本控制结构作为算法设计的基本组成部件，就能使所编制的程序实现从上到下依次执行的目的。

**1. 顺序结构**

顺序结构是指程序的执行次序与程序的书写次序一致。图 4—1 是程序的基本组成，它是一个顺序结构，首先执行 $a_1$ 模块输入数据，然后执行 $a_2$ 模块处理数据，最后执行 $a_3$ 模块输出数据。顺序结构是最简单也是最基本的结构。在进行算法设计和程序编制过程中，要树立这样的观念，顺序结构是整体的，选择结构和循环结构是局部的。

| 输入数据（$a_1$模块） |
| --- |
| 处理数据（$a_2$模块） |
| 输出数据（$a_3$模块） |

**图 4—1　程序的基本组成**

**2. 选择结构**

选择结构又称为判断结构或分支结构或条件结构，如图 1—9 所示，这个模块根据给定的条件是否成立而决定执行哪一个命令序列。选择结构包含分支点和汇合点，分支点的条件使程序产生不同的执行流程，当选择结构包含多个命令序列时，只有一个命令序列被执行，无论哪个命令序列被执行，执行流程都转到汇合点，即选择结构模块的出口处。

图 1—9（a）是单向分支结构。程序设计语言中对应的是 IF－THEN－ENDIF 结构。若条件成立，则执行命令序列，否则什么也不做。

图 1—9（b）是双向分支结构。程序设计语言中对应的是 IF－THEN－ELSE－ENDIF 结构。若条件成立，则执行命令序列 1，否则执行命令序列 2。

图 1—9（c）是多向分支结构。根据情况 k 决定执行那一个命令序列，当 k 的取值在 1 到 N 之间时，就执行命令序列 k。在不同的程序设计语言中，对于组织多向分支结构的语句及其语句结构和规则有所差异，具体应用时要搞清楚语句结构和执行规则。

多向分支结构可以通过双向分支结构的嵌套来实现，不同的程序设计语言允许嵌套的层次也不相同。在程序设计中，当需要使用选择结构时，应尽量减少选择结构的嵌套层次，同时使选择结构中的命令序列尽量简短。也就是说，在多个结构进行排列时，能够顺序排列的，绝不嵌套排列，并且使选择结构和循环结构的模块规模尽量地小。

**3. 循环结构**

循环结构又称为重复结构，如图 1—10 所示，这个模块使循环体在一定条件下重复执行。循环结构中的分支点和汇合点都在条件处，只要满足条件就执行循环体一次，然后判断条件，直到不满足条件时才退出循环结构。在不同的程序设计语言中，所提供的组织循环结构的语句及其语句结构和规则有所差异。实际应用时要搞清楚循环语句结构和执行规则。

无论让计算机做什么事，如果它只能做一次，那么这样的计算机几乎是没有什么用处的。一次次重复做同样事情的能力，是程序设计中最基本的要求。好在计算机一次次重复做同样事没有觉得很枯燥。循环结构是最基本、也是最重要的控制结构。

一个实际问题无论多么复杂，都可以由这 3 种基本控制结构组成。用这 3 种基本控制结构构造算法和编制程序，就如同搭积木盖房子一样方便，它使得程序结构清晰。这是结构化程序设计的基本要求，事实上，结构化程序设计的目标之一就是构建易于阅读和理解的程序。

### 4.1.2　关于对 GOTO 语句的认识

在现代编程语言方面，**E. W. Dijkstra** 以反对（过分）使用 **GOTO** 语句的文章而著名。1968 年，E. W. Dijkstra 撰写了一篇题为“GOTO Statement Considered Harmful”的文章，这篇文章被认为是现代编程语言逐渐不鼓励使用 GOTO 语句，提倡使用编程控制结构的一个分水岭。一个有趣的插曲是 E. W. Dijkstra 的这篇文章的题目其实并不是他自己写得，而是 Communications of the ACM 的编辑 Niklaus Wirth 的杰作。这篇文章的发表，引起了软件界的一场大辩论。

主张在程序设计语言中取消 GOTO 语句的人，其主要理由是：程序执行是一个动态过程，如果程序中不加限制地使用 GOTO 语句，这就使程序的静态结构与动态执行情况差异甚大，使得程序难以阅读和理解，容易出错，也难以检查错误。由于破坏了程序基本结构的单入口、单出口原则，使程序的正确性证明复杂化。相反，取消 GOTO 语句，可以增强程序静态结构与动态执行情况的一致性。事实上，取消 GOTO 语句所带来的好处远不止这些。

另一些人提出不同的观点：认为 GOTO 语句从概念上来说是非常简明的。使用 GOTO 语句，可以提高程序的执行效率。

这场辩论一直持续了数年，直到 1974 年 Knuth 发表了一篇题为《带 GOTO 语句的结构程序设计》文章后，才算结束了这场争论。他概括地证实了 3 点：(1) 滥用 GOTO 语句确实有害，应该尽量避免；(2) 完全避免使用 GOTO 语句也并非是明智的方法，在有些程序的有些地方使用 GOTO 语句以后，将会使程序流程更清晰、效率更高；(3) 争论的焦点不应放在要不要取消 GOTO 语句上，而应该放在采用什么样的程序结构上。因为只有良好的程序结构，才能使程序易于理解、易于维护。

滥用 GOTO 语句确实有害。在程序中使用 GOTO 语句使得程序文本与程序的动态执行不相对应，程序既不容易阅读，也不容易纠错和验证。E. W. Dijkstra 承认程序的可读性与程序的效率之间有着反作用。

如何避免滥用 GOTO 语句。(1) 理论上取消 GOTO 语句；(2) 消除 GOTO 语句的 3 种方法：重复编码方法、状态变量方法和布尔标志技术；(3) 产生新的语言机制及新型程序设计语言。在进行算法设计和编制程序过程中重要的是要考虑程序的结构、程序的清晰度及可读性，在这个过程中关键是尽量少用 GOTO 语句来编写程序。

可以使用 GOTO 语句的情况。程序员应该创建这样的算法 P，P 是容易理解的并且有良好的算法结构，然后对 P 进行优化，使之产生一个高效的程序 Q，Q 可以包含 GOTO 语句，不过由 P 到 Q 的变换应该是完全可靠的。P 是面向人的，而 Q 是面向机器的。

优化程序的方法可以通过将递归改为迭代，或者对于内层循环的循环体来说，应该通过建立适当的数据结构和控制结构，使内层循环的循环体更精练，因为只有内层循环的循环体运行时间越少，程序效率才会越高。

过早地优化是一切祸害的根源，应该忘掉进行过早优化。实质上，应该把程序开发分成几个层次，把变换前供人们进行阅读、交流的算法看成一个层次；把变换后面向机器能高效运行的程序看成一个层次；最后产生的目标代码又是一个层次。不同的层次目的不同，自然对它们的要求也应该不同。

一般来说，用删除 GOTO 语句的方法替换出的程序，不仅效率有所降低，而且可读性也不会得到改善。或者说，不能简单地认为，对带有 GOTO 语句的程序，只要简单地用其他语言成分替代了 GOTO 语句，就可以得到好的结构程序。人们真正需要的是：在程序设计过程中就很少想到去使用GOTO语句。

怎样才能设计出好结构程序呢？这个问题与程序设计的技术和方法紧密相关。程序设计应该从方法学的角度进行根本性的变革。

程序结构良好是指程序结构清晰，易于理解，也易于验证。程序结构好从效率上看，不一定是好程序，但它便于阅读，提高了程序的可靠性和可维护性。结构化程序设计的基本要求是：宁可损失一些程序的执行效率，也要保持程序的结构好。采用程序的3种基本控制结构和单入口、单出口原则是设计良好结构程序应该严守的信条。

## 4.2 顺序结构程序设计

顺序结构程序是最基本、最简单的一种程序结构。程序中的所有语句都是按照自上而下的顺序来执行，不会发生执行流程的跳转。虽然程序结构简单，但是在解决问题时，也应该按照程序设计步骤进行，做好问题分析、算法设计，不要急于写程序代码。在开始学习计算学科时就养成良好的程序设计风格。

**例 4—1**

计算应收款。试编写一个程序，用于水果店售货员结账。已知苹果每公斤3.5元，香蕉每公斤4.2元。输入顾客所买各种水果重量，计算应收款。再输入顾客付款额，计算应找顾客金额。

**问题分析**：这个问题虽然简单，但是也需要想好解题的方法和步骤。题目要求输出数据是应收款Receivables和需要找给顾客的金额；需要输入数据是苹果重量AppleWeight、香蕉重量BananaWeight以及顾客付款额Pay；水果单价定义为符号常量。根据程序的基本组成结构：输入数据；处理数据；输出结果。算法设计如图4—2所示，算法中的变量说明如下：

```
CONST  ApplePrice＝3.5
       BananaPrice＝4.2
VAR  AppleWeight,BananaWeight:real
     Pay:real
     Receivables:real
```

**算法 4—1** CalcuReceivables

| 定义符号常量 ApplePrice=3.5；BananaPrice=4.2 |
|---|
| 输入数据 AppleWeight；BananaWeight |
| 计算应收款<br>Receivables= ApplePrice* AppleWeight+BananaPrice* BananaWeight; |
| 输出应收款 Receivables |
| 输入数据 Pay |
| 输出数据 Pay - Receivables |
| 算法结束 |

**图 4—2 计算应收款**

根据算法 4—1 编写 C 源程序如下：

```
//************************
//*  程序名称:CalcuReceivables.cpp                *
//*  程序功能:计算应收款                          *
//*  作    者:FENGJUN                             *
//*  编制时间:2014 年 3 月 20 日                   *
//************************
#include<stdio.h>
#define ApplePrice  3.5
#define BananaPrice 4.2
void main()
{  float AppleWeight,BananaWeight,Pay;
   float Receivables;
   printf("请输入苹果重量: ");
   scanf("%f",&AppleWeight);
   printf("请输入香蕉重量: ");
   scanf("%f",&BananaWeight);
   Receivables= ApplePrice* AppleWeight+BananaPrice* BananaWeight;
   printf("应收款 Receivables =%f\n ", Receivables);
   printf("请输入顾客付款额: ");
   scanf("%f",&Pay);
   printf("找零 =%f\n ", Pay-Receivables);
}
```

---

运行程序得到如下结果：

```
请输入苹果重量:12↙
请输入香蕉重量:8↙
应收款 Receivables =75.600000
请输入顾客付款额:80↙
找零 =4.400000
```

### 例 4—2

输入三角形的 3 条边长，计算三角形的面积。

**问题分析：**

(1) 输入三角形的 3 条边长 a，b，c。为了方便起见，假设这 3 条边能够构成三角形。

(2) 已知三角形的 3 条边，求三角形面积公式为

area=SQRT(s(s−a)(s−b)(s−c))

其中：SQRT () 是求平方根函数，s= (a+b+c) /2。

(3) 输出三角形的面积。

N－S图算法描述略。根据程序的基本组成结构：输入数据；处理数据；输出结果。编写C源程序如下：

```
//************************
//*  程序名称:Calcuarea.cpp           *
//*  程序功能:计算三角形面积          *
//*  作    者:FENGJUN                 *
//*  编制时间:2014年3月20日           *
//************************
#include<stdio.h>
#include<math.h>                /*因为要调用数学函数sqrt()*/
void main()
{  float a,b,c;
   double s,area;
   printf("请输入三角形的3条边长a,b,c= ");
   scanf("%f%f%f",&a,&b,&c);
   s=(a+b+c)/2;
   area= sqrt (s*(s-a)*(s-b)*(s-c));
   printf("三角形的3条边长a,b,c= %f %f%f\n ",a,b,c );
   printf("则三角形的面积area= %f\n ",area );
}
```

运行程序得到如下结果：

请输入三角形的3条边长a,b,c=4 5 6↙

三角形的3条边长a,b,c=4.000000 5.000000 6.000000

则三角形的面积area=9.921567

这个程序不完善，或者说不健壮。当输入3个数a、b、c，以它们为边长不能构成三角形时，程序中的计算没有意义。因此，输入3个数后，应首先判断以它们为边长是否能构成三角形，只有能构成三角形，再计算三角形面积才有意义，这个问题将在4.3节中解决。

### 例4—3

求一元二次方程$ax^2+bx+c=0$的根。系数a、b、c由键盘输入。

**问题分析：**

(1) 输入一元二次方程的系数a，b，c。为了方便起见，假设$b^2-4ac>0$。

(2) 确定解方程的方法。已知一元二次方程的求根公式为

$$x_1=\frac{-b+\sqrt{b^2-4ac}}{2a}, \quad x_2=\frac{-b-\sqrt{b^2-4ac}}{2a}$$

可以将上面的分式分为两项

$$p=\frac{-b}{2a},\quad q=\frac{\sqrt{b^2-4ac}}{2a}$$

则 $x_1=p+q$， $x_2=p-q$。

(3) 输出一元二次方程 $ax^2+bx+c=0$ 的两个根 $x_1$ 和 $x_2$。

N－S 图算法描述略。根据程序的基本组成结构：输入数据；处理数据；输出结果。编写 C 源程序如下：

```
//*************************
//*  程序名称:SolutionEquation.cpp        *
//*  程序功能:解一元二次方程               *
//*  作    者:FENGJUN                      *
//*  编制时间:2014 年 3 月 20 日           *
//*************************
#include<stdio.h>
#include<math.h>                 /* 因为要调用数学函数 SQRT() */
void main()
{  float a,b,c;
   float p,q,x1,x2;
   printf("请输入一元二次方程的系数 a,b,c=  ");
   scanf("%f%f%f",&a,&b,&c);
   p=-b/(2*a); q= sqrt(b*b-4*a*c)/(2*c);
   x1=p+q; x2=p-q;
   printf("一元二次方程%fx*x+%fx+%f=0\n",a,b,c);
   printf("的两个解 x1=%f,  x2=%f\n",x1,x2);
}
```

---

运行程序得到如下结果：

请输入一元二次方程的系数 a,b,c=3.5　7.6　2↙

一元二次方程 3.500000x＊x+7.600000x+2.000000=0

的两个解 $x_1$=−0.306389，　$x_2$=−1.865039

在程序中假定输入的 a、b、c 满足条件 $b^2-4ac>0$。事实上，所输入的 a、b、c 并不一定满足条件 $b^2-4ac>0$。因此，在利用求根公式解方程时，应首先判断条件 $b^2-4ac>0$ 是否成立，然后再做相应处理，这个问题将在 4.3 节中解决。请读者给出这两个例子的 N－S 图算法描述。

## 4.3　选择结构程序设计

解决稍微复杂些的问题，就需要使用选择结构。选择结构包含一个测试条件和一个或多个命令序列，根据条件是否成立，决定执行哪个命令序列。在学习选择结构程序设计时，一定要搞清楚在不同条件下程序的各种不同执行流程。

### 4.3.1 单向分支选择结构程序设计

最简单的选择结构是单向分支选择结构。在程序设计语言中，它的一般形式为：

IF 条件 THEN

　　命令序列

ENDIF

分支点在条件处。若条件成立，则执行命令序列；否则跳过命令序列，直接执行 ENDIF 的后续命令。汇合点在 ENDIF 处。

**例 4—4**

输入 3 个数 a、b、c，输出最大数。

**问题分析：**

(1) 由键盘输入 3 个数 a、b、c，再定义一个变量 max 用于存放最大数。

(2) 首先将 a 的值赋给 max；然后测试关系表达式 b>max，若成立，则将 b 的值赋给 max；最后测试关系表达式 c>max，若成立，则将 c 的值赋给 max。

(3) 输出 max 的值。

因此，算法设计，如图 4—3 所示，算法中的变量说明如下：

VAR　a,b,c,max:real

**算法 4—2**　max (a, b, c, max)

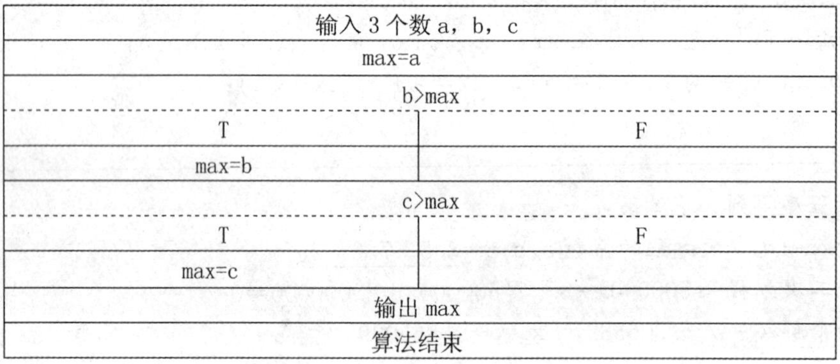

<table>
<tr><td colspan="2">输入 3 个数 a，b，c</td></tr>
<tr><td colspan="2">max=a</td></tr>
<tr><td colspan="2">b>max</td></tr>
<tr><td>T</td><td>F</td></tr>
<tr><td>max=b</td><td></td></tr>
<tr><td colspan="2">c>max</td></tr>
<tr><td>T</td><td>F</td></tr>
<tr><td>max=c</td><td></td></tr>
<tr><td colspan="2">输出 max</td></tr>
<tr><td colspan="2">算法结束</td></tr>
</table>

**图 4—3　求最大数**

根据算法 4—2 编写 C 源程序如下：

```
//* * * * * * * * * * * * * * * * * * * * * * * *
//*  程序名称:max.cpp                         *
//*  程序功能:求最大数                         *
//*  作    者:FENGJUN                        *
//*  编制时间:2014 年 3 月 20 日                *
//* * * * * * * * * * * * * * * * * * * * * * * *
#include<stdio.h>
void main()
```

```
{  float a,b,c, max;
   printf("请输入 3 个数 a,b,c= " );
   scanf(" %f %f %f",&a,&b,&c);
   max=a;
   if (b>max) max=b;
   if (c>max) max=c;
   printf("3 个数 a= %f b= %f c= %f\n ",a,b,c );
   printf("的最大数 max= %f\n ",max);
}
```

---

运行程序得到如下结果：

请输入 3 个数 a,b,c=35 76 188↙

3 个数 a=35.000000 b=76.000000 c=188.000000

的最大数 max=188.000000

### 例 4—5

输入 3 个数 a、b、c，要求由小到大排序。

**问题分析：**

（1）由键盘输入 3 个数 a、b、c。

（2）排序思想：排序后使 a 的值最小、c 的值最大。首先比较 a 与 b，若 b 小，则交换 a 与 b 的值；然后比较 a 与 c，若 c 小，则交换 a 与 c 的值；最后比较 b 与 c，若 c 小，则交换 b 与 c 的值。定义一个中间变量 t 用于交换两个变量的值。

（3）输出已排序 a、b、c 的值。

因此，算法设计如图 4—4 所示，算法中的变量说明如下：

VAR　a,b,c,t:real

**算法 4—3**　sort（a，b，c）

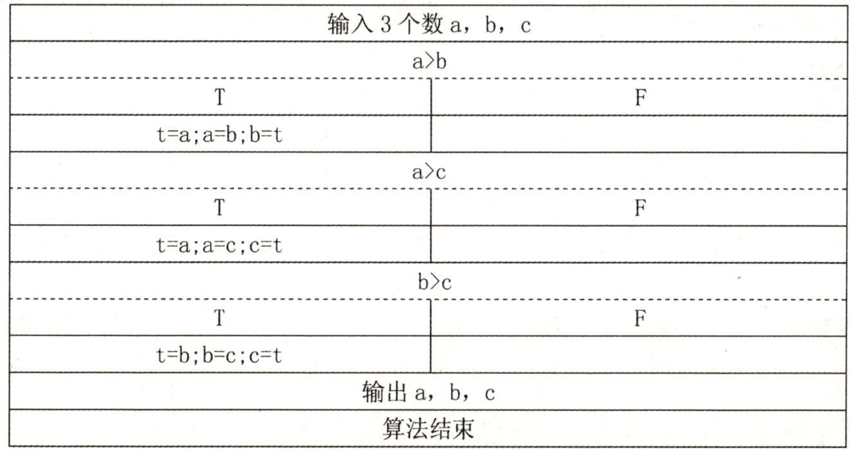


**图 4—4　排序**

根据算法 4—3 编写 C 源程序如下：

```
//* * * * * * * * * * * * * * * * * * * * * * *
//*   程序名称:sort.cpp                         *
//*   程序功能:排序                             *
//*   作    者:FENGJUN                          *
//*   编制时间:2014 年 3 月 20 日               *
//* * * * * * * * * * * * * * * * * * * * * * *
#include<stdio.h>
void main()
{  float a,b,c,t;
   printf("请输入 3 个数 a,b,c= ");
   scanf("%f%f%f",&a,&b,&c);
   if (a>b) { t=a;a=b;b=t;}
   if (a>c) { t=a;a=c;c=t;}
   if (b>c) { t=b;b=c;c=t;}
   printf("3 个数 a= %f b= %f c= %f\n ",a,b,c );
   printf("排序后的序列为：%6.2f，%6.2f，%6.2f\n ", a,b,c);
}
```

运行程序得到如下结果：

请输入 3 个数 a,b,c=986.34 342 869.36↙

3 个数 a=986.340000 b=342.000000 c=869.360000

排序后的序列为:342.00,869.36,986.34

### 4.3.2 双向分支选择结构程序设计

双向分支选择结构是最完备的选择结构。在程序设计语言中，它的一般形式为：

```
IF 条件 THEN
   命令序列 1
ELSE
    命令序列 2
ENDIF
```

分支点在条件处。若条件成立，则执行命令序列 1，执行完毕跳过命令序列 2 执行 ENDIF 的后续命令；否则，跳过命令序列 1，执行命令序列 2，再执行 ENDIF 的后续命令。命令序列 1 与命令序列 2 有且仅有一个命令序列被执行。汇合点在 ENDIF 处。

**例 4—6**

输入三角形的 3 条边长，计算三角形的面积。

**问题分析**：例 4—2 中的解法不完善。当输入 3 个数 a、b、c 后，首先判断以它们为边长能否构成三角形，只有能构成三角形，计算三角形面积才有意义。根据三角形知识，3 条边能构成三角形的条件是任意两边之和大于第 3 边。因此，例 4—2 中的 C 源程序可以修改如下：

```
//************************
//*   程序名称:Calcuareal.cpp                *
//*   程序功能:计算三角形面积                  *
//*   作    者:FENGJUN                       *
//*   编制时间:2014 年 3 月 20 日              *
//************************
#include<stdio.h>
#include<math.h>              /*因为要调用数学函数 sqrt () */
void main()
{  float a,b,c;
   float s,area;
   printf("请输入三角形的 3 条边长 a,b,c= ");
   scanf("%f%f%f",&a,&b,&c);
   if (a+b>c&&b+c>a&&c+a>b)
   {  s=(a+b+c)/2;
      area= sqrt (s*(s-a)*(s-b)*(s-c));
      printf("三角形的 3 条边长 a,b,c= %6.2f%6.2f%6.2f\n",a,b,c);
      printf("则三角形的面积 area= %6.2f\n",area);
   }
   else
      printf("以 a= %6.2f b= %6.2f c= %6.2f 为边,不能构成三角形.\n",a,b,c);
}
```

运行程序得到如下结果：

①请输入三角形的 3 条边长 a,b,c=4.5  8.7  9.6↙
三角形的 3 条边长 a,b,c=4.50  8.70  9.60
则三角形的面积 area=19.55
②请输入三角形的 3 条边长 a,b,c=6  4  12↙
以 a=6.00 b=4.00 c=12.00 为边,不能构成三角形。

请读者根据程序给出 N—S 图算法描述。

### 例 4—7

求一元二次方程 $ax^2+bx+c=0$ 的根。系数 a、b、c 由键盘输入。

**问题分析**：在例 4—3 的程序中假定输入的 a、b、c 满足条件 $b^2-4ac>0$。事实上，所输入的 a、b、c 并不一定满足条件 $b^2-4ac>0$。因此，在利用求根公式解方程时，首先

判断条件 $b^2-4ac>0$ 是否成立，然后再做相应地处理。当 $b^2-4ac>0$ 时，方程有两个不相等实根；当 $b^2-4ac=0$ 时，方程有两个相等实根；当 $b^2-4ac<0$ 时，方程没有实根，有一对共轭复根。因此，解一元二次方程的算法设计如图 4—5 所示，算法中的变量说明如下：

```
VAR  a,b,c:real
     dist:real
     p,q,x1,x2:real
```

**算法 4—4** SolutionEquation (a,b,c)

<table>
<tr><td colspan="3">输入 a,b,c</td></tr>
<tr><td colspan="3">dist=b*b-4*a*c</td></tr>
<tr><td colspan="3">dist>0</td></tr>
<tr><td>T</td><td colspan="2">F</td></tr>
<tr><td>p=-b/(2*a)</td><td colspan="2">dist=0</td></tr>
<tr><td>q= sqrt(dist)/(2*a)</td><td>T</td><td>F</td></tr>
<tr><td>$x_1=p+q$; $x_2=p-q$</td><td>$x_1,x_2=-b/(2*a)$</td><td rowspan="2">输出方程没有实根<br>或者求出方程的一对共轭复根</td></tr>
<tr><td>输出 $x_1,x_2$</td><td>输出两个相等实根 x1</td></tr>
<tr><td colspan="3">算法结束</td></tr>
</table>

**图 4—5 解方程**

请读者根据算法 4—4 编写程序并上机运行。细心的读者已经发现，在算法 4—4 中，选择结构又包含了一个选择结构，这种在选择结构中又包含一个或多个选择结构，称为选择结构的嵌套。在程序设计语言中，IF 结构嵌套的一般形式为：

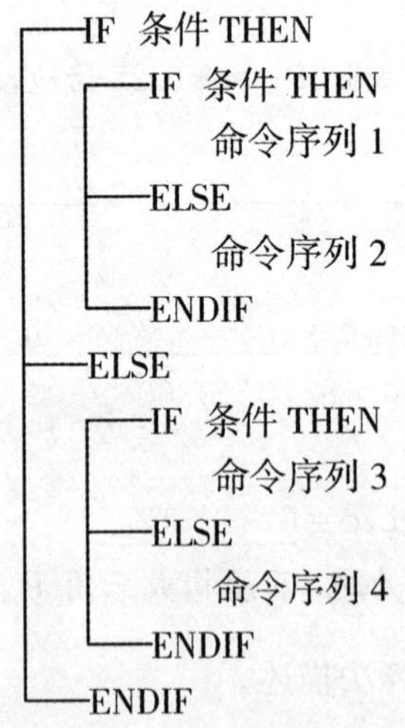


## 例 4—8

商店某商品的单价为 980 元。为了促销，商店规定：凡购买该商品 50 件以上优惠 5%，100 件以上优惠 7.5%，300 件以上优惠 10%，500 件以上优惠 15%。输入购买数量，计算应收款。

**问题分析：**解题的关键是根据购买数量（number）确定折扣率（cost）。商品单价定义为符号常量（price）；购买数量由键盘输入；应收款（total）= price＊（1－ cost）＊ number。根据题意算法设计如图 4—6 所示，算法中的变量说明如下：

```
CONST  price =980
VAR  number:integer
     cost,total:real
```

**算法 4—5** CalcuReceivables1（number，total）

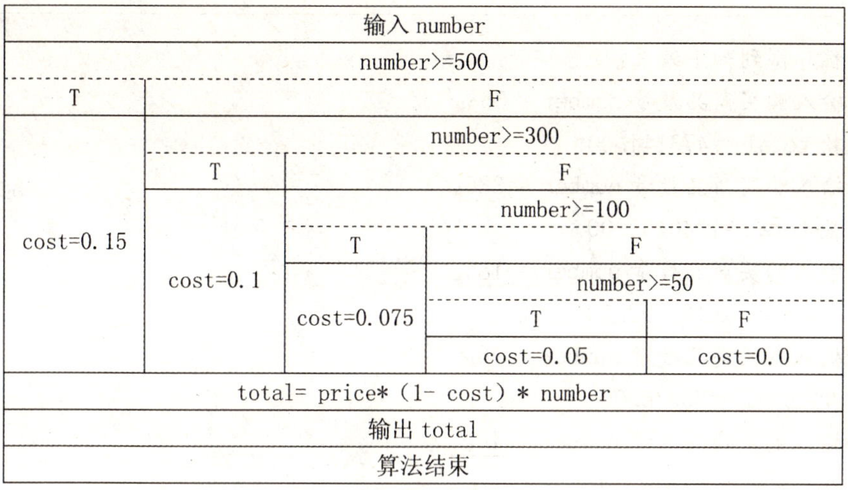

<table>
<tr><td colspan="5">输入 number</td></tr>
<tr><td colspan="5">number>=500</td></tr>
<tr><td>T</td><td colspan="4">F</td></tr>
<tr><td rowspan="7">cost=0.15</td><td colspan="4">number>=300</td></tr>
<tr><td>T</td><td colspan="3">F</td></tr>
<tr><td rowspan="5">cost=0.1</td><td colspan="3">number>=100</td></tr>
<tr><td>T</td><td colspan="2">F</td></tr>
<tr><td rowspan="3">cost=0.075</td><td colspan="2">number>=50</td></tr>
<tr><td>T</td><td>F</td></tr>
<tr><td>cost=0.05</td><td>cost=0.0</td></tr>
<tr><td colspan="5">total= price*（1- cost）* number</td></tr>
<tr><td colspan="5">输出 total</td></tr>
<tr><td colspan="5">算法结束</td></tr>
</table>

**图 4—6　计算应收款**

根据算法 4—5 编写 C 源程序如下：

```
//＊＊＊＊＊＊＊＊＊＊＊＊＊＊＊＊＊＊＊＊＊＊＊
//＊  程序名称:CalcuReceivables1.cpp        ＊
//＊  程序功能:计算应收款                   ＊
//＊  作    者:FENGJUN                      ＊
//＊  编制时间:2014 年 3 月 20 日           ＊
//＊＊＊＊＊＊＊＊＊＊＊＊＊＊＊＊＊＊＊＊＊＊＊
#include<stdio.h>
#define price 980
void main()
{  int number;
   float cost,total;
   printf("请输入购买商品数量 number = ");
   scanf("%d",&number);
   if (number>=500)  cost=0.15;
   else
       if (number>=300)  cost=0.1;
       else
         if (number>=100)  cost=0.075;
```

```
        else
          if (number>=50)  cost=0.05;
          else
              cost=0.0;
    total=price*(1-cost)*number;
    printf("应收款 total = %8.2f \n ", total );
}
```

运行程序得到如下结果：

①请输入购买商品数量 number =568↙

应收款 total =473144.00

②请输入购买商品数量 number =386↙

应收款 total =340452.00

③请输入购买商品数量 number =185↙

应收款 total =167702.50

④请输入购买商品数量 number =96↙

应收款 total =89376.00

⑤请输入购买商品数量 number =48↙

应收款 total =47040.00

请读者认真分析 if 结构的嵌套关系以及 if 与 else 的配对关系。可以将上述程序中 if 结构的嵌套关系改为 if 结构的顺序关系，修改后的 C 源程序如下：

```
//************************
//*  程序名称:CalcuReceivables2.cpp      *
//*  程序功能:计算应收款               *
//*  作    者:FENGJUN                *
//*  编制时间:2014 年 3 月 20 日        *
//************************
#include<stdio.h>
#define price 980
void main()
{  int number;
   float cost,total;
   printf("请输入购买商品数量 number = ");
   scanf("%d",&number);
   if (number<50)  cost=0.0;
   if (number>=50)  cost=0.05;
   if (number>=100)  cost=0.075;
   if (number>=300)  cost=0.1;
```

```
    if (number>=500)   cost=0.15;
    total=price * (1-cost) * number;
    printf("应收款 total = %8.2f \n ", total );
}
```

请读者从程序的可读性、可维护性、程序的执行效率等方面认真分析比较这两个程序，并谈谈对 if 结构的认识。根据第 2 个程序画出 N－S 图算法描述，你还有其他解题方案吗?

### 4.3.3 多向分支选择结构程序设计

使用 if 结构可以实现多向分支选择结构。为了能够更清晰、更容易地设计和编写多向分支结构程序，许多程序设计语言都专门提供了实现多向分支组织结构，称为 CASE 结构或者 SWITCH 结构。表 4—1 给出了两种典型的 CASE 结构。

**表 4—1　　CASE 结构的一般形式**

| 一般形式 1 | 一般形式 2 |
|---|---|
| SELECT CASE OF 整型表达式<br>　CASE 值列表 1:<br>　　命令序列 1<br>　CASE 值列表 2:<br>　　命令序列 2<br>　…<br>　CASE 值列表 n:<br>　　命令序列 n<br>　DEFAULT:<br>　　命令序列 n+1<br>EDNCASE | DO CASE<br>　CASE 条件 1<br>　　命令序列 1<br>　CASE 条件 2<br>　　命令序列 2<br>　…<br>　CASE 条件 n<br>　　命令序列 n<br>　OTHERWISE<br>　　命令序列 n+1<br>EDNCASE |

在不同的程序设计语言中，CASE 结构或者 SWITCH 结构的执行流程规定是有差异的，使用时必须搞清楚该结构的执行流程。

**例 4—9**

商店某商品的单价为 980 元。为了促销，商店规定：凡购买该商品 50 件以上优惠 5%，100 件以上优惠 7.5%，300 件以上优惠 10%，500 件以上优惠 15%。输入购买数量，计算应收款。

**问题分析：**在例 4—8 中已经说明解题的关键是根据购买数量（number）确定折扣率（cost）。这里，利用 CASE 结构确定折扣率（cost）的关键是根据购买数量（number）确定一个整型表达式（cas）。由题设条件可以看出，折扣率的“变化点”都是 50 的倍数。利用这一特点，若 number≥500，则 cas=10；否则 cas= number/50。即当 cas<1 时，表示 number<50，无折扣；1≤cas<2 时，表示 50≤number<100，折扣 5%；2≤cas<6 时，表示 100≤number<300，折扣 7.5%；6≤cas<10 时，表示 300≤number<500，折扣 10%；cas≥10，折扣 15%。因此，算法设计如图 4—7 所示，算法中的变量说明如下：

```
CONST price =980
VAR  number:integer
     cas: integer
     cost,total:real
```

**算法 4—6** CalcuReceivables3(number,total)

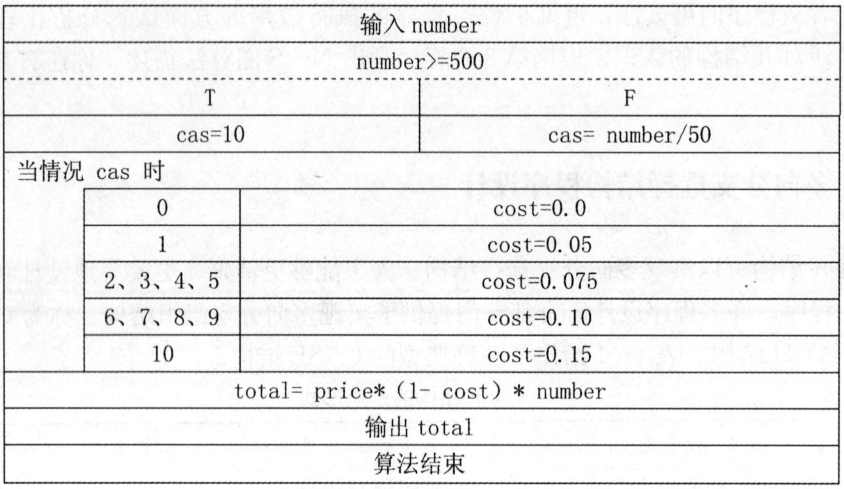

<table>
<tr><td colspan="3">输入 number</td></tr>
<tr><td colspan="3">number>=500</td></tr>
<tr><td colspan="2">T</td><td>F</td></tr>
<tr><td colspan="2">cas=10</td><td>cas= number/50</td></tr>
<tr><td rowspan="6">当情况 cas 时</td></tr>
<tr><td>0</td><td>cost=0. 0</td></tr>
<tr><td>1</td><td>cost=0. 05</td></tr>
<tr><td>2、3、4、5</td><td>cost=0. 075</td></tr>
<tr><td>6、7、8、9</td><td>cost=0. 10</td></tr>
<tr><td>10</td><td>cost=0. 15</td></tr>
<tr><td colspan="3">total= price* (1- cost) * number</td></tr>
<tr><td colspan="3">输出 total</td></tr>
<tr><td colspan="3">算法结束</td></tr>
</table>

**图 4—7 计算应收款**

根据算法 4—6 编写 C 源程序如下:

```
//* * * * * * * * * * * * * * * * * * * * * * *
//*   程序名称:CalcuReceivables3. cpp           *
//*   程序功能:计算应收款                        *
//*   作    者:FENGJUN                          *
//*   编制时间:2014 年 3 月 20 日                 *
//* * * * * * * * * * * * * * * * * * * * * * *
#include<stdio. h>
#define price 980
void main()
{  int number;
   int cas;
   float cost,total;
   printf("请输入购买商品数量 number = ");
   scanf("%d",&number);
   if (number>=500)cas=10;
   else  cas= number/50;
   switch (cas)
   {  case 0: cost=0. 0;break;
      case 1: cost=0. 05; break;
      case 2:
```

```
        case 3:
        case 4:
        case 5: cost=0.075; break;
        case 6:
        case 7:
        case 8:
        case 9: cost=0.1; break;
        case 10: cost=0.15;
    }
    total=price*(1-cost)*number;
    printf("应收款 total = %8.2f \n ", total );
}
```

运行程序得到如下结果:

①请输入购买商品数量 number =36↙
应收款 total =35280.00
②请输入购买商品数量 number =86↙
应收款 total =80066.00
③请输入购买商品数量 number =268↙
应收款 total =242942.00
④请输入购买商品数量 number =355↙
应收款 total =313110.00
⑤请输入购买商品数量 number =865↙
应收款 total =720544.99

## 4.4 循环结构程序设计

在现实世界中，有许多实际问题需要进行重复处理。循环结构就是用于使某一段程序（循环体）重复执行所希望的次数。计算机能够快速有效地处理事务，就是因为它能够快速地重复执行循环体。解决复杂问题，大都需要使用循环控制结构。循环控制结构的基本要素是循环测试条件和循环体。循环体是需要重复执行的内容，循环测试条件用于确定是否再次执行循环体。大多数程序设计语言都提供了 3 种循环控制结构：步长型（FOR—ENDFOR）循环控制结构；当型（DO WHILE—ENDDO）循环控制结构；直到型（REPEAT—UNTIL）循环控制结构。步长型循环结构可以看做是当型循环结构的特例。

### 4.4.1 当型循环结构程序设计

循环控制结构可以分为两种基本类型：前置测试条件循环结构和后置测试条件循环结

构。当型循环控制结构就是前置测试条件循环结构，通过测试条件确定是否执行循环体。在程序设计语言中，当型循环控制结构的一般形式，如表 4—2 所示。

**表 4—2　　当型循环控制结构的一般形式**

| 一般形式 1 | 一般形式 2 |
|---|---|
| DO WHILE　条件<br>　　命令序列（循环体）<br>ENDDO | WHILE　表达式<br>　　复合语句（循环体） |

它的执行流程是：

S1：检测条件，若条件成立，则执行步骤 S2，否则执行步骤 S3。

S2：执行循环体一次；返回步骤 S1。

S3：退出循环，执行循环控制结构（ENDDO）的后续命令。

**例 4—10**

求 sum＝1＋2＋3＋…＋1000。

**问题分析：**采用累加的方法求该和式的值。用 n 表示式中的每一个加数，sum 作为累加变量，让 n 从 1 变到 1000，依次累加到 sum 中。算法设计如图 4—8 所示，算法中的变量说明如下：

VAR　sum,n:integer

**算法 4—7**　CalcuSum（sum）

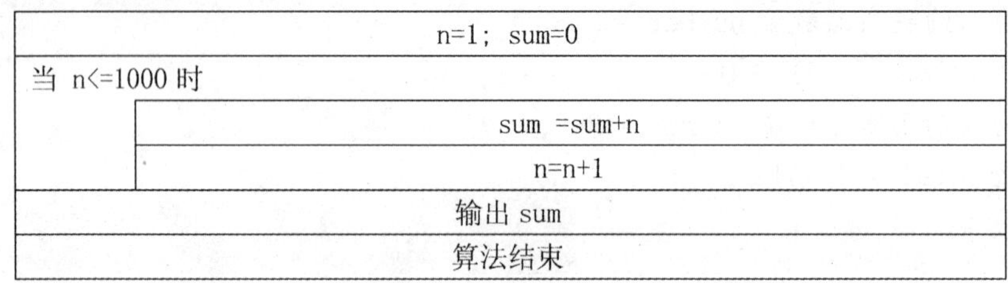


**图 4—8　求累加和**

根据算法 4—7 编写 C 源程序如下：

```
//＊＊＊＊＊＊＊＊＊＊＊＊＊＊＊＊＊＊＊＊＊＊＊＊＊
//＊　程序名称:CalcuSum.cpp　　　　　＊
//＊　程序功能:计算累加和　　　　　　＊
//＊　作　　者:FENGJUN　　　　　　　＊
//＊　编制时间:2014 年 3 月 20 日　　＊
//＊＊＊＊＊＊＊＊＊＊＊＊＊＊＊＊＊＊＊＊＊＊＊＊＊
#include<stdio.h>
void main()
{   int sum=0;
    int n=1;
    while (n<=1000)
```

```
{      sum =sum+n;
       n=n+1;
}
printf("累加和 sum = %d \n ", sum );
}
```

运行程序得到如下结果：

累加和 sum =500500

**注意**：累加变量 sum 的初值为 0；变量 n 既是加数，又是条件中的控制变量，它的初值为 1。同时变量 n 记录着循环的次数，所以该循环称为计数器控制循环。

赋初值语句 n=1、条件（n<=1000）、循环体中语句的形式和语句的次序是一个有机整体。请读者思考，若将条件（n<=1000）改为条件（n<1000），则怎样修改其他语句才能使程序的功能保持不变。

### 例 4—11

使用哨兵控制器组织循环。计算班级计算机课程的总成绩和平均成绩。

**问题分析**：每个学生的成绩（result）由键盘输入，总成绩存放在累加变量 sum 中，班级人数存放于计数器 n 中，平均成绩存放于变量 average 中。程序设计的思路是重复做这样的事：每输入一个学生的成绩，就将其累加到变量 sum 中，并由计数器 n 记录学生人数。那么如何结束循环呢？即如何判断所有学生的成绩已输入完毕退出循环。常用的方法、也是较好的方法是输入一个特定的数据（哨兵值）作为结束循环的信号。哨兵值应该精心选择，使它在实际输入数据时不可能被误用。因为所有学生的成绩取值范围为 0 到 100 之间的数，所以哨兵值可以设置为−1。因此，算法设计如图 4—9 所示，算法中的变量说明如下：

```
VAR  n:integer
     result ,sum,average:real
```

**算法 4—8**　CalcuResult（sum，average）

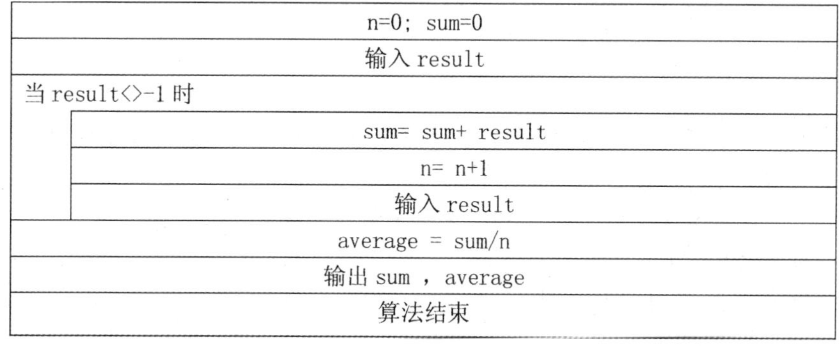


**图 4—9　计算平均成绩**

根据算法 4—8 编写 C 源程序如下：

```
//* * * * * * * * * * * * * * * * * * * * * * * *
//*   程序名称:CalcuResult.cpp                     *
//*   程序功能:计算平均成绩                         *
//*   作    者:FENGJUN                             *
//*   编制时间:2014 年 3 月 20 日                   *
//* * * * * * * * * * * * * * * * * * * * * * * *
#include<stdio.h>
void main()
{ int n=0;
  float result,sum=0.0,average;
  printf("请输入学生成绩(结束标志为-1)result = ");
  scanf("%f",&result);
  while (result! =-1)
  {  sum=sum+result;
     n=n+1;
     printf("请输入学生成绩(结束标志为-1)result = ");
     scanf("%f",&result);
  }
  average=sum/n;
  printf("学生总人数 n=%d  总成绩 sum = %8.2f \n",n,sum );
  printf("平均成绩 average = %5.2f \n", average);
}
```

运行程序得到如下结果:

```
请输入学生成绩(结束标志为-1)result =87↙
请输入学生成绩(结束标志为-1)result =56↙
请输入学生成绩(结束标志为-1)result =97↙
请输入学生成绩(结束标志为-1)result =68↙
请输入学生成绩(结束标志为-1)result =-1↙
学生总人数 n=4  总成绩 sum =308.00
平均成绩 average =77.00
```

另一种用于结束循环的技术是,在完成一次数据处理时,询问是否还要继续处理数据。使用这种技术将上述程序修改如下:

```
//* * * * * * * * * * * * * * * * * * * * * * * *
//*   程序名称:CalcuResult1.cpp                    *
//*   程序功能:计算平均成绩                         *
//*   作    者:FENGJUN                             *
//*   编制时间:2014 年 3 月 20 日                   *
//* * * * * * * * * * * * * * * * * * * * * * * *
#include<stdio.h>
```

```
void main()
{   int n=0;
    float result,sum=0.0,average;
    int flag=1;
    while (flag)
    {   printf("请输入学生成绩 result = ");
        scanf("%f",&result);
        sum=sum+result;
        n=n+1;
        printf("还继续处理数据吗(1—继续处理;0—退出)flag = ");
        scanf("%d",&flag);
    }
    average=sum/n;
    printf("学生总人数 n= %d  总成绩 sum = %8.2f \n ",n,sum );
    printf("平均成绩 average = %5.2f \n ", average);
}
```

运行程序得到如下结果：

```
请输入学生成绩 result =88↙
还继续处理数据吗(1—继续处理;0—退出)flag =1↙
请输入学生成绩 result =68↙
还继续处理数据吗(1—继续处理;0—退出)flag =1↙
请输入学生成绩 result =66↙
还继续处理数据吗(1—继续处理;0—退出)flag =0↙
学生总人数 n=3  总成绩 sum =222.00
平均成绩 average =74.00
```

### 4.4.2 直到型循环结构程序设计

直到型循环控制结构是后置测试条件循环结构，首先执行循环体一次，然后检测条件。通过测试条件确定是否再次执行循环体。在程序设计语言中，直到型循环控制结构的一般形式，如表 4—3 所示。

**表 4—3　　直到型循环控制结构的一般形式**

| 一般形式 1 | 一般形式 2 |
|---|---|
| REPEAT<br>　命令序列（循环体）<br>UNTIL　条件 | DO<br>　复合语句（循环体）<br>WHILE　表达式 |

它的执行流程是：

S1：执行循环体一次；执行步骤 S2。

S2：检测条件，若条件不成立（或表达式为 0），则执行步骤 S1，否则执行步骤 S3。

S3：退出循环，执行循环控制结构（UNTIL）的后续命令。

**例 4—12**

求 fact＝1×2×3×…×10。

**问题分析**：采用连续相乘的方法求该式的值。用 n 表示式中的每一个乘数，fact 作为连续乘积变量，让 n 从 1 变到 10，依次连续相乘到 fact 中。算法设计如图 4—10 所示，算法中的变量说明如下：

VAR fact,n:integer

**算法 4—9** CalcuFact (fact)

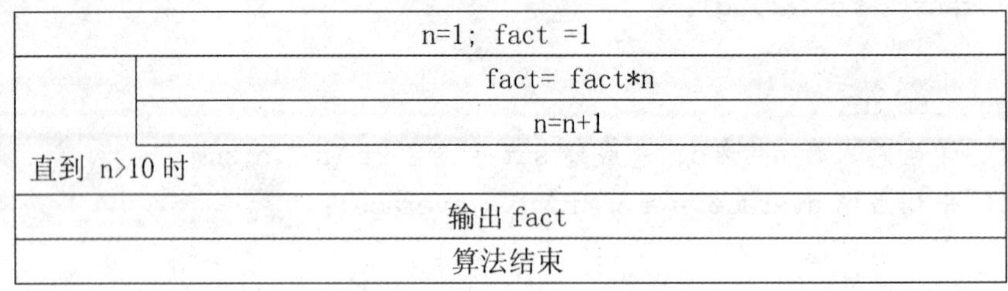


**图 4—10 求连乘积**

根据算法 4—9 编写 C 源程序如下：

```
//*************************
//*   程序名称:CalcuFact.cpp          *
//*   程序功能:计算连乘积              *
//*   作    者:FENGJUN                *
//*   编制时间:2014 年 3 月 20 日      *
//*************************
#include<stdio.h>
void main()
{  long int fact=1;
   int n=1;
   do
   {  fact=fact*n;
      n=n+1;
   }while (n<=10);
   printf("连乘积 fact = %d \n ", fact );
}
```

运行程序得到如下结果：

连乘积 fact =3628800

**注意**：变量 fact 的初值为 1；变量 n 既是乘数，又是条件中的控制变量，它的初值为

1。同时变量 n 记录着循环次数，所以该循环是一个计数器控制循环。

同一个问题既可以用当型循环结构处理，也可以用直到型循环结构处理，二者可以相互转换。

在组织循环结构时，关键是要搞清楚循环的 3 个基本要素：一是要搞清楚需要重复处理的内容，恰当设置循环体的组织形式和语句次序；二是要准确设置循环测试条件；三是循环体中的某些变量需要确定合适的初值，测试条件中一般包含有控制变量，也要恰当设置控制变量的初始值以及值的变化规律，确保循环体只执行有限次，避免陷入无限循环。赋初值语句一般放在进入循环之前。当说明一个变量时就给它赋初值是一个非常好的习惯。

### 4.4.3 步长型循环结构程序设计

步长型循环结构是典型的内置计数器控制循环结构。大多数程序设计语言都提供了构建内置计数器控制循环结构，它以一种快捷、规范方法初始化计数器，并确定计数器增量以及计数器的终值。在程序设计语言中，步长型循环控制结构的一般形式，如表 4—4 所示。

**表 4—4　　步长型循环控制结构的一般形式**

| 一般形式 1 | 一般形式 2 |
| --- | --- |
| FOR 控制变量=初值 TO 终值 STEP 步长值<br>　　命令序列（循环体）<br>NEXT/ENDFOR | FOR（表达式 1；表达式 2；表达式 3）<br>　　复合语句（循环体） |

控制变量是内置计数器，由它来控制循环体的执行次数。它的执行流程是：

S1：将初值赋值给控制变量，并记录终值和步长值。

S2：检测控制变量的值是否超过终值，若没有超过，则执行步骤 S3，否则执行步骤 S4。

S3：执行循环体一次；使控制变量增加步长值；返回步骤 S2。

S4：退出循环，执行循环控制结构（NEXT/ENDFOR）的后续命令。

C 语言中的 FOR 循环结构是一般形式 2，它的最简单应用形式、也是最容易理解的形式如下：

FOR（循环控制变量赋初值；循环控制条件；循环控制变量增值）
　　复合语句（循环体）

C 语言中的 FOR 循环结构功能丰富，使用灵活多变，有许多技巧。可以用 FOR 循环结构替代 WHILE 循环结构和 DO－WHILE 循环结构。

**例 4—13**

国王的小麦。相传古代印度国王舍罕要褒赏聪明能干的宰相达依尔（国际象棋的发明者）。国王问他需要什么？达依尔回答说："国王只要在国际象棋的棋盘第 1 个格子中放 1 粒麦子，第 2 个格子中放 2 粒麦子，第 3 个格子中放 4 粒麦子，按此比例在每一格中加一倍放入麦粒，一直放到第 64 格（国际象棋的棋盘是 8×8＝64 格），我就感恩不尽了，其他什么都不要了"。国王想，这有多少？还不容易？于是让人扛来一袋小麦，但不到一会儿全用完了，再扛来一袋很快又用完了，结果全印度的粮食全部用完还不够。国王纳闷，怎样也算不清这笔账，现在用计算机来算一算。

**问题分析：**根据题意，棋盘每个格子中的麦子粒数，如图 4—11 所示。麦子的总粒数是

$$total= 1+2+2^2+2^3+\ldots+2^{63}$$

| 1 | 2 | 4 | 8 | 16 | 32 | 64 | 128 |
|---|---|---|---|---|---|---|---|
| | | | | | | | |
| | | | | | | | |
| | | | | | | | |
| | | | | | | | |
| | | | | | | | |
| | | | | | | | |
| | | | | | | | $2^{63}$ |

**图 4—11 棋盘格中麦子粒数**

采用累加的方法，首先计算出每个格子中的麦粒数 p，然后将 p 的值累加到变量 total 中。据估算，$1m^3$ 小麦约有 $1.42\times10^8$ 粒，计算出所用小麦的体积 volume。算法设计如图 4—12 所示，算法中的变量说明如下：

```
VAR  n:integer
     p ,total,volume:real
```

**算法 4—10** CalcuTotal (total，volume)

| p=1; total=1 | |
|---|---|
| FOR n=2 TO 63 | |
| | p=p*2 |
| | total=total+p |
| volume = total/1.42e8 | |
| 输出 total，volume | |
| 算法结束 | |

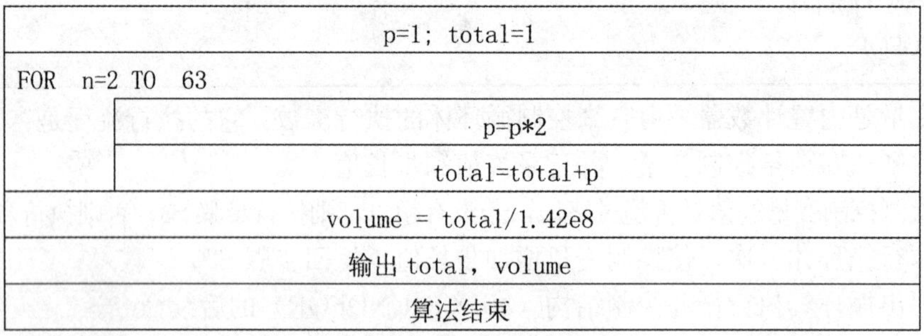

**图 4—12 计算所需小麦**

根据算法 4—10 编写 C 源程序如下：

```
//* * * * * * * * * * * * * * * * * * * * * * * * *
//*  程序名称:CalcuTotal.cpp                        *
//*  程序功能:计算所需小麦                           *
//*  作    者:FENGJUN                               *
//*  编制时间:2014 年 3 月 20 日                      *
//* * * * * * * * * * * * * * * * * * * * * * * * *
#include<stdio.h>
void main()
{  double p=1,total=1, volume;
   int n;
   for (n=2;n<=63;n++)
```

```
    { p=p*2;
      total=total+p;
    }
    volume=total/1.42e8;
    printf("小麦总粒数 total = %e \n ", total );
    printf("小麦总体积 volume = %e \n ", volume );
}
```

运行程序得到如下结果：

小麦总粒数 total =1.844674e+019

小麦总体积 volume =1.299066e+011

计算结果是棋盘格中所用小麦相当于在全中国960万平方公里的土地上铺上1.3cm厚的小麦，这是全中国几百年的粮食产量。

**例 4—14**

输入一个整数m，判断它是否是素数。

**问题分析：**所谓素数是指除了1和它本身以外，不能被任何整数整除的自然数。因此判断一个整数m是否是素数，最容易理解的一种方法就是用它除以从2到m−1之间的每一个整数，若都不能整除，则m是素数。让n取2到m−1之间的每一个整数，用求余运算m%n判断m是否能被n整除，同时n还是循环控制变量。使用当型循环结构，退出循环后，当n=m时，说明m是素数。算法设计如图4—13所示，算法中的变量说明如下：

VAR m，n：integer

**算法 4—11** JudgePrimenumber（m）

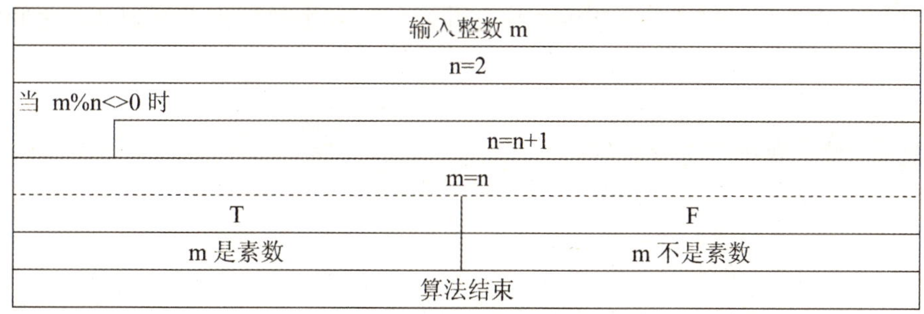


**图 4—13 判断 m 是否是素数**

根据算法4—11编写C源程序如下：

```
//************************
//*  程序名称:JudgePrimenumber.cpp    *
//*  程序功能:判断 m 是否是素数       *
//*  作    者:FENGJUN                 *
//*  编制时间:2014 年 3 月 20 日      *
//************************
```

```
#include<stdio.h>
void main()
{  long int n=2,m;
   printf("请输入一个整数 m = ");
   scanf("%d",&m);
   while (m%n! =0)
       n=n+1;
   if (m==n) printf("m= %d 是素数 \n ", m );
   else  printf("m= %d 不是素数 \n ", m);
}
```

运行程序得到如下结果：

①请输入一个整数 m =97↙

m=97 是素数

② 请输入一个整数 m =2987↙

m=2987 不是素数

请读者思考，能否将该程序进行优化。比如，对整数 m 只需除以从 2 到$\sqrt{m}$之间的每一个整数，若都不能整除，则 m 是素数。又如，若整数 m 不能被 2 整除，则不能被所有偶数整除。根据这个思路，请读者优化程序。事实上，验证一个整数 m 是否是素数有许多方法。

**例 4—15**

求 100 到 200 之间的所有素数。

**问题分析：**只要将例 4—14 中的程序稍作修改，就可以得到该题的解。即让 m 的值从 100 变到 200，重复执行例 4—14 中的程序。并以每行 8 个数输出 100 到 200 之间的所有素数，并统计素数个数 k。修改后的 C 源程序如下：

```
//* * * * * * * * * * * * * * * * * * * * * * * * *
//*   程序名称:FindPrimenumber.cpp               *
//*   程序功能:求 100 到 200 之间的所有素数      *
//*   作    者:FENGJUN                           *
//*   编制时间:2014 年 3 月 20 日                *
//* * * * * * * * * * * * * * * * * * * * * * * * *
#include<stdio.h>
void main()
{  long int n,m,k=0;
   printf("100 到 200 之间的所有素数是:\n");
   for (m=101;m<200;m=m+2)
   {  n=2;
      while (m%n! =0)            /*判断 m 是否能被 2 到 m-1 之间的数整除*/
        n=n+1;
```

```
      if (m==n)                             /* 当 m 是素数时输出 */
      {  k=k+1;
        printf(" %12d ", m );
        if (k%8==0) printf("\n " );        /* 当输出 8 个素数时换行 */
      }
   }
   printf("\n100 到 200 之间的素数共有 k= %d 个。\n",k );
}
```

运行程序得到如下结果:

100 到 200 之间的所有素数是:

101　103　107　109　113　127　131　137

139　149　151　157　163　167　173　179

181　191　193　197　199

100 到 200 之间的素数共有 k=21 个。

细心的读者已经发现，在该程序中，FOR 循环结构中又包含了一个 WHILE 循环结构和一个 IF—THEN 选择结构，称为循环结构的嵌套。即在一个循环体内又包含一个完整的循环结构。上述介绍的 3 种循环结构可以相互嵌套。

请读者从程序的可读性、可维护性、程序的执行效率等方面认真分析这个程序，并谈谈对循环结构的认识。根据这个程序画出 N—S 图算法描述，你还有其他解题方案吗?

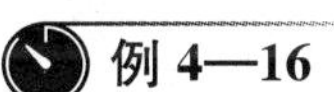

**例 4—16**

将整数 m 分解为素数连乘积的形式。

**问题分析:** 从最小素数 2 开始重复判断整数 m 中是否包含该素数，若包含，则将整数 m 分解，并输出该素数。直到找到整数 m 的最大素数为止。整数 m 由键盘输入，变量 n 取 2 到 m 间的整数。算法设计，如图 4—14 所示，算法中的变量说明如下:

VAR m, n:integer

**算法 4—12**　IntDecomposition (m)

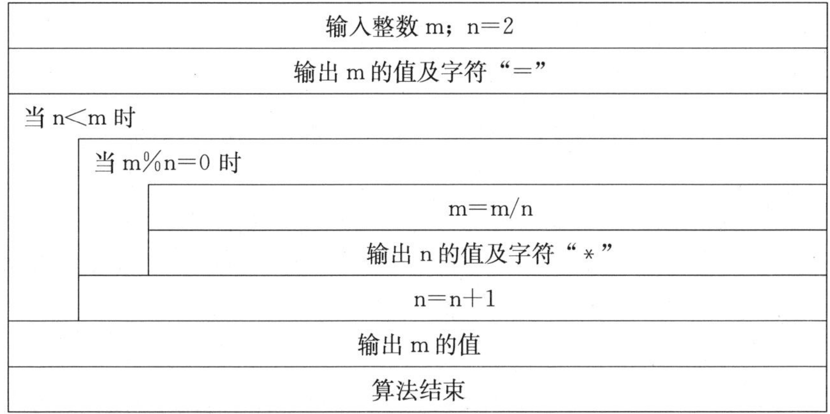


**图 4—14　整数分解**

根据算法 4—12 编写 C 源程序如下：

```
//* * * * * * * * * * * * * * * * * * * * * * * *
//*   程序名称：IntDecomposition.cpp            *
//*   程序功能：将整数 M 分解为素数连乘积的形式*
//*   作    者：FENGJUN                        *
//*   编制时间：2014 年 3 月 20 日              *
//* * * * * * * * * * * * * * * * * * * * * * * *
#include<stdio.h>
void main()
{ int n=2,m;
  printf("请输入一个整数 m = ");
  scanf("%d",&m);
  printf("%d=",m );
  while (n<m)
  {  while (m%n==0)     /*判断 m 是否能被 n 整除，若能整除，则分解、输出 */
     {  m=m/n;
          printf("%d*",n );
    }
    n=n+1;
  }
  printf("%d\n",m );
}
```

---

运行程序得到如下结果：

① 请输入一个整数 m =4576↙

4576=2*2*2*2*2*11*13

② 请输入一个整数 m =56985↙

56985=3*5*29*131

③ 请输入一个整数 m =9864357↙

9864357=3*607*5417

在例 4—14 到例 4—16 的程序中，都涉及素数，循环测试条件同是判断一个整数能否被另一个整数整除，但选用的关系运算符却不尽相同，它们实际上是一个问题的两个方面。如何确定条件表达式，并没有一个统一的方法。应遵循这样一个原则：不能孤立地只看条件表达式本身，要从全局出发，看整个程序各部分之间有机的联系而确定条件表达式。

## 4.5 课程设计题目——求解方程的根

**【问题描述】**

求解一元二次方程 $f(x)=ax^2+bx+c=0$ 的根。

**【基本要求】**

(1) 至少完成以下 2 个版本的算法设计和程序实现。

(2) 用求根公式求方程的根。

(3) 用牛顿迭代法求方程的根。

(4) 用弦截法求方程的根。

**【测试数据】**

给定方程系数 a、b、c 一组值，由求根公式解出方程的根。根据此根确定牛顿迭代法中第 1 次近似根 $x_0$ 以及弦截法中的两个不同的初始点 $x_1$、$x_2$。

**【实现提示】**

**1. 牛顿迭代法**

牛顿迭代法又称为牛顿切线法，它采用以下方法求根：首先选定一个与真实根接近的数 $x_0$ 作为第 1 次近似根；求出 $f(x_0)$ 的值，过点 $(x_0, f(x_0))$ 做 $y=f(x)$ 的切线，交 x 轴于 $x_1$，作为第 2 次近似根；再求出 $f(x_1)$ 的值，过点 $(x_1, f(x_1))$ 做 $y=f(x)$ 的切线，交 x 轴于 $x_2$，作为第 3 次近似根；…；如此继续下去，直到得到足够接近真实根 $x*$ 为止。牛顿迭代公式如下：

$$x_n = x_{n-1} - \frac{f(x_{n-1})}{f'(x_{n-1})}$$

**2. 弦截法**

(1) 取两个不同的初始点 $x_1$、$x_2$，使得 $f(x_1)f(x_2)<0$，这时，区间 $(x_1, x_2)$ 内必有一个根。注意 $x_1$、$x_2$ 的值不要相差太大，以保证区间 $(x_1, x_2)$ 内只有一个根。

(2) 连接 $(x_1, f(x_1))$ 与 $(x_2, f(x_2))$ 两点，该弦交 x 轴于 $x*$，$x*$ 值可由下式求出。

$$x* = \frac{x_1 f(x_2) - x_2 f(x_1)}{f(x_2) - f(x_1)}$$

(3) 若 $f(x*)f(x_2)<0$，则区间 $(x*, x_2)$ 内必有一个根，令 $x_1=x*$。若 $f(x_1)f(x*)<0$，则区间 $(x_1, x*)$ 内必有一个根，令 $x_2=x*$。

(4) 重复步骤 (2) 和步骤 (3)，直到 $f(x*)$ 的值足够接近于 0。

**【问题拓展】**

(1) 利用牛顿迭代法和弦截法求解一元 n 次方程的根。

(2) 在牛顿迭代法中，取不同的初始值 $x_0$ 对求根过程及求根结果有何影响。

(3) 在牛顿迭代法中，输出每次迭代的结果和迭代的次数，分析不同的初始值 $x_0$ 对迭代的次数有何影响。

(4) 在弦截法中，有大量的函数求值，或函数的重复求值，如何避免重复计算，怎样才能使程序的效率提高。

(5) 在弦截法中，插入计数器，对不同初始点 $x_1$、$x_2$，统计总运算量并进行分析比较。

(6) 你还有怎样的解题方案。

## 习 题

**4—1** 设圆半径 r=1.5，圆柱高 h=3，请设计程序计算圆周长、圆面积、圆柱表面积和圆柱体积。输入输出数据应有文字说明，计算结果保留 2 位小数。

**4—2** 请编制程序实现输入 4 个整数，按由小到大的顺序输出。

**4—3** 企业年终发放奖金根据企业当年利润决定。当利润小于等于 10 万元时，奖金按 10%提取；超过 10 万元，小于等于 20 万元部分，按 7.5%提取；超过 20 万元，小于等于 40 万元部分，按 5%提取；超过 40 万元，小于等于 60 万元部分，按 3%提取；超过 60 万元，小于等于 100 万元部分，按 1.5%提取；超过 100 万元部分按 1%提取。从键盘输入当年利润 I，求应发奖金总额。请设计算法，画出 N—S 流程图，并编制程序。

**4—4** 请编制程序输出所有“水仙花数”。所谓“水仙花数”是指这样一个 3 位数，其各位数字立方和等于该数本身。例如，153 是一个“水仙花数”，因为 $153=1^3+5^3+3^3$。

**4—5** 一个球从 100m 的高度自由落下，每次落地后又反弹原高度的一半。求它在第 10 次落地时所经过的路程是多少 m？第 10 次的反弹高度是多少 m？请设计算法，画出 N—S流程图，并编制程序。

**4—6** 请编制程序计算 $S_n=a+aa+aaa+\cdots+\overbrace{aa\cdots a}^{n个a}$的值。其中 a 是一个数字，n 表示 a 的个数。a 与 n 由键盘输入。例如，当 a=2，n=5 时

$$S_5=2+22+222+2222+22222$$

**4—7** 请编制程序计算 1！+2！+3！+…+20！的值。

**4—8** 如果一个数恰好等于它的所有因子之和，则这个数称为“完数”。例如，6=1×2×3，又 6=1+2+3，所以 6 是一个“完数”。请设计算法和编制程序找出 1000 以内的所有“完数”。

**4—9** 请编制程序实现从键盘输入一组数并以 0 作为结束标志，求出所有正数之和与所有负数之和。

**4—10** 请编制程序计算下面公式的值，直到最后一项小于 $10^{-6}$ 为止。

$$S_n=1+\frac{1}{3}+\frac{1}{5}+\frac{1}{7}+\cdots+\frac{1}{2n+1}$$

# 第5章 构造数据类型

迄今为止，所见到的变量都是简单变量，或称为**标量**（Scalar），简单变量只具有保存单一数据的能力。大多数程序设计语言都支持两类构造数据类型：**数组**（Array）类型和**结构体**（Structure）类型。存储这类数据的变量称为结构变量，也称为构造变量或**聚合**（Aggregate）变量，这类变量可以存储一个数据的集合。本章主要介绍这两类构造数据类型及其应用。

## 5.1 数组类型

数组是最常用的数据结构之一，它含有多个数据，并且每个数据都具有相同的数据类型。也就是说，按一定顺序排列、作为一个整体处理、具有相同类型（属性）的一组数据可以定义为数组，它用一个统一的名字标识，占用一片连续的存储单元，每个数据都存储于一个数组**元素**（Element）中。数组元素也称为下标变量，它是通过**下标**（Subscripting）或称为**索引**（Indexing）来区分的。在程序设计语言中，常用的数组有一维数组和二维数组。

### 5.1.1 一维数组

最简单的数组是一维数组，其数组元素只有1个下标。使用数组与使用简单变量一样，必须先定义（说明），后使用（引用）。所不同的是定义数组一次定义了一批相关的变量。

**1. 一维数组的定义**

定义一维数组需要说明数组名、数组元素的个数及数据类型。在不同的程序设计语言中，定义数组的形式不尽相同，表5—1给出了两种典型的定义形式。

**表5—1　　一维数组的定义形式**

| PASCAL语言 | C语言 |
|---|---|
| 数组名：ARRAY [1..N] OF 类型标识符 | 类型标识符　数组名 [N] |
| 其中：N为整型常量，确定数组元素的个数，或称为维界。 | |

值得注意的是，在有些语言中，下标的起始值从 1 开始；有些语言中，下标的起始值从 0 开始。例如，用于存放 25 个学生计算机课程期末考试成绩的数组 score 可以说明如下：

```
VAR  score: ARRAY[1..25] OF integer
```

表示定义了一个整型数组，数组名为 score，该数组具有 25 个数组元素，下标取值范围为 1 到 25。

**2. 一维数组元素的引用**

数组定义后，才能引用数组中的元素，并且只能逐个引用数组元素而不能一次引用数组中的全部元素。

数组元素引用的一般形式为：数组名［下标］

例如，score［10］表示 score 数组中索引号为 10 的数组元素。下标既可以是整型常量，也可以是整型表达式。

**例 5—1**

输入 25 个学生计算机课程期末考试成绩，并计算平均成绩。

**问题分析**：定义一个具有 25 个元素的数组 score，用于存放学生成绩。使用循环给数组元素赋值，并将成绩累加到变量 sum 中。计算平均成绩 average 并输出。编制 C 源程序如下：

```
//*************************
//*   程序名称:ProcScore.cpp          *
//*   程序功能:处理成绩               *
//*   作    者:FENGJUN               *
//*   编制时间:2014 年 3 月 20 日      *
//*************************
#include<stdio.h>
void main()
{ int score[25];
  int n, sum=0, average;
  for (n=0;n<25;n++)
  {  printf("请输入第 %d 个学生的成绩: ",n );
     scanf(" %d",&score[n]);
     sum=sum+score[n];
  }
  average=sum/25;
  printf("计算机课程平均成绩 average = %d\n ", average );
}
```

数组往往与 FOR 循环结构结合在一起使用。这样使数据的处理变得更简洁和更高效。

在实际编程中，经常用到平行数组，这是一些具有相同元素个数的数组，对应数组元素之间存在着联系。例如，用数组 No _ Stud 存放学生的学号，它与存放学生成绩的数组 score 就是平行数组，可以将同一个学生的信息存放在具有相同下标的两个数组元素中。

### 例 5—2

输入 5 个学生的学号及计算机课程期末成绩，并输出成绩最高者的相关信息。

**问题分析：** 定义两个平行数组 No _ Stud 与 score，分别存放学生的学号和成绩。设学生学号为 1001——1005，学号自动产生，成绩由键盘输入。使用循环给数组各元素赋值，同时确定成绩最高者。最高分存入变量 max 中，对应的数组元素下标用 k 记录。学生人数设置为符号常量 number。算法设计如图 5—1 所示，算法中的变量说明如下：

```
CONST  number=5
VAR   No_Stud:ARRAY[1.. number] OF integer
      score: ARRAY[1.. number] OF integer
      max,n,k:integer
```

**算法 5—1** ProcScore1（No _ Stud，score，number）

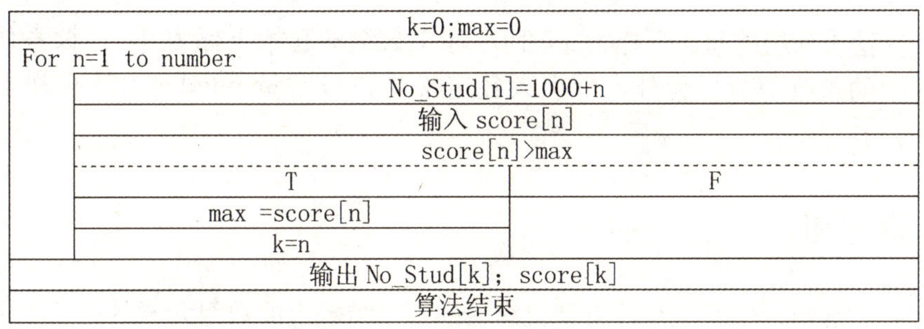


**图 5—1 处理学生成绩**

根据算法 5—1 编制 C 源程序如下：

```
//* * * * * * * * * * * * * * * * * * * * * * *
//*   程序名称:ProcScore1.cpp                  *
//*   程序功能:处理学生成绩                      *
//*   作    者:FENGJUN                         *
//*   编制时间:2014 年 3 月 20 日                *
//* * * * * * * * * * * * * * * * * * * * * * *
#include<stdio.h>
#define number 5
void main()
{  int No_Stud[number],score[number];
   int n,k=0, max=0;
   for (n=0;n<number;n++)
   {  No_Stud[n]=1001+n;
      printf("请输入学生 %d 的成绩: ", No_Stud[n]);
      scanf(" %d",&score[n]);
```

```
        if (score[n]>max)  {   max =score[n]; k=n; }
    }
    printf("计算机课程期末考试成绩最高分是:\n " );
    printf("学号: %d  成绩: %d \n ", No_Stud[k],score[k] );
}
```

运行程序得到如下结果：

请输入学生 1001 的成绩:87↙

请输入学生 1002 的成绩:64↙

请输入学生 1003 的成绩:79↙

请输入学生 1004 的成绩:92↙

请输入学生 1005 的成绩:85↙

计算机课程期末考试成绩最高分是:

学号:1004　成绩:92

**注意：**算法中数组的起始下标为 1，而程序中数组的起始下标为 0，请读者认真对照算法与程序中的修改部分。另外，学生人数定义为符号常量 number，将有利于程序的维护。

### 5.1.2　二维数组

掌握了一维数组，学习二维数组是很容易的。二维数组的数组元素具有 2 个下标，第 1 个下标可以看做是行下标，第 2 个下标可以看做是列下标，二维数组可以存储一个多行多列的数据集合，在数学上称为矩阵（Matrix）。使用二维数组，必须先定义（说明），后使用（引用）。

**1. 二维数组的定义**

定义二维数组需要说明数组名、数组元素的数据类型以及所包含的行数和列数。在不同的程序设计语言中，定义二维数组的形式不尽相同，表 5—2 给出两种典型的定义形式。

**表 5—2**　　**二维数组的定义形式**

| PASCAL 语言 | C 语言 |
| --- | --- |
| 数组名：ARRAY [1..M，1..N] OF 类型标识符 | 类型标识符　数组名 [M] [N] |
| 其中：M，N 为整型常量，分别确定数组的行数和列数，或称为维界。 | |

值得注意的是，在有些语言中，下标的起始值从 1 开始；有些语言中，下标的起始值从 0 开始。例如，用于存放 25 个学生的学号和计算机课程期末成绩的二维数组 No _ Score 可以说明如下：

```
VAR  No_Score: ARRAY[1..25,1..2] OF integer
```

表示定义了一个整型二维数组，数组名为 No _ Score，该数组具有 25 行 2 列共 50 个数组元素，行下标取值范围为 1 到 25，列下标取值范围为 1 到 2。

### 2. 二维数组元素的引用

二维数组定义后，才能引用数组中的元素，并且只能逐个引用数组元素而不能一次引用二维数组中的全部元素。

二维数组元素引用的一般形式如下：

数组名［下标 1，下标 2］　或　数组名［下标 1］［下标 2］

在不同的程序设计语言中，二维数组元素引用的形式不尽相同。下标 1 表示数组元素所在的行，下标 2 表示数组元素所在的列，下标 1 和下标 2 既可以是整型常量，也可以是整型表达式。例如，No _ Score［10，2］表示二维数组 No _ Score 中行号为 10 列号为 2 的数组元素。

**例 5—3**

用二维数组处理 5 个学生的学号及计算机课程期末考试成绩，并输出最高分、最低分和平均分。

**问题分析：** 定义二维数组 No _ Score，用于存放学生的学号和成绩。设学生学号为 1001——1005，学号自动产生，成绩由键盘输入。使用循环给数组各元素赋值，同时确定最高分、最低分以及累加成绩。最高分存入变量 max 中，最低分存入变量 min 中，成绩累加到变量 sum 中。计算平均成绩 average。学生人数设置为符号常量 number1，每个学生所具有的数据项设置为符号常量 number2。编制 C 源程序如下：

```
//************************
//*  程序名称:ProcScore2.cpp           *
//*  程序功能:处理学生成绩             *
//*  作    者:FENGJUN                  *
//*  编制时间:2014 年 3 月 20 日       *
//************************
#include<stdio.h>
#define number1 5
#define number2 2
void main()
{  int No_Score[number1][number2];
   int n,max=0,min=100,sum=0, average;
   for (n=0;n<number1;n++)
   {  No_Score[n][0]=1001+n;
      printf("请输入学生 %d 的成绩: ", No_Score[n][0]);
      scanf(" %d",& No_Score[n][1]);
      sum=sum+ No_Score[n][1];                /*累加成绩*/
      if (No_Score[n][1]>max)  max= No_Score[n][1];      /*找最高分*/
      if (No_Score[n][1]<min) min= No_Score[n][1];      /*找最低分*/
   }
   average=sum/number1;                  /*计算平均分*/
```

```
    printf("学 号     计算机成绩\n ");
    for (n=0;n<number1;n++)
       printf(" %d        %d \n ", No_Score[n][0], No_Score[n][1] );
    printf("最高分     %d\n ", max );
    printf("最低分     %d\n ", min);
    printf("平均分     %d\n ", average );
}
```

运行程序得到如下结果:

请输入学生 1001 的成绩:86↙

请输入学生 1002 的成绩:65↙

请输入学生 1003 的成绩:94↙

请输入学生 1004 的成绩:78↙

请输入学生 1005 的成绩:70↙

学号　计算机成绩

1001　　86

1002　　65

1003　　94

1004　　78

1005　　70

最高分　94

最低分　65

平均分　78

请读者思考，存储最高分的变量 max 为什么赋初值 0，存储最低分的变量 min 为什么赋初值 100。请画出该程序的 N－S 流程图。

**例 5—4**

已知某学期每个学生都有 5 门课的成绩，要求计算每个学生的总成绩和平均成绩，并按平均成绩由高到低输出成绩表。

**问题分析：**不妨设有 3 个学生。定义二维数组 No _ Score，用于存放学生的相关信息，每一行存放一个学生的相关信息，每个学生都有学号、5 门课成绩、总成绩、平均成绩 8 项数据。所以需要定义一个 3×8 的二维数组。需要处理的问题包括：(1) 输入原始数据（每个学生的学号及 5 门课成绩）；(2) 计算每个学生的总成绩，存入每一行的第 7 列；(3) 计算每个学生的平均成绩，存入每一行的第 8 列；(4) 按第 8 列数据进行排序，使最高分存入第 1 行数组元素，最低分存入第 3 行数组元素；(5) 输出二维数组 No _ Score。学生人数设置为符号常量 number1，每个学生所具有的数据项设置为符号常量 number2。引入中间变量 i、j、sum、t。算法设计如图 5—2 所示，算法中的变量说明如下：

```
CONST  number1=3
       number2=8
VAR  No_Score:ARRAY[1..number1, 1..number2] OF integer
     i,j,sum,t:integer
```

**算法 5—2** ProcScore2（No _ Score）

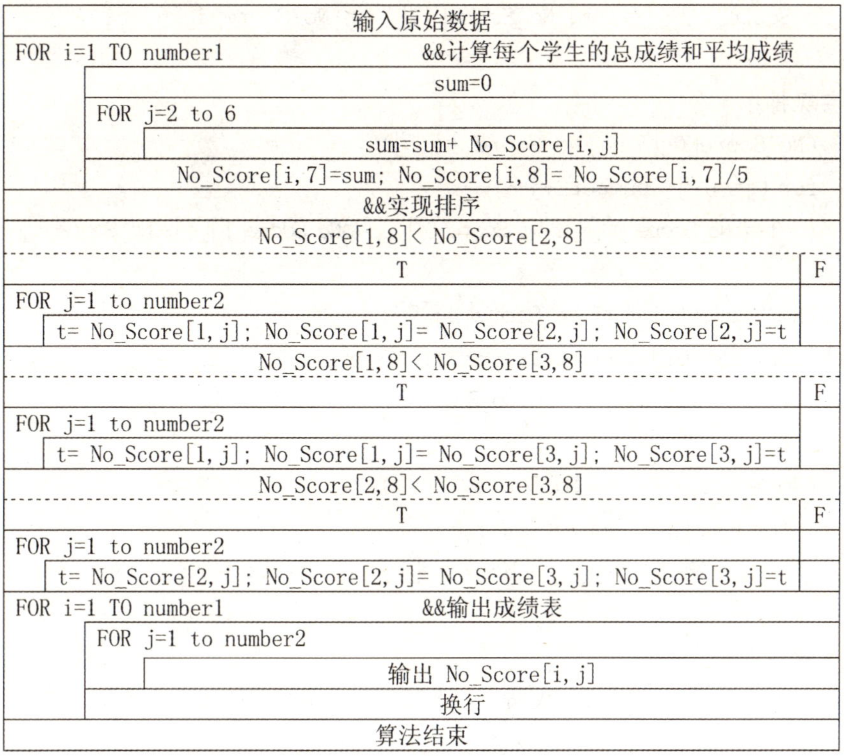

```
输入原始数据
FOR i=1 TO number1                          &&计算每个学生的总成绩和平均成绩
    sum=0
    FOR j=2 to 6
        sum=sum+ No_Score[i, j]
    No_Score[i, 7]=sum; No_Score[i, 8]= No_Score[i, 7]/5
&&实现排序
No_Score[1, 8]< No_Score[2, 8]
T                                                                          F
FOR j=1 to number2
    t= No_Score[1, j]; No_Score[1, j]= No_Score[2, j]; No_Score[2, j]=t
No_Score[1, 8]< No_Score[3, 8]
T                                                                          F
FOR j=1 to number2
    t= No_Score[1, j]; No_Score[1, j]= No_Score[3, j]; No_Score[3, j]=t
No_Score[2, 8]< No_Score[3, 8]
T                                                                          F
FOR j=1 to number2
    t= No_Score[2, j]; No_Score[2, j]= No_Score[3, j]; No_Score[3, j]=t
FOR i=1 TO number1                          &&输出成绩表
    FOR j=1 to number2
        输出 No_Score[i, j]
    换行
算法结束
```

**图 5—2 处理成绩表**

根据算法 5—2 编制 C 源程序如下：

```
//*************************
//*  程序名称:ProcScore3.cpp          *
//*  程序功能:处理学生成绩表          *
//*  作    者:FENGJUN                 *
//*  编制时间:2014 年 3 月 20 日      *
//*************************
#include<stdio.h>
#define number1 3
#define number2 8
void main()
{   int i,j,sum,t;
   int No_Score[number1][number2]={{1001,78,82,93,74,65},
                                  {1002,91,62,71,67,82},
```

```
                                        {1003,100,96,88,79,70}};
    for (i=0;i<number1;i++)/*计算每个学生的总成绩和平均成绩*/
    {   sum=0;
        for (j=1;j<6;j++)
            sum=sum+ No_Score[i][j];
        No_Score[i][6]=sum; No_Score[i][7]= No_Score[i][6]/5;
    }
    //实现排序*//
    if  (No_Score[0][7]< No_Score[1][7])
        for (j=0;j<number2;j++)
        {   t= No_Score[0][j]; No_Score[0][j]= No_Score[1][j]; No_Score[1][j]=t;
        }
    if  (No_Score[0][7]< No_Score[2][7])
          for (j=0;j<number2;j++)
          {   t= No_Score[0][j]; No_Score[0][j]= No_Score[2][j]; No_Score[2][j]=t;
          }
    if  (No_Score[1][7]< No_Score[2][7])
          for (j=0;j<number2;j++)
          {   t= No_Score[1][j]; No_Score[1][j]= No_Score[2][j]; No_Score[2][j]=t;
          }
    //*输出成绩表*//
    printf("  学号  成绩1  成绩2  成绩3  成绩4  成绩5  总分  平均分\n");
    for (i=0;i<number1;i++)
    {   for (j=0;j<number2;j++)
            printf(" %6d ", No_Score[i][j] );
        printf("\n ");
    }
}
```

运行程序得到如下结果：

| 学号 | 成绩1 | 成绩2 | 成绩3 | 成绩4 | 成绩5 | 总分 | 平均分 |
|---|---|---|---|---|---|---|---|
| 1003 | 100 | 96 | 88 | 79 | 70 | 433 | 86 |
| 1001 | 78 | 82 | 93 | 74 | 65 | 392 | 78 |
| 1002 | 91 | 62 | 71 | 67 | 82 | 373 | 74 |

**注意**：算法中数组的起始下标为1，而程序中数组的起始下标为0，请读者认真对照算法与程序中的修改部分。由程序可以看出，在定义数组时可以对数组进行初始化。二维数组常常与二重循环一起使用，以实现对数组元素的简单操作。在实现排序过程中，虽然只对平均分进行比较，但需要对学生的所有数据项进行交换操作。

在本例中假定学生人数为 3 人，若以班级为单位，每个班学生人数在 50 人左右，你是否有解决排序的方案?

有些程序设计语言中，还允许使用多维数组，它与二维数组的定义、引用类似。数组一旦被定义，它的维数和维界就不会改变。数组的规模大小是固定不变的，所以数组是静态数据结构，它占用一片连续的存储单元。由于存储单元是一维结构，所以存储多维数组就有一个次序约定问题。对于二维数组，可以以行序为主序进行存储，即按行进行存储；也可以以列序为主序进行存储，即按列进行存储。大多数程序设计语言中是以行序为主序进行存储的。对于多维数组存储次序的约定，以行序为主序的存储方式可以规定为最右下标优先，从右至左进行存储；以列序为主序的存储方式可以规定为最左下标优先，从左至右进行存储。

### 5.1.3 查找

查找（Searching）也称为检索，它是数据处理中经常使用的一种最重要、最基本的运算。所谓查找就是在数据结构中查找某个特定的数据。查找结果有两种：一种是在数据结构中找到了所需要的数据，称为**"查找成功"**，则输出该数据的有关信息或索引号；另一种是数据结构中不存在所找数据，称为**"查找失败"**，则输出找不到的信息。

衡量一个查找算法效率的主要标准是：在查找过程中，需要进行的平均比较次数，也称为查找算法的**平均查找长度**（Average Search Length），用 ASL（x）表示。

不失一般性，假定数据存储在一维数组中，一维数组 a 具有 n 个数组元素，数组元素的类型为整型数据。对于查找方法 A，为了计算 ASL（A），假定数组 a 中的数据 a [i]（$1\leqslant i\leqslant n$）被查找的概率为 $p_i$，于是有

$$\sum_{i=1}^{n} p_i = 1$$

下面介绍数组的两种基本查找方法，即顺序查找和二分查找。

**1. 顺序查找**

**顺序查找**（Sequence Search）是最基本、最简单的查找方法。该方法是将数组中的数组元素 a [1]、a [2]、…、a [n] 依次同要查找的数据进行比较，若找到所需数据，则查找成功；若找遍整个数组，仍未找到所需要的数据，则查找失败。显然

$$\text{ASL (ss)} = \sum_{i=1}^{n} i \times p_i$$

一般情况下，对于一切 i 都有 $p_i = 1/n$。即通常假定数组中的所有数组元素都具有相同的使用频率。此时

$$\text{ASL (ss)} = \sum_{i=1}^{n} i \times \frac{1}{n} = \frac{1}{n} \times \frac{n(n+1)}{2} \approx \frac{n}{2}$$

上式说明，对于数组，在每个数据使用频率相同的情况下，采用顺序查找法，平均要检查所有数据的一半。所以，顺序查找算法的时间复杂度为 O（n）。

**例 5—5**

设给定一批整型数据，查找数据 x。

**问题分析**：定义一个一维数组 a，用于存放这批整型数据。待查找数据 x 由键盘输入。用顺序查找法在数组 a 中查找数据 x。若查找成功，则输出数据 x 的索引号 i；若查找失败，则输出“没有找到数据 x”。

编制 C 源程序如下：

```
//* * * * * * * * * * * * * * * * * * * * * * *
//*   程序名称:Sequence_Search.cpp            *
//*   程序功能:顺序查找                        *
//*   作    者:FENGJUN                        *
//*   编制时间:2014 年 3 月 20 日              *
//* * * * * * * * * * * * * * * * * * * * * * *
#include<stdio.h>
#define n 20
void main()
{  int a[n+1]={78,52,28,9,74,65,22,34,91,62,71,67,82,18,45,53,6,88,79,
70};
   int i=0,x;
   printf("请输入要查找的数据(范围 0 到 100)x= ");
   scanf("%d",&x);
   a[20]=x;
   while (x! =a[i])
      i++;
   if (n! =i)
      printf("所查找的数据 x= %d 的索引号为:%d \n",x,i);
   else
      printf("没有找到数据 x= %d \n",x);
}
```

---

运行程序得到如下结果：

①请输入要查找的数据(范围 0 到 100)x=88↙

所查找的数据 x=88 的索引号为:17

② 请输入要查找的数据(范围 0 到 100)x=90↙

没有找到数据 x=90

请读者思考，给定整数 20 个，为什么说明数组 a 具有 21 个数组元素？程序中第 15 行语句 a［20］＝x 的作用是什么？若删除该语句，会出现什么情况？你还有其他解决方案吗？请画出该程序的 N－S 流程图。

**2. 二分查找**

当数组中的数据有序时，可以采用二分查找法。**二分查找**（Binary Search）又称为折半查找，它是一种效率较高的查找方法。

二分查找法的**基本思想**是：将数组中的 n 个数据按从小到大的次序依次存放在数组 a [1..n] 中，要求查找数据 x。开始时，令 low=1，high=n，然后反复执行“平分步骤”。这里，辅助变量 low、high 表示当前的查找范围缩小到子序列 a [low..high]。

所谓**平分步骤**是指：记 mid=low+high) DIV 2 是余下的数据序列 a [low..high] 的中点索引号。①若 x=a [mid]，则找到所需数据，查找过程结束；②若 x<a [mid]，则令 high=mid−1，即查找范围缩小到子序列 a [low..mid−1]；③若 x>a [mid]，则令 low=mid+1，即查找范围缩小到子序列 a [mid+1..high]。二分查找算法设计如图 5—3 所示，算法中的变量说明如下：

```
CONST  n=…                  && 数据个数
VAR  a:ARRAY[1..n] OF integer
     x,mid,low,high:integer
```

**算法 5—3** Binary _ Search（x）

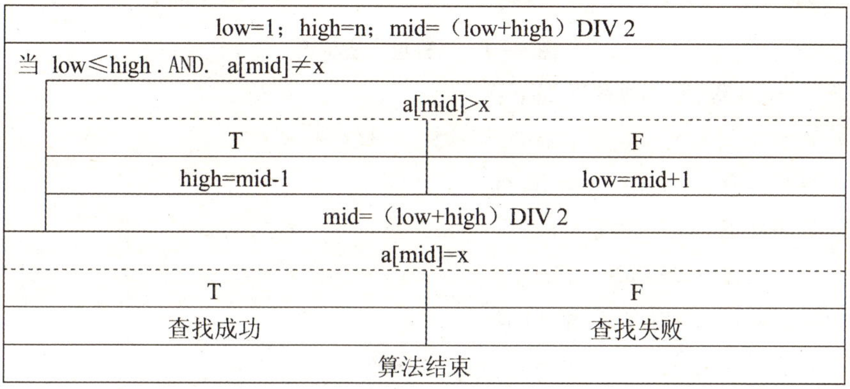

<table>
<tr><td colspan="3">low=1；high=n；mid=（low+high）DIV 2</td></tr>
<tr><td colspan="3">当 low≤high .AND. a[mid]≠x</td></tr>
<tr><td rowspan="4"></td><td colspan="2">a[mid]>x</td></tr>
<tr><td>T</td><td>F</td></tr>
<tr><td>high=mid-1</td><td>low=mid+1</td></tr>
<tr><td colspan="2">mid=（low+high）DIV 2</td></tr>
<tr><td colspan="3">a[mid]=x</td></tr>
<tr><td>T</td><td colspan="2">F</td></tr>
<tr><td>查找成功</td><td colspan="2">查找失败</td></tr>
<tr><td colspan="3">算法结束</td></tr>
</table>

**图 5—3 二分查找**

**算法分析：**在二分查找过程中，数组元素与要找数据 x 每比较一次查找范围就缩小一半。每次比较可能涉及的数组元素个数，如表 5—3 所示。

**表 5—3　比较次数与可能涉及的数组元素个数之间的关系**

| 比较次数 | 1 | 2 | 3 | 4 | … | j |
|---|---|---|---|---|---|---|
| 可能涉及的数组元素个数 | 1 | 2 | 4 | 8 | … | $2^{j-1}$ |

若数组中数组元素个数 n 恰好为

$$n=\sum_{i=1}^{j}=2^{i}-1$$

则二分查找的最大比较次数为

$$j=\log_2(n+1)$$

假设查找每个数据的概率相同，则平均查找长度为

$$ASL(bs)=\frac{1}{n}\sum_{i=1}^{j}i\times 2^{i-1}=\frac{1}{n}\sum_{i=0}^{j-1}\left(\sum_{k=i}^{j-1}2^{k}\right)=\frac{1}{n}\sum_{i=0}^{j-1}(2^{j}-2^{i})=\frac{1}{n}(2^{j}(j-1)+1)$$

$$=\frac{1}{n}((n+1)(\log_2(n+1)-1)+1)=\frac{n+1}{n}\times\log_2(n+1)-1$$

由此可见，平均查找长度与最大比较次数相差不多，这是因为，比较次数愈大，可能涉及的数组元素个数愈多，涉及的数组元素个数是比较次数的指数函数。因此，二分查找算法的时间复杂度为O（$\log_2 n$）。

二分查找法比顺序查找法的检索效率要高地多。但是，二分查找法要求数组中的数据已经有序。

### 例 5—6

设数组具有8个数组元素，相应地数据序列为13，27，38，49，56，76，85，97。要求查找数据56，采用二分查找法的检索过程，如图5—4所示。图中括号指出查找范围，粗体字标识比较的数组元素。经过3次比较，查找成功。

| low | high | mid | 数组a | 1 | 2 | 3 | 4 | 5 | 6 | 7 | 8 |
|---|---|---|---|---|---|---|---|---|---|---|---|
| 1 | 8 | 4 | | 【13 | 27 | 38 | **49** | 56 | 76 | 85 | 97】 |
| 5 | 8 | 6 | | 13 | 27 | 38 | 49 | 【56 | **76** | 85 | 97】 |
| 5 | 5 | 5 | | 13 | 27 | 38 | 49 | **【56】** | 76 | 85 | 97 |

**图5—4　二分查找法示例**

根据算法5—3编制C源程序如下：

```
//* * * * * * * * * * * * * * * * * * * * * * * *
//*   程序名称:Binary_Search.cpp                 *
//*   程序功能:二分查找                           *
//*   作    者:FENGJUN                           *
//*   编制时间:2014年3月20日                      *
//* * * * * * * * * * * * * * * * * * * * * * * *
#include<stdio.h>
#define n 8
void main()
{  int a[n]={13,27,38,49,56,76,85,97};
   int x,mid,low=0,high=n-1;
   mid =( low+high)/2;
   printf("请输入要查找的数据(范围0到100)x= ");
   scanf(" %d",&x);
   while (low<=high&&a[mid]! =x)
   {  if (a[mid]>x)  high=mid-1;
      else  low=mid+1;
      mid=(low+high)/2;
   }
   if (a[mid]==x)
      printf("所查找的数据x= %d的索引号为: %d \n",x, mid);
```

```
    else
        printf("没有找到数据 x= %d \n",x);
}
```

---

运行程序得到如下结果：

①请输入要查找的数据(范围 0 到 100)x=56↙

所查找的数据 x=56 的索引号为:4

②请输入要查找的数据(范围 0 到 100)x=90↙

没有找到数据 x=90

### 5.1.4 排　序

排序是数据处理中经常使用的一种重要运算，排序的目的主要是为了便于查找（检索）。例如，电话号码簿、图书目录、字典等都是为了便于检索而设置成有序表。

所谓**排序**（Sorting），就是将一组任意排列的数据元素重新排列成一个有序序列。或按照从小到大的顺序排列，称为升序排列；或按照从大到小的顺序排列，称为降序排列。

在排序过程中一般都涉及数据的比较和数据的移动这两种基本操作，因此，在算法分析中，时间复杂度由这两种基本操作的执行频率来衡量。

假定待排序的 n 个数据存放在一维数组 a 中，数组元素的类型为整型数据，排序后的 n 个数据仍然存放在这 n 个数组元素中，并且约定按从小到大的顺序排列。

排序的方法有许多种，这里主要介绍直接插入排序和冒泡排序。

**1. 直接插入排序**

**直接插入排序**（Straight Insertion Sort）是一种最简单的排序方法，它的**基本思想**是：先将 a [1] 看成一个有序子列，对 a [2] 实施插入操作，得到一个具有 2 个数据的有序子列；再对 a [3] 实施插入操作，得到一个具有 3 个数据的有序子列。一般地，实施第 i 次插入操作是指：在具有 i 个数据的有序子列 a [1..i] 中插入 1 个数据 a [i+1] 后，变成具有 i+1 个数据的有序子列 a [1..i+1]。在整个排序过程中，共需 n−1 次插入操作。即先将第 1 个数据看成一个有序子列，然后从第 2 个数据开始逐个进行插入操作，直到整个序列成为有序序列为止。

具体**实现步骤**如下：

S1：将待插入的数据 a [i] 暂时存放在临时单元 a [0] 中。

S2：找出应插入的位置。即引入辅助变量 j 并令其初值为 i−1；反复比较 a [0] 与 a [j] 的值，若 a [j] >a [0]，则将 a [j] 的值后推到 a [j+1] 中，并令 j 的值减 1；直到 a [j] ≤a [0] 时，停止该比较和后推过程。

S3：插入 a [0] 到相应位置 a [j+1] 中。

直接插入排序算法设计如图 5—5 所示，算法中的变量说明如下：

```
CONST  n=…
VAR  a:ARRAY[0..n] OF integer
     i,j:integer
```

**算法 5—4** Insert _ Sort (a)

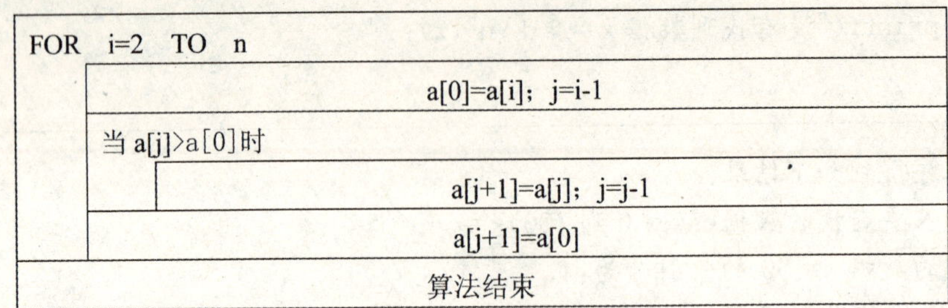


**图 5—5 直接插入排序**

**例 5—7**

设待排序数据序列为 8、4、2、5、9、1。采用直接插入排序的过程如图 5—6 所示。图中括号内的数据为有序子列，括号后的第 1 个数据为待插入数据，箭头指向插入位置。

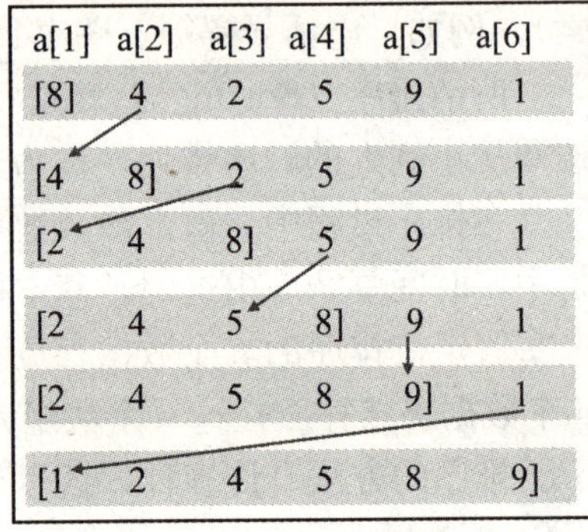


**图 5—6 直接插入排序示例**

**算法分析**：该算法在对 a [i] 进行插入时，最少比较 1 次，最多比较 i 次，平均要做的比较次数为 (i+1) /2，若按平均比较次数计算，则要排序 n 个数据所需的平均比较次数为

$$\sum_{i=2}^{n}\frac{i+1}{2}=\frac{1}{4}(n-1)(n+4)\approx\frac{n^2}{4}$$

正确地找到第 i 个数据的位置，平均需要 (i+1) / 2 次比较，亦即要平均移动 (i+1) /2 - 1 次，外循环中的二次移动应计算在内，所以要排序 n 个数据，平均移动次数为

$$\sum_{i=2}^{n}\left(\frac{i+1}{2}+1\right)=\frac{1}{4}(n-1)(n+8)\approx\frac{n^2}{4}$$

因此，直接插入排序算法的时间复杂度为 O ($n^2$)。直接插入排序适合于数据较少的场合。

根据算法 5—4 编制 C 源程序如下：

```
//**************************
//*  程序名称:Insert_Sort.cpp        *
//*  程序功能:直接插入排序           *
//*  作    者:FENGJUN                *
//*  编制时间:2014 年 3 月 20 日     *
//**************************
#include<stdio.h>
#define n 10
void main()
{  int a[n+1];
   int i,j;
```

```
    //*输入待排序数据*//
    printf("请输入 %d 个待排序数据(整数)。\n " ,n);
    for (i=1;i<=n;i++)
       scanf(" %d",&a[i]);
    printf("\n ");
    //*进行直接插入排序*//
    for (i=2;i<=n;i++)
    {  a[0]=a[i]; j=i-1;
       while (a[j]>a[0])
       {  a[j+1]=a[j]; j=j-1;
       }
       a[j+1]=a[0];
    }
  //*输出排序结果*//
  printf("排序结果为:\n");
  for (i=1;i<=n;i++)
      printf(" %6d ",a[i]);
  printf("\n ");
}
```

---

运行程序得到如下结果：

请输入 10 个待排序数据(整数)。

98　67　34　75　29　18　42　84　74　50↙

排序结果为：

18　29　34　42　50　67　74　75　84　98

在对 a [i] 实施插入操作时，为了确定 a [i] 的插入位置，算法 5—4 采用的是顺序查找方法，即依次比较 a [i−1]，a [i−2]，…。事实上，由于子列 a [1..i−1] 已经有序，所以可以通过折半查找法来确定 a [i] 的插入位置，对应的排序方法称为**折半插入排序**。请读者设计折半插入排序算法并编程实现。

**2. 冒泡排序**

**冒泡排序**（Bubble Sort）也称为起泡排序。冒泡排序的**基本思想**是：首先在待排序子列 a [1..n] 中，从上到下对每相邻的两个数据，比较它们的大小，使较小数据往上升，这样，起泡一趟使数值最大者沉到底部 a [n]；然后在待排序子列 a [1..n−1] 中，再起泡一趟，使该子列中数值最大者沉到底部 a [n−1]；…。在整个排序过程中，最多只需起泡 n−1 趟。如果在某趟起泡过程中，不再有数据往上升，则说明待排序序列已经完全有序，此时，可以提前结束排序过程。

## 例 5—8

设待排序数据序列为 8、4、3、6、9、2。采用冒泡排序的过程，如图 5—7 所示。

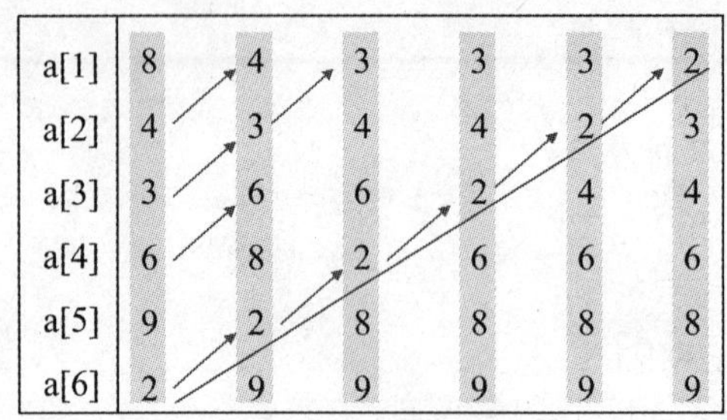

图 5—7 冒泡排序示例

冒泡排序具体实现步骤如下：

S1：第 i 趟起泡，是在待排序子列 a [1..n−i+1] 中进行的，依次比较 a [j] 与 a [j+1] 的值 (j=1，2，…，n−i)，并使数值较小者往上升。即若 a [j] >a [j+1]，则交换 a [j] 与 a [j+1] 的值 (j=1，2，…，n−i)。

S2：直到第 i 趟起泡时，不再有记录往上升为止。

冒泡排序的算法设计如图 5—8 所示，算法中的变量说明如下：

```
CONST  n=…
VAR  a:ARRAY[0..n] OF integer
     i,j:integer
     flag:boolean
```

**算法 5—5** bubble _ Sort ( a)

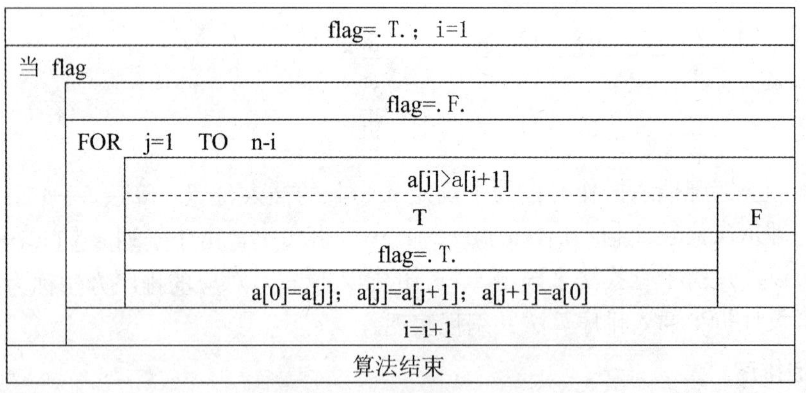

图 5—8 冒泡排序

**算法分析**：冒泡排序的执行时间与待排序数据的初始序列有关。若待排序数据在排序前已经有序，则只需要进行一趟起泡，数值的比较次数只有 n−1 次，而且不需要移动数据；若待排序数据的初始序列状态较差，例如，数据的初始状态按数值从大到小降序排列，则需要进行 n−1 趟起泡，即外循环执行 n−1 次。执行第 i 次外循环，需要进行 n−i 次比较，这种情况下，比较次数和数据移动次数最多，在整个排序过程中，比较次数为

$$\sum_{i=1}^{n-1}(n-i)=\frac{n(n-1)}{2}\approx\frac{n^2}{2}$$

数据移动次数为

$$\frac{3n(n-1)}{2}\approx\frac{3n^2}{2}$$

因此，冒泡排序的时间复杂度在最坏情况下是 $O(n^2)$。

根据算法 5—5 编制 C 源程序如下：

```
//* * * * * * * * * * * * * * * * * * * * * * *
//*   程序名称:bubble_Sort.cpp                 *
//*   程序功能:冒泡排序                         *
//*   作    者:FENGJUN                         *
//*   编制时间:2014 年 3 月 20 日               *
//* * * * * * * * * * * * * * * * * * * * * * *
#include<stdio.h>
#define n 10
void main()
{ int a[n+1];
  int i,j;
  int flag;
  //*输入待排序数据*//
  printf("请输入 %d 个待排序数据(整数):\n " ,n);
  for (i=1;i<=n;i++)
      scanf(" %d",&a[i]);
  printf("\n ");
  //*进行冒泡排序*//
  flag=1;i=1;
  while  (flag)
  {    flag=0;
       for (j=1; j<=n-i; j++)
           if (a[j]>a[j+1])
           {  flag=1;
              a[0]=a[j];a[j]=a[j+1];a[j+1]=a[0];
           }
       i++;
  }
  //*输出排序结果*//
  printf("排序结果为:\n");
  for (i=1;i<=n;i++)
    printf(" %6d ",a[i]);
```

```
    printf("\n ");
}
```

运行程序得到如下结果：

请输入 10 个待排序数据(整数)：

87 45 23 54 61 78 90 8 15 39↙

排序结果为：

8 15 23 39 45 54 61 78 87 90

请读者思考，在算法 5—5 中定义 flag 为布尔型变量，而程序中定义 flag 为整型变量，为什么？变量 flag 的作用是什么？你还有其他解决方案吗？

# 5.2 结构体类型

**结构体**（Structure）类型是一种最重要的构造数据类型，它将具有不同数据类型的数据聚合在一起，构成一个有机整体，以便使用。本节将介绍结构体类型的概念、定义和应用。

## 5.2.1 结构体类型的概念

前面介绍的构造数据类型——数组具有两个重要特性：一是数组的所有元素都具有相同的数据类型；二是数组元素具有相同的数组名，数组元素通过下标或索引号引用。但在实际应用中，常常需要将不同的数据类型组合成一个有机整体，以便引用。例如，表 5—4 是某个班级学生基本信息表。每个学生都具有学号、姓名、性别、年龄、总学分、家庭住址等数据项。每一行数据反映的是一位学生的相关信息，它们之间存在着内在联系，是一个有机整体。但这些数据项属于不同的数据类型，无法用前面介绍的数组变量表示，又希望将这些数据聚合在一起用聚合变量表示。这样的数据组织形式称为结构体，也称为**记录**（Record），构成结构体的数据项称为结构体成员，也称为**字段**（Field）。

**表 5—4　　学生基本信息表**

| 学号 | 姓名 | 性别 | 年龄 | 总学分 | 家庭住址 |
|---|---|---|---|---|---|
| 1001 | 王涛 | M | 20 | 109 | 北京 |
| 1002 | 张芳 | F | 19 | 118 | 南京 |
| 1003 | 李华 | F | 20 | 120 | 太原 |
| … | … | … | … | … | … |

构造数据类型——结构体的使用不同于简单变量和数组变量，在说明结构体变量前，需要先定义一个结构体类型。即确定一个结构体类型标识符，并指明该结构体类型包含的所有成员以及成员的数据类型。

### 5.2.2 结构体类型的定义

使用结构体，一般先定义一个结构体类型，然后用该类型说明结构体变量。结构体类型是由多种已知数据类型组合在一起构成一种新的数据类型。在不同的程序设计语言中定义形式不尽相同。表5—5列出两种典型定义形式。

表5—5　　定义结构体类型的典型形式

| PASCAL语言 | C语言 |
|---|---|
| TYPE 记录类型名=RECORD<br>字段1：类型标识符1；<br>字段2：类型标识符2；<br>…<br>字段n：类型标识符n；<br>END | struct 结构体名<br>{ 类型标识符1：成员1；<br>类型标识符2：成员2；<br>…<br>类型标识符n：成员n；<br>}； |
| 应当说明：在PASCAL语言中，记录类型一旦定义，就可以用记录类型名说明记录变量。在C语言中，"struct 结构体名"是一个结构体类型名，说明结构体变量时，它是一个整体。在C语言中，还可以在定义结构体类型的同时说明结构体变量或者直接定义结构体类型变量。 | |

例如，学生基本情况记录类型定义如下：

```
TYPE  student=RECORD
        num：PACKED ARRAY[1..6] OF char；
        name：PACKED ARRAY[1..10] OF char；
        sex：char；
        age：integer；
        score：real；
        addr：PACKED ARRAY[1..30] OF char；
        END
```

其中，student是记录类型名，该类型包含6个字段。第1个字段名为num，它是由6个字符组成的压缩字符数组，表示学号；第2个字段名为name，它是由10个字符组成的压缩字符数组，表示姓名；第3个字段名为sex，它是字符类型，表示性别（M为男、F为女）；第4个字段名为age，它是整型，表示年龄；第5个字段名为score，它是实型，表示成绩；第6个字段名为addr，它是由30个字符组成的压缩字符数组，表示家庭地址。

定义的记录类型名student可以像系统提供的标准类型名integer、real等一样用来说明变量的数据类型。

### 5.2.3 结构体变量的说明

定义了一个结构体类型，相当于为说明变量提供了一个模板，它本身没有存储空间。在程序中要使用结构体类型数据，必须说明结构体类型变量。结构体类型变量的说明与其他类型变量的说明类似，表 5—6 列出两种典型说明形式。

**表 5—6　　说明结构体变量的一般形式**

| PASCAL 语言 | C 语言 |
| --- | --- |
| 记录变量名：记录类型名 | struct 结构体名　结构体变量名； |

例如，说明一个用于存放学生基本情况的记录变量 student1 如下：

```
VAR  student1: student
```

一旦说明了记录变量 student1，系统就会分配一片连续的存储单元，用于存储记录变量 student1 的各个字段值。存储空间的大小等于各字段所占存储空间之和。

在 C 语言中，还可以在定义结构体类型的同时说明结构体变量，例如

```
struct  student
{ char num[6];
  char name[10];
  char sex;
  int age;
  float score;
  char addr[30] ;
}student1;
```

与前面的记录类型定义和记录变量说明的作用是完全一样的。定义了一个结构体类型 struct student，同时说明了一个结构体变量 student1。若程序简单，使用这种方式比较直观、方便。但是当程序比较复杂时，一般要求将类型定义和变量说明分别放在不同的程序区域，使程序结构清晰、可读性好、便于维护。

### 5.2.4　结构体变量的引用

结构体变量与数组变量一样，它是一组数据的总名称。具体数据引用需由结构体变量名和成员名共同确定，结构体变量名与成员名之间由成员运算符“.”连接。

引用结构体变量应遵循以下规则。

（1）引用结构体变量中成员的值，引用方式为

结构体变量名.成员名

例如，student1.num 表示结构体变量 student1 中的成员 num。即学生的学号。

（2）若结构体变量的成员本身又是一个结构体，则需要使用多个成员运算符来表示最低一级成员。只能对最低一级成员进行引用。

（3）对结构体变量的最低一级成员可以像简单变量一样进行各种运算和操作。

（4）同类型的结构体变量可以相互赋值。

**例 5—9**

将表 5—4 中前 3 个学生的基本信息存入结构体变量中，然后输出表 5—4。

**问题分析：**首先定义一个结构体类型 struct student；然后用该类型说明 3 个结构体变

量 student1、student2、student3 分别存储 3 个学生的基本信息；最后输出结构体变量各成员的值。编制 C 源程序如下：

```
//＊＊＊＊＊＊＊＊＊＊＊＊＊＊＊＊＊＊＊＊＊＊＊
//＊  程序名称:Student.cpp              ＊
//＊  程序功能:学生基本情况              ＊
//＊  作    者:FENGJUN                  ＊
//＊  编制时间:2014 年 3 月 20 日        ＊
//＊＊＊＊＊＊＊＊＊＊＊＊＊＊＊＊＊＊＊＊＊＊＊
#include<stdio.h>
void main()
{//＊定义结构体类型 struct  student＊//
  struct  student
  {  char num[6];
     char name[10];
     char sex;
     int age;
     float score;
     char addr[30] ;
  };
  //＊说明 3 个结构体变量并赋初值＊//
  struct student  student1={"1001","王涛",'M',20,109,"北京"};
  struct student  student2={"1002","张芳",'F',19,118,"南京"};
  struct student  student3={"1003","李华",'F',20,120,"太原"};
  //＊输出结构体变量各成员的值＊//
  printf(" 学 号  姓 名  性 别  年 龄  总学分  家庭地址  \n ");
  printf("%4s%7s%6c ", student1.num, student1.name,student1.sex);
  printf("%6d%8.f   %6s\n", student1.age, student1.score,student1.addr);
  printf(" %4s%7s%6c ", student2.num, student2.name,student2.sex);
  printf("%6d%8.f   %6s\n", student2.age, student2.score,student2.addr);
  printf(" %4s%7s%6c ", student3.num, student3.name,student3.sex);
  printf("%6d%8.f   %6s\n", student3.age, student3.score,student3.addr);
}
```

---

运行程序得到如下结果：

```
学 号    姓 名    性 别    年 龄    总学分    家庭地址
1001     王涛       M        20       109       北京
1002     张芳       F        19       118       南京
1003     李华       F        20       120       太原
```

在说明结构体变量的同时，可以对它进行初始化，即给结构体变量的各成员赋初值。需要注意的是：不能通过结构体变量名直接得到结构体变量中所有成员的值，只能对结构体变量中各个成员进行引用来实现输出。

### 5.2.5 结构体应用举例

一个结构体变量中可以存储一组有关联的数据，如一个学生的基本信息。如果要对一个班级学生的基本信息进行处理，就需要使用结构体数组。结构体数组与数值型数组的不同之处在于每个数组元素都包含有各个结构体成员，它们都是一个结构体类型数据。下面举例说明结构体数组的应用。

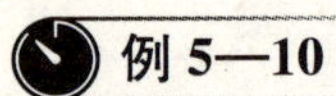
**例 5—10**

已知某班学生的基本信息如表 5—4 所示。要求按总学分由高到低输出学生的基本信息表。

**问题分析：**首先定义 1 个结构体类型 student；然后用该类型说明 1 个结构体数组变量 student［n］用于存储全班学生的基本信息；再依据数组元素的成员总学分采用直接插入排序法对数组 student［n］实现降序排序；最后输出结构体数组元素各成员的值。算法设计如图 5—9 所示，算法中的类型定义和变量说明如下：

```
CONST  n=…
TYPE  student1=RECORD
          num：PACKED ARRAY[1..6] OF char;
          name：PACKED ARRAY[1..10] OF char;
          sex：char;
          age：integer;
          score：real;
          addr：PACKED ARRAY[1..30] OF char;
          END
VAR  student：ARRAY[0..n] OF student1;
     i,j:integer
```

**算法 5—6** StudInfoProc（student［n］）

<table>
<tr><td colspan="3">输入学生基本信息</td></tr>
<tr><td rowspan="5">FOR i=2 TO n</td><td colspan="2">&&直接插入降序排列</td></tr>
<tr><td colspan="2">student[0]= student[i]；j=i-1</td></tr>
<tr><td colspan="2">当 student[j]. score < student[0]. score 时</td></tr>
<tr><td></td><td>student[j+1]= student[j]；j=j-1</td></tr>
<tr><td colspan="2">student[j+1]= student[0]</td></tr>
<tr><td colspan="3">输出排序后的学生信息表</td></tr>
<tr><td colspan="3">算法结束</td></tr>
</table>

**图 5—9 学生信息处理**

根据算法 5—6 编制 C 源程序如下：

```
//* * * * * * * * * * * * * * * * * * * * * * *
//*   程序名称:StudInfoProc.cpp                 *
//*   程序功能:学生信息处理                      *
//*   作    者:FENGJUN                         *
//*   编制时间:2014 年 3 月 20 日                *
//* * * * * * * * * * * * * * * * * * * * * * *
#include<stdio.h>
#define n 5
//*定义结构体类型 struct  student*//
struct  student1
{  char num[6];
   char name[10];
   char sex;
   int age;
   float score;
   char addr[30];
};
void main()
{ int i,j;
 //*说明 1 个结构体数组变量并赋初值*//
 struct student  student[n+1]={{ "0000"," ",'',0,0," "},
   {"1001","王涛",'M',20,109,"北京"},{"1002","张芳",'F',19,118,"南京"},
   {"1003","李华",'F',20,120,"太原"},{"1004","冯伟",'M',20,128,"太原"},
   {"1005","赵芳",'F',19,119,"上海"}};
 //*对结构体数组进行直接插入排序*//
 for (i=2;i<=n;i++)
 {  student[0]=student[i]; j=i-1;
   while (student[j].score<student[0].score)
   {     student[j+1]=student[j]; j=j-1;
   }
   student[j+1]=student[0];
 }
 //*输出排序后结构体数组元素各成员的值*//
 printf(" 学 号  姓 名  性 别  年 龄  总学分  家庭地址  \n ");
 for (i=1;i<=n;i++)
 {  printf(" %4s %7s %6c ", student[i].num, student[i].name,student[i].sex);
```

```
    printf("%6d%8.f ", student[i].age, student[i].score);
    printf("  %6s\n",student[i].addr);
  }
}
```

运行程序得到如下结果：

| 学号 | 姓名 | 性别 | 年龄 | 总学分 | 家庭地址 |
|---|---|---|---|---|---|
| 1004 | 冯伟 | M | 20 | 128 | 太原 |
| 1003 | 李华 | F | 20 | 120 | 太原 |
| 1005 | 赵芳 | F | 19 | 119 | 上海 |
| 1002 | 张芳 | F | 19 | 118 | 南京 |
| 1001 | 王涛 | M | 20 | 109 | 北京 |

程序中假设某班有 5 个学生，事实上，该程序适用于处理任意多个学生信息，只需修改符号常量 n（即#define n 5）及结构体数组 student［n+1］的初始化（即提供相应多的学生信息）。在对结构体数组进行初始化时，为了清晰起见，将每个学生的信息用一对大括号括起来，这样使阅读和检查都比较方便。注意，第 1 组数据｛" 0000"," ",' ', 0, 0," "｝是虚拟数据，是为辅助变量结构体数组元素 student［0］赋初值。辅助变量 student［0］在程序中的作用是将待插入的结构体数组元素 student［i］的各成员的值暂时保存，等找到插入位置后，再将其值赋给相应的数组元素。对于类型相同的结构体变量可以相互赋值，比如，赋值语句 student［0］=student［i］，是将数组元素 student［i］的所有成员的值赋值给数组元素 student［0］中各对应的成员。但在输入、输出、引用各成员值时，必须对各成员进行引用，无法进行整体操作。

### 例 5—11

维护学生成绩数据库。

**问题分析：**为了说明在实际应用中结构体与数组是如何嵌套使用的，这里设计一个相对较大的程序，程序用来维护学生成绩数据库。假设每个学生信息包含学号、姓名和成绩，成绩又包含成绩 1、成绩 2 和成绩 3，且学生学号唯一标识每个学生。程序将支持插入学生信息、查找学生信息和输出全部学生信息等操作。

数据组织形式设计为：定义整型数组 score［m］存储成绩 1、成绩 2 和成绩 3；定义结构体类型 studinfo 用于存放每个学生的信息，包含成员学号 num、姓名 name 和成绩 score［m］；定义结构体类型数组 student［n］作为学生成绩数据库。

引入变量 code 存储各操作代码，各操作说明如下：

（1）插入学生信息（code=1）。按输入学生信息的先后次序依次存入数组元素中。若数据库已满，则给出出错信息。符号常量 n 表示数据库的大小，引入变量 number 表示数据库中已有学生数。

(2) 查找学生信息（code=2)。输入学生的学号，输出学生的姓名和成绩。若所给学号不在数据库中，则给出出错信息。

(3) 输出全部学生信息（code=3)。以表格形式按输入数据的顺序输出数据库中的全部数据。

(4) 结束程序运行（code=0)。

对于一个有很多选项的复杂程序来说，采用菜单驱动方式将是一件十分快意的事，它不仅提供了友好的用户界面，而且要求将问题分解为相应的子问题，使程序结构清晰。

结合本例介绍一种传统的方法来创建一个菜单驱动程序，即如何在屏幕上显示菜单选项，执行用户从菜单中所选择的任务。

菜单驱动程序的运行，首先让用户看到的是主菜单，主菜单列出了程序的主要功能，比如，维护学生成绩数据库程序主菜单如图 5—10 所示；然后选择菜单项代码，每个菜单项对应一个模块，每个模块都是程序的一部分，它们解决一个特定的子问题或完成一个特定的任务；最后根据所选代码使用多向分支选择结构执行相应的模块。

```
*************学生成绩数据库系统*************
*              主  菜  单                 *
*          1——插 入 学 生 信 息            *
*          2——查 找 学 生 信 息            *
*          3——输 出 学 生 信 息            *
*          0——结 束 程 序 运 行            *
*******************************************
```

**图 5—10　维护学生成绩数据库主菜单**

根据上述分析，算法设计，如图 5—11 所示，算法中的类型定义和变量说明如下：

```
CONST  n=60;
       m=3;
TYPE studinfo=RECORD
         num: integer;
         name: PACKED ARRAY[1..10] OF char;
         score: ARRAY[1..m] OF integer;
         END
VAR  student: ARRAY[1..n] OF studinfo;
     number:integer;
     num1: integer;
     i:integer;
     code,anykey:char;
     flag:Boolean;
```

**算法 5—7** StudScoreSys（student［n］）

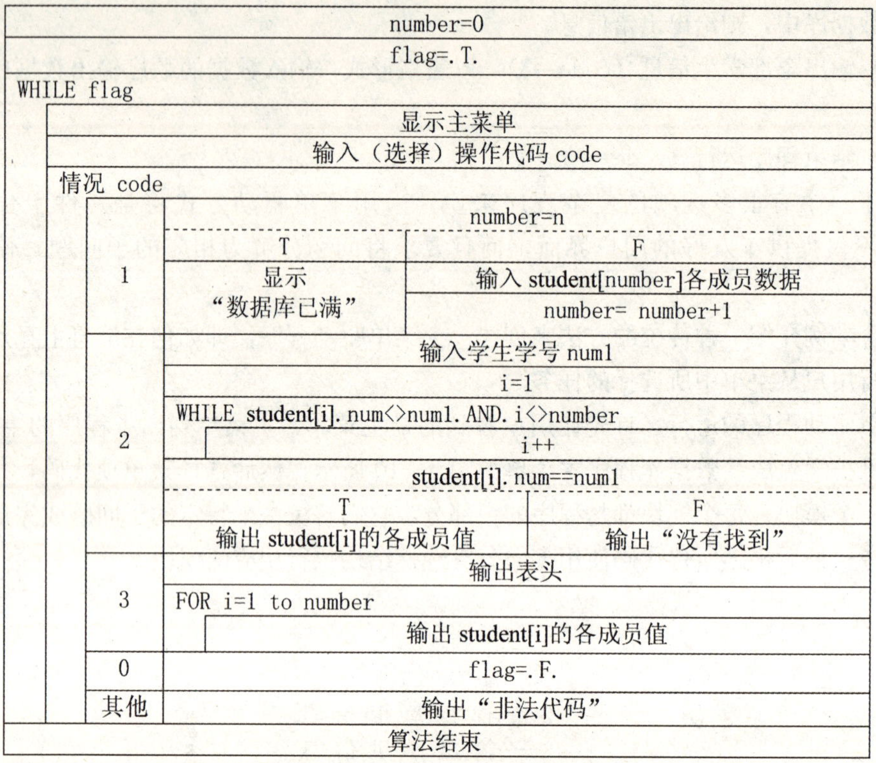

number=0

flag=.T.

WHILE flag

  显示主菜单

  输入（选择）操作代码 code

  情况 code

    1：
      number=n
        T：显示“数据库已满”
        F：输入 student[number]各成员数据
           number= number+1

    2：
      输入学生学号 num1
      i=1
      WHILE student[i].num<>num1.AND.i<>number
        i++
      student[i].num==num1
        T：输出 student[i]的各成员值
        F：输出“没有找到”

    3：
      输出表头
      FOR i=1 to number
        输出 student[i]的各成员值

    0：
      flag=.F.

    其他：
      输出“非法代码”

算法结束

**图 5—11 维护学生成绩数据库**

根据算法 5—7 编制 C 源程序如下：

```
//＊＊＊＊＊＊＊＊＊＊＊＊＊＊＊＊＊＊＊＊＊＊＊
//＊  程序名称:StudScoreSys.cpp               ＊
//＊  程序功能:维护学生成绩数据库              ＊
//＊  作    者:FENGJUN                        ＊
//＊  编制时间:2014 年 3 月 20 日              ＊
//＊＊＊＊＊＊＊＊＊＊＊＊＊＊＊＊＊＊＊＊＊＊＊
#include<stdio.h>
#define n 60
#define m 3
//＊定义结构体类型 struct  studinfo ＊//
struct studinfo
  {int num;
  char name[10];
  int score[m];
};
void main()
{  int number=0;
```

```
int num1;
int  i;
char code,anykey;
int flag=1;
struct studinfo  student[n];  //*说明1个结构体数组变量*//
for (i=0;i<n;i++)  student[i].num=0;
while (flag)
{  printf("****学生成绩数据库系统*****\n");
  printf("*              主  菜  单     *\n");
  printf("*           1——插 入 学 生 信 息\n");
  printf("*           2——查 找 学 生 信 息\n");
  printf("*           3——输 出 学 生 信 息\n");
  printf("*           0——结 束 程 序 运 行\n");
  printf("*********************\n");
  printf("请选择操作代码(code=0——4):");
  scanf(" %c ",&code);
  while (getchar()! ='\n') ;
  switch (code)
  {  case '1':    /*插 入 学 生 信 息*/
       if (number! =n)
   {  printf("请输入学生:");
      printf("学号  姓名  成绩1  成绩2  成绩3");
      scanf(" %d ",&student[number].num);
      scanf(" %s ",student[number].name);
      scanf("%d ",&student[number].score[0]);
      scanf("%d ",&student[number].score[1]);
      scanf("%d ",&student[number].score[2]);
      number= number+1;
   }
   else  printf("数据库已满。\n");
   break;
 case '2':    /*查 找 学 生 信 息*/
   printf("请输入学生学号:");
   scanf(" %d ",&num1);
   i=0;
   while (student[i].num! =num1&&i! =number)
      i++;
   if (student[i].num==num1)
   {  printf("姓名  成绩1  成绩2  成绩3\n");
```

```
        printf (" %4s$6d ",student[i].name, student[i].score[0]);
        printf (" %6d%6d\n ",student[i].score[1], student[i].score[2]);
      }
      else
        printf("该学生信息不存在。\n");
        break;
      case '3':          /*输 出 学 生 信 息*/
        printf(" 学号  姓名  成绩 1  成绩 2  成绩 3\n");
        for (i=0;i<number;i++)
        {  printf(" %4d%7s ",student[i].num,student[i].name);
           printf(" %6d%6d ",student[i].score[0],student[i].score[1]);
           printf("   %6d\n",student[i].score[2]);
        }
        break;
      case '0':    /*结 束 程 序 运 行*/
        flag=0; break;
      default:       /*选择了非法代码*/
      printf(" 所选择的代码 %c是非法代码。\n ",code);
    }
    printf("按任意键,返回。\n");
    while (getchar()! ='\n') ;
  }
}
```

---

运行程序得到如下结果:

```
******学生成绩数据库系统********
*              主  菜  单              *
*       1——插 入 学 生 信 息        *
*       2——查 找 学 生 信 息        *
*       3——输 出 学 生 信 息        *
*       0——结 束 程 序 运 行        *
***********************;
请选择操作代码(code=0——4):1↙
请输入学生:
学号  姓名  成绩 1  成绩 2  成绩 3
1002  wangtao  98    67    88↙
按任意键,返回。

请选择操作代码(code=0——4):1↙
```

```
请输入学生:
学号  姓 名  成绩1  成绩2  成绩3
1001  zhangtao  78    77    86↙
按任意键,返回。

请选择操作代码(code=0——4):2↙
请输入学生学号:1002↙
姓  名  成绩1  成绩2  成绩3
wangtao  98    67    88
按任意键,返回。

请选择操作代码(code=0——4):3↙
学号  姓 名  成绩1  成绩2  成绩3
1002  wangtao   98    67    88
1001  zhangtao  78    77    86
按任意键,返回。

请选择操作代码(code=0——4):0↙
Press any key to continue
```

在C语言中,数组名代表该数组的起始地址,所以 scanf 函数中的输入项若是字符数组名,则不要再加地址符 &,比如,程序中的语句 scanf (" %s ",student[number].name)。

## 5.3 其他构造数据类型

数组类型和结构体类型是两种重要的构造数据类型，数组类型将同类型数据元素组合成一个有机整体，结构体类型将不同类型的数据元素组合成一个有机整体，每个数据元素都分配有相应的存储单元，它们都占用一片连续的存储空间。除此之外，还有共用体构造数据类型和文件类型。

### 5.3.1 共用体类型

**共用体**（union）也称为联合，它是由一个或多个成员构成，这些成员可以是不同的数据类型，但是各成员共用同一段存储单元。即系统只给共用体变量中所需存储空间最大的成员分配相应的存储单元，所有成员都共享这一存储单元，也就是说，在同一时刻共用体变量中只有一个成员的值是有效的。

在C语言中，定义共用体类型的一般形式如下：

```
union  共用体名
{  类型标识符1:成员1;
```

```
    类型标识符 2:成员 2;
    …
    类型标识符 n:成员 n;};
```

例如,定义共用体类型 union data 如下:

```
union data
{  int n;
   char ch;
   float number;  };
```

该类型 union data 包含整型成员 n、字符型成员 ch 和浮点型成员 number 共 3 个不同类型成员。union data 类型变量只占 4 个字节（因为浮点型变量占用 4 个字节，而整型变量只占用 2 个字节，字符型变量只占用 1 个字节)。

可以看出，共用体类型与结构体类型的定义相似，共用体变量说明和成员引用也与结构体变量的说明和成员引用相似。不同之处表现在：共用体变量的各成员共享同一存储单元，只有最后一次被赋值的成员是有效的。

### 例 5—12

使用共用体节省存储空间。

**问题分析：**假设对学生的身体情况作一次调查。每个学生都包含姓名、年龄和性别，规定对男生的调查项目还有身高和特长，对女生的调查项目还有体重、爱好和家庭住址。这样，需要设计的结构体类型如下：

```
struct student
{  char name[10];
    int age;
    char sex_type;
    float high;
    char feature[30];
    float wight;
    char hobbies[30];
    char addr[20];  };
```

成员 sex _ type 具有值‘M’（男生）或‘F’（女生）之一。这个结构虽然能完全记录调查情况，但是它浪费了许多存储空间。比如，若是男生就不需要存储体重、爱好和家庭住址等数据；若是女生就不需要存储身高和特长等数据。可以通过在结构体中内嵌共用体减少对存储单元的开销。学生身体情况调查所适用的结构体类型定义如下：

```
struct boys               /*男生特定调查项目*/
{  float high;
   char feature[30]; };
struct girls              /*女生特定调查项目*/
{  float wight;
   char hobbies[30];
```

```
    char addr[20];  };
union sex                   /* 男生、女生特定调查项目共用体类型 */
{   struct boys   boy;
    struct girls girl;  };
struct student_type          /* 学生调查项目内嵌共用体的结构体类型 */
{   char name[10];
    int age;
    char sex_type;
    union sex se;  };
struct student_type   student;        /* 说明结构体变量 student */
```

请读者思考，说明的结构体变量 student 共占用多少存储空间；男生、女生各调查项目的成员引用如何表示。比如，男生的身高成员引用是：student. se. boy. high；女生的体重成员引用是：student. se. girl. wight。

**例 5—13**

创建含有不同数据类型的数组。

**问题分析：**假设在实际应用中需要数组的部分元素是整型数据，部分元素是实型数据。这样的需求好像不能满足。但是利用共用体，这件事就容易多了。首先定义一个共用体类型，其成员包含数组元素所需要的不同数据类型；然后将数组说明为该共用体类型。共用体类型 union data 的定义与数组 array 的说明如下：

```
union data {
    int i;
    float f;
};
union data array[10];
```

这样，数组元素 array [j] . i 可以存储整型数据，array [j] . f 可以存储实型数据（j =0、1、…、9），由于它们共享同一存储单元，所以同一时刻只有最后被赋值的成员是有效的。

请读者思考，如何能确切地引用数组元素的值。即数组元素的两个成员中，一个成员的值有意义，另一个成员的值无意义，怎样能确切地引用有意义成员，避免引用无意义成员。

**例 5—14**

给共用体添加“标识字段”。

**问题分析：**对于共用体变量，如何确切地引用其成员的值？可以这样处理，将共用体嵌入在一个具有“标识字段”的结构体中，以“标识字段”的值来确定哪个共用体成员有效。比如，在例 5—12 中，结构体变量 student 的成员 sex _ type 就是“标识字段”。输出结构体变量 student 各成员的值，算法设计如图 5—12 所示，算法中的类型定义和变量说明如前所述。

**算法 5—8** print（student）

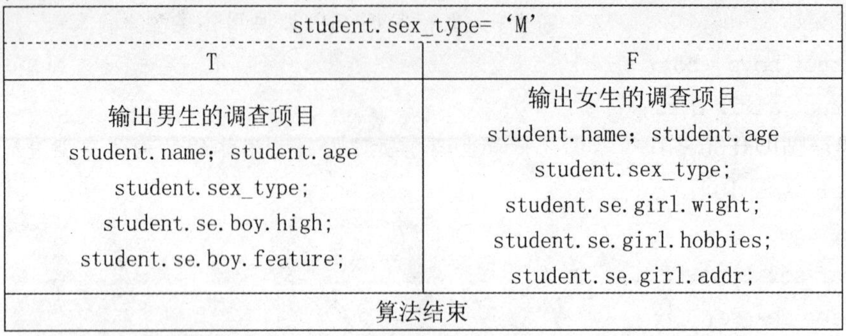

<table>
<tr><td colspan="2" align="center">student. sex_type= ‘M’</td></tr>
<tr><td align="center">T</td><td align="center">F</td></tr>
<tr><td align="center">输出男生的调查项目<br>student. name；student. age<br>student. sex_type;<br>student. se. boy. high;<br>student. se. boy. feature;</td><td align="center">输出女生的调查项目<br>student. name；student. age<br>student. sex_type;<br>student. se. girl. wight;<br>student. se. girl. hobbies;<br>student. se. girl. addr;</td></tr>
<tr><td colspan="2" align="center">算法结束</td></tr>
</table>

**图 5—12　输出结构体变量 student 各成员的值**

请读者思考，结合上述 3 个例子，对学生的身体情况作一次调查。假设有 5 个学生，调查数据由键盘输入，数据存储在结构体数组 struct student _ type student ［5］中，以表格形式输出调查信息，要求女生在前男生在后，并且女生按体重输出，男生按身高输出。用 N－S 图描述算法并编程实现。

C 语言中的共用体类型在 PASCAL 语言中称为带变体记录。比如，例 5—12 中的结构体类型 struct student _ type 在 PASCAL 语言中可以改写成带变体记录类型。

```
TYPE student_type＝RECORD
    name：PACKED ARRAY[1..10] OF char；
    age：integer；
    CASE sex_type：char OF
    ‘M’：( high：float；
        feature：PACKED ARRAY[1..30] OF char)；
    ‘F’：( wight：float；
        hobbies：PACKED ARRAY[1..30] OF char；
        addr：PACKED ARRAY[1..20] OF char)；
END
```

前 3 个字段 name、age、sex _ type 是每个学生都要调查的项目。从保留字 CASE 开始是记录的变体部分。在保留字 OF 后面列出字段 sex _ type 的可能值作为“情况常量”，若 sex _ type 的值为字符‘M’（代表男生），则圆括号内列出男生的另外规定调查项目 high 和 feature；若 sex _ type 的值为字符‘F’（代表女生），则圆括号内列出女生的另外规定调查项目 wight、hobbies 和 addr。

## 5.3.2　文件类型

迄今为止，程序中处理的数据都是由键盘输入或包含在程序中，处理的结果都是输出到屏幕上或打印机上。这些数据无法长期保留在计算机中或无法重复使用。数据文件提供了另一种进行数据输入输出的手段，实际应用程序大多数都包含数据文件的处理。

**数据文件**（Data File）是指存储在外部介质上的数据集合。它由**程序文件**（Program File）的运行而创建，并为程序文件的运行提供数据。它们都以文件名为标识存储在外部存储器。数据文件的文件名一般以 . dat 为后缀（扩展名）。使用数据文件为程序运行提供数据具有一些不可替代的特点，诸如，方便规模数据管理，可以批量输入输出数据；数据以文件形式长期保存在存储器中，避免重复输入数据；数据在一定程度上可被多个程序共享等。

按照数据的存储形式，数据文件可分为二进制文件和 ASCII 文件。**二进制**（Binary）文件是把内存中的数据按其在内存中的存储形式原样输出到外部存储器中进行存放。ASCII 文件又称为**文本**（Text）文件，它是将内存中数据的 ASCII 码输出到外部存储器中进行存放，即 1 个字节存储 1 个字符的 ASCII 码，它与数据在内存的存储形式是不同的。

按照数据的读写形式，数据文件可分为顺序数据文件和随机数据文件。**顺序**（Order）数据文件是指对文件中的数据进行读写的顺序与数据在文件中的逻辑存储顺序是一致的，即先写入的数据先读取，后写入的数据后读取。**随机**（Random）数据文件也称为直接存取数据文件，对文件中的数据进行读写是按数据块进行的，即系统为每个数据文件设置了一个**位置指针**（Location Pointer），用来指示当前的读写位置，可以通过移动位置指针，任意读写数据文件中的数据块。

程序对数据的处理是在内存进行的，而数据文件是存储在外部存储器上。要对数据文件中的数据进行处理，就必须将数据读入内存。大多数程序设计语言都采用了“缓冲文件系统”进行处理。所谓**缓冲文件系统**（Buffer File System）是指系统自动在内存区为程序中每个正在使用的数据文件都开辟一个**文件缓冲区**和建立一个**文件信息区**。文件缓冲区用于：若从内存向数据文件输出数据，则先将程序数据区中的数据送到文件缓冲区，当装满文件缓冲区后再一起写入数据文件；若从数据文件向内存输入数据，则先将数据文件中的一批数据读入文件缓冲区，再将文件缓冲区中的数据逐一送到程序数据区，如图 5—13 所示。文件信息区用于存放数据文件的有关信息。在 C 语言中，这些信息保存在一个结构体变量中，该结构体类型由系统声明，用类型名 FILE 标识，或称为**文件类型**。在 PASCAL 语言中，ASCII 文件用类型名 TEXT 标识，或称为 **TEXT 类型文件**；二进制文件用类型名 FILE 标识，或称为 **FILE 类型文件**。

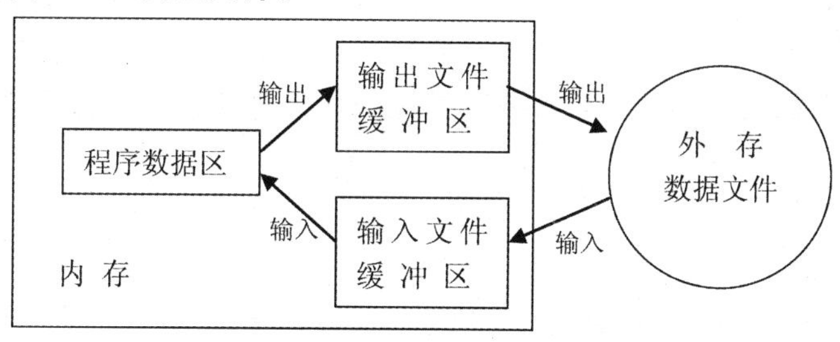


**图 5—13　读写数据文件**

在 C 语言中，定义 FILE 类型的信息包含在头文件 stdio. h 中。在程序中可以直接用 FILE 类型名定义变量。每个 FILE 类型变量对应一个数据文件信息区。这些信息是在使用数据文件时由编译系统自动产生的，用户不必过问。因此，一般不必命名 FILE 类型变量，而是设置一个指向 FILE 类型变量的指针变量，通过它来引用 FILE 类型变量。例如，下面语句定义了一个 FILE 类型的指针变量。

```
FILE *fp;
```

定义的指针变量 fp 是一个指向 FILE 类型的指针变量。即可以使指针变量 fp 指向某一个数据文件的文件信息区，或者说指针变量 fp 中存放的是该文件信息区的首地址，通过它能够访问该数据文件，也就是说，通过它能够对数据文件进行打开、关闭、读写等操作。为了方便起见，通常将这种指向文件信息区的指针变量称为指向数据文件的指针变量。

对数据文件进行操作的一般过程如图 5—14 所示。

**算法 5—9** FileOperation

| 打开数据文件 |
| --- |
| 读写数据 |
| 关闭数据文件 |
| 算法结束 |

**图 5—14 数据文件的操作过程**

所谓**打开**（Open）数据文件是指为数据文件在内存建立相应的文件信息区和文件缓冲区。在 C 语言中，也就是建立起指向文件信息区的指针变量与数据文件之间的联系，通过该指针变量对数据文件实施读写操作。所谓**读出**（Read）数据是指将数据文件中的数据通过输入文件缓冲区输入到程序数据区中的变量，以便对数据进行处理。所谓**写入**（Write）数据是指将程序数据区中变量的值通过输出文件缓冲区输出到数据文件，以便长期保存或重复利用。所谓**关闭**（Close）数据文件是指注销内存中的文件信息区和文件缓冲区，使指针变量与数据文件之间的联系被终止。在关闭数据文件的同时，要将文件缓冲区中的数据写入到数据文件。对数据文件的操作要以关闭数据文件来结束处理过程，以避免数据的丢失。

### 例 5—15

从键盘输入一些字符，把它们逐个存储到一个数据文件。

**问题分析**：创建一个 ASCII 数据文件 datafile. dat，文件名由键盘输入，用字符数组 filename 存放文件名。定义一个数据文件指针变量 fp，以只写方式打开该数据文件。由字符变量 ch 逐个从键盘接收字符并写入数据文件，直到遇见结束标志符“#”为止。关闭数据文件。

编制 C 源程序如下：

```
//*************************
//*  程序名称:datafile.cpp          *
//*  程序功能:创建一个 ASCII 数据文件  *
//*  作    者:FENGJUN               *
//*  编制时间:2014 年 3 月 20 日     *
//*************************
#include<stdio.h>
#include<stdlib.h>
void main()
{ FILE *fp;
```

```
    char ch,filename[10];
    printf("请输入数据文件名:");
    scanf("%s",filename);
    if ((fp=fopen(filename, "w"))==NULL)  /*打开只写数据文件*/
    {  printf("无法打开此文件。\n");
       exit(0);                         /*终止程序运行*/
    }
    ch=getchar();                  /*接收scanf最后输入的回车符*/
    printf("请输入要存储到数据文件中的字符序列(以#为结束标志):\n");
    ch=getchar();                  /*接收从键盘输入的第1个字符*/
    while (ch! ='#')
    {  fputc(ch,fp);             /*向数据文件写入1个字符*/
       putchar(ch);             /*将写入的字符显示在屏幕上*/
       ch=getchar();              /*再接收从键盘输入的1个字符*/
    }
    fclose(fp);                   /*关闭数据文件*/
    putchar(10);             /*向屏幕输出1个换行符,10为换行符的ASCII代码*/
}
```

---

运行程序得到如下结果:

请输入数据文件名:datafile.dat↙

请输入要存储到数据文件中的字符序列(以#为结束标志):

Create a data file #↙

Create a data file

程序中的“NULL”是空指针的保留字，若打开数据文件函数 fopen () 的返回值为空指针，则表示无法打开数据文件。这时，调用函数 exit () 关闭所有文件，并终止程序运行。

请读者思考，如何读出数据文件中的字符。编制程序，将数据文件 datafile. dat 中的内容复制到数据文件 datafile1. dat 中。提示：(1) 以只读方式打开数据文件 datafile. dat，即 in=fopen (" datafile. dat", " r")。(2) 读出字符函数是 fgetc (in)。(3) 使用函数 feof (in) 可以检测位置指针是否移到数据文件尾部。

### 例 5—16

从键盘输入若干个字符串，将这些字符串存储到一个数据文件。

**问题分析：**在 D 盘根目录创建一个 ASCII 数据文件 string. dat，定义一个数据文件指针变量 fp，以只写方式打开该数据文件。由键盘输入 n 个字符串，存放在一个二维字符数组 str 中，每个一维数组存放一个字符串。将一维字符数组写入数据文件。关闭数据文件。

编制 C 源程序如下：

```
//* * * * * * * * * * * * * * * * * * * * * * *
//*   程序名称:stringdatafile.cpp              *
//*   程序功能:创建一个 ASCII 数据文件          *
//*   作    者:FENGJUN                         *
//*   编制时间:2014 年 3 月 20 日               *
//* * * * * * * * * * * * * * * * * * * * * * *
#include<stdio.h>
#include<stdlib.h>
#include<string.h>
#define n 5
void main()
{ FILE *fp;
  char str[n][30];
  int i;
  if ((fp=fopen("D:\\string.dat", "w"))==NULL)   /*打开只写数据文件*/
  {  printf("无法打开此文件。\n");
     exit(0);                                  /*终止程序运行*/
  }
  printf("请输入 %d 个要存储到数据文件中的字符串:\n",n);
  for (i=0;i<n;i++)
     gets(str[i]);              /*从键盘输入字符串到字符数组 str*/
  for (i=0;i<n;i++)
{  fputs(str[i],fp); fputs("\n",fp);          /*将字符数组写入数据文件*/
     printf("%s\n",str[i]);                   /*在屏幕上显示写入的字符串*/
  }
  fclose(fp);                    /*关闭数据文件*/
}
```

---

运行程序得到如下结果：

```
请输入 5 个要存储到数据文件中的字符串:
China↙
Canada↙
United States of America↙
Japan↙
United Kingdom↙
China
Canada
United States of America
```

```
Japan
United Kingdom
```

在向数据文件写入字符数组时，只输出字符串中的有效字符，并不输出字符串的结束标志‘\0’。这样输出到数据文件中的所有字符串就连成一片，无法区分所输出的字符串，以后也就无法按字符串读出。为了避免这种情况的发生，在输出一个字符串后，人为地写入一个“\n”，即语句 fputs（" \n"，fp），作为字符串之间的分隔符。

请读者思考，如何读出数据文件中的字符串。编制程序，将数据文件 D：\string. dat 中的字符串读到字符数组 str［5］［30］中，按字典顺序排序，把排好序的字符串复制到数据文件 D：\newstring. dat 中。提示：①以只读方式打开数据文件 D：\string. dat，即 in=fopen（" D：\\string. dat"，" r"）。②读出字符串函数是 fgetc（str［i］，30，in），即按照字符数组的大小指定一次读取 30 个字符，但按照 fgetc 函数的规定，若遇见“\n”，就结束字符串的输入，并且“\n”作为最后一个字符也读到字符数组中。

### 例 5—17

从键盘输入若干个学生的有关信息，将这些信息存储到一个数据文件。

**问题分析：**假设学生的有关信息包括学号、姓名和成绩，定义结构体数组变量 student，由键盘输入 n 个学生的有关信息，存放在数组变量 student 中。在 D 盘根目录创建一个二进制数据文件 student. dat，以只写方式打开该数据文件。将数组变量 student 的各成员值写入二进制数据文件 student. dat。关闭数据文件。

编制 C 源程序如下：

```
//*************************
//*  程序名称:studentdatafile.cpp      *
//*  程序功能:创建一个学生信息二进制数据文件*
//*  作    者:FENGJUN                  *
//*  编制时间:2014 年 3 月 20 日         *
//*************************
#include<stdio.h>
#include<stdlib.h>
#define n 5
//*定义结构体类型 struct  stud_type 及相应数组 student *//
struct stud_type
{int num;
  char name[10];
  int score;
} student[n];
void main()
{ FILE *fp;
  int i;
```

```
    //*打开只写二进制数据文件*//
    if ((fp=fopen("D:\\student.dat", "wb"))==NULL)
    {  printf("无法打开此文件。\n");
       exit(0);                                  /*终止程序运行*/
    }
    printf("请输入%d个学生的有关信息:\n",n);
    printf("学号   姓名   成绩\n");
    for (i=0;i<n;i++)      /*从键盘输入n个学生的有关信息,存放到数组student */
    {  scanf("%d",&student[i].num);
       scanf("%s",student[i].name);
       scanf("%d",&student[i].score);
    }
    for (i=0;i<n;i++)          /*将数组student各成员的值写入二进制数据文件*/
       fwrite(&student[i],sizeof(struct stud_type),1,fp);
    fclose(fp);                         /*关闭数据文件*/
}
```

---

运行程序得到如下结果：

请输入5个学生的有关信息：

学号　姓名　　成绩

1001　zhangtao　98↙

1002　wangtao　76↙

1003　litao　　88↙

1004　fengtao　96↙

1005　zhaodan　79↙

二进制写入函数 fwrite（&student［i］，sizeof（struct stud_type），1，fp）的作用是：从内存地址 &student［i］开始，将一个长度为 sizeof（struct stud_type）的数据块原样写入指针变量 fp 所指向的二进制数据文件 D：\student.dat 中。函数 sizeof（struct stud_type）是求 struct stud_type 类型结构体变量的长度（各成员长度之和，即 4+10+4=18，假设 int 型数据占 4 个字节）。

程序运行时，屏幕上并没有显示写入二进制数据文件的有关信息。为了检测二进制数据文件 D：\student.dat 中是否已存有键盘输入的学生信息，请读者思考，如何读出二进制数据文件 D：\student.dat 中的数据。编制程序，将二进制数据文件 D：\student.dat 中的数据读到结构体数组 student［n］中，按成绩排序并在屏幕上以表格形式显示，把排好序的数据复制到数据文件 D：\newstudent.dat 中。提示：①以只读方式打开二进制数据文件 D：\student.dat，即 in=fopen（" D：\\student.dat"，" rb"）。②从指针变量 in 所指向的二进制数据文件中读取一组数据，使用二进制读出函数 fread（&student［i］，sizeof（struct stud_type），1，fp）。

**例 5—18**

在二进制数据文件 D：\ student. dat 中已经存入 5 个学生的有关信息（例 5—17 建立的数据文件），以表格形式在屏幕上显示该数据文件中第 1、3、5 个学生的有关信息。

**问题分析**：前面对数据文件的操作都是采用顺序读写，本例通过移动位置指针对数据文件进行随机读取。以只读方式打开二进制数据文件 D：\ student. dat。将位置指针指向文件的开头，读取一个学生的信息到结构体变量，并显示在屏幕上。移动位置指针到第 3、5 个学生的数据块开头，读取相应学生信息到结构体变量，并显示在屏幕上。关闭二进制数据文件。

使用函数 fseek 移动位置指针，它的调用形式为 fseek（文件类型指针变量，位移量，起始点）

其中："起始点"用 0、1 或 2 表示，0 代表"文件开头"，1 代表位置指针的"当前位置"，2 代表"文件末尾"。"位移量"表示从"起始点"开始移动的字节数。

编制 C 源程序如下：

```
//* * * * * * * * * * * * * * * * * * * * * * *
//*   程序名称:RandomRWdatafile.cpp           *
//*   程序功能:随机读写学生信息二进制数据文件   *
//*   作    者:FENGJUN                         *
//*   编制时间:2014 年 3 月 20 日               *
//* * * * * * * * * * * * * * * * * * * * * * *
#include<stdio.h>
#include<stdlib.h>
#define n 5
//*定义结构体类型 struct  stud_type 及相应变量 student *//
struct stud_type
{   int num;
     char name[10];
     int score;
} student;
void main()
{ FILE *fp;
  int i;
  //*打开只读二进制数据文件*//
  if ((fp=fopen("D:\\student.dat", "rb"))==NULL)
  {  printf("无法打开此文件。\n");
      exit(0);                            /*终止程序运行*/
  }
  printf("  学号  姓名  成绩\n");
  for (i=0;i<n;i+=2)
```

```
    {   fseek(fp,i * sizeof(struct stud_type),0);   /* 移动位置指针 */
        //* 读取一个数据块(一个学生信息)到结构体变量 *//
        fread(&student,sizeof(struct stud_type),1,fp);
        printf(" %6d %10s %6d\n", student.num, student.name, student.score);
    }
    fclose(fp);                         /* 关闭数据文件 */
}
```

运行程序得到如下结果：

```
学号  姓名      成绩
1001  zhangtao   98
1003  litao      88
1005  zhaodan    79
```

数据文件在实际应用中很重要，大多数实际应用程序都包含有数据文件。这里只介绍了一些最基本的概念，通过简单例子初步了解怎样对数据文件进行操作，为今后的进一步学习和应用打下坚实基础。

## 5.4 课程设计题目——排序算法

**【问题描述】**

由键盘输入 n 个数据，实现升序排序或降序排序。

**【基本要求】**

（1）至少完成 3 个版本的排序方法。如，直接插入排序、折半插入排序和冒泡排序等。

（2）以菜单驱动方式选择按升序排序或降序排序。

（3）以菜单驱动方式选择排序方法。

（4）分析各排序算法的时间效率。

**【测试数据】**

至少给定 3 组数据，一组为升序、一组为降序、多组为无序。

**【实现提示】**

（1）不妨假定待排序数据为整型数据或实型数据。

（2）n 个数据存储在一维数组。n 定义为符号常量。

**【问题拓展】**

（1）对二维数组进行排序。

（2）对结构体数组进行排序。

（3）将两个有序数组归并成一个有序数组。

（4）了解其他排序方法。例如，选择排序、希尔排序、快速排序、归并排序等。

## 习 题

**5—1** 编写程序，输入 10 个数，求它们的平均值。

**5—2** 输入 10 个数，去掉 1 个最大值，去掉 1 个最小值，求剩余数的平均值。用 N—S图描述算法，并编程实现。

**5—3** 编写程序，有 5 名学生，每名学生有 4 门课程成绩，要求从键盘输入所有成绩，计算每名学生的平均成绩，并以表格形式按平均成绩由高到低输出 5 名学生的所有成绩信息。

**5—4** 在公元前 3 世纪，古希腊天文学家埃拉托色尼发现了一种找出不大于 n 的所有素数的算法，称为埃拉托色尼筛选法。这种算法的步骤是：

S1：顺序给出 2～n 之间的所有自然数；

S2：对第 1 个数画圈，表示它是素数。

S3：依次对后续数进行判断，若是画圈数的倍数，则画×，表示它不是素数，直到数 n。

S4：返回该画圈数，若后续数都已处理（画圈或画×），则转到步骤 S5；否则，对第 1 个未处理的数画圈，转到步骤 S3。

S5：输出所有画圈数，即得到 2～ n 之间的所有素数。

请编写程序实现埃拉托色尼筛选法，筛选范围是 2～ 500。

**5—5** 编写程序，自动产生 10 个数，并按升序存储在一维数组中，由键盘输入 1 个数，用折半查找法找出该数是数组中第几个元素的值。若该数不在数组中，则输出“查无此数”。

**5—6** 编写程序，找出二维数组中的鞍点。所谓鞍点是指某元素值是所在行元素中的最大值，所在列元素中的最小值。可能没有鞍点。

**5—7** 编写程序，输出 n 阶魔方阵。所谓 n 阶魔方阵是指这样的方阵，它由 1～ $n^2$ 之间的自然数组成，且方阵的每一行、每一列和对角线上的数据之和均相等。例如，3 阶魔方阵为

8 1 6

3 5 7

4 9 2

**5—8** 定义一个有理数类型，对该类型数据实现加、减、乘、除运算。

**5—9** 某班有 n 个学生，每个学生的信息包括学号、姓名、3 门课程成绩，要求从键盘输入 n 个学生的信息，计算每个学生 3 门课程的平均成绩，按平均成绩由高到低以表格形式输出所有学生的所有信息。

**5—10** 结合例 5—12、例 5—13、例 5—14，对学生的身体情况作一次调查。假设有 n 个学生，调查数据由键盘输入，数据存储在结构体数组 struct student _ type student [n] 中，以表格形式输出调查信息，要求女生在前男生在后，并且女生按体重输出，男生按身高输出。用 N—S 图描述算法并编程实现。

**5—11** 维护学生成绩数据库。要求数据组织形式采用文件类型，即建立学生成绩数

据文件。用 N－S 图描述算法并编程实现。提示：参考例 5—11。

**5－12** 对于例 5—15 所创建的数据文件 datafile. dat，将该数据文件中的内容复制到数据文件 datafile1. dat 中。用 N－S 图描述算法并编程实现。提示：(1) 以只读方式打开数据文件 datafile. dat，即 in＝fopen（" datafile. dat"，" r"）。(2) 读出字符函数是 fgetc (in)。(3) 使用函数 feof (in) 可以检测位置指针是否移到数据文件尾部。

**5－13** 对于例 5—16 所创建的数据文件 D：\ string. dat，将该数据文件中的字符串读到字符数组 str［5］［30］中，按字典顺序排序，把排好序的字符串复制到数据文件 D：\ newstring. dat 中。用 N－S 图描述算法并编程实现。提示：(1) 以只读方式打开数据文件 D：\ string. dat，即 in＝fopen（" D：\ \ string. dat"，" r"）。(3) 读出字符串函数是 fgetc（str［i］，30，in），即按照字符数组的大小指定一次读取 30 个字符，但按照 fgetc 函数的规定，若遇见"\ n"，就结束字符串的输入，并且"\ n"作为最后一个字符也读到字符数组中。

**5－14** 对于例 5—17 所创建的二进制数据文件 D：\ student. dat，将该二进制数据文件中的数据读到结构体数组 student［n］中，按成绩排序并在屏幕上以表格形式显示，把排好序的数据复制到数据文件 D：\ newstudent. dat 中。用 N－S 图描述算法并编程实现。提示：(1) 以只读方式打开二进制数据文件 D：\ student. dat，即 in＝fopen（" D：\ \ student. dat"，" rb"）。(2) 从指针变量 in 所指向的二进制数据文件中读取一组数据，使用二进制读出函数 fread（&student［i］，sizeof（struct stud _ type），1，fp）。

**5－15** 创建某单位职工人事档案数据文件。每位职工信息包括编号、姓名、性别、年龄、住址、工资、文化程度等。由职工人事档案数据文件创建职工工资数据文件（每位职工信息包括编号、姓名和工资）。用 N－S 图描述算法并编程实现。

# 第6章　结构化程序设计

实际应用的程序显然比教科书中的例子要大得多。硬件技术的迅猛发展以及图形界面技术的流行也大大增加了程序的平均长度。如今，大多数功能完整的实用程序至少也有数十万行代码，上百万行甚至上千万行代码的系统软件也常见。

研制开发大规模程序与编写小程序有许多不同。除了需要有很好的耐心和细心外，更需要仔细规划、详细设计和好的风格。本章着重讨论那些有助于编写大型程序的技术和方法。当然，要全面讨论这方面的技术和方法会超出本书的范围。本书试图简要地涵盖一些在程序设计中的重要观念和思想，以及如何运用它们设计、编写出更易读和更易于维护的程序。

## 6.1　结构化方法概述

**结构化方法**（Structured Methodology）是计算学科中的一种典型的系统开发方法。它采用了系统科学的思想方法，自顶向下地分析系统、设计系统。结构化方法包括**结构化分析**（Structured Analysis，SA）、**结构化设计**（Structured Design，SD）和**结构化程序设计**（Structured Programming，SP）三部分内容。在结构化方法中，有面向过程的结构化方法和面向数据结构的结构化方法。

结构化方法起源于结构化程序设计语言。1966年，C. BÖhm和G. Jacopini提出了关于“程序结构”的理论，证明了这样的事实：任何程序都可以用顺序结构、选择结构和循环结构来表示。1969年，E. W. Dijkstra提出了结构化程序设计的重要概念，强调必须从程序结构和风格上来研究程序设计。从而相继出现了许多结构化程序设计语言。结构化程序设计首先需要进行功能模块设计，然后再将设计好的模块组装成系统。如何设计功能模块？源于结构化程序设计思想的结构化设计方法就是要解决模块的构建问题。1974年，由W. Stevens、G. Myers等人撰写的论文《结构化设计》为结构化设计方法奠定了基础。结构化设计方法需要建立在系统需求明确的基础上。如何明确系统需求？这就是结构化分析方法所要解决的问题，它产生于20世纪70年代中期，80年代得到进一步的发展。

结构化方法的基本思想就是将待解决的问题看作一个系统，运用系统科学的思想方法分析问题和解决问题。

结构化方法的核心问题就是建立现实世界的模型。也就是说，运用SA方法构建现实世界的环境模型；进而运用SD方法将环境模型转换为功能模型；最后运用SP方法将功能模型实现，从而进入机器世界。在这一变换过程中，使用结构化方法遵循抽象、自顶向下分解和模块化等基本原则。

## 6.2 模块化设计技术与方法

**模块化**（Modular）设计技术与方法，是程序设计中应用较早的一种重要技术和方法。将一个程序系统划分成若干个相对独立、功能单一的模块，分别由不同的程序员编制。只要模块之间的接口关系不变，每个模块内部的具体实现细节可以由各自的程序员确定。这种早期的模块化程序设计技术与方法已被人们所接受。尤其是在结构化程序设计的概念提出以后，有关模块化设计技术与方法的一整套理论和实现工具发展得更为完善。

### 6.2.1 模块化的一般目标

程序系统的模块化，应达到两方面的目标：一是独立于模块所在程序的上下文，人们应该能够确认该模块的正确性；二是没有模块内部的具体实现细节，人们应能够将各模块组装成程序系统。更具体地说，就是程序模块化具有下列一系列好处。

(1) **抽象**。若模块设计合理，则可以作为一个抽象对象。只需要知道模块会做什么，不需要知道模块的功能是怎样实现的。这样，更容易让一个团队的多个程序员共同开发一个程序系统。只要对模块的接口关系达成一致，实现各模块的责任就落到各程序员的身上。

(2) **可读性**。每个模块的功能和意义是明确的；模块之间的接口关系是清晰的。使得阅读和理解整个程序系统比较容易。

(3) **可验证性**。首先，应能验证每个模块实现的正确性；其次，不依赖于每个模块的实现细节，根据每个模块的抽象性质，就可以确定整个程序系统的正确性。

(4) **可修改性、可维护性**。当整个程序系统实现的任务需要作一些变更，或者因为发现某个错误需要对程序系统作一些调整的时候，整个程序系统的修改仅涉及少数几个模块，可能是修改一个模块的内部结构，或增加一个模块，或删除一个模块等等。这种局部性的修改不会影响到整个程序系统。

(5) **可复用性**。每个具有独立、单一功能的模块，都可能在另一个程序中被复用。

一个大型程序系统可以按照这种目标划分成若干个子结构，这些子结构就是相应层中的若干个模块。为了实现这些模块，又可按同样原则进一步划分，再构成一层模块，外层模块通过调用新的内层模块来实现它的功能。可以使用层次结构图以一种形象化的方式来表示各模块之间的关系。图6—1给出了一个典型的模块层次结构图。主模块是程序系统的总控模块，其他各模块是功

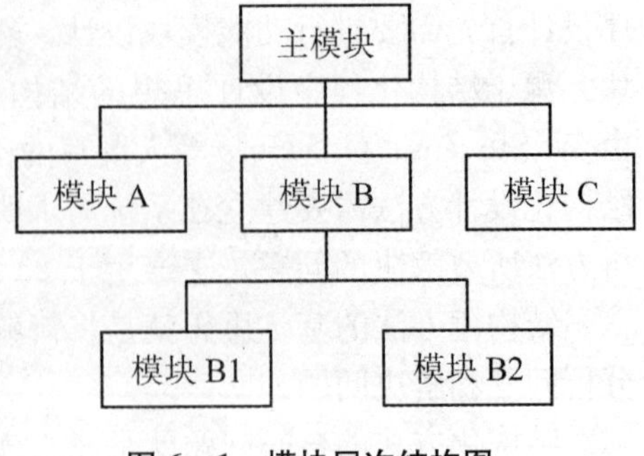

**图6—1 模块层次结构图**

能模块。

为了达到上述模块化的要求，应以怎样的技术与方法去划分模块是程序开发研究中的一个重要课题。随着程序设计语言的发展，一种把数据及其上的操作封装起来，作为抽象数据类型的概念被提了出来。

### 6.2.2 模块凝聚（聚合）与模块耦合（关联）

模块的分解应使每个模块相对独立，即要求模块内部自身联系紧密，而模块外部相互之间的信息联系要尽可能减少。为衡量模块内部联系是否紧密，外部联系是否合理，引入模块凝聚和模块耦合两个概念。

**1. 模块凝聚**

**模块凝聚**（Module Cohesion）是衡量一个模块内部自身功能内在联系是否紧密的指标，也是衡量模块质量好坏的重要标准。模块按凝聚程度的高低可分为 5 级。

（1）偶然凝聚。一个模块内部各组成部分的处理相互无关，偶然地组合在一起。这种模块凝聚程度最低。

（2）逻辑凝聚。一个模块内部各组成部分的处理逻辑相似，但功能却相互不同。

（3）时间凝聚。若干处理由于执行时间彼此相关，而集中在一起组成的模块。

（4）数据凝聚。模块内部包含若干处理，它们按一定的顺序执行，且前一处理产生的输出数据，是下一处理的输入数据，这样的模块称为数据凝聚模块。

（5）功能凝聚。一个模块只执行一个明确的功能，即上级模块调用它时，它只完成一项确定任务。这种模块独立性强，便于修改，凝聚程度最高，是结构化程序设计中的理想模块。

模块内部凝聚程度的高低，可用图 6—2 所示的判断树来表示。

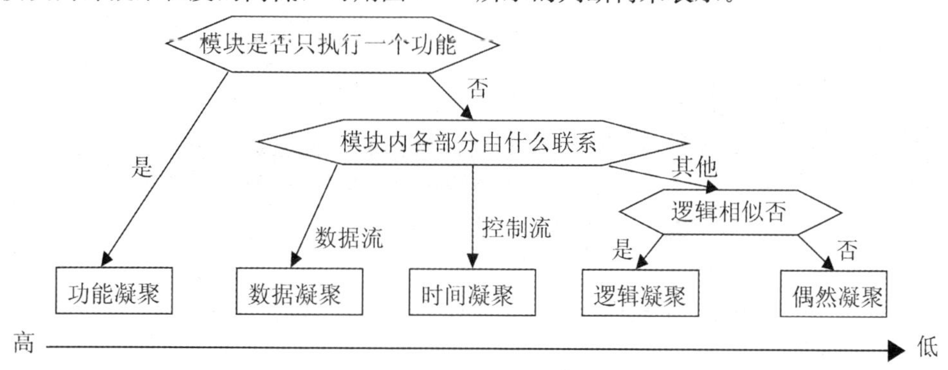


**图 6—2 模块内部凝聚程度的高低**

**2. 模块耦合**

**模块耦合**（Module Coupling）是指模块间信息的联系方式。它是衡量模块间结构性能的重要指标。模块耦合有下列 3 种类型。

（1）数据耦合。两个模块之间通过调用关系传递被处理的数据。

（2）控制耦合。两个模块通过调用关系，不仅传递数据，还传递对运行过程有影响的控制信号。这种耦合使一个模块的执行直接影响到接受该控制信号的模块运行。

(3) 非法耦合。一个模块与另一个模块内部发生联系，即一个模块中的某些内容在另一个模块中以某种方式被引用。

数据耦合的关联程度最低，非法耦合的关联程度最高。

模块凝聚与模块耦合是模块化程序设计技术与方法中的重要概念，是模块分解的重要指标。在模块分解过程中，尽量使模块的凝聚程度最高，耦合程度最低。这样，模块就具有较简明的接口、较低的关联度和较高的独立性。程序系统就具有良好的结构。

### 6.2.3 模块的设计准则

大多数程序设计语言都提供了强有力的语法成分，为模块化设计提供了方便。在模块内部给出数据的组织结构和操作的实现细节，提供给外部使用的只是隐蔽了这些细节的抽象数据和抽象操作。

抽象性和信息隐蔽是模块设计的重要准则。可以把模块看成是一座围绕有关数据和操作的围墙，在模块内部定义的对象一般是不可见的。如果允许其他模块体中使用该模块内定义的对象，就必须把这些对象的标识符列入模块的移出表中；相反地，如果模块内部要使用其他模块定义的可移出对象，则要把这些对象的标识符列入模块的移入表中。这里，将模块形式定义如下：

```
MODULE  <模块标识符>
  EXPORTS  <模块移出表>
  IMPORTS  <模块移入表>
<模块体细节内容>
END  <模块标识符>
```

**例 6—1**

要求设计一个栈（栈的知识将在第 7 章介绍），其特定操作有 3 种，即初始化栈、进栈和退栈。将表示栈的具体数据结构以及实现栈操作的过程组合在一起，构成一个模块。在模块外部，所见到的是一个抽象的栈以及初始化栈、进栈和退栈操作。

栈的顺序存储表示与实现的模块如下：

```
MODULE  stack
  EXPORTS  itemtype,initstack,push,pop
  TYPE  itemtype=datatype
VAR  stacka:array[1..n]  of  itemtype
     topa:0..n
PROCEDURE initstack                /*{初始化栈}*/
  BEGIN  topa=0  END
PROCEDURE  push(e:itemtype)          /*{进栈}*/
  BEGIN  topa=topa+1
         stacka(topa)=e END
```

```
PROCEDURE  pop                              /*{退栈}*/
 BEGIN  IF  topa<>0
            topa=topa-1
      ENDIF
 END
END  stack
```

在该模块中，假定数组 stacka 足够大，可以容纳需要进栈的所有元素。

也可以采用链接存储方式，栈的链接存储表示与实现的模块如下（在下面的模块中用到了 PASCAL 语言中的指针类型变量以及链接存储方法，这些内容将在第 7 章介绍）。

```
MODULE  stack
  EXPORTS  itemtype,initstack,push,pop
  TYPE  pointer=^itemtype
          itemtype=RECORD
                      info:datatype
                      link:pointer
                      END
  VAR  topp:pointer
  PROCEDURE initstack                       /*{初始化栈}*/
    BEGIN  topp=nil  END
  PROCEDURE  push(x:datatype)                /*{进栈}*/
    VAR  p:pointer
    BEGIN  new(p)
           p^.info=x
           p^.link=topp
             topp=p  END
  PROCEDURE  pop                              /*{退栈}*/
    VAR  p:pointer
    BEGIN  IF  topp<>nil
               p=topp
               topp=topp^.link
               dispose(p)
      ENDIF
    END
END  stack
```

以上两个模块都定义了一个抽象栈。这个抽象栈的性质完全由栈中元素的数据类型和几个抽象操作确定。当使用栈时，只要知道栈中元素的数据类型和基本操作就行了。对于栈的具体结构以及操作的实现，用户都无须知道。所以，这两个模块，尽管内部的实现完全不同，但对用户来说，却是完全一样的。模块已经把内部数据结构和操作实现细节隐蔽起来了，在模块外部看到的只是抽象栈。

模块的实质是数据表示的抽象，以数据结构为中心设计模块的技术与方法，具有以下特性：(1) 这样设计的模块，独立性强。若想改变操作的方式或方法，则只需要在模块内部进行改变，这种变更对模块外部的使用是没有任何影响的，也不会影响到其他模块，真正达到了模块化的要求。(2) 模块内部的数据结构，只有模块内部提供的操作才能予以改变，这就保证了数据结构存取的安全性和数据结构的完整性。(3) 由于这样设计的模块相互之间接口少，程序结构清晰，因此，各模块可以独立调试和验证，模块的正确性容易得到保证。

由于模块实现了数据表示的抽象，所以当某个复杂的数据类型在系统中被多次引用时，就可以用模块来定义新的数据类型。作为模块的可见部分，只有被定义的数据类型标识符以及在其上定义的一组操作。

## 6.3 自顶向下设计技术与方法

**自顶向下**（Top—down Approach）是一种常用的程序设计技术与方法。其基本思想是全局着眼、总体抽象，逐层分解、逐步细化，直至整个程序设计到足够简单、明确。自顶向下的设计思想是程序设计的一个重要指导思想，也是设计良好结构程序的一个有效的基本方法。所谓良好结构程序就是指程序的结构清晰、易读、易理解，容易进行程序正确性证明。

在现实世界中，人们认识一个复杂问题或系统，总有一个由粗到细，由抽象到具体的过程，自顶向下的思想，也正反映了人们思维过程中的这一普遍规律。它从对问题的抽象描述和解决问题的一个总策略出发，形成第一层抽象的解结构，再对此结构进行分解，形成若干个子策略，在较低层次上重复这一过程，直到建立起该问题完整的、详细的描述为止。

自顶向下思想可以应用于程序系统开发的各个阶段。从需求定义到程序编制的过程中，除了运用自顶向下思想，还需要使用各种软件描述工具（如功能流程图、数据流程图、系统结构图等），以适应软件开发过程中不同阶段、不同抽象层次的描述。

### 6.3.1 自顶向下设计

自顶向下的设计过程，由分解、连接和验证这 3 个基本部分构成。

(1) **分解**（Decomposition）：包括对抽象的数据和操作做进一步的求精，形成这一层上“怎么做”的几个基本操作，同时它们又是低一层次上“做什么”的要求。

(2) **连接**（Connection）：是用分解产生的基本操作，给出实现“怎么做”的一种程序表示。

(3) **验证**（Verification）：是检验连接所建立的程序是否真正地实现了“做什么”的要求。

这个过程一直进行到编出的程序能够为计算机所“理解”为止。自顶向下设计的要点如下：

(1) 自顶向下设计的关键是描述清楚程序系统中各个模块的输入、输出和功能。

(2) 在分解时，对模块的划分，只需要知道它“做什么”，而不必去追究它“怎么做”。忽略低层模块的细节。应当集中精力作好高层模块的分解和连接，不要使自己过早地陷入低层模块烦琐的实现细节中。

(3) 在设计过程中，要限制模块的大小，即任何给定的模块都能用相当少量的子模块来实现，可以对各个子模块再进行分解。也就是说，对于各个层次模块的描述，尽量用一页纸的代码或图表表示出来。

(4) 数据设计与算法设计同等重要。在数据设计上所花的时间与过程或算法设计中所花的时间要同样多。不能重过程设计而轻数据设计。自顶向下的设计思想要应用于数据设计中。

### 6.3.2 自顶向下编码

自顶向下设计技术与方法同样可以用于程序编码过程中。通常可以采用层次顺序编码方式或执行顺序编码方式。

自顶向下编码应在编写任何程序代码之前，完成所有的层次模块结构设计。若采用层次顺序编码方式进行编码，则先为处于第一层上的模块编写代码，然后再为处于第二层上的模块编写代码，依次类推，直到最低层模块的代码编写完成为止。若采用执行顺序编码方式进行编码，则按模块的调用关系编写完一个分支结构的程序代码后，再编写另一个分支结构的程序代码，直到整个程序系统的代码编写完成为止。

采用自顶向下编码有助于对程序系统进行自顶向下的正确性验证活动，有助于进行程序系统的维护。在高层模块的编码过程中，还会发现低层模块的程序逻辑设计中的某些问题。这样，就可以较早发现问题并及时加以更正。

应当指出：自顶向下设计技术与方法是对传统的自底向上设计技术与方法的改进。但是，不应该也不能把自顶向下设计技术与方法理解得绝对化。如果确有必要，则允许在某些局部范围适当地采用自底向上的设计处理。例如，在进行自顶向下设计过程中，难免有时会出现诸如原来的分解难于向下继续深入，或者分解不当，或者算法效率不够理想等等之类的情形。这时，就只好暂时中断自顶向下的设计过程，临时采用自底向上设计技术与方法进行相应处理，待有关的补充、修改和增删处理完毕后，再继续原来的自顶向下的设计过程。

## 6.4 逐步求精设计技术与方法

程序设计技术与方法的一个重要的基本原则就是抽象。在解决一个复杂问题时，起初只能对问题的全局做出决策，设计出一个对问题本身较为自然的、容易理解的、可以用自然语言表达的抽象算法。这个抽象算法由一些抽象数据以及一些抽象操作构成。这样的抽象算法仅仅表示解决问题的一般策略和问题解的一般结构。

对抽象算法做进一步求精，进入下一层抽象。在求精过程中，抽象语句和抽象数据都将进一步分解和精细化。如此继续，一直到最后的算法能够用某种程序设计语言描述为止。

由此可见，逐步求精设计的基本思想是从最能直接反映问题本质的模型出发，逐步具体化、精细化、逐步补充细节，直到设计出能在计算机上运行的程序为止。事实上，逐步求精过程也是自顶向下进行的，但它更注重细节问题的处理。这样一个自顶向下的过程也不是绝对的，有时按某种方式求精后，在下面的求精过程中，发现前面的求精方法并不好，或算法不够有效，或有错或某些部分算法可以合并等等。此时，有必要自底向上对前面已设计的某些内容进行修改。若没有这样一种修改，则等于要求前面所作的每一步决定都必须是正确的、最优的，这是不可能达到的。因此，逐步求精过程应理解为：是一种不断地自底向上修正和补充的自顶向下设计技术与方法。

一般来说，用逐步求精设计技术与方法所得到的程序结构是良好的。整个程序是由一些相对独立的模块组成。这样，对局部结构的修改，不会影响整个程序。

逐步求精设计技术与方法的另一个重要特征是：它总是与程序的正确性证明过程交织在一起的。这种从抽象到具体，从高层到低层，从整体到细节，逐层给出正确性的证明方法是解决大规模程序正确性证明的有效途径。

### 6.4.1 选择排序算法的逐步求精设计过程

设有 n 个整数组成一个数列，要求对数列按从小到大进行排序。将 n 个整数存储在数组 a 中，即设有数组

```
VAR a:ARRAY[0..n]  OF  integer
```

对数组 a 进行排序。下面介绍选择排序算法的逐步求精设计过程。

**第 1 步**：考虑排序过程的中间状态。将 a 划分成两个子列 a [1..i−1] 和 a [i..n]。划分原则是前一子列有序，后一子列无序，且前一子列各元素的值均不大于后一子列各元素的值。即令

$$P:\begin{cases} a[j]<=a[k] & 1<=j<k<i \\ a[j]<=a[k] & 1<=j<i<=k<=n \end{cases}$$

以 P 作为循环不变式设计排序过程。

初始状态，令 i=1，已排序子列为空，未排序子列 a [1..n] 就是整个待排序数列，P 成立。在保持 P 不变的情况下，逐次扩充已排序子列，减少未排序子列，直到已排序子列为 a [1..n−1]，未排序子列为 a [n..n]，即 i=n 为止。此时，整个数列 a 就被完全排序。因此，有如下算法。

<table>
<tr><td colspan="2">FOR i=1 TO  n-1  （保持P不变）</td></tr>
<tr><td></td><td>扩充已排序子列a[1..i-1]</td></tr>
</table>

**第 2 步**：如何扩充已排序子列，却又保持 P 不变呢？显然，解决问题的办法是加进未排序子列 a [i..n] 中的最小元素。首先，置换 a [i..n] 使 a [i] 成为其最小元素，然后将 a [i] 作为已排序子列中的最后一个元素。

这样，抽象语句——“扩充已排序子列 a [1..i−1]”可求精为

| 保持 P 不变 |
| --- |
| 置换 a [i.. n] 使 a [i] 成为其最小元素 |
| i=i+1 |

**第 3 步：**为了置换 a [i..n] 使 a [i] 成为其最小元素，只要找出 a [i..n] 中的最小元素，设为 a [k]，将 a [i] 与 a [k] 交换就可以了。

因此，抽象语句——“置换 a [i..n] 使 a [i] 成为其最小元素”可求精为

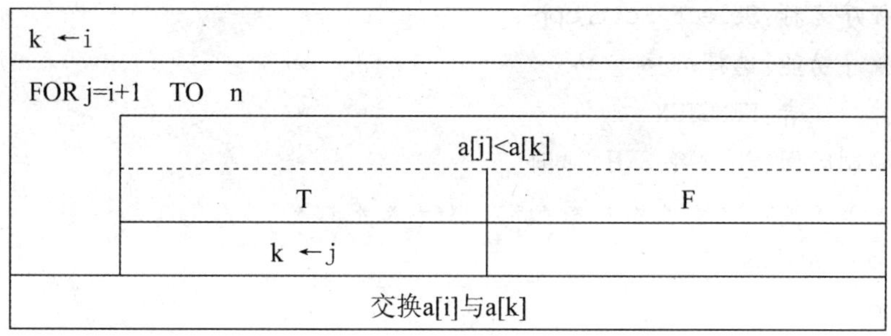


**第 4 步：**显然，“交换 a [i] 与 a [k]”可求精为

| a [0] ←a [i]; a [i] ←a [k]; a [k] ←a [0] |
| --- |

最后得到选择排序的完全算法 Select (a) 如图 6—3 所示，算法中的变量说明如下：

```
VAR  a:ARRAY[0..n]  OF  integer
     i,j,k:integer
```

**算法 6—1** Select (a)

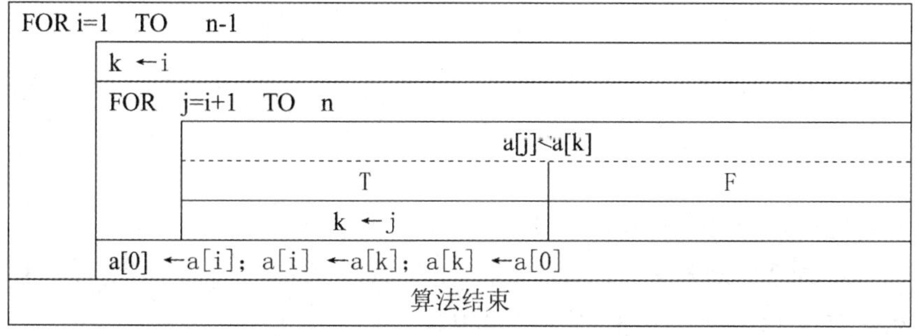


**图 6—3 选择排序算法**

**例 6—2**

设待排序数据序列为 8、4、3、6、9、2。采用选择排序的过程如图 6—4 所示。

图中括号内的数据序列为无序子列，括号外的数据序列为有序子列，在无序子列中找出最小者加入到有序子列的尾部，如箭头所指。

**算法分析：**在进行选择排序过程中，关键字的比较次数与数据原来的排列顺序无关。第 1 次挑选比较 n−1

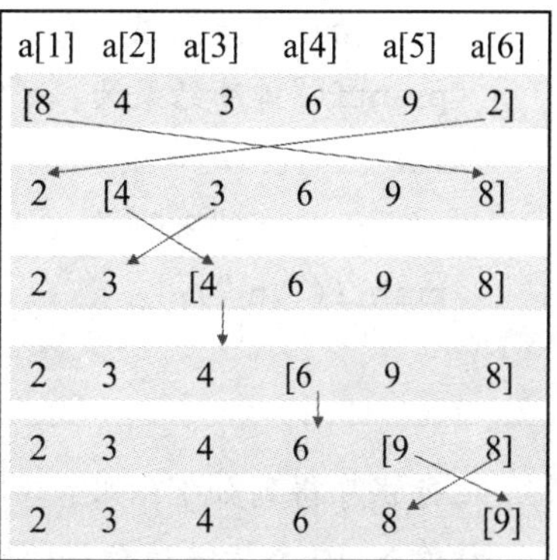


**图 6—4 选择排序示例**

次，第 2 次挑选比较 n－2 次，…，第 n－1 次挑选比较 1 次，因此，比较的总次数为

$$\sum_{i=1}^{n-1}(n-1)=\frac{(n-1)}{2}\approx\frac{n^2}{2}$$

在整个排序过程中，数据移动 3（n－1）次。因此，选择排序的时间复杂度是 O（$n^2$）。

根据算法 6—1 编制 C 源程序如下：

```
//*************************
//*  程序名称:Select_Sort.cpp       *
//*  程序功能:选择排序              *
//*  作    者:FENGJUN              *
//*  编制时间:2014 年 3 月 20 日     *
//*************************
#include<stdio.h>
#define n 10
void main()
{ int a[n+1];
  int i,j,k;
  //*输入待排序数据*//
  printf("请输入 %d 个待排序数据(整数)。\n",n);
  for (i=1;i<=n;i++)
    scanf("%d",&a[i]);
  printf("\n");
  //*进行选择排序*//
  for (i=1;i<n;i++)
  {  k=i;
     for (j=i+1;j<=n;j++)
        if (a[j]<a[k])  k=j;
     a[0]=a[i];a[i]=a[k];a[k]=a[0];
  }
  //*输出排序结果*//
  printf("排序结果为:\n");
  for (i=1;i<=n;i++)
     printf("%6d",a[i]);
  printf("\n");
}
```

运行程序得到如下结果：

请输入 10 个待排序数据(整数)。

567 365 98 65 875 290 45 685 56 698↙

排序结果为：

45 56 65 98 290 365 567 685 698 875

### 6.4.2 积木游戏算法的逐步求精设计过程

积木游戏又称为荷兰国旗问题。设有排成一行的 n 块正方形积木，如图 6—5 所示。每块积木的背面分别涂以红、黄、蓝 3 种颜色。在这行积木块上只允许实施如下两种操作。

(1) 交换任意两块积木的位置。

$$\text{swap}(i, j), 1 \leqslant i \leqslant j \leqslant n$$

当 $i \neq j$ 时，swap（i，j）表示交换第 i 块与第 j 块积木的位置，其余积木不动。当 $i = j$ 时，swap（i，j）表示一个空操作。

(2) 检查积木背面涂色。

$$\text{inspect}(i), 1 \leqslant i \leqslant n$$

对任意满足 $1 \leqslant i \leqslant n$ 的 i 来说，inspect（i）表示检查第 i 块积木背面的涂色，其值为 red.、yellow. 或 blue.。

图 6—5 积木的初始状态

现在要求只用以上两种操作使该行积木按照红、黄、蓝 3 种颜色顺序重新排列，如图 6—6 所示，但必须满足下列两个限制。

(1) 对每块积木背面的涂色最多只能检查一次；

(2) 只允许使用交换操作来调整积木的位置。

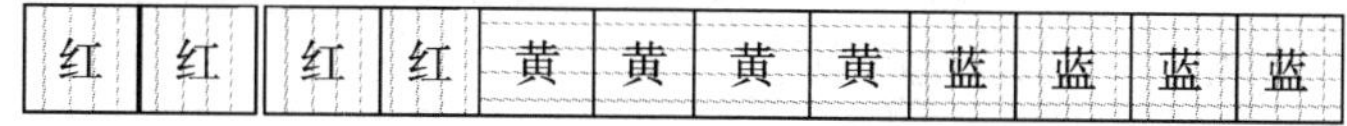


图 6—6 重新排列后的积木状态

当然，在这个游戏中，总是假定积木的放置方式永远是背面向下，只有通过“检查”操作，才能知道积木背面的颜色。做如下逐步求精。

第 1 步：重排后的各块积木，按照红、黄、蓝 3 种颜色的次序排列，整行积木分成 3 个子区域，即红区、黄区、蓝区。

设相邻两区的交界位置分别是 r、b，则

$$\text{令 Q 表示}\begin{cases} 1 \leqslant k < r & \text{inspect}(k) = \text{red.} \\ r \leqslant k \leqslant b & \text{inspect}(k) = \text{yellow.} \\ b < k \leqslant n & \text{inspect}(k) = \text{blue.} \end{cases}$$

事实上，在重新排序的过程中，每块积木可能处于 4 种不同的分区之中，即：

(1) 已检查过的红区 YR；

(2) 已检查过的黄区 YY；

(3) 已检查过的蓝区 YB；

(4) 未检查过的分区 X。

这样的 4 种分区应处在什么样的排列次序呢？如图 6—7 所示，取一种稍带对称性的次序 YR、X、YY、YB（当然，也可以取为 YR、YY、X、YB）

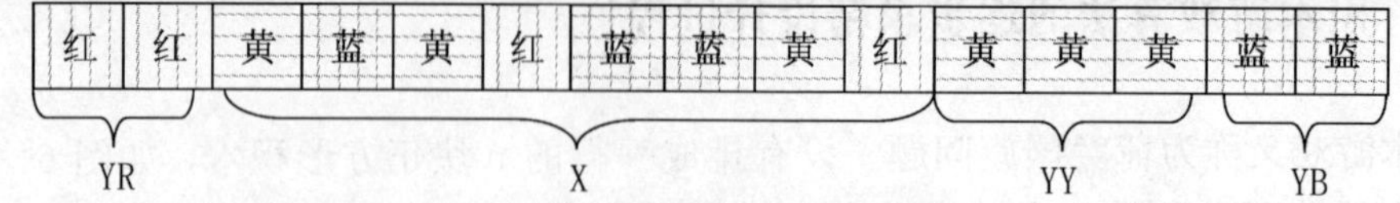


**图 6—7　积木 4 种分区排列次序**

初始时，所有积木都在分区 X 中，X 就是整行积木。当重排结束，分区 X 为空。现在取 r、y、b 作为 4 种分区的交界位置，则在重排过程中，总有如下的关系

$$
P:\begin{cases} 1\leqslant k<r & \text{已检查，且 inspect (k) = red.;} \\ r\leqslant k\leqslant y & \text{未检查;} \\ y<k\leqslant b & \text{已检查，且 inspect (k) = yellow.;} \\ b<k\leqslant n & \text{已检查，且 inspect (k) = blue.。} \end{cases}
$$

这样，重新排列的过程就是设法缩小分区 X，却保持关系式 P 不变的过程。因此，得到移动积木的顶层算法如图 6—8 所示。

**算法 6—2**　insort

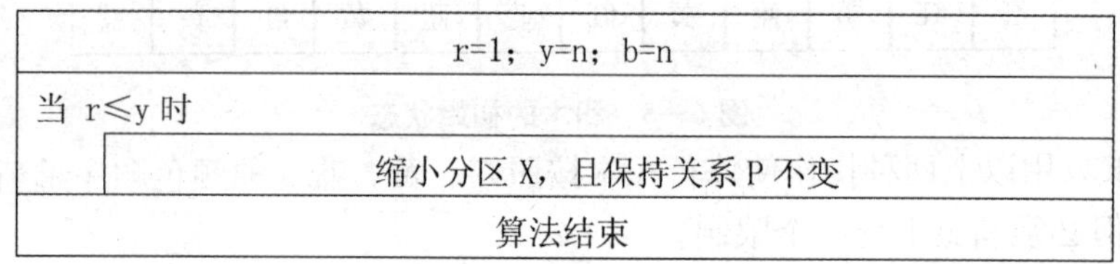


**图 6—8　积木游戏顶层算法**

第 2 步：如何缩小 X 呢？只要从 X 中取出一块积木，检查其背面涂色，然后，利用 swap 操作将其交换到相应的分区就可以了。

那么，检查 X 中哪一块积木为好呢？显然，最左边和最右边两块积木是最好的候选。假设积木中红、黄、蓝 3 种颜色出现的概率相同，则在检查分区 X 左端积木涂色后所引起的交换次数为（0+1+2）/3=1，而检查分区 X 右端积木涂色后只会引起（1+0+1）/3=2/3 次交换。

因此，选择分区 X 右端的积木作为检查对象进行重新排列。当 inspect（y）='red'时，则执行操作 swap（r，y），且 r 加 1；当 inspect（y）='yellow'时，则 y 减 1；当 inspect（y）='blue'时，则执行操作 swap（y，b），且 y 减 1，b 也减 1。

这样，对“缩小分区 X，且保持 P 不变”进一步求精，则得到移动积木的完整算法如图 6—9 所示，算法中的类型定义和变量说明如下：

```
CONST  n=10
TYPE  colour=（red，yellow，blue）          /＊定义了一个枚举类型＊/
VAR  coly：colour
      r，y，b：integer
```

**算法 6—3** BuildingBblocksSort

<table>
<tr><td colspan="4">r=1；y=n；b=n</td></tr>
<tr><td colspan="4">当 r≤y 时</td></tr>
<tr><td rowspan="7"></td><td colspan="3">coly=inspect（y）</td></tr>
<tr><td colspan="3">coly=red</td></tr>
<tr><td>T</td><td colspan="2">F</td></tr>
<tr><td rowspan="2">swap（r，y）</td><td colspan="2">coly=yellow</td></tr>
<tr><td>T</td><td>F</td></tr>
<tr><td rowspan="2">r=r+1</td><td rowspan="2">y=y-1</td><td>swap（y，b）</td></tr>
<tr><td>y=y-1；b=b-1</td></tr>
<tr><td colspan="4">算法结束</td></tr>
</table>

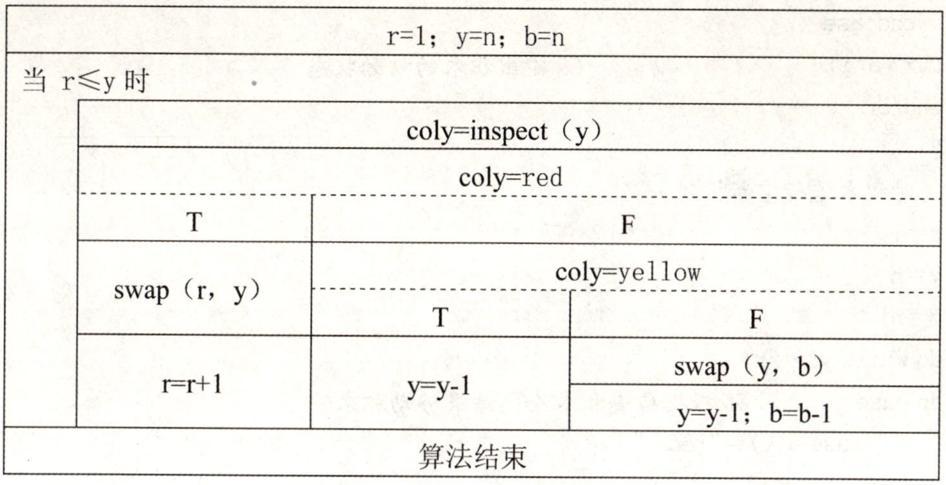

**图 6—9 积木游戏算法**

算法中的 inspect（y）和 swap（r，y）是两个抽象操作。积木本身未进行抽象数据表示。在程序实现中，可以用一维数组表示一行积木，数组元素中存储的字符串表示积木背面的涂色。在 Visual FoxPro 程序设计语言中，允许使用字符串变量，并且该语言中的多向分支选择结构 do case—endcase 与 C 语言中的 switch（表达式）{} 在判断规则和执行规则上都有所不同。

根据算法 6—3 编制 VFP 源程序如下：

```
* * * * * * * * * * * * * * * * * * * * * * *
*  程序名称:BuildingBblocksSort.prg           *
*  程序功能:积木游戏                          *
*  作    者:FENGJUN                          *
*  编制时间:2014 年 3 月 20 日                *
* * * * * * * * * * * * * * * * * * * * * * *
set talk off                 && 关闭对话模式
clea                         && 清屏
n=10
dime  a(n)                   && 数组说明,用于存放积木涂色
?"积木初始状态为:"            && 输出命令
?
for i=1 to n                 && 产生 10 个积木块
  t=int(rand()*100)          && 产生 0～100 之间的整数
  do case                    && 根据 t 的值确定积木涂色
      case t<33
          a(i)="red. "
      case t<67
          a(i)="yellow. "
      othe
```

```
        a(i)="blue. "
    endcase
    ?? a(i)                        && 输出积木的初始状态
endfor
?
*对积木进行重新排列*
r=1
y=n
b=n
do while y>=r
do case          && 根据检查积木涂色结果移动积木
      case a(y)="red. "
        t=a(r)
        a(r)=a(y)
        a(y)=t
        r=r+1
        case  a(y)="yellow. "
    y=y-1
      case  a(y)="blue. "
        t=a(y)
        a(y)=a(b)
        a(b)=t
        y=y-1
        b=b-1
    endcase
enddo
?"积木重新排列后的状态为:"
?
for i=1 to n              &&*输出重新排列后的积木*
    ?? a(i)
endfor
?
set talk on
```

---

运行程序得到如下结果:

积木初始状态为:

blue. red. yellow. blue. blue. yellow. red. blue. red. yellow.

积木重新排列后的状态为:

red. red. red. yellow. yellow. yellow. blue. blue. blue. blue.

请读者根据算法 6—3 编制 C 源程序，并将算法中的选择嵌套结构改为多分支选择结构，比较 VFP 语言中的 **do case—endcase** 结构与 C 语言中的 **switch（表达式）**{} 结构的异同。对于一个程序员来说，如果他懂得如何使用循环不变式和逐步求精的推导方法，并且他能够尽力地去追求程序的执行效率，那么，他就能设计出结构既良好、效率又较高的算法。

## 6.5 结构程序优化技术与方法

在程序研制开发过程中，适当运用结构程序优化技术与方法，将有益于开发出高质量的程序。优化技术与方法是指对问题模型、计算方法、数据结构以及算法的优化，绝不是以破坏程序结构、降低可读性和可维护性为代价来提高程序运行速度。本节结合实例说明在程序设计过程中应注重的思维方式方法。

### 6.5.1 问题模型优化

问题模型是进行程序设计的根本依据。因此，应对问题模型进行尽可能的优化，以提高程序的效率。

**例 6—3**

进行算法设计，求下列级数的前 n 项和。

$$1^2,\ -2^2,\ 3^2,\ \cdots,\ (-1)^{n-1}n^2,\ \cdots$$

**解法 1**：可以采用逐项累加的方法计算级数的前 n 项和。即

$$s_n = a_1 + a_2 + \cdots + a_n \quad （其中：a_n = (-1)^{n-1}n^2）$$

因此，算法设计如图 6—10 所示，算法中的变量说明如下：

```
CONST  n=…
VAR  sn,sgn: integer
     i:integer
```

**算法 6—4** Series（n）

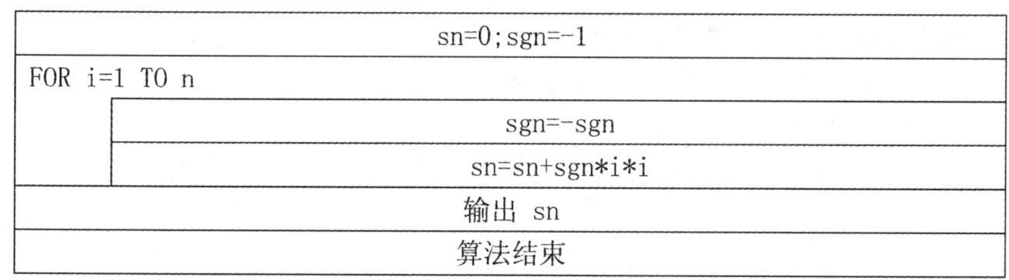

| sn=0;sgn=-1 | |
|---|---|
| FOR i=1 TO n | |
| | sgn=-sgn |
| | sn=sn+sgn*i*i |
| 输出 sn | |
| 算法结束 | |

**图 6—10 求级数前 n 项和**

**算法分析**：显然，该算法共需进行 n 次加法运算和 2n 次乘法运算。因此，求级数前 n 项和的时间复杂度是 O（n）。

**解法 2**：对该级数的前 n 项和式 $s_n = a_1 + a_2 + \cdots + a_n$ 进行如下优化。当 n 为偶数

时，有

$$s_n = a_1 + a_2 + \cdots + a_n = (1^2 - 2^2) + (3^2 - 4^2) + \cdots + ((n-1)^2 - n^2)$$
$$= (1-2)(1+2) + (3-4)(3+4) + \cdots + (n-1-n)(n-1+n)$$
$$= -3 - 7 - \cdots - (2n-1) = -(n+1)/2$$

当 n 为奇数时，有

$$s_n = a_1 + a_2 + \cdots + a_n = 1^2 + (3^2 - 2^2) + (5^2 - 4^2) + \cdots + (n^2 - (n-1)^2)$$
$$= 1 + (3-2)(3+2) + (5-4)(5+4) + \cdots + (n-(n-1))(n+(n-1))$$
$$= 1 + 5 + 9 + \cdots + (2n-1) = 1 + (n-1)(n+2)/2$$

因此，算法设计如图 6—11 所示，算法中的变量说明如下：

CONST　n=…

VAR　sn：integer

**算法 6—5**　Series1（n）

| even(n)　　/*判断 n 是否为偶数*/ | |
|---|---|
| T | F |
| sn=－n*(n+1)/2 | sn=1+(n-1)*(n+2)/2 |
| 输出 sn | |
| 算法结束 | |

**图 6—11　求级数前 n 项和改进算法**

**算法分析：**显然，该算法对任意 n 最多只需进行 1 次比较运算、3 次加减运算和 2 次乘除运算。因此，求级数前 n 项和的时间复杂度是 O（1）。该算法比算法 6—4 的效率要高得多。

## 6.5.2　计算方法优化

合适的计算方法是保证程序质量的核心。在程序设计中，常常会遇到这样的情况，根据熟悉的计算方法所编制的程序其运行结果出乎意料，有时甚至会得到错误的结果。

**例 6—4**

求方程 $x^2-(10^{17}+1)x+10^{17}=0$ 的两个实根。

**解法 1：**利用求根公式编制 C 源程序如下：

```
//* * * * * * * * * * * * * * * * * * * * * * *
//*程序名称:SolutionEquation.cpp              *
//*程序功能:利用求根公式解一元二次方程        *
//*作    者:FENGJUN                           *
//*编制时间:2014 年 3 月 20 日                *
//* * * * * * * * * * * * * * * * * * * * * * *
 #include<stdio.h>
 #include<math.h>              /*因为要调用数学函数 SQRT() */
void main()
```

```
{  float a,b,c;
   float x1,x2;
   printf("请输入一元二次方程的系数 a,b,c= ");
   scanf("%f%f%f",&a,&b,&c);
   x1=(-b+ sqrt(b*b-4*a*c))/(2*a);
   x2=(-b- sqrt(b*b-4*a*c))/(2*a);
   printf("一元二次方程的两个实根是:\n");
   printf("x1= %7.e, x2= %7.f \n",x1,x2);
}
```

---

运行程序得到如下结果:

请输入一元二次方程的系数 a,b,c=1 -100000000000000001 1e17↙

一元二次方程的两个实根是:

x1=1e+017 x2= 0

显然，x2= 0 不是方程的根，这是由于存储转换误差和计算误差造成的。

**解法 2**：利用求根公式和韦达定理将求根方法修改为

$$\begin{cases} x_1=\dfrac{-b-\mathrm{sgn}\ (b)\ \sqrt{b^2-4ac}}{2a} \\ x_2=\dfrac{c}{ax_1} \end{cases}$$

根据这个求根方法将上述 C 源程序修改如下:

```
//* * * * * * * * * * * * * * * * * * * * * * *
//*程序名称:SolutionEquation1.cpp           *
//*程序功能:利用求根公式和韦达定理解一元二次方程 *
//*作    者:FENGJUN                         *
//*编制时间:2014 年 3 月 20 日                *
//* * * * * * * * * * * * * * * * * * * * * * *
#include<stdio.h>
#include<math.h>              /*因为要调用数学函数 SQRT() */
void main()
{  float a,b,c;
   float x1,x2;
   int sgn;
   printf("请输入一元二次方程的系数 a,b,c= ");
   scanf("%f%f%f",&a,&b,&c);
   if  (b>0)  sgn=-1;
   else  sgn=1;
   x1=(-b+sgn*sqrt(b*b-4*a*c))/(2*a);
   x2=c/(a*x1);
```

```
    printf("一元二次方程的两个实根是:\n" );
    printf("x1= %7.e,  x2= %7.f \n",x1,x2 );
}
```

运行程序得到如下结果：

请输入一元二次方程的系数 a,b,c=<u>1 −100000000000000001 1e17</u>↙

一元二次方程的两个实根是：

x1=1e+017  x2=  1

此例表明，在程序设计中，需要选择适合的计算方法。对于计算问题，需要考虑模型误差、存储误差、数据转换误差、计算舍入误差和累积误差等。

### 6.5.3 算法优化

对于相同的问题模型和相同的解决方案，可以通过不同的算法实现。算法优化是保证程序质量和效率的关键。

**例 6—5**

采用遴选法对数组 a 中的 n 个整数进行排序。

**问题分析：** n 个待排序整数存放在 a 数组中，排序结果存放在 b 数组中。重复操作 n 次：在 a 数组中挑选最小者，将其赋值给 b 数组的相应数组元素，并用一个足够大的数代替这个最小数。算法设计如图 6—12，算法中的变量说明如下：

```
CONST  n=…
VAR  a,b:ARRAY[0..n]  OF  integer
     i,j,k:integer
     max,min: integer
```

**算法 6—6** Select1 (a, b)

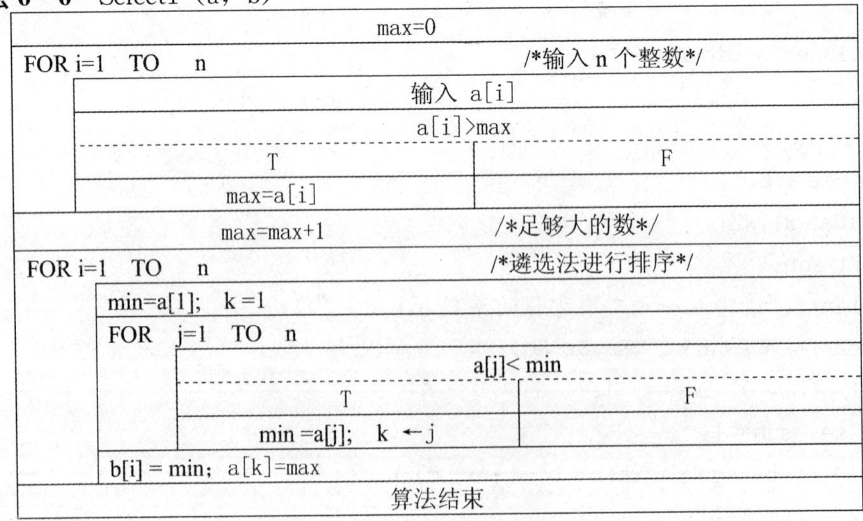


**图 6—12 选择排序（遴选法）**

该算法与 6.4.1 节算法 6—1 都是选择排序。该算法称为遴选法，算法 6—1 称为择换法，显然，择换法是遴选法的改进。

请读者思考，编程实现算法 6—6。分析比较这两个算法的基本操作次数，说明择换法的效率优于遴选法。

### 6.5.4 数据结构优化

数据结构与算法密不可分，恰当的数据组织结构，不但可以节省存储空间，并且可以极大的改善算法。

例如，对于三角矩阵和稀疏矩阵，可以用二维数组存储，但是浪费存储空间。若采用某种技术只存储非零元素，则既可以节省存储空间，在对数据进行处理时，又可以缩短对数据的搜索时间。又如，若数据以无序状态存储，则只能采用顺序查找方法；若数据以有序方式存储，则可以采用二分查找方法。

结构程序的优化技术与方法涵盖内容非常丰富，这里的简单介绍试图起到抛砖引玉的作用，希望读者在大量实践中积累经验。

## 6.6 子程序与过程文件

一个较大的程序系统一般都分解成若干个功能独立、能分别进行设计、编码和调试的模块。大多数程序设计语言都提供了子程序与过程的概念，用子程序与过程实现模块功能。一个程序包含一个主程序和若干过程，由主程序调用过程，过程之间也可以进行调用。图 6—13 所示一个程序中的过程调用示意图。

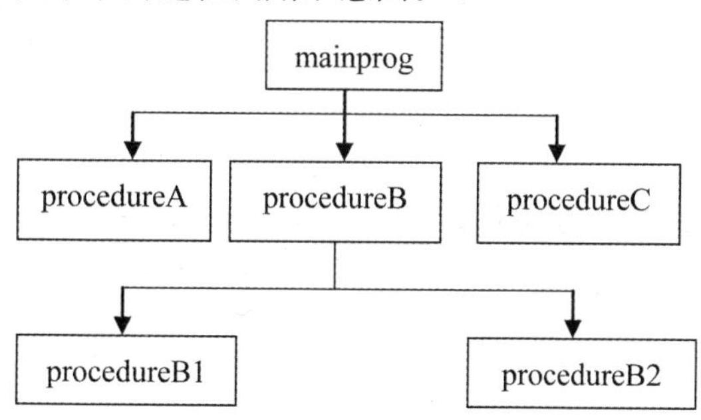


**图 6—13　过程调用示意图**

### 6.6.1 子程序

在程序设计中，常常有某些程序段需要在多处重复出现，为了使程序逻辑结构清晰，易于阅读和理解，也便于调试。将重复出现或能单独使用的程序段写成可供其他程序调用的独立程序称为**子程序**（SubProgram）。子程序也称为外部过程。子程序与主程序一样，以文件形式独立存放在磁盘上。在 Visual ForPro 关系数据库管理系统中调用子程序的一般形式是：

```
DO ＜子程序名＞
```

子程序可以被多次重复调用，子程序也可以调用另外一个子程序，这种情况称为子程序嵌套。每个子程序中，必须有一个返回命令，以便当子程序执行完毕后，可以返回到调用它的程序处。返回命令的一般形式是：

```
RETURN  [TO MASTER]
```

### 6.6.2 过程文件

过程文件是一个包含多个独立程序段的文件。每个独立程序段都是一个内部过程，简称为**过程**（Procedure）。一个过程文件可以容纳多个过程。每个过程都有一个过程名，以便调用，过程名以过程说明语句进行标识。过程的一般结构形式如表 6—1 所示。

**表 6—1　　　　过程的一般结构形式**

| PASCAL 语言 | VFP 语言 |
|---|---|
| PROCEDURE 过程名（形参列表）<br>　　说明部分<br>　　BEGIN<br>　　　命令序列<br>　　END | PROCEDURE 过程名<br>　　PARAMETERS 形参列表<br>　　命令序列（过程体）<br>ENDPROC/RETURN |

在 VFP 语言中，在调用过程文件中的过程之前，必须先打开该过程文件。且任何时候只能打开一个过程文件。若要调用多个过程，可将用到的所有过程放入一个过程文件中，然后用命令

```
SET PROCEDURE TO 过程文件名
```

打开即可使用。当不使用过程文件中的过程时，应关闭过程文件，关闭命令如下：

```
CLOSE PROCEDURE
```

过程调用通过一条独立的过程调用命令完成，过程调用命令的一般形式如表 6—2 所示。

**表 6—2　　　　过程调用的一般形式**

| PASCAL 语言 | VFP 语言 |
|---|---|
| 过程名（实参列表） | DO 过程名 WITH 实参列表 |
| **注意：**所调用的过程必须在调用之前进行说明，即先说明后调用。 | |

若一个程序只含有主程序，则变量的作用域比较简单。所谓变量的作用域是指变量在程序中的有效范围。只在过程内部定义和使用的变量称为**局部变量**（Local Variable）；在程序执行期间一直有效的变量称为**全局变量**（Public Variable）。在程序设计中，要恰当定义和使用局部变量与全局变量。

### 6.6.3 过程应用举例

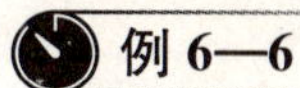

例 6—6

用过程实现 5.2.5 节例 5—11 维护学生成绩数据库中的各操作模块。

**问题分析：**因为在 C 语言中，过程的作用是由函数来完成的，所以这里选择在 Visual FoxPro 关系数据库管理系统的支持下，介绍过程的应用。

在关系数据库管理系统中组织数据的有效手段是数据表。假设每个学生信息包含学号、姓名和成绩，成绩又包含成绩 1、成绩 2 和成绩 3，且学生学号唯一标识每个学生。因此，建立学生信息数据表结构，如表 6—3 所示。

**表 6—3　　学生信息数据表结构 student. dbf**

| 字段名 | 数据类型 | 宽度 | 小数位数 |
|---|---|---|---|
| num | 字符型 | 4 | |
| nam | 字符型 | 6 | |
| score1 | 数值型 | 6 | 2 |
| score2 | 数值型 | 6 | 2 |
| score3 | 数值型 | 6 | 2 |

程序将支持输入学生信息、查找学生信息和输出全部学生信息等操作。图 6—14 中的模块层次结构图展示了程序模块之间的调用关系：

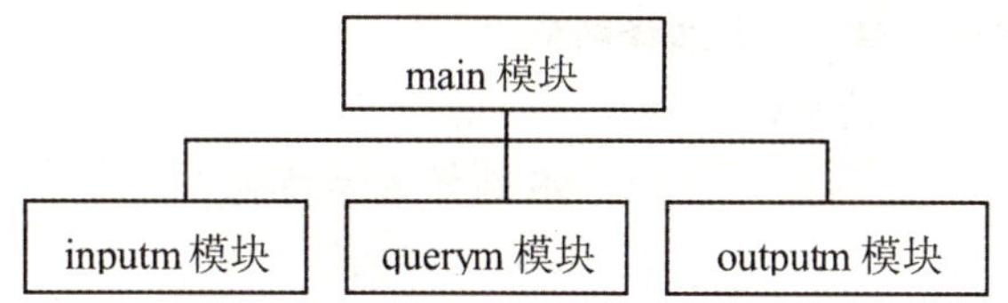


**图 6—14　模块层次结构图**

main 模块用于设置程序运行环境、显示程序功能菜单并根据选择调用功能模块。main 模块的 VFP 程序如下：

```
* * * * * * * * * * * * * * * * * * * * * * *
*  程序名称:main.prg                        *
*  程序功能:维护学生成绩数据库的主模块      *
*  使用数据表:student.dbf                   *
*  使用过程文件:studinfo.prg                *
*  使用过程:inputm  querym  outputm         *
*  作    者:FENGJUN                         *
*  编制时间:2014 年 3 月 20 日              *
* * * * * * * * * * * * * * * * * * * * * * *
* 运行环境设置
set scor off
```

```
set stat off
set talk off
set default to D:\程序设计基础\清华大学出版社\书稿\源程序\第 6 章
set proc to studinfo          && 打开过程文件
use student                   && 打开数据表
flag=.t.
do while flag
  clea                        && 清屏
  set color to n/bg           && 设置颜色
  @ 4,1 clea to 15,39
  @ 4,1 to 18,39 double
  set color to r/w
  * 显示主菜单 *
  @ 5,7 say '维 护 学 生 成 绩 数 据 库'
  @ 6,13 say '主  菜  单'
  set color to n/r,b/w
  @ 7,10 promp '1——输 入 学 生 信 息'
  @ 9,10 promp '2——查 找 学 生 信 息'
  @ 11,10 promp '3——输 出 学 生 信 息'
  @ 13,10 promp '4——结 束 程 序 运 行'
  set color to r/b
  @ 15,9 say '用编辑键 ↑ ↓选择功能'
  @ 16,14 say'按回车键确认'
  menu to code1                     && 选择菜单功能
  set color to                      && 关闭颜色
  cod=str(code1,1)
  * 根据选择调用相应的功能模块 *
  do case
      case cod='1'
          do inputm             && 调用输入学生信息模块
      case cod='2'
          do querym             && 调用查询学生信息模块
      case cod='3'
          do outputm            && 调用输出学生信息模块
      case cod='4'
          flag=.f.              && 结束程序运行
  endcase
enddo
clea                          && 清屏
```

```
close all                       && 关闭所有文件
set proc to
set talk on
```

---

运行主程序得到如图 6—15 所示的系统主菜单。程序中的 flag 是逻辑型标志变量，作为循环的条件。变量 code1 用于存储所选功能菜单的顺序号，将其转换成字符型数据存储于变量 cod 中。

**注意**：Visual FoxPro 语言中的多向分支选择结构 do case－endcase 与 C 语言中的多向分支选择结构 switch（表达式）的使用和运行规则有差异。

维 护 学 生 成 绩 数 据 库
主　菜　单
1--输 入 学 生 信 息
2--查 找 学 生 信 息
3--输 出 学 生 信 息
4--结 束 程 序 运 行
用编辑键 ↑ ↓选择功能
按回车键确认

**图 6—15　主菜单**

inputm 模块。实现输入学生信息功能（code1＝1），按输入学生信息的先后次序依次存入数据表文件中。首先输入学生学号，然后在数据表中进行查找，若找到，则输出该学生信息已存在，按任意键返回；若没有找到，则在数据表中追加一条空白记录，编辑输入该学生信息并保存在这条空白记录中。

querym 模块。实现查找学生信息（code1＝2），输入学生学号，在数据表中进行查找，若没有找到，则输出该学生信息不存在，按任意键返回；若找到，则显示该学生的信息。

outputm 模块。实现输出全部学生信息（code1＝3）功能。以表格形式按输入数据的顺序输出数据表中的全部数据。

将 3 个功能模块都作为过程存放在过程文件 studinfo. prg 中，对应的 VFP 源程序如下：

```
* * * * * * * * * * * * * * * * * * * * * * * *
*   程序名称:studinfo. prg                      *
*   程序功能:维护学生成绩数据库的过程文件       *
*   调用模块:main. prg                          *
*   包含过程:inputm   querym   outputm          *
*   作    者:FENGJUN                            *
*   编制时间:2014 年 3 月 20 日                 *
* * * * * * * * * * * * * * * * * * * * * * * *
*输入学生信息过程模块 inputm*
proc   inputm
set color to n/w               && 设置颜色
@ 24,1 clea to 44,39           && 区域清屏
@ 24,1 to 44,39 double         && 画框
set color to b/bg
@ 25,11 say '输 入 学 生 信 息'
mnum='     '                   && 定义一个字符型变量,用于存储学号
@ 27,9 say '请输入学生学号:' get mnum pict '9999'
```

```
read
loca for num=mnum          && 按学号查找
if found()                 && 查找是否成功函数
    @ 30,5 say '该学生信息已存在! 按任意键返回。'
    wait ''                && 等待按任意键
else
    appe blan              && 追加空白记录
    repl num with mnum     && 修改数据表中的学号
    re=recn()              && 返回当前记录号
    rec=str(re,3)          && 将数值型数据转换成字符型数据
    *输入编辑一个学生信息*
    @ 30,10 say '请输入第 &rec 位学生信息!'
    @ 32,10 say "学 号:"+mnum
    @ 34,10 say "姓 名:" get nam
    @ 36,10 say "成绩 1:" get score1
    @ 38,10 say "成绩 2:" get score2
    @ 40,10 say "成绩 3:" get score3
    read
endif
@ 24,1 clea to 44,39
retu                       && 结束过程返回
*查询学生信息过程模块 querym *
proc  querym
   set color to n/w        && 设置颜色
   @ 24,1 clea to 44,39
   @ 24,1 to 44,39 double
   set color to b/bg
   @ 25,11 say '查 询 学 生 信 息'
   mnum='    '
   @ 27,9 say '请输入学生学号:' get mnum pict '9999'
   read
   loca for num=mnum
   if found()
      @ 30,10 say '该学生信息如下!'
      @ 32,10 say "学 号:"+mnum
      @ 34,10 say "姓 名:" + nam
      @ 36,10 say "成绩 1:" +str(score1,6)
      @ 38,10 say "成绩 2:" +str(score2,6)
      @ 40,10 say "成绩 3:" +str(score3,6)
```

```
    @ 42,10 say '按任意键返回。'
    wait ''
  else
    @ 30,5 say '该学生信息不存在！按任意键返回。'
    wait ''
  endif
  @ 24,1 clea to 44,39
  retu                    && 结束过程返回
 * 输出学生信息过程模块 outputm *
proc  outputm
  set color to br/w            && 设置颜色
  @ 4,45 clea to 44,88
  @ 5,55 say '输 出 学 生 信 息'
  @ 7,45 say "学 号   姓 名   成绩 1   成绩 2   成绩 3"
  go top                 && 记录指针到数据表头部
  * 输出所有学生信息 *
  i=1
  do while .not. eof()                    && 判断记录指针到达文件尾部函数
      @ 7+i,45 say num+'  '+nam+str(score1,6)+str(score2,6)+str(score3,6)
      i=i+1
      skip
  enddo
  @ 9+i,50 say '按任意键返回。'
  wait ''
  @ 4,45 clea to 44,88
  retu                    && 结束过程返回
```

选择“1—输入学生信息”。若要输入新学生信息，则按图 6—16（a）所示窗口输入学生信息；若学生信息已存在，则按图 6—16（b）所示窗口显示信息，按任意键返回主菜单。

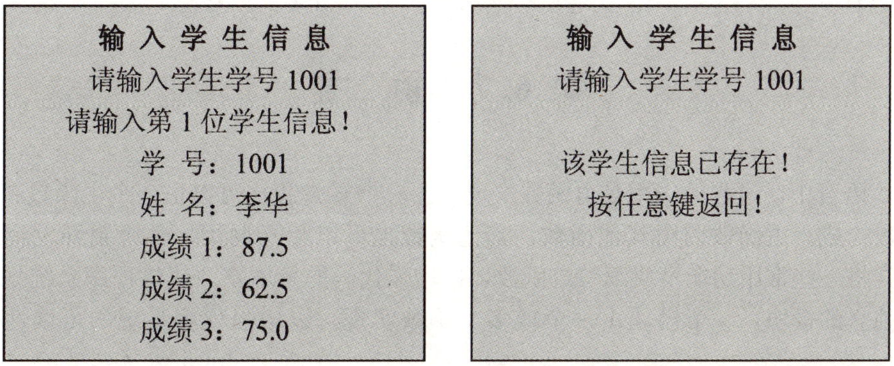

| 输 入 学 生 信 息 |
|---|
| 请输入学生学号 1001 |
| 请输入第 1 位学生信息！ |
| 学　号：1001 |
| 姓　名：李华 |
| 成绩 1：87.5 |
| 成绩 2：62.5 |
| 成绩 3：75.0 |

（a）

| 输 入 学 生 信 息 |
|---|
| 请输入学生学号 1001 |
| 该学生信息已存在！ |
| 按任意键返回！ |

（b）

**图 6—16　输入学生信息窗口**

选择“2—查找学生信息”。若找到，则按图 6—17（a）所示窗口显示学生信息；若没有找到，则按图 6—17（b）所示窗口显示信息，按任意键返回主菜单。

| 查 找 学 生 信 息 |
|---|
| 请输入学生学号 1001 |
| 该学生信息如下！ |
| 学　号：1001 |
| 姓　名：李华 |
| 成绩 1：87.5 |
| 成绩 2：62.5 |
| 成绩 3：75.0 |
| 按任意键返回 |

（a）

| 查 找 学 生 信 息 |
|---|
| 请输入学生学号 1111 |
| 该学生信息不存在！ |
| 按任意键返回！ |

(b)

**图 6—17　查找学生信息窗口**

选择“3—输出学生信息”。按图 6—18 所示窗口显示所有学生信息。

| 输 出 学 生 信 息 | | | | |
|---|---|---|---|---|
| 学号 | 姓名 | 成绩 1 | 成绩 2 | 成绩 3 |
| 1001 | 李华 | 87.5 | 62.5 | 75.0 |
| 1002 | 王华 | 98.0 | 56.5 | 87.0 |
| 1003 | 张华 | 89.5 | 86.0 | 76.0 |
| | | … | | |
| | | 按任意键返回 | | |

**图 6—18　输出学生信息窗口**

过程文件中定义字符型变量 mnum 用于存储学号。命令“@…GET 变量”中的变量要求是已定义的内存变量或字段变量。命令 read 是激活“@…GET 变量”命令，输入编辑该变量的值。

**注意：**Visual FoxPro 语言中允许使用字符串变量，也可以进行字符串连接。该语言中没有复合语句的概念，选择结构和循环结构范围由保留字确定，因此，选择结构和循环结构中的命令序列不需要加大括号 {}。对于研制开发管理信息系统，使用数据库管理系统作为支撑软件比较方便。因此，建议读者掌握一门数据库管理系统语言，如 Visual FoxPro 关系数据库管理系统。

## 6.7　函　数

在 C 语言中，过程的作用是由函数实现的。一个 C 源程序可以由一个主函数和若干个其他函数构成。主函数调用其他函数，其他函数也可以相互调用。在研制开发程序系统时，常常将一些常用功能模块编写成函数，以增强代码的复用率；或将程序系统划分成若干功能独立的模块，一个模块由一个或多个函数实现，以增强程序系统的可读性和可维护性。

### 6.7.1 函数的定义和调用

在大多数程序设计语言中，都提供了各种预定义函数，例如，**sqrt（x）**、**sin（x）**等，这些函数为编写程序提供了很多方便。但是，任何一种程序设计语言所提供的函数都不可能包含用户所需要的所有函数。因此，大多数程序设计语言都允许用户自己定义、说明所需要的函数，这类函数称为自定义函数，自定义函数必须“先定义，后使用”。

定义一个函数应该包括这样几个方面的内容：（1）函数名称，以便按函数名进行调用。（2）函数类型，即函数返回值的数据类型。（3）函数参数，即在调用函数时所传递的数据。函数可分为无参函数和有参函数。（4）函数功能，即函数是“做什么”，“怎样做”。这是最重要的，定义函数时需要在函数体内实现“怎样做”，调用函数时需要知道函数“做什么”。

函数定义的一般结构形式，如表6—4所示。

**表6—4　　函数定义的一般结构形式**

| PASCAL语言 | C语言 |
| --- | --- |
| FUNCTION　函数名（形参列表）：类型名<br>　说明部分<br>　BEGIN<br>　　命令序列<br>END | 类型名　函数名（形参列表）<br>{<br>　命令序列（函数体）<br>} |

在PASCAL语言中，函数的返回值通过赋值命令将函数值赋给函数名；在C语言中，函数的返回值是通过命令“return 变量”将变量的值作为函数值返回。

在使用自定义函数时，一般应“先声明，后调用”。在C语言中是通过函数原型对函数进行声明。函数调用的一般形式如下：

函数名（实参列表）

实参与形参的个数应相等，类型应匹配，由实参按照顺序对应向形参传递数据。

**例6—7**

求2～100之间的所有素数。

**问题分析：**判断整数m是否是素数由整型函数primenumber（m）实现，若m是素数时，返回m值；否则，返回0值。编制C源程序如下：

```
//* * * * * * * * * * * * * * * * * * * * * * * * * *
//*   程序名称:FindPrimenumber.cpp                    *
//*   程序功能:求 2 到 100 之间的所有素数              *
//*   包含函数:void main();int primenumber( int m)    *
//*   作    者:FENGJUN                                *
//*   编制时间:2014 年 3 月 20 日                      *
//* * * * * * * * * * * * * * * * * * * * * * * * * *
```

```
#include<stdio.h>
/*主函数*/
void main()
{ int x,m,k=1;
  int primenumber( int m);          /* primenumber 函数声明*/
  printf("2到100之间的所有素数是:\n" );
  printf("%8d ", 2);
  for (m=3;m<100;m=m+2)
  {  x=primenumber(m);              /*调用函数 primenumber*/
    if (x! =0)                      /*当m是素数时输出*/
    {  k=k+1;
       printf(" %8d ", x );
       if (k%8==0) printf("\n ");          /*当输出8个素数时换行*/
    }
  }
  printf("\n2到100之间的素数共有k= %d个。\n",k );
}
/*判断m是否是素数的函数*/
int primenumber( int m)
{ int n=2;
  while (m%n! =0)  n=n+1;
  //*若m是素数时,返回m值;否则,返回0值。*/
  if (m==n)  return m;
  else    return 0;
}
```

运行程序得到如下结果:

2到100之间的所有素数是:

```
2       3       5       7       11      13      17      19
23      29      31      37      41      43      47      53
59      61      67      71      73      79      83      89
97

2到100之间的素数共有k=25个。
```

### 6.7.2 函数的嵌套调用和递归调用

对于一些比较复杂的应用问题，往往会出现在调用一个函数的过程中，又需要调用另一个函数，这种情况称为函数的**嵌套**（Nested）调用。

## 例 6—8

求 3 个整数的最大公约数和最小公倍数。

**问题分析：** 3 个整数 m、n、k 由键盘输入。求两个整数的最大公约数由整型函数 commondiviso（m，n）实现，使用欧几里得算法。若有一个整数为 0，则返回 0；否则返回最大公约数。求两个整数的最小公倍数由整数函数 commonmultiple（m，n）实现，m、n 的乘积除以它们的最大公约数。若有一个整数为 0，则返回 0；否则返回最小公倍数。算法设计，如图 6—19 所示，算法中的变量说明如下：

```
VAR  m,n,k:integer
     div, mul: integer
```

**算法 6—7** common _ d _ m（m，n，k）

| 输入三个整数 m、n、k |
|---|
| div= commondiviso（m,n） |
| div= commondiviso（div,k） |
| 输出三个数的最大公约数 div |
| mul= commonmultiple（m，n） |
| mul= commonmultiple（mul，k） |
| 输出三个数的最小公倍数 mul |
| 算法结束 |

**图 6—19 求最大公约数和最小公倍数**

根据算法 6—7 编制 C 源程序如下：

```
//* * * * * * * * * * * * * * * * * * * * * * * * * * *
//*   程序名称:common_d_m.cpp                          *
//*   程序功能:求 3 个整数的最大公约数和最小公倍数     *
//*   包含函数:void main();                            *
//*            int commondiviso(m,n);                   *
//*            int commonmultiple(m,n)                  *
//*   作    者:FENGJUN                                 *
//*   编制时间:2014 年 3 月 20 日                       *
//* * * * * * * * * * * * * * * * * * * * * * * * * * *
#include<stdio.h>
#include<math.h>
void main()
{ int m,n,k;
  int div,mul;
  int commondiviso(int m,int n);                    /*函数声明*/
  int commonmultiple(int m,int n);                  /*函数声明*/
  printf("请输入 3 个整数 m,n,k = " );
  scanf("%d%d%d",&m,&n,&k);
```

```
    div=commondiviso(m,n);
    div=commondiviso(div,k);
    printf("这 3 个整数的最大公约数是：%8d \n" , div);
    mul=commonmultiple(m,n);
    mul=commonmultiple(mul,k);
    printf("这 3 个整数的最小公倍数是：%8d \n" , mul);
}
/*求两个整数的最大公约数函数*/
int commondiviso(int m,int n)
{ int x,y,r;
  if (m&&n)
  {  x=abs(m);y=abs(n);
     if (x<y)  {r=x;x=y;y=r;}
     r=x%y;
     while (r! =0)
     { x=y; y=r;r=x%y;
     }
     return y;
  }
  else  return 0;
}
/*求两个整数的最小公倍数函数*/
int commonmultiple(int m,int n)
{ int commondiviso(int m,int n);                    /*函数声明*/
  int x,y;
  x=commondiviso(m,n);
  if (x! =0)  {  y=m*n/x;return y;}
  else  return 0;
}
```

运行程序得到如下结果：

请输入三个整数 m,n,k =46 56 66↙

这三个整数的最大公约数是:2

这三个整数的最小公倍数是:42504

程序中包含一个主函数和两个其他函数，主函数 main () 在调用求最小公倍数函数 commonmultiple (m, n) 时，又调用了求最大公约数函数 commondiviso (m, n)，这就是函数的嵌套调用。

函数 commondiviso (m, n) 与函数 commonmultiple (m, n) 分别是求两个整数的最

大公约数和最小公倍数。因此，在主函数中各调用了两次，第 1 次调用函数 commondiviso（m，n）得到整数 m、n 的最大公约数，将结果赋给变量 div，第 2 次调用函数 commondiviso（div，k）得到整数 div、k 的最大公约数，也就是整数 m、n、k 的最大公约数，再将结果赋给变量 div。这是一种递推方法，先求出两个整数的最大公约数，再求出 3 个整数的最大公约数，可以依次求出 n 个整数的最大公约数。求 3 个整数的最小公倍数使用的也是递推方法，第 1 次调用函数 commonmultiple（m，n）得到整数 m、n 的最小公倍数，将结果赋给变量 mul，第 2 次调用函数 commonmultiple（mul，k）得到整数 mul、k 的最小公倍数，也就是整数 m、n、k 的最小公倍数，再将结果赋给变量 mul。

在调用一个函数的过程中，当出现直接或间接调用函数本身，这种情况称为函数的递归（Recursive）调用。在许多程序设计语言中，允许进行递归调用。在程序设计中，使用递归方法可以使程序结构清晰。

### 例 6—9

猴子吃桃子问题。猴子第 1 天摘了许多桃子，当即吃了一半，觉得不过瘾，又吃了 1 个；第 2 天将剩下的桃子吃掉一半，又多吃了 1 个；以后每天都吃掉前一天剩下的一半，再多吃 1 个；到了第 10 天就只剩下 1 个桃子了。求猴子第 1 天摘了多少个桃子。

**问题分析：**要想知道第 1 天摘了多少个桃子，就得知道第 2 天剩下多少个桃子；要想知道第 2 天有多少个桃子，就得知道第 3 天剩下多少个桃子；…；第 10 天剩下 1 个桃子。这是一个递归问题。假设第 n 天有 peach（n）个桃子，peach（n）是天数的函数（n=1、2、…、10）。根据题意有如下函数关系。

$$\text{peach (n)} = \begin{cases} 1 & \text{当 n=10 时} \\ 2*(\text{peach (n+1)}+1) & \text{当 n<10 时} \end{cases}$$

这是一个用递归方法定义的函数。求函数 peach（1）的值可分成两个阶段：第 1 个阶段是进行递归调用，即将求 peach（1）的函数值转换为求 peach（2）的函数值；将求 peach（2）的函数值转换为求 peach（3）的函数值；…；直到 peach（10）=1。第 2 个阶段递归调用返回，采用递推的方法，由 peach（10）=1 得到 peach（9）=2 *（peach（10）+1）=4；由 peach（9）=4 得到 peach（8）=2 *（peach（9）+1）=10；…；直到最后得到函数值 peach（1）=1534，即猴子第 1 天摘了 1534 个桃子。

编制 C 源程序如下：

```
//* * * * * * * * * * * * * * * * * * * * * * * * *
//*  程序名称:peach_sum.cpp                        *
//*  程序功能:猴子吃桃子问题                        *
//*  包含函数:void main();int peach(m);            *
//*  作    者:FENGJUN                              *
//*  编制时间:2014 年 3 月 20 日                    *
//* * * * * * * * * * * * * * * * * * * * * * * * *
#include<stdio.h>
void main()
{ int sum;
```

```
    int peach(int m);                    /* 函数声明 */
    sum=peach(1);
    printf("猴子第 1 天摘了 %6d  个桃子。\n",sum );
}
/* 求桃子的递归函数 */
int peach(int m)
{ int sum;
    if (m==10)  sum=1;
    else  sum=2*(peach(m+1)+1);
    return sum;
}
```

运行程序得到如下结果：

猴子第 1 天摘了 1534 个桃子。

主函数 void main（）中的变量 sum 与函数 **int peach（int m）**中的变量 **sum** 都是局部变量，虽然它们名字相同，但不是同一个变量。在程序执行过程中，递归函数 **int peach (int m)** 共调用了 10 次。请读者仔细分析在程序执行过程中的函数递归调用，并画出在程序执行过程中函数进行递归调用的示意图。

### 6.7.3 内部函数和外部函数

函数本质上是全局的，因为定义一个函数的目的就是要被其他函数调用。在 C 语言中，若不加声明，则一个文件中的函数既可被本文件中的函数调用，也可被其他文件中的函数调用。当然，也可以指定某些函数不允许被其他文件中的函数调用。根据函数能否被其他文件中的函数调用，将函数区分为内部函数和外部函数。

**1. 内部函数**

若一个函数只能被本文件中的其他函数调用，则该函数称为内部函数。内部函数的函数定义或函数原型声明如下：

static 类型名 函数名（形式参数列表）

内部函数又称为静态函数。使用内部函数，可以使函数的作用只局限于所在文件。这样，在不同的文件中即使有相同的内部函数名，也互不影响。通常，开发一个大规模应用程序，需要由不同程序员编写不同的文件模块，使用内部函数，人们不必担心自己所用函数名会与其他文件模块中的函数名相同。

**2. 外部函数**

若一个函数既可以被本文件中的其他函数调用，也可以被其他文件中的函数调用，则该函数称为外部函数。外部函数的函数定义或函数原型声明如下：

extern 类型名 函数名（形式参数列表）

C 语言规定，若定义函数或声明函数时省略 extern，则默认为该函数为外部函数。在需要调用该函数的其他文件中，需要对该函数作声明。

### 例 6—10

使用外部函数求 n0 个整数的最大公约数和最小公倍数。

**问题分析**：求两个整数的最大公约数由整型函数 commondiviso（m，n）实现，使用欧几里得算法。若有一个整数为 0，则返回 0；否则返回最大公约数。求两个整数的最小公倍数由整数函数 commonmultiple（m，n）实现，m、n 的乘积除以它们的最大公约数。若有一个整数为 0，则返回 0；否则返回最小公倍数。这两个函数分别存放在 commondiviso. cpp 与 commonmultiple. cpp 两个源程序文件中。

主函数存放在 common _ d _ m. cpp 源程序文件中。n0 个整数 a［n0］由键盘输入，分别递推调用上述两个函数 n0－1 次，即可求得 n0 个整数的最大公约数和最小公倍数。具体编程实现如下：

```
//*************************
//*  程序名称:common_d_m.cpp                    *
//*  程序功能:求 n0 个整数的最大公约数和最小公倍数  *
//*  包含函数:void main()                       *
//*  外部函数  int commondiviso(m,n);           *
//*           int commonmultiple(m,n)          *
//*  作    者:FENGJUN                          *
//*  编制时间:2014 年 3 月 20 日                 *
//*************************
#include<stdio.h>
#include<math.h>
#define n0 5
void main()
{ int i,a[n0];
  int div,mul;
  int commondiviso(int m,int n);                 /*函数声明*/
  int commonmultiple(int m,int n);               /*函数声明*/
  printf("请输入%4d 个整数 a= ",n0 );
  for (i=0;i<n0;i++)
    scanf("%d",&a[i]);
  printf("这%4d 个整数的:" ,n0);
  for (i=0;i<n0;i++)
    printf("%6d" ,a[i]);
  printf("\n" );
  div=commondiviso(a[0],a[1]);
  for (i=2;i<n0;i++)
    div=commondiviso(div,a[i]);
```

```
 printf("其最大公约数是：%8d \n" , div);
 mul=commonmultiple(a[0],a[1]);
 for (i=2;i<n0;i++)
   mul=commonmultiple(mul,a[i]);
 printf("其最小公倍数是：%8d \n" , mul);
}

//* * * * * * * * * * * * * * * * * * * * * * *
//*   程序名称:commondiviso.cpp                *
//*   程序功能:求两个整数的最大公约数          *
//*   包含函数:int commondiviso(m,n)           *
//*   作    者:FENGJUN                         *
//*   编制时间:2014年3月20日                   *
//* * * * * * * * * * * * * * * * * * * * * * *
#include<math.h>
int commondiviso(int m,int n)
{ int x,y,r;
  if (m&&n)
  {  x=abs(m);y=abs(n);
    if (x<y)  {r=x;x=y;y=r;}
    r=x%y;
    while (r! =0)
    { x=y; y=r;r=x%y; }
    return y;
  }
  else  return 0;
}

//* * * * * * * * * * * * * * * * * * * * * * *
//*   程序名称:commonmultiple.cpp              *
//*   程序功能:求两个整数的最小公倍数          *
//*   包含函数:int commonmultiple(m,n)         *
//*   外部函数  int commondiviso(m,n)          *
//*   作    者:FENGJUN                         *
//*   编制时间:2014年3月20日                   *
//* * * * * * * * * * * * * * * * * * * * * * *
int commonmultiple(int m,int n)
{ int commondiviso(int m,int n);                    /*函数声明*/
  int x,y;
```

```
    x=commondiviso(m,n);
    if (x! =0)  {   y=m*n/x;return y;}
    else  return 0;
}
```

按照第 2 章 2.4.3 节方法，输入、编辑 3 个源程序文件，建立一个项目文件，并将这 3 个源程序文件添加到项目文件，编译、连接、运行得到如图 6—20 所示结果。

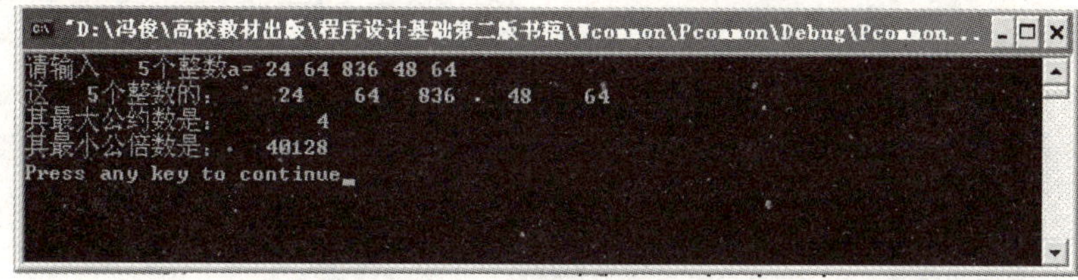


图 6—20　程序运行窗口

### 6.7.4　函数应用举例

**例 6—11**

用弦截法求解一元三次方程 $f(x)=x^3-5x^2+16x-80=0$ 的根。

**问题分析：**弦截法求解方程的根的方法如下：

(1) 取两个不同的初始点 $x_1$、$x_2$，使得 $f(x_1)*f(x_2)<0$，这时，区间 $(x_1, x_2)$ 内必有一个根。

**注意：**$x_1$、$x_2$的值不要相差太大，以保证区间 $(x_1, x_2)$ 内只有一个根。

(2) 连接 $(x_1, f(x_1))$ 与 $(x_2, f(x_2))$ 两点，此直线（即弦）与 x 轴的交点为 x*，如图 6—21 所示。x* 的值可由如下公式求出。

$$x*=\frac{x_1f(x_2)-x_2f(x_1)}{f(x_2)-f(x_1)}$$

(3) 若 $f(x*)f(x_2)<0$，则区间 $(x*, x_2)$ 内必有一个根，令 $x_1=x*$。若 $f(x_1)f(x*)<0$，则区间 $(x_1, x*)$ 内必有一个根，令 $x_2=x*$。

(4) 重复步骤 (2) 和步骤 (3)，直到 f (x*) 的值足够接近于 0。

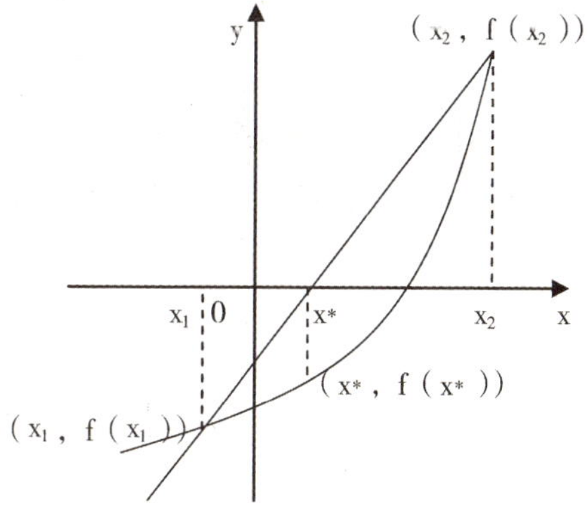


图 6—21　弦截法求解方程的根的示意图

程序中的一些相对独立功能由下列各函数实现。

(1) 由函数 float f (float x) 求 f (x) 的值。

$$f(x)=x^3-5x^2+16x-80=((x-5.0)*x+16.0)*x-80$$

(2) 由函数 float xpoint (float x1, float y1, float x2, float y2) 求两点 (x1, $f(x_1)$)

与（$x_2$，f（$x_2$））的连线与 x 轴的交点 x＊。

$$x* = (x1 * y2 - x2 * y1) / (y2 - y1)$$

其中：y1＝f（$x_1$），y2＝f（$x_2$）。

（3）由函数 float root（float x1，float y1，float x2，float y2）通过迭代方法求区间（x1，x2）内的实根。算法设计如图 6—22 所示。

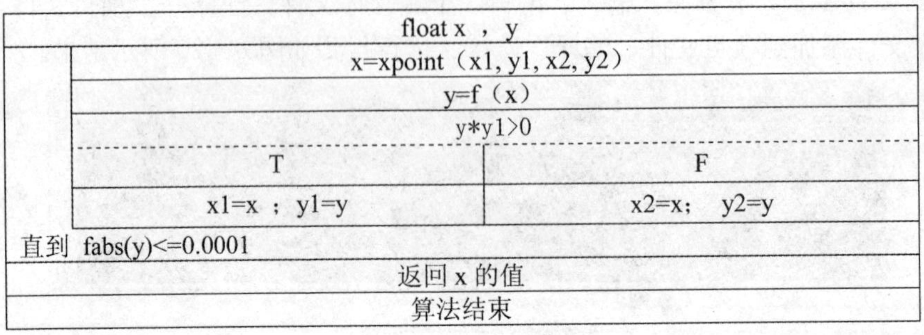

| float x ，y | | |
|---|---|---|
| | x=xpoint（x1, y1, x2, y2） | |
| | y=f（x） | |
| | y*y1>0 | |
| | T | F |
| | x1=x ；y1=y | x2=x； y2=y |
| 直到 fabs(y)<=0.0001 | | |
| 返回 x 的值 | | |
| 算法结束 | | |

**图 6—22 求根函数**

根据上述分析，主算法设计如图 6—23 所示。

**算法 6—8** float root（float x1，float y1，float x2，float y2）

**算法 6—9** SolutionEquation

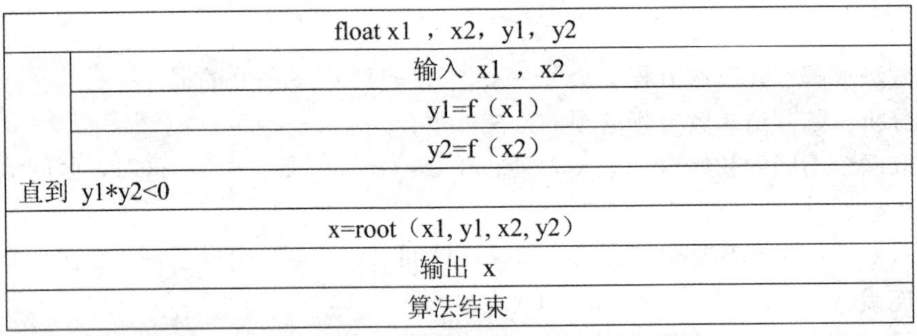

| float x1 ，x2，y1，y2 | |
|---|---|
| | 输入 x1 ，x2 |
| | y1=f（x1） |
| | y2=f（x2） |
| 直到 y1*y2<0 | |
| x=root（x1, y1, x2, y2） | |
| 输出 x | |
| 算法结束 | |

**图 6—23 求解方程的根**

根据算法 6—9 编制 C 源程序如下：

```
//＊＊＊＊＊＊＊＊＊＊＊＊＊＊＊＊＊＊＊＊＊＊＊
//＊  程序名称:SolutionEquation2.cpp          ＊
//＊  程序功能:求解一元三次方程的根           ＊
//＊  包含函数:void main();float f(x);        ＊
//＊           float xpoint(x1, y1, x2, y2); ＊
//＊           float root(x1, y1, x2, y2);   ＊
//＊  标准函数:fabs(y)                        ＊
//＊  作    者:FENGJUN                        ＊
//＊  编制时间:2014 年 3 月 20 日             ＊
//＊＊＊＊＊＊＊＊＊＊＊＊＊＊＊＊＊＊＊＊＊＊＊
#include<stdio.h>
#include<math.h>
/＊定义函数 float f(float x),求 f(x)的值＊/
```

```
float f(float x)
{ float y;
  y=((x-5.0)*x+16.0)*x-80;
  return y;
}
```

/*定义函数 float xpoint(float x1, float y1, float x2, float y2)求弦与 x 轴的交点 x*/

```
float xpoint(float x1, float y1, float x2, float y2)
{ float x;
  x=(x1*y2-x2*y1)/(y2-y1);
  return x;
}
```

/*定义函数 float root(float x1, float y1, float x2, float y2)求区间(x1,x2)内的实根*/

```
float root(float x1, float y1, float x2, float y2)
{ float x,y;
  do {
    x=xpoint(x1,y1,x2,y2);
    y=f(x);
    if (y*y1>0)
      { x1=x;y1=y;}
    else
      { x2=x;y2=y;}
  }while (fabs(y)>=0.0001);        /*标准函数 fabs(y)是求实数绝对值*/
  return x;
}
/*主函数,求方程的根*/
void main()
{ float x,x1,x2,y1,y2;
  do {
    printf("请输入方程的两个近似根 x1,x2= ");
    scanf("%f%f",&x1,&x2);
    y1=f(x1);
    y2=f(x2);
  } while (y1*y2>0);
  x=root(x1,y1,x2,y2);
  printf("一元三次方程的一个根是:%8.3f\n",x);
}
```

运行程序得到如下结果：

请输入方程的两个近似根 x1,x2=2 6↙

一元三次方程的一个根是:5.000

**问题扩展 1:**

事实上，弦截法不需要取两个不同的初始点 $x_1$、$x_2$，使得 $f(x_1) * f(x_2) < 0$。对于两个不同的初始点 $x_0$、$x_1$，用弦截法求根的迭代公式如下

$$x_{k+1} = x_k - \frac{f(x_k)}{f(x_k) - f(x_0)}(x_k - x_0) = \frac{x_0 f(x_k) - x_k f(x_0)}{f(x_k) - f(x_0)}$$

这个迭代公式在计算 $x_{k+1}$ 的值时只用到上一步的值 $x_k$，称为一步迭代。若计算 $x_{k+1}$ 的值时用到前两步的结果 $x_k$、$x_{k-1}$，这是一种多步迭代。多步迭代的弦截法求根公式如下

$$x_{k+1} = x_k - \frac{f(x_k)}{f(x_k) - f(x_{k-1})}(x_k - x_{k-1}) = \frac{x_{k-1} f(x_k) - x_k f(x_{k-1})}{f(x_k) - f(x_{k-1})}$$

这个公式称为快速弦截法求根公式，它的收敛速度比较快。请读者以这两个公式为依据编写程序实现方程求根，并进行比较分析。

**问题扩展 2:**

求解一元 n 次方程 $P_n(x) = p_0 + p_1 x^1 + p_2 x^2 + \cdots + p_n x^n = 0$ 的根。

方程次数 n 定义为符号常量，方程系数 $P = (p_0、p_1、p_2、\cdots、p_n)$ 由键盘输入，存储于数组 p [n+1] 中。使用快速弦截法求解方程的根。上述程序的整体结构不变，只对各函数做适当的修改。修改后的 C 源程序如下：

```
//************************
//*  程序名称:SolutionEquation3.cpp         *
//*  程序功能:求解一元 n 次方程的根          *
//*  包含函数:void main();float f(x,a[],n);  *
//*           float xpoint(x1, y1, x2, y2);  *
//*           float root(x1, y1, x2, y2);    *
//*  标准函数:fabs(y)                        *
//*  作    者:FENGJUN                        *
//*  编制时间:2014 年 3 月 20 日             *
//************************
#include<stdio.h>
#include<math.h>
#define n 5
/*定义函数 float f,求 p(x)的值*/
float f(float x,float a[],int m)
{ float y;
  int k;
  y=a[m];
  for (k=m-1;k>=0;k--)
    y=y*x+a[k];
```

```
    return y;
  }
  /* 定义函数 float xpoint(x1, y1, x2, y2)求弦与 x 轴的交点 x */
  float xpoint(float x1,float y1,float x2,float y2)
  { float x;
    x=(x1 * y2-x2 * y1)/(y2-y1);
    return x;
  }
  /* 定义函数 float root(x1, y1, x2, y2,a)求与 x1,x2 接近的实根 */
  float root(float x1, float y1, float x2, float y2,float a[])
  { float x,y;
    do {
    x=xpoint(x1,y1,x2,y2);
    y=f(x,a,n);
    x1=x2;y1=y2;
    x2=x;y2=y;
  }while (fabs(y)>=0.0001&&x1! =x2);        /* 标准函数 fabs(y)是求实数绝对
值 */
  return x;
  }
  /* 主函数,求方程的根 */
  void main()
  { float x,x1,x2,y1,y2;
    int k;
    float p[n+1];
    printf("请输入一元 5 次方程的系数(p0、p1、p2、…、pn)=\n ",n );
    for (k=0;k<=n;k++)
      scanf(" %f",&p[k]);
    printf("\n" );
    printf("请输入求解方程(迭代方法)的两个初始值 x1,x2= " );
    scanf(" %f %f",&x1,&x2);
    y1=f(x1,p,n);
    y2=f(x2,p,n);
    x=root(x1,y1,x2,y2,p);
    printf("一元 5 次方程的一个根是: %8.5f\n ",n,x );
  }
```

运行程序得到如下结果:

①请输入一元 5 次方程的系数($p_0$、$p_1$、$p_2$、…、$p_n$)=

−20 3 12 -6 5 1↙

请输入求解方程(迭代方法)的两个初始值 x1,x2=0 6↙

一元 5 次方程的一个根是:1.12886

②请输入一元 5 次方程的系数($p_0$、$p_1$、$p_2$、…、$p_n$)=

−20 3 12 -6 5 1↙

请输入求解方程(迭代方法)的两个初始值 x1,x2=100 60↙

一元 5 次方程的一个根是:1.12886

③请输入一元 5 次方程的系数($p_0$、$p_1$、$p_2$、…、$p_n$)=

−20 3 12 -6 5 1↙

请输入求解方程(迭代方法)的两个初始值 x1,x2=−1 −2↙

一元 5 次方程的一个根是:−1.01821

④请输入一元 5 次方程的系数($p_0$、$p_1$、$p_2$、…、$p_n$)=

−20 3 12 -6 5 1↙

请输入求解方程(迭代方法)的两个初始值 x1,x2=−8 −7↙

一元 5 次方程的一个根是:−6.24338

⑤请输入一元 5 次方程的系数($p_0$、$p_1$、$p_2$、…、$p_n$)=

−20 3 12 -6 5 1↙

请输入求解方程(迭代方法)的两个初始值 x1,x2=−100 −90↙

一元 5 次方程的一个根是:−6.24338

求根函数 float root () 中的循环条件 (fabs (y) >=0.0001&&x1! =x2) 是一个逻辑表达式。其中：关系式 (fabs (y) >=0.0001) 表示当函数值 f (x) 足够小时，相应的 x 就是方程的根；关系式 (x1! =x2) 是必要的，改写为 (fabs (x1 − x2) > 0.00001) 更恰当一些，表示当两次迭代的 x 值足够接近时，这个 x 值就可以认为是方程的根。有时若去掉关系式 (x1! =x2)，程序运行就会出错。比如，在本例中将循环条件改写为 (fabs (y) >=0.0001) 时，运行程序得到如下结果。

⑥请输入一元 5 次方程的系数($p_0$、$p_1$、$p_2$、…、$p_n$)=

−20 3 12 -6 5 1↙

请输入求解方程(迭代方法)的两个初始值 x1,x2=−8 −7↙

一元 5 次方程的一个根是:−1.#IND0

产生−1.#IND0 的原因是前两次迭代 x1 与 x2 的值已相等，但函数值 y=f (x) 还不满足条件 (fabs (y) <0.0001)，再进行迭代计算 x 的值时以 0 做了除数。

在函数 float root (float x1, float y1, float x2, float y2, float a []) 与函数 float f (float x, float a [], int m) 中，以数组名作为函数参数，进行函数调用时，形参数组名获得了实参数组的首元素地址，两个数组共用同一存储空间。

上述讨论是针对多项式方程求根问题，弦截法适用于一般方程求根问题，程序中只需修改函数 float f (float x, float a [], int m)。

请读者思考，方程求根还有哪些方法，如何在计算机上实现。比如，逐步扫描方法、二分法与迭代方法等。

## 6.8 课程设计题目——学生成绩管理系统

**【问题描述】**

建立学生成绩管理系统。

**【基本要求】**

(1) 每个学生信息至少包含学号、姓名以及5门课程成绩。

(2) 学生信息以班为单位进行存储管理，至少有3个班，每班至少有10个学生。学生信息以数据表或数据文件进行组织存储。

(3) 系统功能包括学生信息输入、学生信息修改、学生信息查询和学生信息输出等。每个功能都由函数或过程实现。

**【测试数据】**

由读者自己设计。

**【实现提示】**

参照例6—6维护学生成绩数据库。

**【问题拓展】**

(1) 计算每个学生的总成绩和平均成绩。计算每个班级每门课程的平均成绩。

(2) 查找每个班级平均成绩最高与平均成绩最低的学生信息。

(3) 在所有学生中，查找平均成绩最高与平均成绩最低的学生信息。

(4) 每个班级的学生信息按平均成绩由高到低排序、以表格形式输出。

(5) 所有学生信息按平均成绩由高到低排序、以表格形式输出。

(6) 对所有学生计算各门课程的平均成绩，并输出平均成绩最高的课程和平均成绩最低的课程。

## 习 题

**6—1** 简述结构化方法。

**6—2** 程序模块化有哪些好处?

**6—3** 什么是模块凝聚和模块耦合? 模块分解应遵循什么原则?

**6—4** 简述自顶向下、逐步求精设计技术与方法的基本思想，它们二者是否有差别。

**6—5** 简述结构程序优化技术与方法的重要性。

**6—6** 简述过程与函数的概念，并说明它们在程序设计中的重要性。

**6—7** 查找1000以内的所有奇妙平方数。所谓奇妙平方数是指一个数的平方与它的逆序数的平方亦为逆序数，比如，12的平方为144，21的平方为441。将一个数转换为逆序数由函数或过程实现。画出算法的N—S流程图，并编程实现。

**6—8** 查找10000以内具有下列性质的数。这个数各个位上的数字均为偶数，它还是由偶数数字构成数的平方，比如，64是8的平方，484是22的平方。判断一个数的各位数字是否是偶数由函数或过程实现。画出算法的N—S流程图，并编程实现。

**6-9** 查找1000以内满足下列条件的正整数。该数本身不是素数，但它的所有因子之和是素数，比如，$12=2\times2\times3$，$2+2+3=7$是素数。判断一个数是否是素数、将一个数分解为素数连乘积及求因子之和分别由函数或过程实现。画出算法的N-S流程图，并编程实现。

**6-10** 用无穷级数计算sinx的值。

$$\sin x=\frac{x}{1!}-\frac{x^3}{3!}+\frac{x^5}{5!}-\frac{x^7}{7!}+\cdots$$

求通项 $(-1)^{(n-1)}x^{(2n-1)}/(2n-1)!$ 的值由函数或过程实现。舍去的余项绝对值小于0.00001。画出算法的N-S流程图，并编程实现。

**6-11** 用牛顿切线法求解方程 $f(x)=0$ 的根。牛顿迭代公式如下：

$$x_n=x_{n-1}-\frac{f(x_{n-1})}{f'(x_{n-1})}$$

画出算法的N-S流程图，并编程实现。

**6-12** 求n阶勒让德多项式的值，递归公式如下：

$$p_n(x)=\begin{cases}1\\x\\((2n-1)\times x\times p_{n-1}(x)-(n-1)\times p_{n-2}(x))/n\end{cases}$$

用函数或过程的递归调用来处理。画出算法的N-S流程图，并编程实现。

# 第 7 章　基本数据结构

数据结构是由已有的数据类型构造出新的抽象数据类型的一种方法，或者说，在程序设计中，当需要引入新的数据结构时，可以借助程序设计语言所提供的基本数据类型以及构造数据类型来描述数据的逻辑结构和存储结构，在逻辑结构上定义一组运算，并在存储结构上实现。运用数据结构知识，在进行大规模复杂程序设计中，可以实现信息隐蔽和代码共享，使所设计的程序具有结构化和模块化特性，从而增强程序系统的可读性和可维护性。本章主要介绍基本数据结构——顺序表、链表、栈、队列和二叉树。

## 7.1　顺序表

设 DS=（K，R）是数据的逻辑结构。r ∈R，r 是 K 到 K 上的关系。对于 r 中的任一序偶 <a，b>（a、b∈K），称 a 是 b 的**直接前驱**（Direct Predecessor），简称**前驱**；b 是 a 的**直接后继**（Direct Successor），简称**后继**；a 与 b 是相邻结点。若不存在结点 a 使得<a，b>∈r，则称 b 是关于 r 的开始结点。若不存在结点 b 使得<a，b>∈r，则称 a 是关于 r 的**终端结点**。若 a 既不是开始结点，也不是终端结点，则称 a 是**内部结点**。

根据对结点的前驱、后继约束程度的不同，数据结构可划分为线性结构和非线性结构。线性结构是最常用的数据结构，线性结构具有如下特征（逻辑结构）。

（1）有且仅有一个开始结点，它没有前驱，仅有一个后继；

（2）有且仅有一个终端结点，它没有后继，仅有一个前驱；

（3）其他结点都是内部结点，并且都只有一个前驱和一个后继。

即线性结构中的所有结点之间存在着“一对一”的逻辑关系，按照它们之间的关系，所有结点可以排成一个线性序列

$$k_1，k_2，k_3，\cdots，k_n$$

通常把该线性序列称为**线性表**（Linear _ List），结点 $k_i$（i=1，2，⋯，n）称为线性表的表目。

线性表中表目的个数 n（n≥0）定义为线性表的**长度**，n=0 的线性表称为**空表**。在非空线性表中，每个结点都有一个确定的位置。如 $k_1$是第一个结点，$k_n$是最后一个结点，$k_i$是第 i 个结点，称 i 为结点 $k_i$在线性表中的位序。

对于线性表，根据存储结构的不同，可分为顺序表和链表。

将线性表存放到计算机中，可以采用许多不同的方法。最简单的方法就是顺序存储方法：即把线性表的表目按其位序值从小到大一个接一个地存放在一片相邻的单元里。亦即将逻辑上相邻的结点存储在物理上相邻的存储单元里，由存储单元的邻接关系体现结点之间的逻辑关系。这种用顺序存储方法存储的线性表称为**顺序表**（Sequential List）。它是一种紧凑结构，其存储密度等于1，存储空间利用率高是顺序存储结构的优点之一。最常用的顺序表有向量、栈和队列等。

若线性表中的所有表目都属于同一数据类型，则该线性表称为**向量**（Vector）。这时，表目又称为元素，位序又称为下标。

### 7.1.1 向量的顺序存储表示

由于向量的所有元素都属于同一数据类型。所以每个元素在存储器中所占用的空间大小相同。假设每个元素需占用m个存储单元，并以所占用的第1个存储单元的地址作为该元素的存储位置，则向量中第i+1个元素的存储位置loc（$k_{i+1}$）和第i个元素的存储位置loc（$k_i$）之间有下列关系

$$loc(k_{i+1}) = loc(k_i) + m$$

一般来说，向量的第i个元素$k_i$的存储位置为

$$loc(k_i) = loc(k_1) + (i-1) * m$$

式中loc（$k_1$）是向量的第1个元素$k_1$的存储位置d，通常称为向量的起始位置或基地址。显然，向量中每一个元素的存储位置都与向量的起始位置相差一个与元素在向量中的位序成正比的常数，如图7—1所示。因此，只要确定了向量的起始位置，向量中的任一元素都可以随机存取。向量的顺序存储结构是一种随机存取的存储结构。

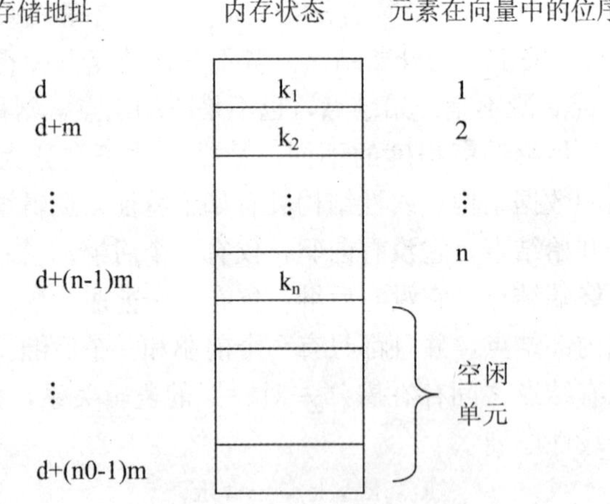


**图7—1 向量的顺序存储表示示意图**

由于程序设计语言中的数组类型也有随机存取的特性，因此，通常用数组来描述数据结构中的顺序存储结构。假设向量k的元素个数n始终不大于某一整数n0，元素的数据类型为datatype，则向量的类型定义和变量说明如下：

```
TYPE Vtype=ARRAY[1..n0] OF datatype
```

```
VAR  K:Vtype
     i:1..n0
     n:0..n0
```

即用数组 K 来存储向量 k，i 是数组下标，也是向量的位序。相应的存储映像如图 7—1 所示。

向量的存储空间需要事先分配，并且要根据对问题所需空间的估算量来分配。在这种情况下，可能会因为空间分配不足而使问题不能得到解决，或者因为估算量过大而造成空间开销的浪费。尽管如此，向量的顺序存储在实际应用中仍然是使用较广泛的一种基本结构。

### 7.1.2 向量的运算

向量是一种最基本的数据结构。通常情况下，向量的长度可以根据问题的需要增加或减少，也就是说，对向量中的各元素不仅可以访问，而且可以进行插入、删除等基本操作。向量的主要运算有 3 种：

(1) 查找向量的第 i 个元素；

(2) 在向量的第 i 个元素之后插入一个新元素 x；

(3) 删除向量的第 i 个元素。

在向量的顺序存储表示中，由于数组的下标就是向量的位序，因此，查找向量的第 i 个元素是很容易的。下面重点讨论向量的插入和删除两种运算的实现方法。

**1. 向量的插入**

向量的**插入（Insert）**运算是指在向量的第 i 个元素与第 i+1 个元素之间插入一个新元素 x，即使长度为 n 的向量

$$(k_1, k_2, \cdots, k_i, k_{i+1}, \cdots, k_n)$$

变成长度为 n+1 的向量

$$(k_1, k_2, \cdots, k_i, x, k_{i+1}, \cdots, k_n)$$

同时，元素 $k_i$ 与 $k_{i+1}$ 之间的逻辑关系也发生了变化。在向量的顺序存储结构中，由于逻辑上相邻的元素在物理位置上也是相邻，因此，除非 i=n，否则必须移动元素才能反映这个逻辑关系的变化。向量插入的示意图如图 7—2 所示：

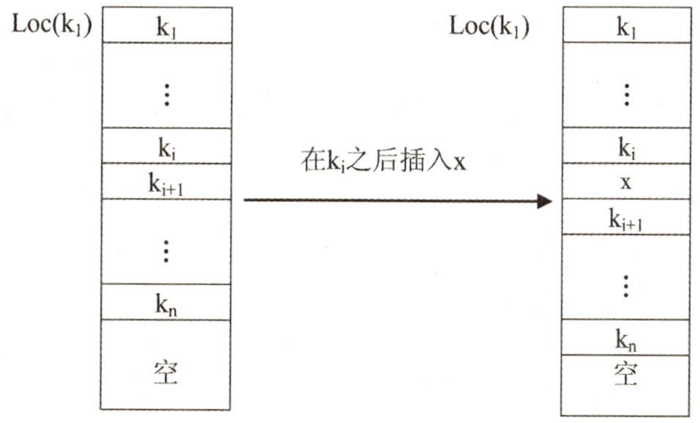


**图 7—2 向量插入示意图**

一般情况下，在第 i（$1\leqslant i\leqslant n$）个元素之后插入一个元素时，需要将第 n 至第 i+1（共 n−i）个元素向后移动一个位置。算法设计如图 7—3 所示，算法中的类型定义和变量说明如下：

```
TYPE Vtype=ARRAY[1..n0] OF datatype
VAR  K:Vtype
     i,j:1..n0
     n:0..n0
     x:datatype
```

**算法 7—1**　insert（K，n，i，x）

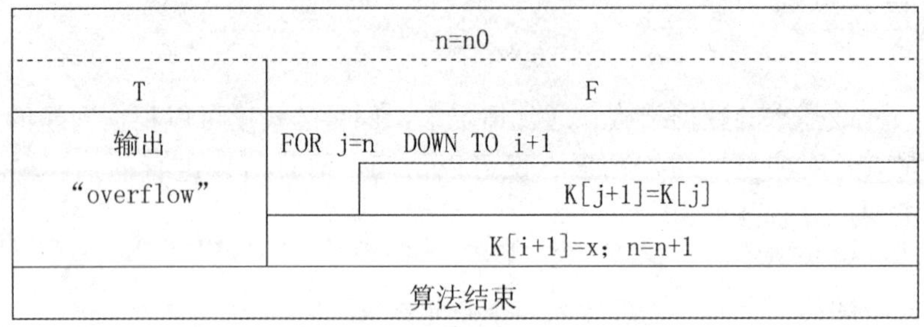


**图 7—3　向量插入**

**算法分析：**在算法中，当 n＝n0 时，表示向量的元素已占满所分配的存储空间，此时，若要插入，则溢出。该算法的时间主要耗费在移动元素上，移动元素的次数取决于插入元素的位置。当 i=1 时，是最坏情况，需移动 n−1 个元素；当 i=n 时，是最好情况，无需移动元素；一般地，假设在每个位置插入元素的概率是相等的，则在长度为 n 的向量中插入一个元素需移动元素的平均次数为

$$\sum_{i=1}^{n}\frac{1}{n}(n-i)=\frac{n-1}{2}$$

因此，向量插入算法的时间复杂度为 O（n）。

**2. 向量的删除**

向量的**删除**（Delete）运算是指在向量中删除第 i 个元素，即使长度为 n 的向量

$$(k_1, k_2, \cdots, k_i, k_{i+1}, \cdots, k_n)$$

变成长度为 n−1 的向量

$$(k_1, k_2, \cdots, k_{i-1}, k_{i+1}, \cdots, k_n)$$

同时，元素 $k_{i-1}$、$k_i$ 与 $k_{i+1}$ 之间的逻辑关系也发生了变化。为了在存储结构中反映这个变化，同样需要移动元素。

一般情况下，删除第 i（$1\leqslant i\leqslant n$）个元素时，需要将第 i+1 至第 n（共 n−i）个元素向前移动一个位置。算法设计如图 7—4 所示，算法中的类型定义和变量说明如下：

```
TYPE Vtype=ARRAY[1..n0] OF datatype
VAR  K:Vtype
     i,j:1..n0
     n:0..n0
     x:datatype
```

**算法 7—2**

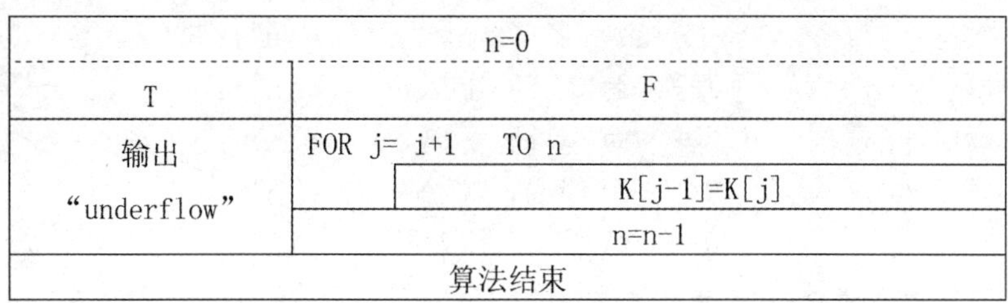

**图 7—4　向量删除**

**算法分析：**在算法中，当 n=0 时，表示向量为空，此时，若要删除，则下溢。该算法的时间主要耗费在移动元素上。当 i=1 时，是最坏情况，需移动 n−1 个元素；当 i=n 时，是最好情况，无需移动元素；一般地，假设删除每个元素的概率是相等的，则在长度为 n 的向量中删除一个元素需移动元素的平均次数为

$$\sum_{i=1}^{n}\frac{1}{n}(n-i)=\frac{n-1}{2}$$

因此，向量删除算法的时间复杂度为 O（n）。

不妨假设向量元素类型是实型数据，下标为 0 的数组元素不存放向量元素，数组中已有 5 个向量元素。根据上述分析，向量及其运算的 C 源程序如下：

```
//* * * * * * * * * * * * * * * * * * * * * * *
//*   程序名称:Vector.cpp                        *
//*   程序功能:数据结构——向量及其运算的实现     *
//*   包含函数:void main()                       *
//*             int insert(float K[],int n)      *
//*             void find(float K[],int n)       *
//*             int delet (float K[],int n)      *
//*   作    者:FENGJUN                           *
//*   编制时间:2014 年 3 月 20 日                *
//* * * * * * * * * * * * * * * * * * * * * * *
#include<stdio.h>
#define n0 20
//*主函数*//
void main()
{ int n=5;               /*假设已有 5 个向量元素*/
  float a[n0+1]={0.0,6.4,78.9,32.56,8.6,9.15};
  int insert(float K[],int n);        /*函数声明*/
  void find(float K[],int n);
  int delet(float K[],int n);
  char code;
  int flag=1;
  while (flag)
```

```
{  printf("*******向量的运算******\n");
  printf("*                主  菜  单          *\n");
  printf("*            1——向 量 的 插 入      *\n");
  printf("*            2——向 量 的 查 找      *\n");
  printf("*            3——向 量 的 删 除      *\n");
  printf("*            0——结          束      *\n");
  printf("*******************\n");
  printf("请选择操作代码(code=0——3):");
  scanf(" %c ",&code);
  while (getchar()! ='\n') ;
  switch (code)
  {  case '1':            /*向量的插入*/
        n=insert(a,n); break;
    case '2':             /*向量的查找*/
        find(a,n); break;
    case '3':             /*向 量 的 删 除*/
        n=delet(a,n); break;
    case '0':             /*结束程序运行*/
        flag=0; break;
    default:              /*选择了非法代码*/
        printf(" 所选择的代码 %c 是非法代码。\n ",code);
  }
  printf("按任意键,返回。\n");
  while (getchar()! ='\n') ;
  }
}
//*向量的插入函数*/
int insert(float K[],int n)
{ int i,j;
  float x;
  if (n==n0)
    { printf("上溢,返回!"); return(n); }
  printf("请输入要插入的向量元素(实数):");
  scanf(" %f ",&x);
  printf("请输入要插入的位置(1-- %d):",n);
  scanf(" %d ",&i);
  if (i<1) i=1;if (i>n) i=n;          /*保证 i 的值在 1-n 之间*/
  printf("插入前的向量元素序列如下:\n");
  for (j=1;j<=n;j++)
    printf(" %8.4f",K[j]);
```

```
    printf("\n");
    for (j=n;j>i;j--)              /*插入向量元素*/
      K[j+1]=K[j];
    K[j+1]=x; n=n+1;
    printf("插入后的向量元素序列如下:\n");
    for (j=1;j<=n;j++)
      printf("%8.4f",K[j]);
    printf("\n");
    return(n);
}
//*向量的查找函数*/
void find(float K[],int n)
{ int i;
  printf("请输入要查找第几个向量元素(1--%d):",n);
  scanf("%d",&i);
  if (i<1) i=1;if (i>n) i=n;          /*保证 i 的值在 1-n 之间*/
  printf("第 %d 个向量元素是:%8.4f\n",i,K[i]);
  return;
}
//*向量的删除函数*/
int delet(float K[],int n)
{ int i,j;
  if (n==0)
    { printf("下溢,返回!"); return(n); }
  printf("请输入要删除第几个向量元素(1--%d):",n);
  scanf("%d",&i);
  if (i<1) i=1;if (i>n) i=n;            /*保证 i 的值在 1-n 之间*/
  printf("删除前的向量元素序列如下:\n");
  for (j=1;j<=n;j++)
    printf("%8.4f",K[j]);
  printf("\n");
  for (j=i;j<n;j++)           /*删除向量元素*/
    K[j]=K[j+1];
  n=n-1;
  printf("删除后的向量元素序列如下:\n");
  for (j=1;j<=n;j++)
    printf("%8.4f",K[j]);
  printf("\n");
  return(n);
}
```

运行程序得到如下结果:

```
********向量的运算***********
*            主 菜 单             *
*          1——向 量 的 插 入       *
*          2——向 量 的 查 找       *
*          3——向 量 的 删 除       *
*          0——结       束         *
*****************************
请选择操作代码(code=0——3):1↙
请输入要插入的向量元素(实数):99.9↙
请输入要插入的位置(1——5):2↙
插入前的向量元素序列如下:
6.4000    78.9000  32.5600  8.6000  9.1500
插入后的向量元素序列如下:
6.4000    78.9000  99.9000 32.5600  8.6000  9.1500

********向量的运算***********
*            主 菜 单             *
*          1——向 量 的 插 入       *
*          2——向 量 的 查 找       *
*          3——向 量 的 删 除       *
*          0——结       束         *
*****************************
请选择操作代码(code=0——3):2↙
请输入要查找第几个向量元素(1——6):4↙
第 4 个向量元素是:32.5600

********向量的运算***********
*            主 菜 单             *
*          1——向 量 的 插 入       *
*          2——向 量 的 查 找       *
*          3——向 量 的 删 除       *
*          0——结       束         *
*****************************
请选择操作代码(code=0——3):3↙
请输入要删除第几个向量元素(1——6):5↙
删除前的向量元素序列如下:
6.4000    78.9000  99.9000 32.5600  8.6000  9.1500
删除后的向量元素序列如下:
6.4000    78.9000  99.9000 32.5600  9.1500
```

```
＊＊＊＊＊＊＊＊＊向量的运算＊＊＊＊＊＊＊＊＊
＊              主  菜  单                  ＊
＊          1——向 量 的 插 入              ＊
＊          2——向 量 的 查 找              ＊
＊          3——向 量 的 删 除              ＊
＊          0——结         束               ＊
＊＊＊＊＊＊＊＊＊＊＊＊＊＊＊＊＊＊＊＊＊＊＊
请选择操作代码(code=0——3):0↙
Press any key to continue
```

程序中的变量 n 用于记录向量元素的个数，在进行向量插入和向量删除后，向量元素个数都发生变化，向量插入函数 int insert（float K []，int n）与向量删除函数 int delet（float K []，int n）的返回值都是向量元素的个数。

### 7.1.3 应用举例

**例 7—1**

试设计一个算法，用尽可能少的辅助空间将向量中的前 m 个元素与后 n 个元素进行整体互换。即将向量（$a_1$，$a_2$，…，$a_m$，$b_1$，$b_2$，…，$b_n$）变换为向量（$b_1$，$b_2$，…，$b_n$，$a_1$，$a_2$，…，$a_m$）。

**问题分析：**求解问题的关键点在于要求用尽可能少的辅助空间。若没有这个限制，则可以定义两个大小完全相同的数组，将已知数组中的元素按要求移动到另一个数组中即可，并且此时只需移动 m+n 次。

**解法 1：**插入法。从向量中的第 m+1 个元素开始，依次将元素 $b_j$（j=1，2，…，n）插入到元素 $a_1$之前。这时，只需引用一个辅助变量，首先将元素 $b_j$暂存于辅助变量中，然后将它之前的 m 个元素（$a_1$，$a_2$，…，$a_m$）依次后推一个位置，最后再将辅助变量中暂存的元素 $b_j$送入 $a_1$先前所在的位置。算法设计如图 7—5 所示，算法中的类型定义和变量说明如下：

```
TYPE  Vtype=ARRAY[1..m+n] OF datatype
VAR  K:Vtype
     i,j:1..m+n
     x:datatype
```

**算法 7—3**  exchang1（K）

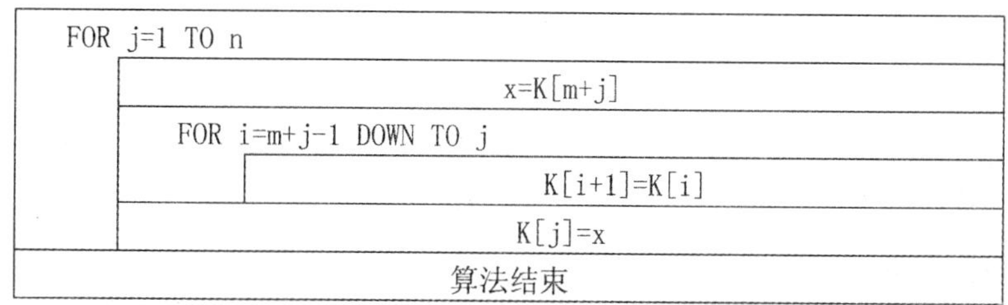


**图 7—5  插入法**

**算法分析**：对于插入每一个元素 $b_j$（j=1，2，…，n）都需要移动元素 m+2 次，即总共需要移动元素 n（m+2）次，因此，该算法的时间复杂度为 O（n∗m）。

**解法 2**：置换法。先将向量（$a_1$，$a_2$，…，$a_m$，$b_1$，$b_2$，…，$b_n$）"逆置"成（$b_n$，…，$b_2$，$b_1$，$a_m$，…，$a_2$，$a_1$），然后再分别对前 n 个元素（$b_n$，…，$b_2$，$b_1$）和后 m 个元素（$a_m$，…，$a_2$，$a_1$）进行"逆置"，就可以得到所求结果。向量中的"逆置"操作可以借助两两元素交换位置来实现，两两元素交换位置只需引用一个辅助变量。因此，先设计一个对数组中的元素进行"逆置"的算法，算法设计如图 7—6 所示；然后再 3 次调用该算法，即可实现题目的要求，算法设计如图 7—7 所示。算法中的类型定义和变量说明如下：

```
TYPE  Vtype=ARRAY[1..m+n] OF datatype
VAR  K:Vtype
     j,s,t:1..m+n
     x:datatype
```

**算法 7—4**　invert（K，s，t）

| FOR j=s TO [(s+t)/2] | |
|---|---|
| | x=K[j] |
| | K[j]=K[s+t-j] |
| | K[s+t-j]=x |
| 算法结束 | |

**图 7—6　对数组中元素进行"逆置"**

**算法 7—5**　exchang2（K）

| invert（K，1，m+n） |
|---|
| invert（K，1，n） |
| invert（K，n+1，m+n） |
| 算法结束 |

**图 7—7　置换法**

**算法分析**：显然，第一次逆置需要移动元素 3［（m+n）/2］次，第二次逆置需要移动元素 3［n/2］次，第三次逆置需要移动元素 3［m/2］次，总共需要移动元素大约 3（m+n）次。因此，该算法的时间复杂度为 O（m+n）。

由此可见，在存储开销相同的情况下，解法 2 比解法 1 的时间效率高。同时，还可以看到空间复杂度与时间复杂度二者可以相互转换。

不妨假设向量元素类型是整型数据，且 m=6，n=10，前 m 个向量元素是 100 以内的奇数，后 n 个向量元素是 100～200 之间的偶数。根据算法 7—4 和算法 7—5 编写 C 源程序如下：

```
//*************************
//*  程序名称:exchang2.cpp                    *
//*  程序功能:例 6—1 解法 2——置换法          *
//*  包含函数:void main()                      *
//*           void invert(int K[],int s,int t) *
//*  作    者:FENGJUN                          *
//*  编制时间:2014 年 3 月 20 日               *
//*************************
```

```
#include<stdio.h>
#define m 6
#define n 10
//*主函数*//
void main()
{ int a[m+n]={5,25,45,65,85,95,190,180,170,160,152,148,140,130,120,110};
  int j;
  void invert(int K[],int s,int t);          /*函数声明*/
  printf("置换前的向量元素序列如下:\n");
  for (j=0;j<m+n;j++)
      printf("%5d",a[j]);
  printf("\n");
invert(a,0,m+n-1);
invert(a,0, n-1);
invert(a,n,m+n-1);
printf("置换后的向量元素序列如下:\n");
for (j=0;j<m+n;j++)
    printf("%5d",a[j]);
printf("\n");
}
//*对数组中元素进行"逆置"*//
void invert(int K[],int s,int t)
{ int x;
  int j,r=(s+t)/2;
  for (j=s;j<=r;j++)
  {  x=K[j];
  K[j]=K[s+t-j];
  K[s+t-j]=x;
  }
  return;
}
```

---

运行程序得到如下结果：

置换前的向量元素序列如下：

5 25 45 65 85 95 190 180 170 160 152 148 140 130 120 110

置换后的向量元素序列如下：

190 180 170 160 152 148 140 130 120 110 5 25 45 65 85 95

Press any key to continue

m 与 n 定义为符号常量增强了程序的可维护性。请读者编程实现算法 7-3。

# 7.2 链　表

以链接存储方式存储的线性表称为链表（Linked List）。它适合于插入和删除运算频繁，存储空间大小不能事先确定的线性表。链表这种运算上的灵活性将带来存储管理上的复杂性。

## 7.2.1 指针与指针对象

指针与指针对象是指针类型的基础和核心。指针类型是用来描述非静态数据结构的动态数据类型。下面以 PASCAL 语言为例介绍指针与指针对象的有关概念。

**1. 指针类型定义**

指针类型定义的格式如下

**指针类型**标识符＝ ^ **指针对象类型**标识符

格式中，指针对象类型标识符可以是除文件类型以外的任何数据类型标识符；符号“^”为定义指针类型的标志符。例如

```
TYPE point1=^integer                        {整型指针类型}
    point2=^object        {记录型指针类型}
    object =RECORD
      data: integer
      next: point2
      END      {指针型记录类型}
```

定义 point1 为整型指针类型，point2 为记录型指针类型，object 为指针型记录类型，并且指针类型 point2 与记录类型 object 的定义实际上采用的是递归定义（递归定义的概念在第 7 章 7.4.1 节将会讲到）。

**2. 指针与指针对象的定义**

指针类型变量简称**指针**（Pointer）。指针对象类型变量简称**指针对象**（Pointer Object）。指针及其指针对象是联系密切而又截然不同的两个重要基本概念。指针用于存储指针对象的内存首地址。

指针的定义方式完全同于其他数据类型变量，必须在程序变量说明部分给出，并分配固定的存储空间。例如

```
VAR  pointer1:point1
```

该命令说明了一个整型指针变量 pointer1。指针对象是用与它对应的“**指针名^**”来表示。例如，指针 pointer1 的指针对象表示为：pointer1^或 pointer1－>。

指针对象的定义不是在变量说明部分给出的，而是在程序的执行过程中，伴随其对应指针之值（指针对象的内存首地址）的获得被定义的。指针值的获取方式不仅可以采用通

常的赋值语句，而且还可以采用调用标准过程 **new** 方式。当指针尚未取得非空指针值时，称为**空指针**。其保留字为 **nil**，在图示中通常用“/”表示。

标准过程 **new（p）** 功能如下：

（1）创建一个与指针 p 相对应的指针对象 p^；

（2）开辟一个存储空间，以备存放 p^的值；

（3）使 p^的值待定义；

（4）使 p 自动被赋值为 p^的首地址。

例如，若有如下程序段

```
TYPE  point2=^object
      object =RECORD
        data: integer
        next: point2
        END
VAR  px,py,p:point2
BEGIN
    new(px)
    new(py)
END
```

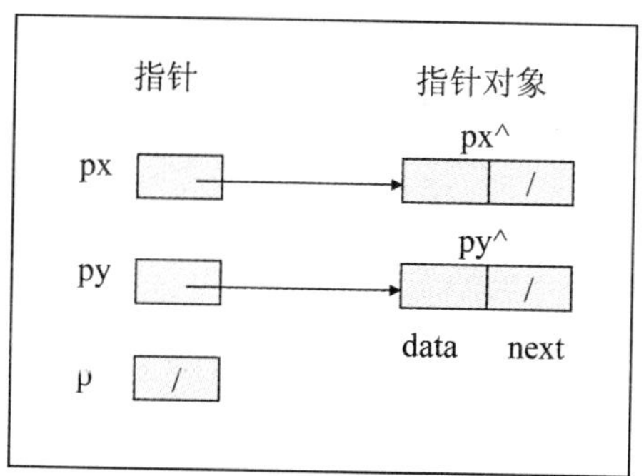


**图 7—8　指针及指针对象关系示意图 1**

则执行该程序段，将创建 3 个指针和 2 个指针对象，如图 7—8 所示。

指针一经定义就一直占用存储空间；指针对象虽然定义后可以自由使用，但当不需要时，可以通过调用标准过程 **dispose（p）** 释放存储空间，它是 **new（p）** 的逆过程。

标准过程 **dispose（p）** 功能如下：

（1）清除与 p 相对应的指针对象 p^；

（2）释放指针对象 p^所占用的内存空间；

（3）置指针 p 为空指针。

例如，若有如下程序段

```
TYPE point2=^object
       object =RECORD
                data: integer
                next: point2
```

```
        END
VAR  px,py,p:point2
BEGIN
    dispose(px)
    new(p)
END
```

则执行该程序段，将清除指针对象 px^，创建另一个指针对象 p^，如图 7—9 所示。

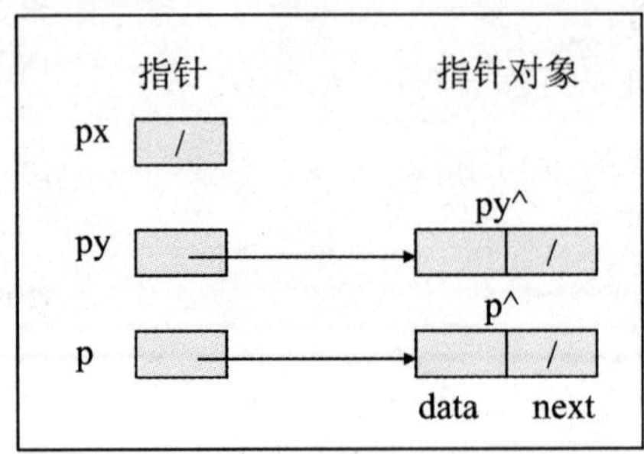


**图 7—9　指针及指针对象关系示意图 2**

**3. 指针与指针对象的运算**

指针只能实施赋值、比较运算或作为过程（函数）参数调用。指针对象可以实施与它同类型变量所能实施的一切运算。

例如，若有如下程序段

```
TYPE  point2=^object
      object =RECORD
                data: integer
                next: point2
                END
VAR  px, py, p: point2
BEGIN
    new (px)
    new (py)
    new (p)
    px^. next=py
    py^. next=p
    px^. data=100
    py^. data=px^. data+72
END
```

则执行该程序段，结果如图 7—10 所示。

通过指针运算，就可以将原来孤立的各指针对象彼此间有机地联系起来，形成一个链状整体。正是利用了指针和指针对象的对应关系及其有关运算，才能借助指针和指针对象构成动态变量，从而可以描述动态数据结构。

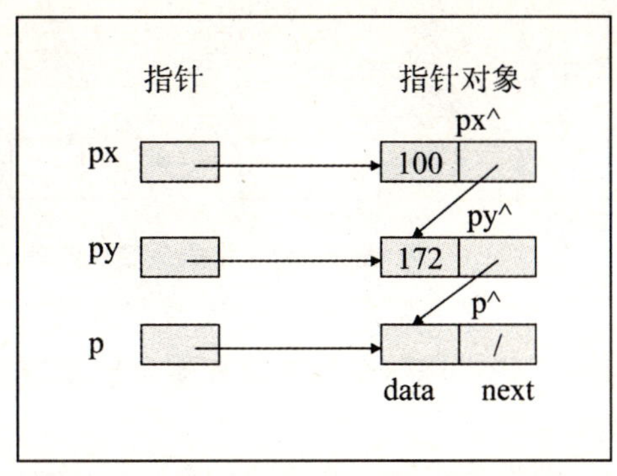


**图 7—10　指针及指针对象运算示意图**

当数据结构的数据所占用的存储空间是固定的有限区域时，称为**静态数据结构**（Static Data Structure）；当数据结构的数据所占用的存储空间是随程序的执行而动态地改变大小和形态时，称为**动态数据结构**（Dynamic Data Structure）。

## 7.2.2　单链表

链接存储方法是给每个结点附加指针字段。即将结点所占的存储单元分为两部分：一部分用于存放结点数据本身，称为**数据项**，用 info 表示；另一部分用于存放该结点的后继结点所对应的存储单元首地址，称为**指针项**，用 link 表示。在链表中，根据每个结点所含指针字段的多少，可分为单链表和双链表。这里介绍**单链表**（One－way Linked List）。

**1. 单链表存储表示**

对于单链表，分配给每个结点的存储单元都分为两部分：info 字段和 link 字段。终端结点没有后继，它的 link 字段的值为 nil。开始结点没有前驱，所以，需要一个**表头变量** head 指向单链表的开始结点。单链表的存储表示如图 7—11 所示。单链表的类型定义和变量说明如下：

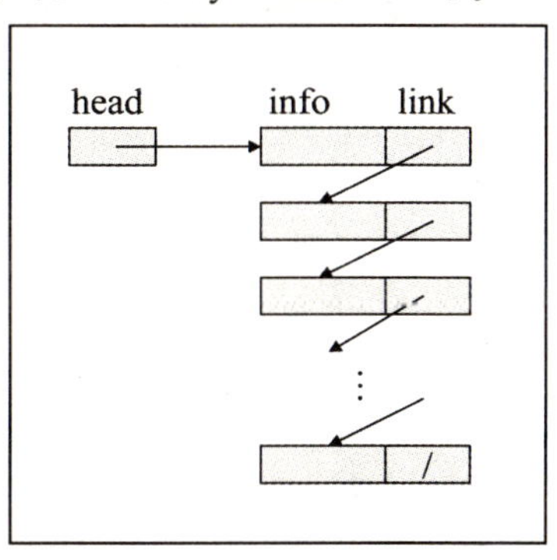


**图 7—11　单链表示意图**

```
TYPE  pointer =^ node
      node =RECORD
             info:datatype
             link::pointer
             END

VAE  head:pointer
```

其中，datatype 是结点的数据类型；head、link 是指向数据类型 node 结点的指针变量，它们的值是某个结点的存储单元首地址。

在单链表的开始结点前面附加一个**表头结点**，构成图 7—12 所示的带表头结点的单链表，数据序列（$k_1$，$k_2$，…，$k_n$）是单链表中的数据。表头结点的类型与链表中其他结点类型完全相同。

在单链表中，附加表头结点是一种常用的技巧，其目的是为了简化插入、删除等操作。在普通的单链表上，删除开始结点的算法步骤与删除其他结点的算法步骤是有区别的：

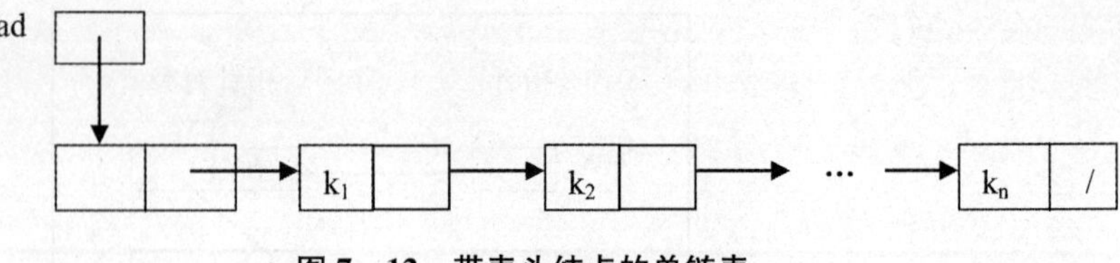

图 7—12 带表头结点的单链表

前者需要修改表头变量的值，而后者不必修改。在带表头结点的单链表中，由于开始结点的前面还有表头结点，因此，无论删除哪个结点或在哪个位置插入结点，算法步骤完全相同，都不需要修改表头变量。

如果线性表的长度为 n，则带表头结点的单链表有 n+1 个结点，不带表头结点的单链表有 n 个结点。

**2. 单链表基本运算的实现**

单链表的主要运算有 **3 种**：查找、插入和删除。假定单链表带有表头结点，表目都属于 **node** 类型，将单链表描述为一个记录型变量 **L**。其中，**L. head** 表示表头变量，指向表头结点；**L. n** 表示线性表的长度（包括表头结点在内，单链表中共有 **L. n+1** 个结点）。算法中的类型定义和变量说明如下：

```
TYPE  pointer =^ node
      node =RECORD
             info:datatype
             link:pointer
             END
      linklist=RECORD
                head:pointer
                n:integer
                END
VAR  L:linklist
     p,q:pointer
     i,j:integer
     x:datatype
```

(1) 在单链表中**查找**第 i 个结点（i≥0）。

在单链表中，无法根据位序直接求出结点的地址，需要从 L. head 变量所指的结点开始，沿着 link 字段所组成的链，一个一个结点往后查找，直到第 i 个结点为止。查找算法设计如图 7—13 所示。

**算法 7—6** Lfind（L，i，p）

| p=L. head;　j=0 | |
|---|---|
| 当 p<>nil .and. j<i | |
| | p=p^. link |
| | j=j+1 |
| 算法结束 | |

图 7—13 单链表查找

在查找算法中，指针 **p** 中存放的是要找结点的地址。当 i=0 时，p 指向表头结点；当 i>n 时，p 为空，表示没有找到（即单链表中的结点数比 i 小）。

（2）在单链表中第 i 个结点之后**插入**一个新元素 x（0⩽i⩽n）

在单链表中，插入和删除运算不必移动结点，只需要改变相应结点 link 字段的值。在实现插入运算时，需要开辟一个可利用空间，以便存储要插入的结点数据。单链表的插入运算如图 7—14 所示。

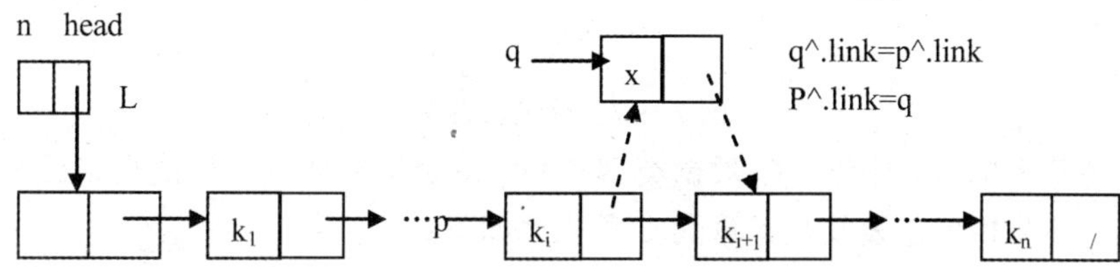


**图 7—14　在 p 所指结点之后插入新结点（q 所指结点）**

在单链表的第 i（0⩽i⩽n）个结点之后插入一个新元素 x，当 i=0 时，表示将新元素插在表头结点之后，成为线性表的开始结点。插入算法设计，如图 7—15 所示。

**算法 7—7**　Linsert（L，i，x）

| Lfind（L，i，p） |
|---|
| new(q) |
| q^.info=x |
| q^.link=p^.link；　p^.link=q |
| L.n=L.n+1 |
| 算法结束 |

**图 7—15　单链表插入**

（3）在单链表中**删除**第 i 个结点（1⩽i⩽n）

在单链表中删除第 i 个结点，首先要找到这个结点前面一个结点的地址，即令 p 指向第 i−1 个结点，然后删除 p 所指结点的下一个结点。单链表的删除运算如图 7—16 所示。

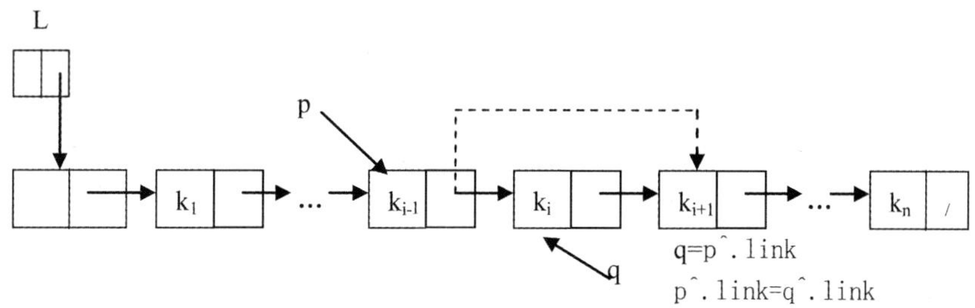


**图 7—16　在单链表中删除第 i 个结点**

在单链表中被删除结点的存储空间需要释放，即将该存储空间送还给可利用空间表。删除算法设计，如图 7—17 所示。

**算法 7—8** Ldelete（L，i）

| Lfind（L，i-1，p） |
|---|
| q=p^.link |
| p^.link=q^.link |
| dispose(q) |
| L.n=L.n-1 |
| 算法结束 |

**图 7—17 单链表删除**

不妨假设单链表中结点的数据类型 **datatype** 是整型数据，单链表中已有 2 个结点数据。根据上述分析单链表及其运算的 C 源程序如下：

```
//* * * * * * * * * * * * * * * * * * * * * * * * * * *
//*   程序名称:Linked_List.cpp                          *
//*   程序功能:数据结构——单链表及其运算的实现           *
//*   包含函数:void main()                              *
//*   int Linsert(struct linklist L)                    *
//*   (struct node * ) Lfind(struct linklist L,int i)   *
//*   int Ldelete(struct linklist L)                    *
//*   void print(struct linklist L1)                    *
//*   作    者:FENGJUN                                  *
//*   编制时间:2014 年 3 月 20 日                       *
//* * * * * * * * * * * * * * * * * * * * * * * * * * *
#include<stdio.h>
#include<malloc.h>          /*动态存储分配函数头文件*/
#define NULL 0            /*空地址*/
#define LEN sizeof(struct node)       /* sizeof 求结构体字节数运算符*/
   struct node              /*链表结点类型*/
{  int info;
struct node *link;
};
struct linklist              /*表头变量类型*/
{ struct node *head;
  int n;
};
//*主函数*//
void main()
{ int i;
  struct linklist L;
  struct node *p,*q;
```

```
L.head=(struct node * ) malloc(LEN);      /* 开辟一个表头结点空间 */
/* 建立具有 2 个结点的链表 */
p=(struct node * ) malloc(LEN);
q=(struct node * ) malloc(LEN);
p->info=100; q->info=200;
L.head->link=p; p->link=q; q->link=NULL; L.n=2;
int Linsert(struct linklist L);                 /* 函数声明 */
struct node * Lfind(struct linklist L,int i);
int Ldelete(struct linklist L);
char code;
int flag=1;
while (flag)
{  printf("* * * * * * 单链表的运算 * * * * * \n");
  printf("*           主  菜  单        *\n");
  printf("*         1——单链表插入       *\n");
  printf("*         2——单链表查找       *\n");
  printf("*         3——单链表删除       *\n");
  printf("*         0——结     束        *\n");
  printf("* * * * * * * * * * * * * * * * * * * \n");
  printf("请选择操作代码(code=0——3):");
  scanf(" %c ",&code);
  while (getchar()! ='\n') ;
  switch (code)
  {  case '1':         /* 单链表插入 */
       L.n=Linsert(L); break;
    case '2':         /* 单链表查找 */
      printf("请输入要查找链表中第几个结点(0-- %d):",L.n);
      scanf(" %d ",&i);
      p=Lfind(L,i);
      if (p! =NULL) printf("第 %d 个结点是: %6d\n",i,p->info);
      else printf("没有第 %d 个结点。\n",i);
      break;
    case '3':         /* 单链表删除 */
       L.n=Ldelete(L); break;
    case '0':         /* 结束程序运行 */
       flag=0;  break;
    default:          /* 选择了非法代码 */
       printf(" 所选择的代码 %c 是非法代码。\n ",code);
}
```

```
    printf("按任意键,返回。\n");
    while (getchar()! ='\n') ;
  }
}
//*单链表输出函数*/
void print(struct linklist L1)
{ struct node *p1;
  p1=L1.head->link;
  while (p1! =NULL)
  {  printf("%6d",p1->info);
     p1=p1->link;
  }
  printf("\n");
  return;
}
//*单链表查找函数*/
struct node* Lfind(struct linklist L1,int i)
{ int j;
  struct node *p1;
  if (i<0) i=0;  if (i>L1.n) i=L1.n;     /*保证i的值在0~L.n之间*/
  p1=L1.head;  j=0;
  while (p1! =NULL&&j<i)
    {p1=p1->link; j=j+1;}
  return(p1);
}
//*单链表插入函数*/
int Linsert(struct linklist L1)
{ int x,i;
  struct node *p1,*q1;
  printf("请输入要插入的位置,第几个结点之后(1--%d):",L1.n);
  scanf(" %d ",&i);
  getchar();
  p1=Lfind(L1,i);
  if (p1==NULL)
    { printf("没有第 %d个结点。\n",i); return(L1.n); }
  printf("插入前单链表结点序列如下:\n");
  print(L1);             /*单链表输出函数调用*/
  /*插入一个结点*/
  q1=(struct node* ) malloc(LEN);
```

```
  printf("请输入要插入的结点(整数):");
  scanf(" %d ",&q1->info);
  q1->link=p1->link; p1->link=q1;L1.n=L1.n+1;
  printf("插入后单链表结点序列如下:\n");
  print(L1);              /*单链表输出函数调用*/
  return(L1.n);
}
//*单链表删除函数*/
int Ldelete(struct linklist L1)
{ int i;
  struct node *p1,*q1;
  printf("请输入要删除第几个结点(1-- %d):",L1.n);
  scanf(" %d ",&i);
  p1=Lfind(L1,i-1);
  if (p1==NULL||p1->link==NULL)
    { printf("没有第 %d 个结点。\n",i); return(L1.n); }
  printf("删除前单链表结点序列如下:\n");
  print(L1);              /*单链表输出函数调用*/
  /*删除第 i 个结点*/
  q1=p1->link; p1->link=q1->link; L1.n=L1.n-1;
  free(q1);    /*释放 q1 所指结点空间*/
  printf("删除后单链表结点序列如下:\n");
  print(L1);              /*单链表输出函数调用*/
  return(L1.n);
}
```

---

运行程序得到如下结果:

```
******单链表的运算************
*              主  菜  单                *
*         1——单链表的插入              *
*         2——单链表的查找              *
*         3——单链表的删除              *
*         0——结      束                *
**********************
请选择操作代码(code=0——3):1↙
请输入要插入的位置,第几个结点之后(1--2):1↙
插入前单链表结点序列如下:
  100  200
请输入要插入的结点(整数):150↙
```

```
插入后单链表结点序列如下:
  100  150  200
按任意键,返回。

* * * * * * * * * 单链表的运算 * * * * * * * *
*                主  菜  单                    *
*            1——单链表的插入                  *
*            2——单链表的查找                  *
*            3——单链表的删除                  *
*            0——结        束                  *
* * * * * * * * * * * * * * * * * * * * * * *
请选择操作代码(code=0——3):2↙
请输入要查找链表中第几个结点(0——3):2↙
第 2 个结点是:150
按任意键,返回。

* * * * * * * * * 单链表的运算 * * * * * * * *
*                主  菜  单                    *
*            1——单链表的插入                  *
*            2——单链表的查找                  *
*            3——单链表的删除                  *
*            0——结        束                  *
* * * * * * * * * * * * * * * * * * * * * * *
请选择操作代码(code=0——3):3↙
请输入要删除第几个结点(1——3):3↙
删除前单链表结点序列如下:
  100  150  200
删除后单链表结点序列如下:
  100  150
按任意键,返回。

* * * * * * * * * 单链表的运算 * * * * * * * *
*                主  菜  单                    *
*            1——单链表的插入                  *
*            2——单链表的查找                  *
*            3——单链表的删除                  *
*            0——结        束                  *
* * * * * * * * * * * * * * * * * * * * * * *
请选择操作代码(code=0——3):0↙
按任意键,返回。
Press any key to continue
```

在程序中使用＃include<malloc. h>把头文件 malloc. h 包含到源程序文件，因为在程序中使用了两个动态存储分配函数：在命令 q1＝（struct node＊）malloc（LEN）中，函数 malloc（LEN）的功能是分配 LEN 个字节的存储区用于存储结构体 struct node 类型数据，并将该存储区的首地址赋值给结构体 struct node 指针类型变量 q1；函数 free（q1）的功能是释放结构体 struct node 指针类型变量 q1 所指存储空间。

在 C 语言中用 NULL 表示“空地址”，在程序中使用命令＃define NULL 0 定义 NULL 的值。关键字 sizeof 是求字节数的运算符，命令＃define LEN sizeof（struct node）用于定义符号常量 LEN 的值为结构体 struct node 类型所占用的字节数。

在程序中以结构体 struct linklist 类型变量 L 作为函数参数，其中成员 L. n 是值传递；成员 L. head 是指针变量作为函数参数，它传递的是存储单元的地址。对于单链表的插入和删除，都要改变链表中的结点数 L. n，因此，插入函数 int Linsert（struct linklist L）和删除函数 int Ldelete（struct linklist L）都作为整型函数，在调用返回 return（L1. n）时，返回链表的结点数 L1. n。

在单链表插入函数和删除函数中都调用了输出函数 void print（struct linklist L1）和查找函数 struct node＊ Lfind（struct linklist L，int i）。输出函数是无类型函数；查找函数是结构体 struct node 指针类型，在调用返回 return（p1）时，返回结构体 struct node 指针类型变量 p1 的值，若 p1 的值为 NULL，则没有找到所需结点，否则 p1 指向所找结点的首地址。

请读者思考，单链表还应该具备哪些运算，比如，创建单链表、输出单链表等。请读者以函数或过程形式实现这些运算，并将这些运算组织到上述程序中。

### 7.2.3 应用举例

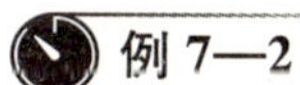 例 7—2

已知线性表 LA 和 LB 中的数据元素按值非递减有序排列，现要求将 LA 和 LB 归并为一个新的线性表 LC，且 LC 中的数据元素仍按值非递减有序排列。例如，设

LA＝（3，7，11，15）

LB＝（2，5，8，11，14，17）

则

LC＝（2，3，5，7，8，11，11，14，15，17）

**问题分析：**根据题目要求，LC 中的数据元素或是 LA 中的数据元素，或者是 LB 中的数据元素。因此，只要先设 LC 为空表，然后将 LA 或 LB 中的元素逐个插入到 LC 中即可。

假设表头变量为 La 和 Lb 的单链表分别是线性表 LA 和 LB 的存储结构，则现在要归并 La 和 Lb 得到单链表 Lc。

引入三个指针变量 pa、pb 和 pc，其中 pa 和 pb 分别指向单链表 La 和 Lb 中当前待比较插入的结点，而 pc 指向单链表 Lc 中当前最后一个结点。

若 pa 所指结点的数值不大于 pb 所指结点的数值，则将 pa 所指结点数据插入到 pc 所

指结点之后；否则，将 pb 所指结点数据插入到 pc 所指结点之后。

显然，指针的初始状态为：当 LA 和 LB 为非空表时，则 pa 和 pb 分别指向单链表 La 和 Lb 中的开始结点；否则它们的值为空。pc 指向空链表 Lc 的表头结点。

循环执行的条件是 pa 和 pb 都不为空，当其中有一个为空时，说明这个单链表中的结点已归并完毕。这时，还需要将另一个单链表中未归并的结点数据插入到 pc 所指结点之后。

在归并过程中，若需要保留原有单链表，则在插入结点时，就得开辟新的存储空间。因此，归并两个单链表的算法设计如图 7—18 所示，算法中的类型定义和变量说明如下：

```
TYPE  datatype=integer
      pointer =^ node
      node =RECORD
         info:datatype
         link::pointer
         END
      linklist=RECORD
         head:pointer
         n:integer
         END
VAR  La,Lb,Lc:linklist
     pa,pb,pc,p:pointer
```

**算法 7—9** mergelist（La，Lb，Lc）

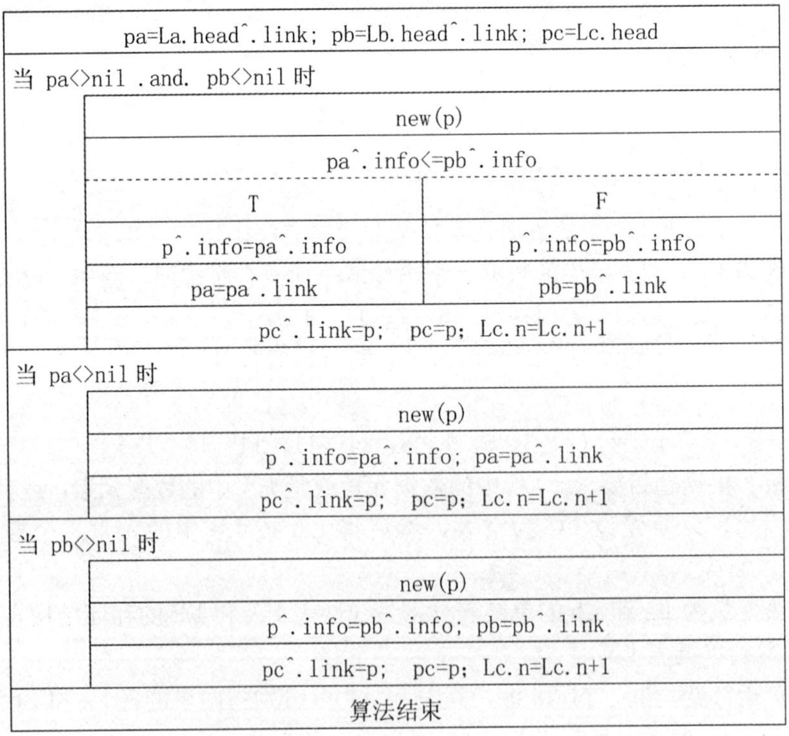

pa=La.head^.link； pb=Lb.head^.link； pc=Lc.head

当 pa<>nil .and. pb<>nil 时

- new(p)
- pa^.info<=pb^.info

| T | F |
|---|---|
| p^.info=pa^.info | p^.info=pb^.info |
| pa=pa^.link | pb=pb^.link |

- pc^.link=p； pc=p； Lc.n=Lc.n+1

当 pa<>nil 时

- new(p)
- p^.info=pa^.info； pa=pa^.link
- pc^.link=p； pc=p； Lc.n=Lc.n+1

当 pb<>nil 时

- new(p)
- p^.info=pb^.info； pb=pb^.link
- pc^.link=p； pc=p； Lc.n=Lc.n+1

算法结束

**图 7—18 归并两个单链表**

根据算法 7—9 编制 C 源程序如下：

```
//*************************************
//*   程序名称:mergelist.cpp                                    *
//*   程序功能:两个有序单链表的归并                                *
//*   包含函数:void main()                                      *
//*            struct node * merge(struct node *pab,struct node *pc)  *
//*            void print(struct linklist L1);                  *
//*   作    者:FENGJUN                                          *
//*   编制时间:2014 年 3 月 20 日                                 *
//*************************************
#include<stdio.h>
#include<malloc.h>          /*动态存储分配函数头文件*/
#define NULL 0              /*空地址*/
#define LEN sizeof(struct node)        /* sizeof 求结构体字节数运算符*/
struct node                 /*链表结点类型*/
{  int info;
   struct node *link; };
struct linklist             /*表头变量类型*/
{  struct node *head;
   int n; };
//*主函数*//
void main()
{ int i;
  struct linklist La,Lb,Lc;
  struct node *p, *q, *pa, *pb, *pc;
  /*开辟表头结点空间*/
  La.head=(struct node* ) malloc(LEN);
  Lb.head=(struct node* ) malloc(LEN);
  Lc.head=(struct node* ) malloc(LEN); Lc.n=0;
  /*建立具有 4 个结点的单链表 La*/
  p= La.head;
  for (i=3;i<=15;i=i+4)
  {  q=(struct node* ) malloc(LEN);
     q->info=i; p->link=q;p=q;
  }
  p->link=NULL; La.n=4;
  /*建立具有 6 个结点的单链表 Lb*/
  p= Lb.head;
  for (i=2;i<=17;i=i+3)
```

```
  {  q=(struct node * ) malloc(LEN);
     q->info=i; p->link=q;p=q;
}
p->link=NULL; Lb.n=6;
struct node * merge(struct node *pab,struct node *pc);     /*函数声明*/
void print(struct linklist L1);
/*两个链表归并*/
pa=La.head->link;pb=Lb.head->link;pc=Lc.head;
while (pa! =NULL&&pb! =NULL)
{  if (pa->info<=pb->info) pa=merge(pa,pc);
    else pb=merge(pb,pc);
    pc=pc->link; Lc.n=Lc.n+1;
}
  while (pa! =NULL)        /*归并链表 La*/
    {  pa=merge(pa,pc); pc=pc->link; Lc.n=Lc.n+1;}
  while (pb! =NULL)        /*归并链表 Lb*/
    {  pb=merge(pb,pc); pc=pc->link;Lc.n=Lc.n+1;}
  pc->link=NULL;
  printf("单链表 La 的结点序列如下:\n");
  print(La);
  printf("单链表 Lb 的结点序列如下:\n");
  print(Lb);
  printf("单链表 Lc 的结点序列如下:\n");
  print(Lc);
}
//*单链表输出函数*/
void print(struct linklist L1)
{ struct node *p1;
  p1=L1.head->link;
  while (p1! =NULL)
  {  printf("%6d",p1->info);
    p1=p1->link;
  }
  printf("\n");
  return;
}
//*单链表归并函数*/
struct node* merge(struct node *pab,struct node *pc)
{ struct node *p;
```

```
    p=(struct node * ) malloc(LEN);
    p->info=pab->info; pab=pab->link; pc->link=p;
    return(pab);
}
```

```
运行程序得到如下结果:
单链表 La 的结点序列如下:
3    7    11    15
单链表 Lb 的结点序列如下:
2    5    8    11    14    17
单链表 Lc 的结点序列如下:
2    3    5    7    8    11    11    14    15    17
Press any key to continue
```

在这个归并算法中，保留了原有单链表 La 和 Lb，形成新的单链表 Lc，需要重新开辟 La. n+Lb. n 个结点空间。当不需要保留原有单链表 La 和 Lb 时，可以节省 La. n+Lb. n 个结点空间。这时，只需要将一个单链表中的结点插入到另一个单链表中即可。请读者用 N－S 流程图描述不保留原有单链表 La 和 Lb 的算法，并编程实现。

## 7.3 栈

栈和队列是两种重要的数据结构。它们在各类程序设计中应用十分广泛，例如，在编译系统、操作系统等系统软件设计以及递归问题处理等方面都需要使用栈或者队列。从逻辑上看，栈和队列都属于线性结构，是两种特殊的线性表，其特殊性在于栈和队列的基本运算是一般线性表运算的一个子集，并且运算的位置受到限制，即栈和队列是运算受限制的线性表。因此，可以把它们称为限定性数据结构。

### 7.3.1 栈的概念

**栈**（Stack）是一种插入和删除运算受限制的线性表，限制插入和删除运算仅在表的一端进行。允许进行插入和删除运算的一端称为**栈顶**（Top），另一端称为**栈底**（Bottom）。当线性表中没有元素时，该栈称为**空栈**。

栈的插入运算又称为进栈或压栈或入栈；栈的删除运算又称为退栈或栈的弹出或出栈。

假设线性表 S=（$a_1$，$a_2$，$a_3$，…，$a_n$）是一个栈，栈中元素按 $a_1$，$a_2$，$a_3$，…，$a_n$ 的次序依次进栈，则称 $a_1$ 为栈底元素，$a_n$ 为栈顶元素。按照栈的概念，每次删除的总是栈中当前的栈顶元素，即最近插入的最新结点；最先插入的结点被放在栈的底部，要到最后才能被删除。也就是说，栈中元素的进出是按照后进先出的原则进行的，如图 7—19 所示。

因此，栈又称为**后进先出**（Last In First Out）线性表（简称**LIFO**结构）或下推表。

在人们的日常生活中有许多类似于栈的例子。例如，把洗干净的一摞盘子看作一个栈，通常，后洗净的盘子总是叠放在先洗净的盘子上面，最后洗净的盘子叠放在最上面；在使用时，每次都是先取走最上面的盘子，即后洗净的盘子被先取走使用。因此，叠放盘子（进栈）和取走盘子（出栈）的过程就是对栈的插入和删除运算的一个生动形象的模拟。又如，在向枪支弹夹里装填子弹时，子弹总是一个接一个地压入，射击时子弹总是从弹夹的顶端一个接一个地被射出。栈的插入、删除运算正是这些实际现象的抽象。

栈的存储表示有顺序存储结构和链接存储结构两种。

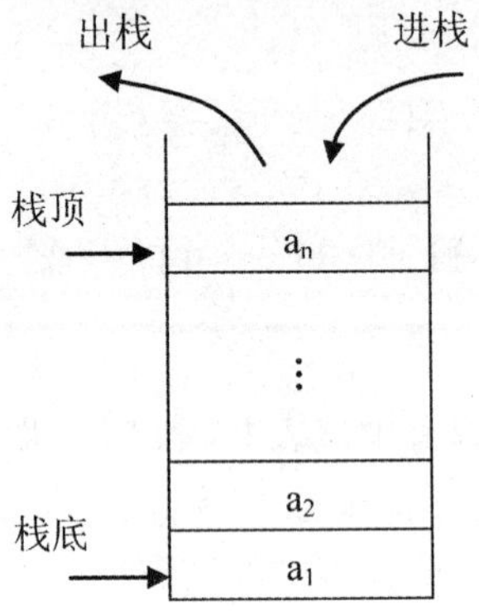


**图 7—19　栈的进出示意图**

## 7.3.2　顺序栈

用顺序存储方法存储的栈称为**顺序栈**（Sequential Stack）。

**1. 顺序栈存储表示**

分配一片连续的存储空间，存放栈中表目，并用一个变量来指向当前栈顶元素，该变量称为**栈顶变量**或**栈顶指针**。类似于顺序表，用数组描述顺序栈，定义一个整型变量 t 作为栈的栈顶指针，它始终指向栈顶元素。

假设栈中表目数最大不超过数 m0，又假设所有表目都具有同一数据类型 datatype。则栈的类型定义和变量说明如下：

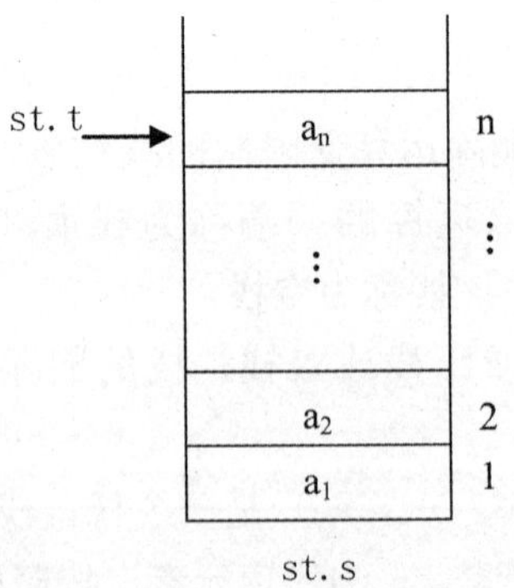


**图 7—20　栈顶指针与栈中元素的关系**

```
TYPE   stack=RECORD
            s:ARRAY[1..m0] OF datatype
            t:0..m0
            END
VAR  st:stack
```

不难看出：

st. t 表示栈顶指针；

st. s 表示存放栈中表目的数组；

st. s [st. t] 表示当前栈顶元素。

当栈不空时，st. t 的值就是栈顶元素所在数组元素的下标值，这样，st. s [1] 为第一个进入栈中的元素，st. s [i] 为第 i 个进入栈中的元素，st. s [st. t] 为当前栈顶元素。当 st. t=0 时，表示为空栈。图 7—20 展示了顺序栈中数据元素与栈顶指针的关系。

在栈的类型定义中，把存放栈中表目的数组和指向栈顶元素的变量都作为栈 st 中的分量来定义。这种定义使得对栈的引用只需涉及记录变量 st，不必指出 st 的细节，这符合结构化程序设计思想。但是，当需要涉及细节时，书写就比较麻烦。为了书写简便，在不会引起混淆的情况下，把 st. t 简写成 t，st. s 简写成 s，这样 st. s [st. t] 就可以简写成 s [t]。

**2. 顺序栈基本运算及其实现**

顺序栈的基本运算有以下 4 种。

(1) 栈的插入 push (st，x)。往栈 st 中插入一个值为 x 的表目。

(2) 栈的删除 pop (st)。从栈 st 中删除一个表目。

(3) 读栈顶元素 top (st，x)。把栈顶表目的值读到变量 x 中，栈保持不变。

(4) 判断栈是否为空 sempty (st)。判断栈 st 是否为空栈，这是一个布尔函数。当栈 st 中无表目时，则它为空栈，函数值取真值；否则，函数值为假。

由于数组是一个静态结构，所以使用数组描述的栈存在着所谓的溢出问题。当分配给栈的存储区域已被占满时，若还要进行栈的插入运算，就会发生上溢 (overflow)；当栈中已没有表目时，若还要进行栈的删除运算，就会发生下溢 (underflow)。为了避免溢出，在对栈进行插入运算和删除运算之前，应该分别测试栈是否已满或者栈是否已空。

顺序栈 4 种基本运算的具体实现设计算法如图 7—21 所示，算法中的类型定义和变量说明如下：

```
TYPE   stack=RECORD
            s:ARRAY[1..m0] OF datatype
            t:0..m0
            END
VAR st:stack
    x:datatype
```

**算法 7—10**　push（st，x）

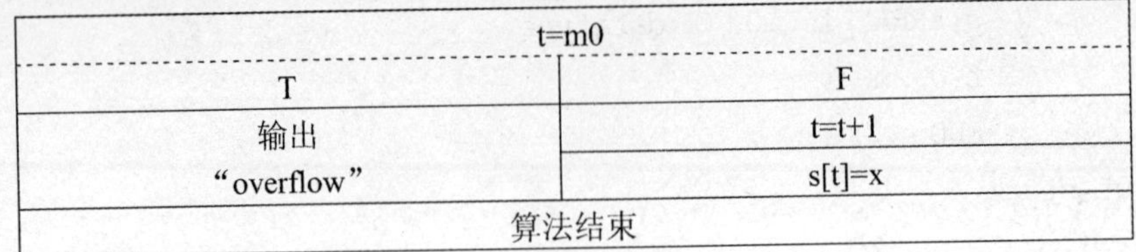


（a）栈的插入

**算法 7—11**　pop（st）

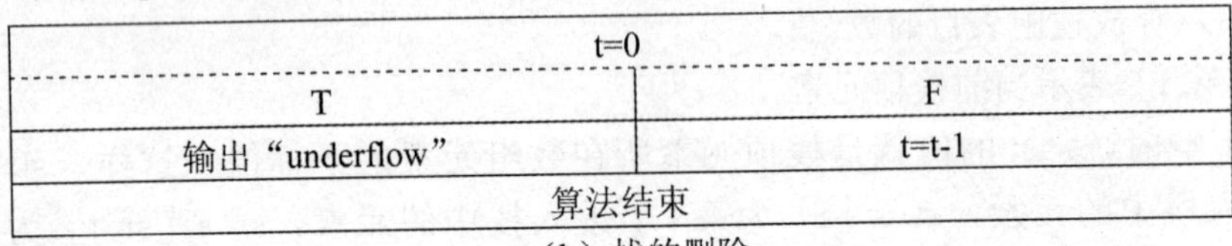


（b）栈的删除

**算法 7—12**　top（st，x）

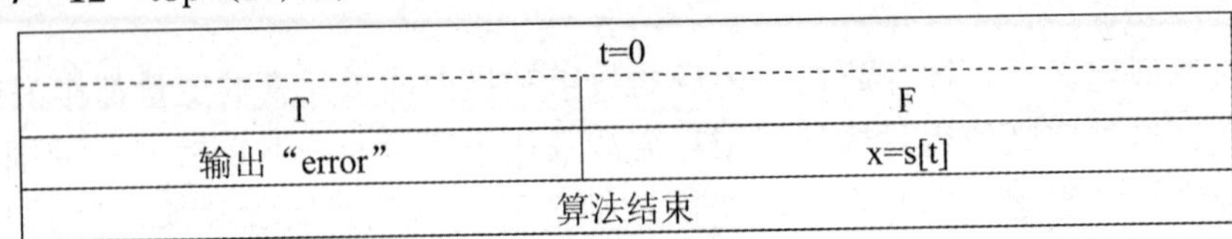


（c）读栈顶元素

**算法 7—13**　sempty（st）

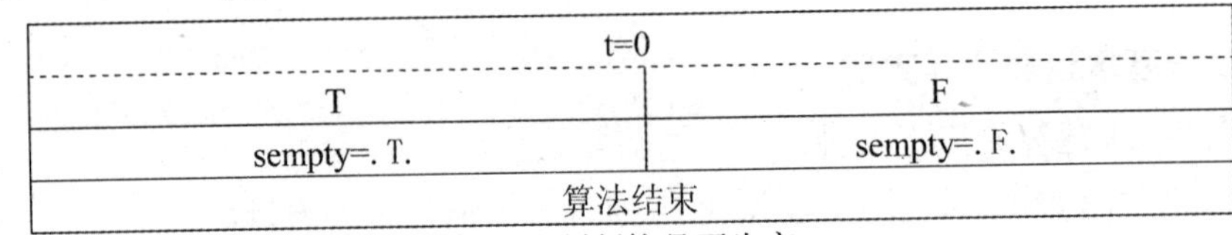


(d) 判断栈是否为空

**图 7—21　顺序栈 4 种基本运算**

例如，顺序栈 st 的初始状态为空栈，m0=5。要求做下面一系列运算：（1）依次压入元素 A，B；（2）读栈顶元素；（3）弹出一次；（4）再压入元素 C。则运算过程如图 7—22 所示。

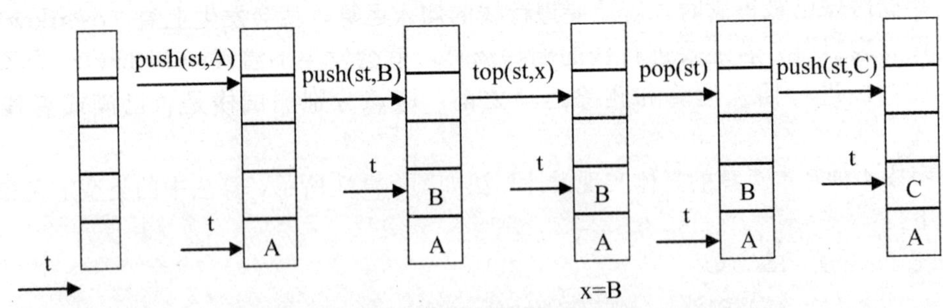


**图 7—22　顺序栈基本运算示意图**

不妨假设栈中表目的数据类型 datatype 是整型数据，下标为 0 的数组元素不存储栈中数据。根据算法 7—10 到算法 7—13 编制顺序栈及其基本运算的 C 源程序如下：

```
//***************************
//*  程序名称:stack.cpp                              *
//*  程序功能:数据结构——顺序栈及其基本运算的实现 *
//*  包含函数:void main()                            *
//*          void push(struct stack *p,int x)         *
//*          void pop(struct stack *p);               *
//*          int top(struct stack  st)                *
//*          int sempty(struct stack  st)             *
//*  作    者:FENGJUN                                 *
//*  编制时间:2014年3月20日                          *
//***************************
#include<stdio.h>
#define m0 20
struct stack                    /*栈类型*/
{  int s[m0+1];
   int t; };
//*主函数*//
void main()
{ struct stack  st,*p;        /*说明一个栈变量st和一个指向栈的指针变量p*/
  int x;
  p=&st;
  st.t=0;
  void push(struct stack *p,int x);  /*函数声明*/
  void pop(struct stack *p);
  int top(struct stack st);
  int sempty(struct stack st);
  for (x=10;x<=50;x=x+10)  /*向栈顶插入5个元素10、20、30、40、50*/
    push(p,x);
  printf("向栈顶插入5个元素后,");
  printf("栈顶指针为%d,栈顶元素为%d。\n", st.t, st.s[st.t]);
  for (x=1;x<=3;x++)  /*删除栈顶3个元素*/
    pop(p);
  printf("删除栈顶3个元素后,");
  printf("栈顶指针为%d,栈顶元素为%d。\n", st.t, st.s[st.t]);
  x=top(st);        /*读栈顶元素*/
  printf("读出的栈顶元素为%d,栈顶指针为%d。\n",x,st.t);
  if (sempty(st))  printf("调用函数 sempty(st),栈已空。\n");
  else printf("调用函数 sempty(st),栈不空。\n");
}
```

```
/*栈的插入*/
void push(struct stack *p,int x)
{ if (p->t==m0)  printf("栈已满,无法插入。\n");
  else {p->t=p->t+1;p->s[p->t]=x; }
  return;
}
/*栈的删除*/
void pop(struct stack  *p)
{ if (p->t==0)  printf("栈已空,无法删除。\n");
  else p->t=p->t-1;
  return;
}
/*读栈顶元素*/
int top(struct stack  st)
{ if (st.t==0)  { printf("栈已空,无数据可读。\n");return(0);}
  else  return(st.s[st.t]);
}     /*返回栈顶元素*/
/*判断栈是否为空*/
int sempty(struct stack st)
{ if (st.t==0)  return(1);
  else  return(0);
}     /*返回逻辑值0、1*/
```

---

```
运行程序得到如下结果:
向栈顶插入5个元素后,栈顶指针为5,栈顶元素为50。
删除栈顶3个元素后,栈顶指针为2,栈顶元素为20。
读出的栈顶元素为20,栈顶指针为2。
调用函数sempty(st),栈不空。
Press any key to continue
```

请读者思考，对于栈的插入函数和删除函数，为什么用指针变量 struct stack *p 作为函数参数？能否用结构体变量 struct stack st 作为函数参数？对于读栈顶元素函数和判断栈是否为空函数，为什么用结构体变量 struct stack st 作为函数参数？能否用指针变量 struct stack *p 作为函数参数？为什么将插入函数和删除函数定义为无类型函数，而把读栈顶元素函数和判断栈是否为空函数定义为整型函数？

请读者用 C++语言设计实现抽象数据类型的顺序栈。

### 7.3.3 链接栈

在同时使用多个栈时，为了共享同一个存储区，较有效的办法就是采用链接存储方式。用链接存储方法存储的栈称为**链接栈**（Linked Stack）。

**1. 链接栈存储表示**

链接栈的结点结构与单链表的结点结构完全相同，也就是说，将链接栈组织成单链表形式。值得注意的是，链接栈中指针的方向是从栈顶指向栈底，链接栈，如图 7—23 所示。图中 T 为栈顶指针，也是单链表的表头变量。当 T=nil 时，链接栈为空。

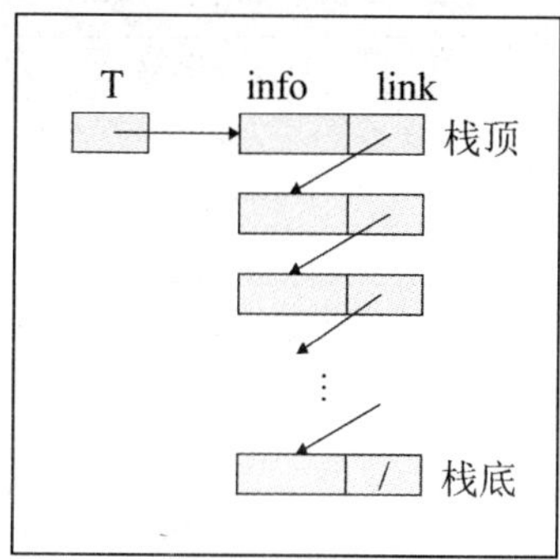


**图 7—23　链接栈示意图**

链接栈的类型定义和变量说明如下：

```
TYPE  pointer=^node
      node=RECORD
            info:datatype
            link:pointer
            END
VAR  T:pointer
```

**2. 链接栈基本运算及其实现**

链接栈的基本运算与顺序栈的基本运算相同，链接栈的插入和删除运算总是在栈顶指针所指位置上进行。链接栈 4 种基本运算的算法设计如图 7—24 所示，算法中的类型定义和变量说明如下：

```
TYPE  pointer=^node
      node=RECORD
            info:datatype
            link:pointer
            END
VAR  T:pointer
     p:pointer
     x:datatype
```

**算法 7—14** push（T，x）

| new(p); |
| --- |
| p^.info=x |
| p^.link=T; T=p |
| 算法结束 |

（a）栈的插入

**算法 7—15** pop（T）

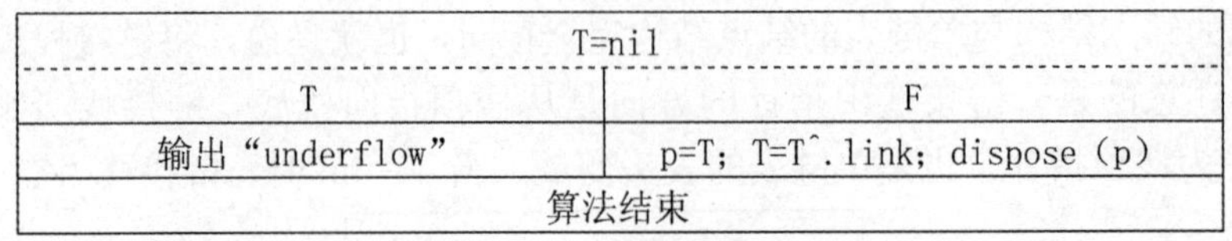

| T=nil | |
| --- | --- |
| T | F |
| 输出“underflow” | p=T; T=T^.link; dispose（p） |
| 算法结束 | |

（b）栈的删除

**算法 7—16** top（T，x）

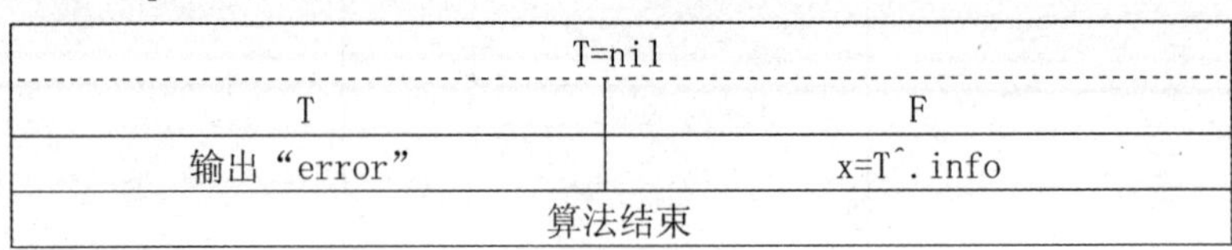

| T=nil | |
| --- | --- |
| T | F |
| 输出“error” | x=T^.info |
| 算法结束 | |

（c）读栈顶元素

**算法 7—17** sempty（T）

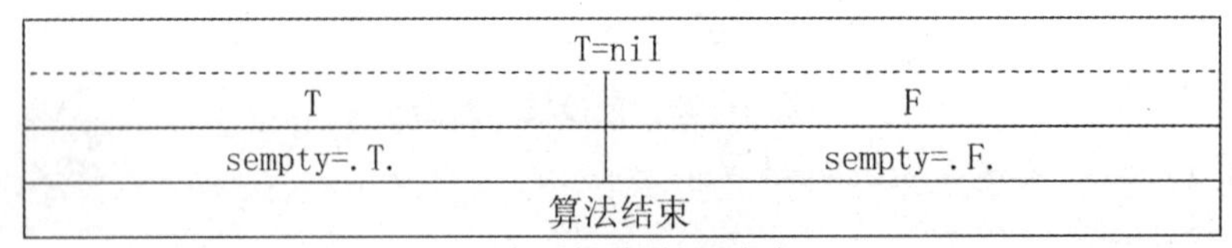

| T=nil | |
| --- | --- |
| T | F |
| sempty=.T. | sempty=.F. |
| 算法结束 | |

（d）判断栈是否为空

**图 7—24 链接栈 4 种基本运算**

链接栈 4 种基本运算的算法比较简单，请读者编程实现。在 6.2 模块化设计技术与方法一节中，例 6—1 要求设计一个栈，将表示栈的具体数据结构以及实现栈运算的过程组合在一起，构成一个模块。在模块外部，所见到的是一个抽象的栈以及栈的基本运算。请读者用 C++语言设计实现抽象数据类型的链接栈，并在编程实现和栈的应用中体会这种模块化的设计思想。

## 7.4 递归与非递归过程

递归是算法设计中最有力的方法之一。许多问题采用递归方法进行处理，使算法非常简洁而清晰。下面介绍递归概念、递归过程设计以及递归过程与非递归过程的转换。

### 7.4.1 递归概念

一个函数、过程或者数据结构，如果在它们定义的内部又出现定义本身的应用，则称它们是递归的，或者是递归定义的。

递归函数的一个典型例子是阶乘函数，阶乘函数的定义如下：

$$\text{fact (n)} = \begin{cases} 1 & \text{若 } n=0 \\ n * \text{fact (n}-1) & \text{若 } n>0 \end{cases}$$

为了定义 n 的阶乘，必须先定义（n−1）的阶乘，…。这种用自身的简单情况定义自己的方式，称为**递归定义**（Recursive Define）。

递归定义必须一步比一步简单，最后有终结，决不能无限循环下去。

在 n 阶乘定义中，当 n=0 时，定义为 1，是最简单情况，称为**递归出口**。它本身不再使用递归定义。根据阶乘递归定义，可以写出阶乘的递归算法如图 7—25 所示，算法中的变量说明如下：

```
VAR  n:integer
```

**算法 7—18**　fact（n）

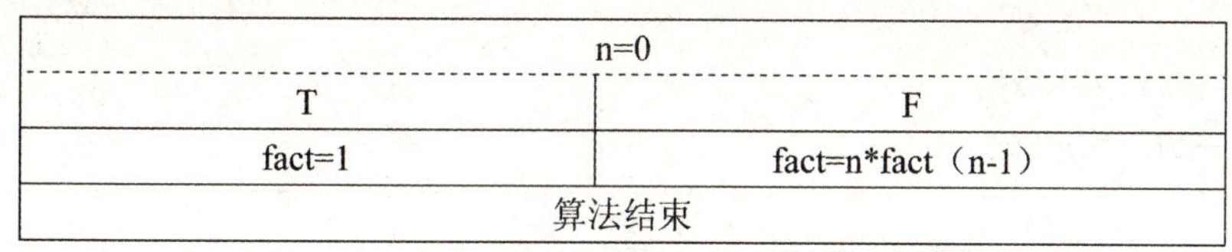

| n=0 | |
|---|---|
| T | F |
| fact=1 | fact=n*fact（n-1） |
| 算法结束 | |

**图 7—25　阶乘的递归函数**

函数 fact（n）中又调用了函数 fact，这种过程或函数自己调用自己的作法称为递归调用（Recursive Call）。包含递归调用的过程或函数称为**递归过程或函数**（Recursive Procedure）。

递归是一种强有力的数学工具，它给算法设计带来方便。但是，在程序中无限制的使用递归又会给实际带来许多麻烦。递归定义的函数或过程通常带有一些局部量，只有当整个函数或过程执行完毕后，这些局部量才失去意义。每当函数或过程递归调用一次，就必然生成一组“新”的局部量，虽然这些新的局部量与原有的局部量具有相同的名字，但是它们的值已完全不同。这在具体实现中往往使用堆栈来存放这些相同的标识符在各个活动期间的值。

一般来说，递归过程的实现效率是非常低的，每次过程调用，都必须首先做诸如参数替换、环境保护等事情。造成效率低下的另一个重要原因是需要进行大量重复计算。下面看一个例子：2 阶 Fibonacci（斐波那契）数列的递归定义如下：

$$\text{Fib (n)} = \begin{cases} n & \text{若 } n=0、1 \\ \text{Fib (n}-1) + \text{Fib (n}-2) & \text{若 } n>1 \end{cases}$$

这是一个非常有趣的古典数学问题：有一对兔子，从出生后第 3 个月起每个月都生一对小兔子。小兔子长到第 3 个月后每个月也生一对小兔子。假设所有兔子都不死，问每个月的兔子总数是多少？

2 阶 Fibonacci（斐波那契）数列的递归算法如图 7—26 所示，算法中的变量说明如下：

```
VAR  n: integer
```

**算法 7—19**　fib（n）

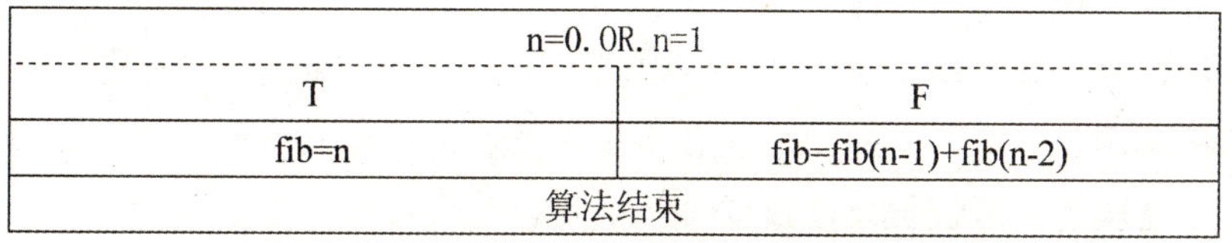

| n=0. OR. n=1 | |
|---|---|
| T | F |
| fib=n | fib=fib(n-1)+fib(n-2) |
| 算法结束 | |

**图 7—26　Fibonacci（斐波那契）数列的递归函数**

当 n>1 时，每次 fib（n）的计算都导致两个 fib 的调用，为了计算 fib（n），所需调用 fib 的总数随 n 成指数倍增长，如图 7—27 所示。比如，计算 fib（5）共需要进行 14 次函数 fib 的调用，其中，fib（0）计算 3 次，fib（1）计算 5 次，fib（2）计算 3 次，fib（3）计算 2 次。这样大量的重复计算，大大降低了递归的执行效率。

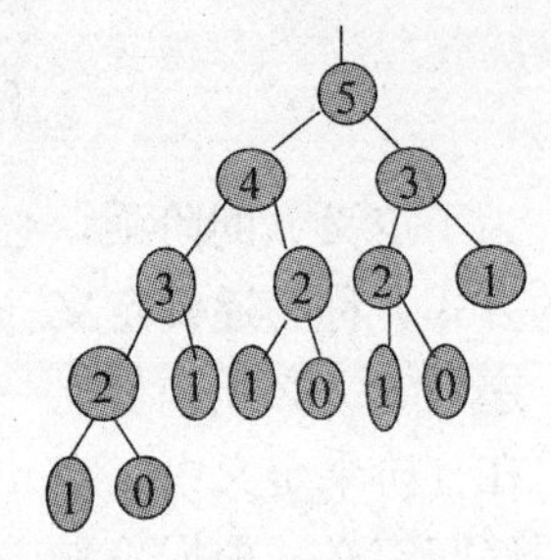


图 7—27　计算 fib（n）的递归调用示例

事实上，对于计算 fib（n）的值，采用递推方法，只要引进两个辅助变量 x、y，就可以直接写出计算 fib（n）的递推算法。算法设计如图 7—28 所示，算法中的变量说明如下：

```
VAR n,i,x,y:integer
```

**算法 7—20**　fib（n）

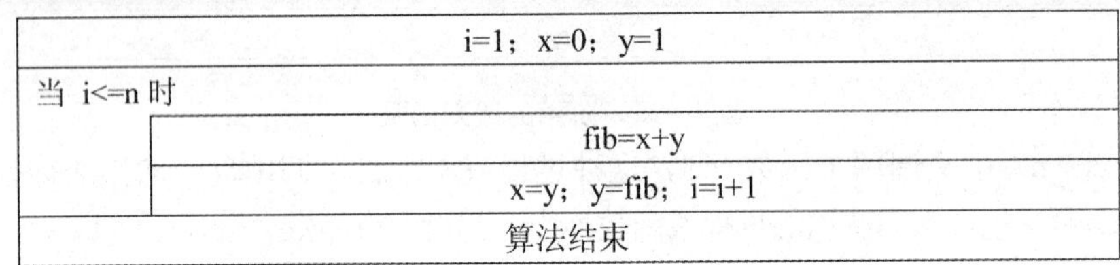


**图 7—28　Fibonacci（斐波那契）数列的递推函数**

按照递推函数计算 fib（n）时，每个 fib（i）仅计算一次，显然，执行效率要比递归函数高得多。正因为如此，不少程序设计语言禁止使用递归。另一方面，递归又特别符合人们的思维习惯，递归算法设计要比非递归算法设计容易，特别是当所涉及的数据结构是递归定义的时候，使用递归算法特别合适。所以，又有许多程序设计语言允许使用递归。

鉴于递归概念本身固有的简明性质，人们往往利用递归作为功能描述的工具，或者人们先设计出递归算法作为第一步，然后再将它变换成非递归程序去执行。当然，后者必将涉及一些处理递归的策略，如数据结构中栈的应用，这就使得程序难于阅读与理解。但是，由于人们只是把后者看作是由前者经变换所得的结果，因此就整个算法而言，仍然是清晰的，易于理解的，关键的问题是只要保证程序的变换过程正确即可。

## 7.4.2　递归过程（函数）设计

过程或函数的概念反映了程序的两级抽象：主程序这一级，人们仅仅关心过程或函数能做什么，过程调用表现为一个简单的操作，即过程调用语句。在设计过程本身这一级，人们只关心如何实现既定的任务，却不管如何去使用它。

这种两级抽象语义的概念对于递归过程就不再适用了。在递归过程的过程体内部又包含着它本身的调用，这就使得递归过程必须在单级语义概念上去理解和设计。因此，递归过程设计技术也就与一般过程设计技术有所不同。

逐步求精设计技术与方法是将一个问题分解成若干个子问题。在这些子问题中，有的与原问题具有相同特征属性，此时就可以对这些子问题实施同样的算法设计，即如果将解决整个问题的算法设计成一个过程，则这个子问题的算法就是该过程的递归调用。

下面看计算阶乘 r＝n! 的递归过程设计。当 n＞0 时，如果能计算出 w＝（n－1)!，那么，r＝n! ＝n＊w。因此，有如下抽象算法。

①计算 w＝（n－1)!　　　　② r＝n＊w

由于子算法①的特征属性与整个算法的特征属性完全相同，只不过是用参数 w 代替了 r，用参数 n－1 代替了 n。如果将整个算法表示为过程 fact（n，r)，则子算法①就是该过程的调用 fact（n－1，w)。再考虑过程 fact（n，r）的递归终结分支。当 n＝0 时，r＝1，这样，就得到阶乘的递归过程算法设计如图 7—29 所示，算法中的变量说明如下：

```
VAR  n,r,w:integer
```

**算法 7—21**　fact（n，r)

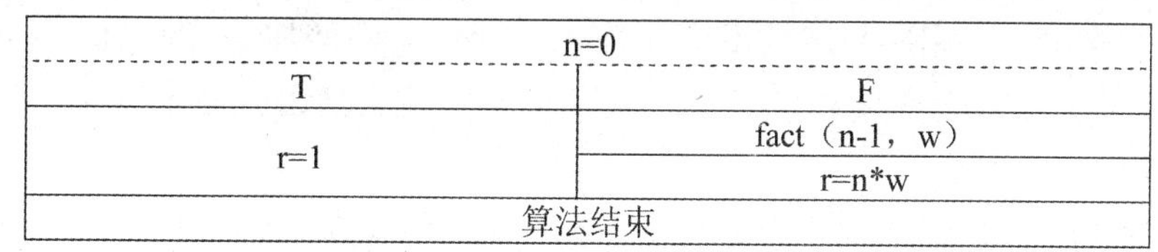


**图 7—29　阶乘的递归过程**

### 7.4.3　递归过程与非递归过程

下面通过应用举例介绍如何借助于栈将递归过程变换为非递归过程。

**例 7—3**

计算 Ackerman 函数。Ackerman 函数的递归定义如下：

$$A(m,n)=\begin{cases} n+1 & m=0 \\ A(m-1,1) & n=0 \\ A(m-1,A(m,n-1)) & mn\neq 0 \end{cases}$$

**问题分析：**根据定义 Ackerman 函数的递归函数算法设计，如图 7—30 所示，算法中的变量说明如下：

```
VAR  m,n:integer
```

**算法 7—22**　A（m，n)

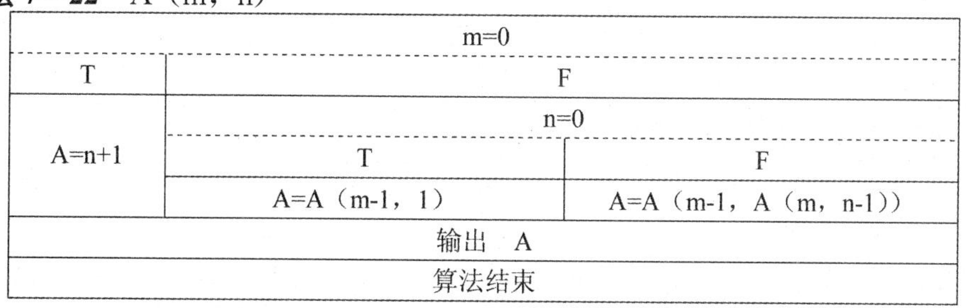


**图 7—30　Ackerman 函数的递归函数**

为了设计 Ackerman 函数的非递归算法，下面通过计算 A（1，3）的值来看 Ackerman 函数的计算过程。

A（1，3）＝A（0，A（1，2））
　　　　　＝A（0，A（0，A（1，1）））
　　　　　＝A（0，A（0，A（0，A（1，0））））
　　　　　＝A（0，A（0，A（0，A（0，1））））
　　　　　＝A（0，A（0，A（0，2）））
　　　　　＝A（0，A（0，3））
　　　　　＝A（0，4）
　　　　　＝5

从给定的递归函数和运算示例，可以看到：当函数递归到任一层时，若 m＝0，则减少一层递归；若 n＝0，则递归层数不变；若 m＊n≠0，则增加一层递归。这个过程使用栈（栈中表目存放函数自变量 m、n）作为工具，便可用自然语言描述如下：

S1：原始参数进栈；

S2：重复实施如下步骤：

　S21：读出栈顶元素；

　S22：若 m≠0，n＝0，则修改栈顶元素为（m－1，1）；

　S23：若 m＊n≠0，则往栈中推入一个元素（m，n－1）；

　S24：若 m＝0，则弹出栈顶元素，计算函数值；

　　S241：若栈不空，则修改栈顶元素为（m－1，函数值）；

　　　　　否则，输出函数值，退出循环。

因此，Ackerman 函数的非递归算法设计如图 7—31 所示，算法中的类型定义和变量说明如下：

```
TYPE  node=RECORD              /*栈中结点数据类型*/
           m,n:integer
           END
      stack=RECORD              /*栈类型*/
           A:ARRAY[1..m0] OF node
           t:0..m0
           END
VAR   st:stack               /*说明一个栈变量st*/
      x:node
      m1,n1:integer
```

**算法 7—23** ackerman（m1，n1）

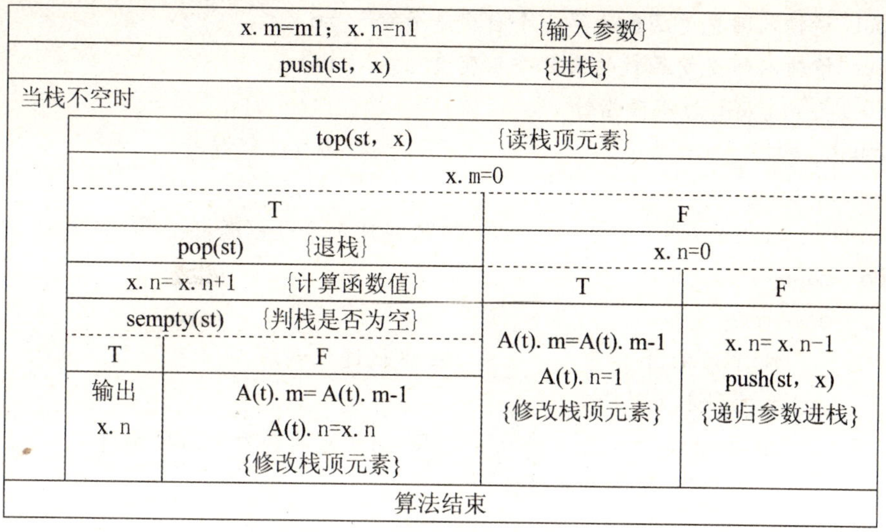

<table>
<tr><td colspan="5">x. m=m1；x. n=n1　　{输入参数}</td></tr>
<tr><td colspan="5">push(st，x)　　{进栈}</td></tr>
<tr><td colspan="5">当栈不空时</td></tr>
<tr><td rowspan="8"></td><td colspan="4">top(st，x)　　{读栈顶元素}</td></tr>
<tr><td colspan="4">x. m=0</td></tr>
<tr><td colspan="2">T</td><td colspan="2">F</td></tr>
<tr><td colspan="2">pop(st)　　{退栈}</td><td colspan="2">x. n=0</td></tr>
<tr><td colspan="2">x. n= x. n+1　　{计算函数值}</td><td>T</td><td>F</td></tr>
<tr><td colspan="2">sempty(st)　　{判栈是否为空}</td><td rowspan="3">A(t). m=A(t). m-1<br>A(t). n=1<br>{修改栈顶元素}</td><td rowspan="3">x. n= x. n-1<br>push(st，x)<br>{递归参数进栈}</td></tr>
<tr><td>T</td><td>F</td></tr>
<tr><td>输出<br>x. n</td><td>A(t). m= A(t). m-1<br>A(t). n=x. n<br>{修改栈顶元素}</td></tr>
<tr><td colspan="5">算法结束</td></tr>
</table>

**图 7—31　Ackerman 函数的非递归过程**

下面给出在 Visual FoxPro 关系数据库管理系统支持下的 Ackerman 函数的非递归过程的程序实现。建立数据表结构 stack. DBF，如表 7—1 所示，作为栈的存储空间。

**表 7—1　栈的存储空间 stack. DBF**

| 字段名 | 数据类型 | 宽度 | 小数位数 |
|---|---|---|---|
| a1 | 数值型 | 3 | |
| a2 | 数值型 | 3 | |

根据算法 7—23 编制 VFP 主程序如下：

```
* * * * * * * * * * * * * * * * * * * * * * * *
*  程序名称:Ackerman.prg                        *
*  程序功能:计算阿克曼函数主程序                  *
*  使用过程文件:stack1.PRG                      *
*  使用过程:Proc   push   && 栈的推入            *
*               Proc pop   && 栈的弹出           *
*               Proc top1   && 读栈顶元素        *
*               Proc   empty1   && 判断栈是否为空 *
*  作     者:FENGJUN                            *
*  编制时间:2014 年 3 月 20 日                   *
* * * * * * * * * * * * * * * * * * * * * * * *
set talk off
clear
set default to D:\程序设计基础\中国人民大学出版社\书稿\源程序\第 7 章
set proc to stack1           && 打开过程文件 stack1.prg
use stack                     && 打开栈存储空间数据表 stack.DBF
```

```
zap                              && 清空栈存储空间
input"请输入阿克曼函数的第 1 个自变量 m="  to  m
input"请输入阿克曼函数的第 2 个自变量 n="  to  n
t=0        &&t 为栈顶指针
do push  with  m,n,t                      && 栈的插入过程调用
do while t#0
  do top1 with m,n,t                   && 读栈顶元素过程调用
  do  case
      case m=0
          do pop with t                 && 退栈过程调用
          n=n+1
          if empty1(t)                  && 判断栈是否为空函数调用
            ? "阿克曼函数的值为:",n
          else
            go t
            repl a1 with a1-1,a2 with n          && 修改栈顶元素
          endi
      case n=0
          go t
          repl a1 with a1-1,a2 with 1            && 修改栈顶元素
      othe
          n=n-1
          do push with  m,n,t                 && 压栈过程调用
  endc
 endd
 close all
 set talk on
```

主程序 Ackerman. prg 中使用的过程文件 stack1. PRG 如下:

```
* * * * * * * * * * * * * * * * * * * * * * * * *
*   程序名称:stack1. PRG                          *
*   程序功能:计算阿克曼函数的过程文件              *
*   调用程序:主程序 Ackerman. prg                  *
*   包含过程:Proc   push  && 栈的推入              *
*             Proc pop     && 栈的弹出             *
*             Proc top1  && 读栈顶元素             *
*             Proc  empty1  && 判断栈是否为空      *
*   作    者:FENGJUN                               *
*   编制时间:2014 年 3 月 20 日                    *
* * * * * * * * * * * * * * * * * * * * * * * * *
```

```
Proc   push   && 栈的推入
para   m,n,t              && 形参
t=t+1
appe blan              && 追加空白记录
repl a1 with m,a2   with n        && 压栈
retu
Proc pop   && 栈的弹出
para t
if t#0
  go t
  dele          && 删除一条记录
  pack
  t=t-1
endi
retu
Proc top1   && 读栈顶元素
para   m,n,t
if   t#0
    go t
    m=a1
    n=a2
endi
retu
Proc   empty1   && 判断栈是否为空
para   t
if   t=0
    L=.T.
else
  L=.F.
endi
retu L          && 函数返回值 L 为逻辑数据
```

---

运行程序得到如下结果:

①请输入阿克曼函数的第 1 个自变量 m=1↙
  请输入阿克曼函数的第 2 个自变量 n=3↙
  阿克曼函数的值为:5

②请输入阿克曼函数的第 1 个自变量 m=3↙
  请输入阿克曼函数的第 2 个自变量 n=3↙
  阿克曼函数的值为:61

在 VFP 程序设计语言中，过程参数值的传递是双向的，即被调用过程中的参数值可以带回调用程序。在 C 语言中，函数参数值的传递是单向的，即只能由实参向形参传递参数值。请读者用后验分析法验证当自变量的值增加 1 时，基本操作的执行次数就会急剧增加。

算法（程序）执行示例：以 A（1，3）为例，执行算法 7—23 或上述程序，栈的变化过程如图 7—32 所示。

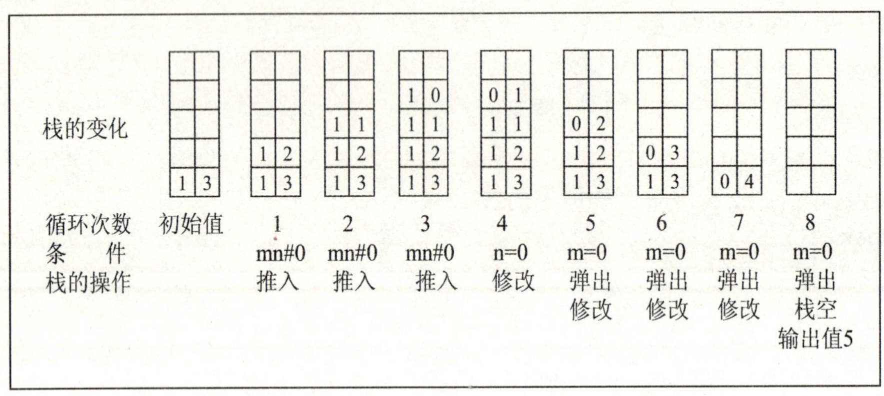


图 7—32 Ackerman 函数非递归算法执行示例

## 7.5 队 列

在人们的日常生活中有许多类似于队列的例子。例如，任何一次排队过程都形成一个队列，排队购票、排队买饭、排队上车等等，新来的人员总是加入到队尾（进队），每次离开队伍的总是排在队头的人员（出队），当最后一个人员离开队伍时，队列为空。队列的插入、删除运算正是这些实际现象的抽象。

### 7.5.1 队列的概念

**队列**（Queue）是一种只允许在表的一端进行插入运算，在表的另一端进行删除运算的线性表。表中允许插入的一端称为**队尾**（Rear）；允许删除的一端称为**队头**（Front）。当队列中没有元素时，队列称为**空队**。队列的插入运算也称为进队，删除运算也称为出队。

假设线性表 Q=（$a_1$，$a_2$，$a_3$，…，$a_n$）是一个队列，队列中元素按 $a_1$，$a_2$，$a_3$，…，$a_n$的次序依次进队，则称 $a_1$为队头元素，$a_n$为队尾元素。按照队列的概念，每次删除的总是队列中当前的队头元素，即先插入的结点；最后插入的结点是队尾元素，要到最后才能被删除。也就是说，队列中元素的进出是按照先进先出的原则进行的，如图 7—33 所示。因此，队列又称为**先进先出**（First In First Out）表（简称 **FIFO** 结构）。

队列的存储表示有顺序存储结构和链接存储结构两种。

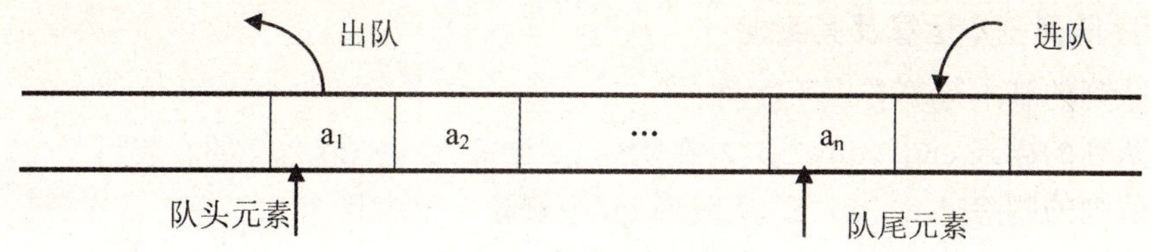


**图 7—33　队列结构示意图**

### 7.5.2　顺序队列

用顺序存储方法存储的队列称为**顺序队列**（Sequential Queue）。

**1. 顺序队列存储表示**

分配一片连续的存储空间，存放队列中的表目，并用两个变量分别指向队头和队尾，指向队头的变量称为**头变量或队头指针**，指向队尾的变量称为**尾变量或队尾指针**。类似于顺序表，用数组描述顺序队列的存储区域，定义一个整型变量 f 作为队列的队头指针，它始终指向当前队列的队头元素，再定义一个整型变量 r 作为队列的队尾指针，它始终指向当前队列将要插入元素的位置。

假设队列中所有表目都具有同一数据类型 datatype。则队列的类型定义和变量说明如下：

```
TYPE   queue=RECORD
              q:ARRAY[1..m0] OF datatype
              f,r: integer
              END
VAR   qu:queue
```

其中，m0 是一个足够大的正整数；头变量 qu. f 存放将要被删除表目的下标；尾变量 qu. r 存放将要插入表目的下标。于是，qu. q [qu. f] 表示当前队列的队头元素，qu. q [qu. r −1] 表示当前队列的队尾元素；qu. q [qu. r] 表示在当前队列尾部将要插入的表目。

当队列不空时，qu. f 的值就是队头元素所在数组元素的下标值，qu. r 的值就是将要插入元素所在数组元素的下标值。当 qu. f=qu. r 时，表示为空队列。顺序队列中的数据元素与队头指针、队尾指针的关系，如图 7—34 所示。

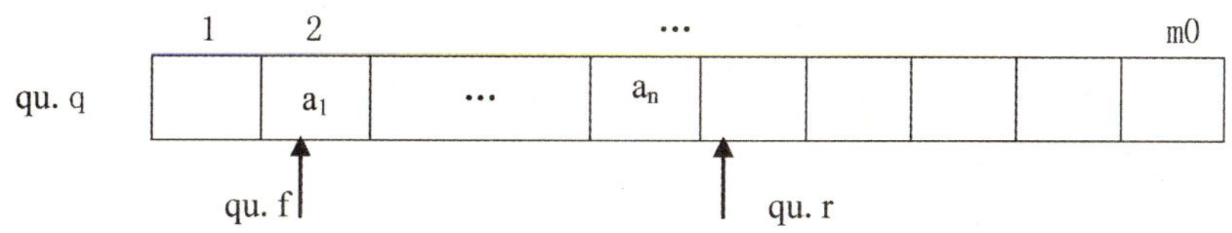


**图 7—34　队列中的数据元素与队头指针、队尾指针的关系**

在队列的类型定义中，将存放队列中表目的数组和头变量、尾变量都作为队列 qu 中的分量来定义。这种定义使得对队列的引用只需涉及记录变量 qu，不必指出 qu 的细节。为了书写简便，在不会引起混淆的情况下，把 qu. f 简写成 f，qu. r 简写成 r，qu. q 简写成 q，这样，qu. q [qu. f] 就可以简写成 q [f]，qu. q [qu. r] 就可以简写成 q [r]。

**2. 顺序队列基本运算及其实现**

顺序队列的基本运算有以下 4 种：

（1）队列的插入 enq（qu，x）。在队列 qu 中插入一个值为 x 的新表目。

（2）队列的删除 deq（qu）。从队列 qu 中删除一个表目。

（3）读队列的头结点 front（qu，x)。将队列 qu 中队头元素的值读到 x 中。

（4）判断队列是否为空 qempty（qu)。判断队列 qu 是否为空队列，这是一个布尔函数。若 f=r，则队列为空队列，函数值取真值；否则，函数值为假。

例如，顺序队列 qu 的初始状态为空队列，m0＝5。要求做下面一系列运算：（1）元素 A，B 依次进队；（2）删除队头元素；（3）读队头元素；（4）元素 C 进队。则运算过程如图 7—35 所示。

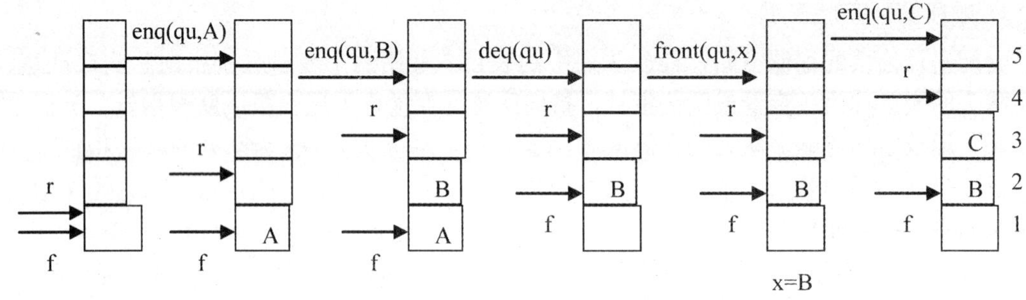


**图 7—35　顺序队列运算示意图**

由上述运算示例可以看出，进行一次插入运算 r 加 1，进行一次删除运算 f 加 1，这样，队列的动态变化犹如使队列向上（右）整体移动。当队列的队尾指针 r＝m0＋1 时，表示队列已满，无法再进行插入运算，但这时由于先前进行删除运算使队列的下（前）端出现了许多空闲单元，人们把这种溢出称为“假溢出”现象。这种现象出现在只进行简单插入和简单删除运算的顺序队列中。假溢出现象的出现是由于存储空间不能重复利用，比较浪费存储资源。

解决假溢出现象的做法之一是：规定顺序队列进行简单插入和带下（前）推删除操作。即每次删除队头元素后，都把整个队列向下（前）移动一个单元。运算过程如图 7—36 所示。

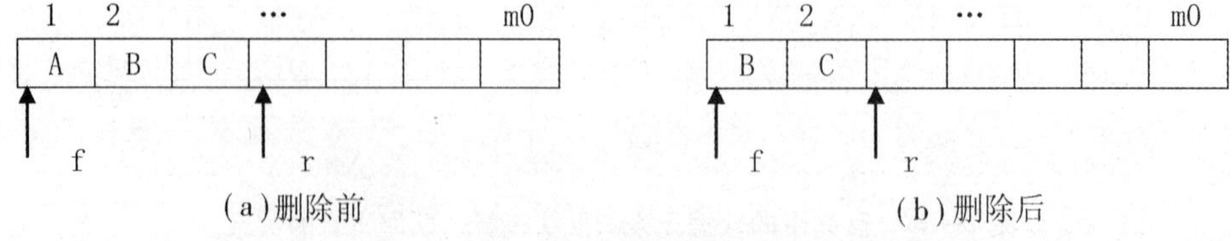


**图 7—36　带前推删除运算的顺序队列示意图**

可以看出，在简单插入和带前推删除运算的顺序队列中，队头指针似乎用不着了，进行一次插入运算 r 加 1，进行一次删除运算 r 减 1。如果队列中的元素很多，在执行删除运算时所有元素都要前移，所以时间效率很低。显然，这种以时间换取空间的处理方法并不是一种理想的方法。

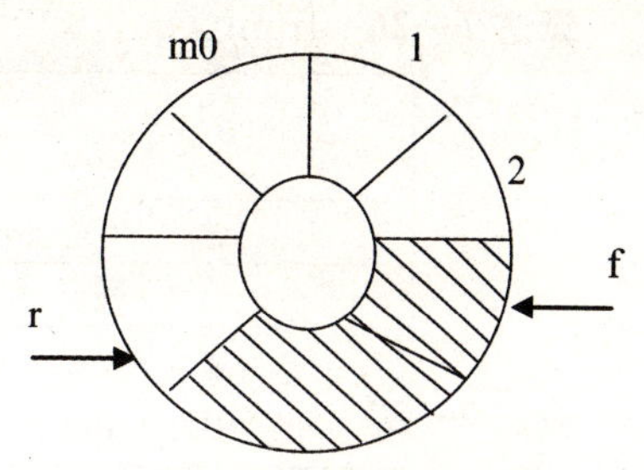


图 7—37 循环队列示意图

解决假溢出现象的另一种有效方法是：将顺序队列的存储区首尾相接，臆造为一个环状空间，如图 7—37 所示，称为**循环队列**。在循环队列中，指针与队列元素之间的关系不变。当进行一次插入运算时，若 r<m0，则 r 加 1，否则置 r 为 1。当进行一次删除运算时，若 f<m0，则 f 加 1，否则置 f 为 1。

下面仅讨论循环队列基本运算的实现，前两种顺序队列基本运算的实现都较简单，留给读者完成。在给出循环队列基本运算的算法之前，做如下说明：

（1）为了保证 f=r 时，必为空队列，规定队列中最多只能存放 m0−1 个表目（队列中的数组元素共有 m0 个元素），否则溢出。

（2）进队时，应判断（r mod m0）+1=f，若相等，则表示队列已满（即队列中已存入 m0−1 个表目），出现上溢。

（3）出队时，应判断 f=r，若相等，则表示队列已空，出现下溢。

循环顺序队列 4 种基本运算的算法设计如图 7—38 所示，算法中的类型定义和变量说明如下：

```
TYPE   queue=RECORD
            q:ARRAY[1..m0] OF datatype
            f,r: 1..m0
            END
VAR   qu:queue
      x:datatype
```

**算法 7—24** enq（qu，x）

| (r mod m0)+1=f | |
|---|---|
| T | F |
| 输出<br>“overflow” | q[r]=x<br>r=(r mod m0)+1 |
| 算法结束 | |

（a）队列的插入

**算法 7—25** deq（qu）

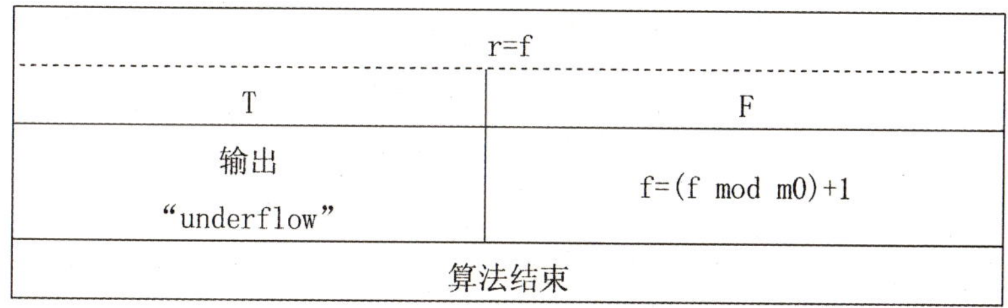

| r=f | |
|---|---|
| T | F |
| 输出<br>“underflow” | f=(f mod m0)+1 |
| 算法结束 | |

（b）队列的删除

**算法 7—26** front（qu，x）

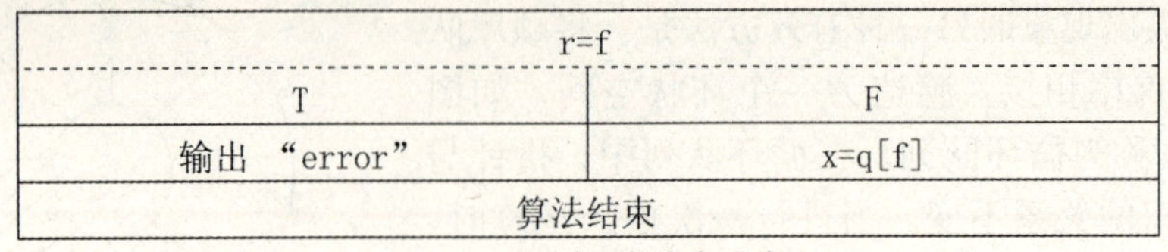


（c）读队头元素

**算法 7—27** qempty（qu）

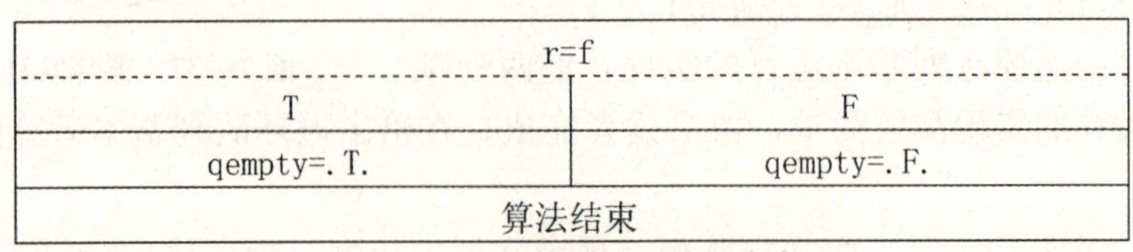


（d）判断队列是否为空

**图 7—38 循环顺序队列 4 种基本运算**

算法中的（r mod m0）是求余运算，表示求 r 除以 m0 的余数。r=（r mod m0）+1 将实现：若 r<m0，则 r 加 1；若 r=m0，则置 r 为 1。请读者编程实现循环顺序队列的 4 种基本运算。

## 7.5.3 链接队列

在同时使用多个队列时，为了共享同一个存储区，较有效的办法就是采用链接存储方式。用链接存储方法存储的队列称为**链接队列**（Linked Queue）。

**1. 链接队列存储表示**

链接队列的结点结构与单链表的结点结构完全相同，不同的是需要设置队头指针 f 和队尾指针 r 分别指向单链表的开始结点和终端结点。链接队列如图 7—39 所示，图中 f 为队头指针，r 为队尾指针。当 f=r=nil 时，链接队列为空；当 f=r≠nil 时，链接队列中只有一个结点。

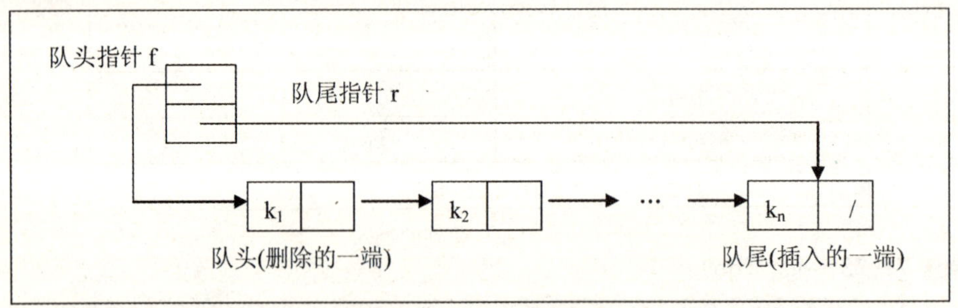


**图 7—39 链接队列示意图**

在链接队列的类型定义中，将队头指针和队尾指针都作为队列 qu 的分量进行定义。为了书写简便，在不会引起混淆的情况下，把 qu. f 简写成 f，qu. r 简写成 r。链接队列的类型定义和变量说明如下：

```
TYPE pointer=^node
     node=RECORD
          info:datatype
```

```
            link:pointer
            END
        queue=RECORD
            f , r:pointer
            END
VAR qu:queue
```

**2. 链接队列基本运算及其实现**

链接队列的基本运算与顺序队列的基本运算相同。在插入结点时，新结点总是插到队尾指针 r 所指结点的后面，若初始队列为空，则要同时修改队头指针和队尾指针。在删除结点时，总是删除队头指针 f 所指结点，若初始队列中只有一个结点，则要同时置队头指针和队尾指针都为空。

链接队列的插入、删除和读队头元素运算的算法设计如图 7—40 所示，算法中的类型定义和变量说明如下：

```
TYPE  pointer=^node
      node=RECORD
            info:datatype
            link:pointer
            END
      queue=RECORD
             f , r:pointer
             END
VAR   qu:queue
      x:datatype
      p:pointer
```

**算法 7—28**　Lenq（qu，x）

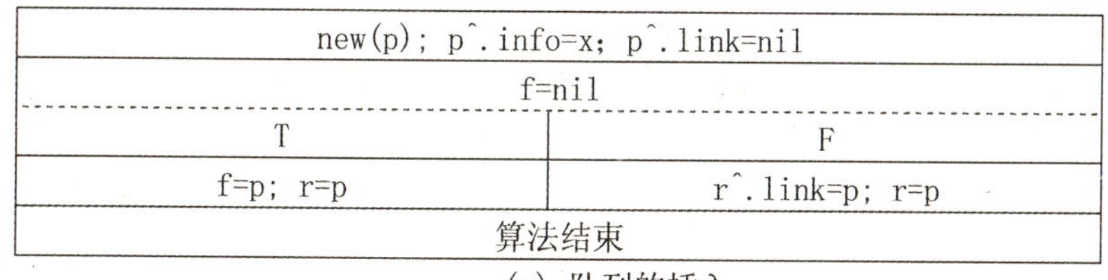

(a) 队列的插入

**算法 7—29**　Ldeq（qu）

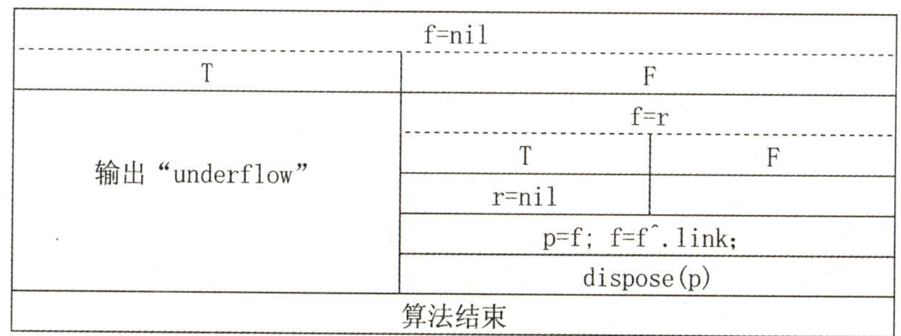

(b) 队列的删除

**算法 7—30** Lfront（qu，x）

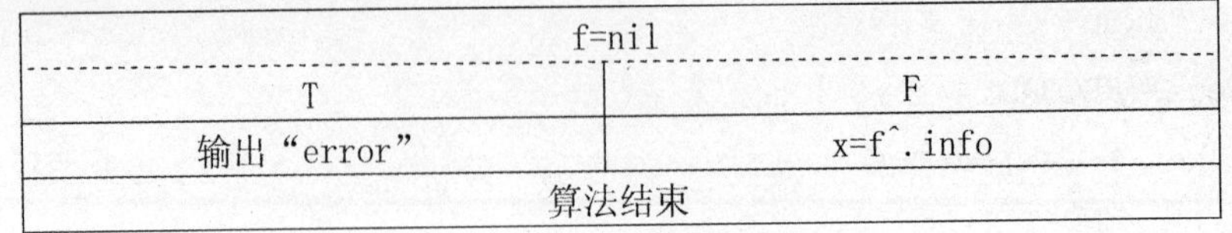

| f=nil | |
|---|---|
| T | F |
| 输出“error” | x=f^.info |
| 算法结束 | |

(c) 读队头元素

**图 7—40 链接队列基本运算**

不妨假设链接队列中表目的数据类型 datatype 是整型数据，根据算法 7—28 到算法 7—30 编制链接队列 C 源程序如下：

```
//* * * * * * * * * * * * * * * * * * * * * * * * * * * * * * *
//*   程序名称:Linked_Queue.cpp                                 *
//*   程序功能:数据结构——链接队列及其基本运算的实现             *
//*   包含函数:void main()                                      *
//*            struct linklist Lenq(struct linklist qu,int x);  *
//*            struct linklist Ldeq(struct linklist qu);        *
//*            int Lfront(struct linklist qu);                  *
//*   作    者:FENGJUN                                          *
//*   编制时间:2014 年 3 月 20 日                               *
//* * * * * * * * * * * * * * * * * * * * * * * * * * * * * * *
#include<stdio.h>
#include<malloc.h>         /*动态存储分配函数头文件*/
#define NULL 0             /*空地址*/
#define LEN sizeof(struct node)       /* sizeof 求结构体字节数运算符*/
struct node                /*链接队列中结点类型*/
{  int info;
  struct node *link; };
struct linklist              /*链接队列表头、表尾指针变量类型*/
{  struct node *f,*r; };
//*主函数*//
void main()
{ int x;
  struct linklist qu;
  qu.f=NULL;qu.r=NULL;                /*初始队列为空*/
  struct linklist Lenq(struct linklist qu,int x);  /*函数声明*/
  struct linklist Ldeq(struct linklist qu);
  int Lfront(struct linklist qu);
  /*依次向链接队列插入 5 个元素 10、20、30、40、50*/
  for (x=10;x<=50;x=x+10)
    qu=Lenq (qu,x);
```

```
    printf("向链接队列依次插入 5 个元素后，");
    printf("队头元素为%d,队尾元素为%d。\n", qu.f->info, qu.r->info);
    /*连续删除链接队列中的 3 个元素*/
    for (x=1;x<=3;x++)
      qu=Ldeq (qu);
    printf("连续删除链接队列中 3 个元素后，");
    printf("队头元素为%d,队尾元素为%d。\n", qu.f->info, qu.r->info);
    /*读队头元素*/
    x=Lfront(qu);
    printf("读出的队头元素为%d。\n",x);
}
/*链接队列的插入*/
struct linklist Lenq(struct linklist qu,int x)
{ struct node *p;
  p=(struct node * ) malloc(LEN);
  p->info=x;p->link=NULL;
  if (qu.f==NULL)  { qu.f=p; qu.r=p;}
  else { qu.r->link=p; qu.r=p; }
  return(qu);
}
/*链接队列的删除*/
struct linklist Ldeq(struct linklist qu)
{ struct node *p;
  if (qu.f==NULL)  { printf("队列已空,无法删除。\n"); return(qu);}
  if (qu.f==qu.r) qu.r==NULL;
  p=qu.f; qu.f=qu.f->link;free(p);
  return(qu);
}
/*读链接队列队头元素*/
int Lfront(struct linklist qu)
{ if (qu.f==NULL)  { printf("队列已空,无数据可读。\n");return(0);}
  else  return(qu.f->info);
}    /*返回队头元素*/
```

---

```
运行程序得到如下结果：
依次向链接队列插入 5 个元素后,队头元素为 10,队尾元素为 50。
连续删除链接队列中 3 个元素后,队头元素为 40,队尾元素为 50。
读出的队头元素为 40。
Press any key to continue
```

在程序中，以结构体 struct linklist 类型变量 qu 作为函数参数。因为 qu 是链接队列的队头、队尾指针，在进行插入或删除运算后，它们的值都会改变，因此插入函数 struct linklist Lenq（struct linklist qu，int x）和删除函数 struct linklist Ldeq（struct linklist qu）都定义为结构体 struct linklist 类型。函数返回值为结构体 struct linklist 类型变量 qu 的值。读链接队列队头元素函数 int Lfront（struct linklist qu）定义为整型类型。若队列为空，则返回 0，否则返回队头元素的值。

请读者用 C++语言设计实现抽象数据类型的顺序队列和链接队列。

## 7.6 二叉树

前面讨论的数据结构都属于线性结构，实际应用中的许多问题是不能或难以用线性结构表示的。所以，有必要研究非线性数据结构，树结构就是一类应用十分广泛并且很重要的非线性结构，树中的每个结点至多只有一个直接前驱，但可以有多个直接后继。因为树结构能很好地描述结构的分支关系和层次特性，所以它在计算学科以及其他领域都有着广泛应用。

### 7.6.1 树的基本概念

树结构是一种多分支、多层次的数据结构，由于它呈现与自然界中的树有类似的结构形式，所以称之为**树**。例如，可以对自然界中的树进行这样的抽象描述：把树根看作一个结点，称为**根结点**；把树中的每个分支点都看作一个结点，称为**分支结点**；把树中的每个叶子都看作一个结点，称为**叶子结点**。若用圆圈（或方框）表示结点，用线段连接树中相关联的结点，则可以用图形描述一棵倒立树的结构，如图7—41所示。

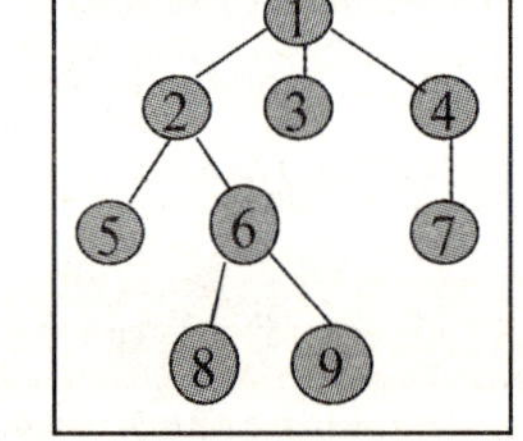

**图 7—41　倒立树的抽象表示**

由此可见，**树**（Tree）的逻辑结构可以用二元组

$$T=(K, R)$$

来描述。其中，K 是具有 n（n>0）个结点的有限集合；R 是结点序偶的有限集合，表示 K 上的一种关系，并且关系 R 满足下列条件：

（1）有且仅有一个结点 $k_0 \in K$，它没有前驱，该结点称为树的**根**（Root）结点；

（2）除根结点 $k_0$ 外，K 中的每个结点都有且仅有一个前驱；

（3）除根结点 $k_0$ 外的任何结点 $k \in K$，都存在一个结点序列 $k_0$，$k_1$，…，$k_s$，其中：$k_s = k$，且有 $<k_{i-1}, k_i> \in R$（$1 \leqslant i \leqslant s$），这个结点序列称为从根结点到结点 k 的一条**路径**（Path）。

**定义 7-1**　树是由一个结点或多个结点组成的有限集 T，它满足以下两个条件：

（1）有且仅有一个特定的结点，称为**根结点**；

（2）除根结点以外的其余结点被分成 m（$m \geqslant 0$）个互不相交的有限集 $T_0$，$T_1$，…，$T_{m-1}$。其中每个有限集又都是一棵树，并且称 $T_0$，$T_1$，…，$T_{m-1}$ 为根结点的**子树**（Sub-

Tree)。

这是一个递归定义，即一棵树由子树构成，子树又由更小的子树构成。上述给出的树的逻辑结构描述与树的递归定义是等价的。

树结构有着广泛的应用。用它可以描述层次关系。如图 7—42 所示，表示一个张氏家庭结构，它表示老张有张一和张二两个儿子；张一有张小一和张小二两个儿子；张二有一个儿子张小三。因此，家庭中的一些称谓可以形象地用于树中，称一棵树的根结点为它的所有子树根结点的双亲（或父亲）；子树根结点是它双亲的孩子（子女或儿子）；一个结点的各棵子树的根结点为同胞兄弟。

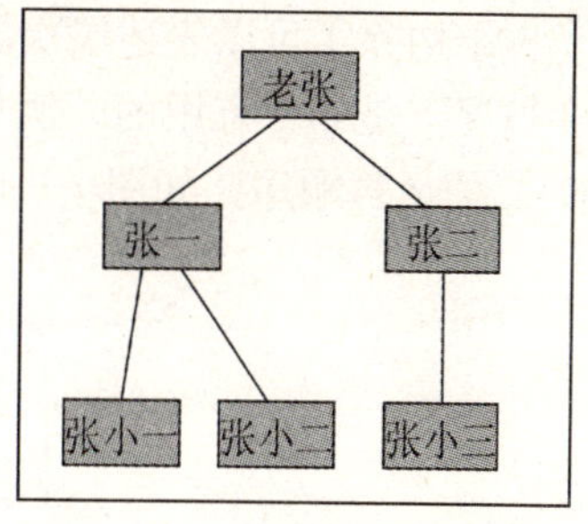


**图 7—42　用树表示家庭关系**

若从结点 $k_0$ 到结点 k 有一条路径（$k_0$，$k_1$，…，$k_{s-1}$，k），则称结点 $k_0$，$k_1$，…，$k_{s-1}$都是结点 k 的祖先；而结点 $k_1$，…，$k_{s-1}$，k 都是结点 $k_0$的后代。

下面给出树结构的一些基本术语。

**1. 分支结点和叶子结点**

有子树的结点称为**分支结点**；没有子树的结点称为**叶子结点**或**终端结点**，简称**叶结点**。

**2. 结点的度数（次数）**

一个结点所拥有子树的个数称为该结点的**度数**（或**次数**）。叶子结点的次数为 0。

**3. 树的度数（次数）**

树中所有结点的次数的最大值称为该棵**树的度数**（或**次数**）。

**4. 结点的层次**

结点的层次是从根结点开始定义的，定义一棵树的根结点的层次为 1，则其他结点所在的层次等于它的双亲所在层次数加 1。

**5. 树枝和树枝长度**

通常称树中的路径为树枝。路径的长度为树枝长度。路径的长度等于路径上的结点个数减 1。

**6. 树的深度（高度）**

树中结点的最大层次数确定为**树的深度**（或高度）。

**7. 有序树**

在给定的树中，若每个结点的每棵子树都规定好它们是该结点的第一棵子树、第二棵子树，…，则称此棵树为**有序树**。若结点的子树的相对次序可以随意变换，则该树为**无序树**。

**8. 森林（树林）**

m（m≥0）棵互不相交的树的集合称为**森林**（**或树林**）。自然界中的树与森林是不同的概念，数据结构中的树与森林只有微小的差别。删除树的根结点，树就变成森林。为森林增加一个根结点，森林就变成了树。

树结构除了可以表述层次关系外，有序树还指明了结点的子树的某种顺序关系。这在许多情况下是非常有用的。例如，用有序树可以表示算术表达式（A+B）＊5/（2＊（C—D））的运算顺序，如图 7—43 所示。

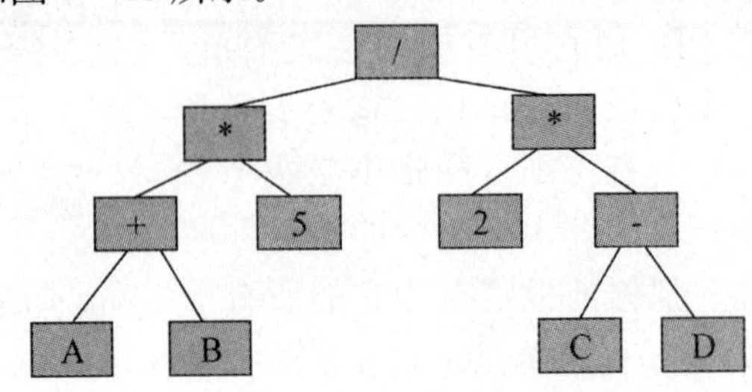


**图 7—43　用有序树表示表达式的运算顺序**

## 7.6.2　二叉树

在树结构中，有一类简单而重要的树，它的特征是每个结点最多只有两棵子树，且区分为左子树和右子树，通常称这种树为二叉树

**定义 7—2　二叉树**（Binary Tree）是 n（n≥0）个结点的有限集。当 n=0 时，称为**空二叉树**。对于任一非空二叉树，它有唯一一个结点称为根结点，且其余结点被分成两个互不相交的子集，每个子集自身都是一棵二叉树，分别称为根结点的**左子树**和**右子树**。

二叉树与一般有序树有着本质的区别：(1) 二叉树可以是一棵空二叉树；而一般有序树至少有一个结点。(2) 二叉树的每个结点最多只有两棵子树，并且严格区分为左子树和右子树；而一般 m 次有序树的每个结点可以有 m 棵子树，且子树总是从左至右规定为第一棵子树、第二棵子树、…。

由于二叉树中每个结点的后继有左后继与右后继之分，因此描述二叉树的逻辑结构通常采用图示法。在画二叉树的逻辑结构图时，由于二叉树中每个结点的子树有左子树与右子树之分，因此，当某结点只有一棵子树时，必须明确标识该子树是双亲的左子树还是右子树（例如，左子树往左偏，右子树往右偏）。图 7—44 所示是二叉树的 5 种基本形态。对于空二叉树，其树的深度定义为 0。

(a) 空二叉树　(b) 左右子树都为空　(c) 右子树为空　(d) 左子树为空　(e) 左右子树都不空

**图 7—44　二叉树的 5 种基本形态**

**定义 7—3**　若二叉树中所有分支结点的度数都为 2，并且叶子结点都集中在二叉树的最下面一层，则称这样的二叉树为**满二叉树（Full Binary Tree）**。显然，深度为 h 的满二叉树中恰有 $2^h-1$ 个结点。

对满二叉树中的结点进行这样的连续编号，约定根结点的编号为 1，对满二叉树从上到下、从左到右进行编号。由此可引出完全二叉树的定义。

**定义 7—4** 一棵深度为 h、有 n 个结点的二叉树，若该二叉树中每个结点都与深度为 h 的满二叉树中编号从 1 至 n 的结点一一对应，则称该二叉树为**完全二叉树（Complete Binary Tree）**。

在一棵深度为 h 的完全二叉树中，前 h－1 层上结点数都达到了最大数，并且第 h 层上的结点都集中在该层最左边的若干个连续位置上。显然，满二叉树是完全二叉树的特例。图 7—45（a）所示是一棵满二叉树；图 7—45（b）所示是一棵完全二叉树。

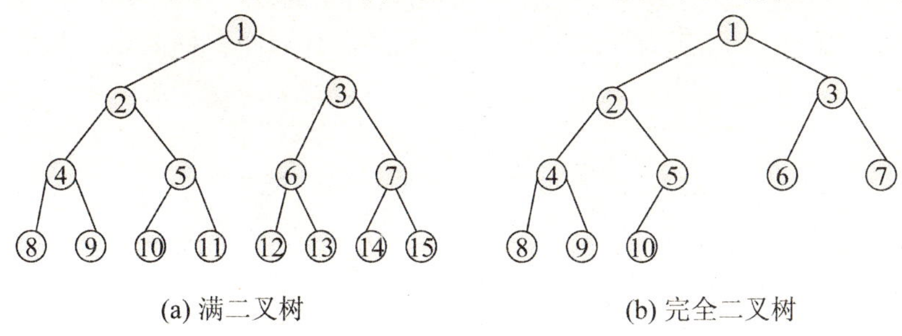


**图 7—45 特殊形态的二叉树**

### 7.6.3 二叉树存储表示

因为树是一种非线性结构，所以不能简单地用一维数组或单链表来存储树。为了如实地表现一棵树，必须把树中各结点之间存在的关系反映在存储结构中。在大量的实践过程中，人们使用了多种形式的存储结构来表示树。

**1. 二叉树的二叉链表存储表示**

对于一般二叉树，通常采用二叉链表进行存储表示。在这种存储结构中，树中结点具有如下形式。

| data | lchild | rchild |
| --- | --- | --- |

其中：data 是结点数据。结点中包含两个指针字段，lchild 称为左指针，用于指向该结点的左后继；rchild 称为右指针，用于指向该结点的右后继。

二叉树的二叉链表存储结构（类型定义和变量说明）描述如下：

```
TYPE  pointer=^node
      node=RECORD
            data:datatype
            lchild,rchild: pointer
            END
VAR  root:pointer
```

对于树结构的存储形式，大多数情况下采用链接存储方式，它为树中结点的删除以及插入新结点等动态操作提供了方便，然而这种灵活性并非在任何情况下都是必要的。为了提高存储空间的利用率，对于二叉树来说，有的时候采用顺序存储结构也比较方便。下面介绍一种较为常用的顺序存储形式。

**2. 完全二叉树的顺序存储表示（按层次序列）**

对于完全二叉树，可以采用顺序存储方式进行存储表示。将具有 n 个结点的完全二叉树中的所有结点按照满二叉树的编号方式从 1 到 n 进行编号，就得到完全二叉树的层次序列，这个结点的层次序列是一个线性序列，并且从结点编号可以完全确定结点间的关系。这样，就可以用一维数组来存放完全二叉树中的结点，即用结点编号作为结点在一维数组中的下标。例如，给定一棵深度为 4 具有 10 个结点的完全二叉树，如图 7—46（a）所示；按层次序列所组成的结点序列为（$k_1$，$k_2$，…，$k_{10}$），其顺序存储表示，如图 7—46（b）所示。

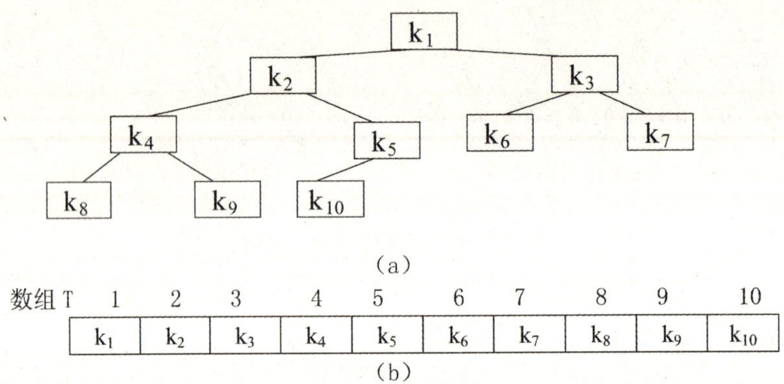


**图 7—46　完全二叉树的顺序存储示例**

按层次序列顺序存储的完全二叉树是最简单、最节省存储空间的存储方式。对于一般二叉树，也可以采用这种存储方式。首先，在二叉树中增补若干个虚拟结点使其成为完全二叉树；然后，按上述方法对结点进行编号，并将它们存入一维数组中。例如，给定一棵深度为 4 具有 8 个结点的二叉树，如图 7—47（a）所示；其顺序存储表示，如图 7—47（b）所示。

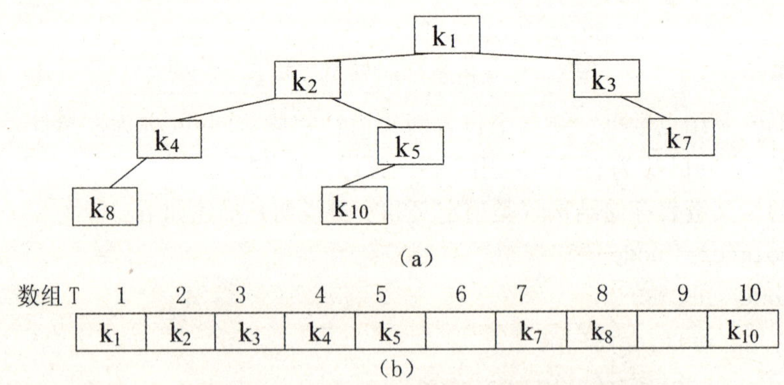


**图 7—47　一般二叉树的顺序存储示例**

由此可见，虚拟结点在数组中占用一个空单元。若需要增补许多虚拟结点才能使一般二叉树成为形式上的完全二叉树时，则采用这种存储方式就会浪费许多存储空间。

### 7.6.4 二叉树遍历

在实际应用中，经常需要按照某种次序访问树中所有结点，且使每个结点恰被访问一次，这就是树的**遍历**（Traverse）。或者说，树的遍历就是按照一定的规则将树中的所有结点排成一个线性序列的过程，这个线性序列称为树的**遍历序列**。树的遍历是树结构的一种最基本、最重要的操作。下面介绍几种常用的遍历方法：二叉树的前序遍历、中序遍历、后序遍历和层次遍历。

根据二叉树的递归定义可知，任何一棵非空二叉树都是由根结点、根结点的左子树和根结点的右子树 3 个基本部分组成。因此，只要依次遍历这 3 个部分，就能遍历整个二叉树。若以符号 D、L、R 分别表示访问根结点、遍历根结点的左子树和遍历根结点的右子树，则遍历二叉树可以分别按 6 种不同的顺序：DLR、LDR、LRD、DRL、RDL 和 RLD 进行遍历。若限定先左后右，则得到通常采用的 3 种遍历顺序：DLR、LDR 和 LRD。它们分别称为前序遍历、中序遍历和后序遍历，得到的遍历序列分别称为前序序列、中序序列和后序序列。

**1. 前序遍历**

若二叉树为空，则空操作。对于非空二叉树，则按照如下顺序进行遍历。

(1) 访问根结点；

(2) 按前序遍历根结点的左子树；

(3) 按前序遍历根结点的右子树。

**2. 中序遍历**

若二叉树为空，则空操作。对于非空二叉树，则按照如下顺序进行遍历。

(1) 按中序遍历根结点的左子树；

(2) 访问根结点；

(3) 按中序遍历根结点的右子树。

**3. 后序遍历**

若二叉树为空，则空操作。对于非空二叉树，则按照如下顺序进行遍历。

(1) 按后序遍历根结点的左子树；

(2) 按后序遍历根结点的右子树。

(3) 访问根结点。

**4. 层次遍历**

若二叉树为空，则空操作。对于非空二叉树，则按照如下顺序进行遍历。

(1) 首先，访问处于第一层上的根结点；

(2) 然后，从左至右访问处于第二层上的结点；

(3) 再从左至右访问处于第三层上的结点；

……

(4) 最后从左至右访问二叉树中最底一层上的结点。

例如，给定如图 7—48 所示的二叉树，按前序遍历、中序遍历、后序遍历和层次遍历所得到的结果如下：

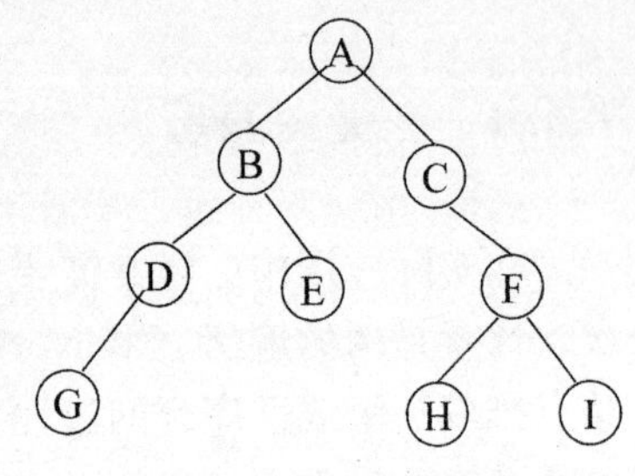


图 7—48　给定二叉树

前序序列：ABDGECFHI

中序序列：GDBEACHFI

后序序列：GDEBHIFCA

层次序列：ABCDEFGHI

容易看出，前 3 种遍历方法都是递归定义的，并且用递归过程来描述这 3 种遍历的算法有许多相同之处，所不同的只是访问根结点的次序不同而已。可以把这 3 个递归过程合并在一起，用一个参数指明当前要进行何种遍历。

假设二叉树用二叉链表存储表示，在递归过程中，用 i=1 表示进行前序遍历；i=2 表示进行中序遍历；i=3 表示进行后序遍历。二叉树的前序、中序和后序 3 种遍历的递归算法设计如图 7—49 所示，算法中的类型定义和变量说明如下：

```
TYPE  pointer=^node
      node=RECORD                /*二叉树的结点类型*/
            data:datatype
            lchild,rchild:pointer
            END
VAR   root:pointer          /*指向二叉树的根结点*/
      p:pointer
      i:1..3
```

**算法 7—31**　traverse (root, i)

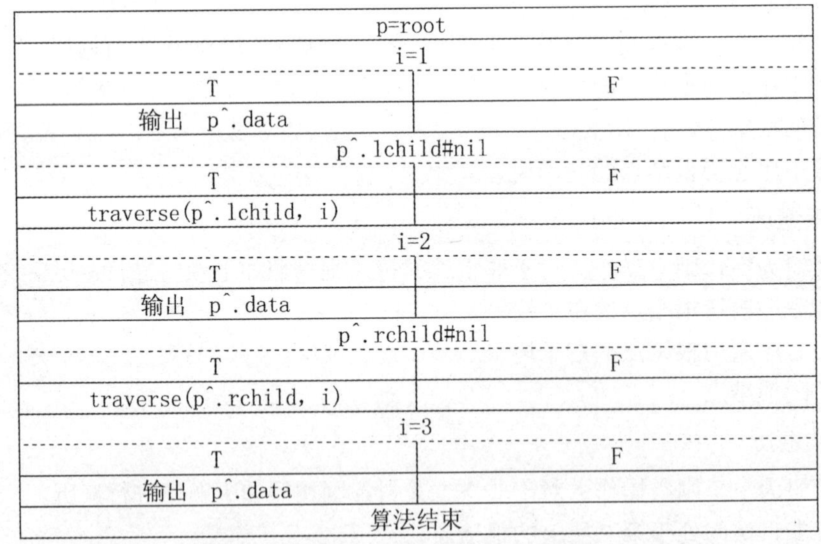


图 7—49　3 种遍历方法的递归过程

**1. 二叉树前序遍历非递归算法**

将递归过程变换成非递归过程，需要使用栈作为工具。下面讨论二叉树在二叉链表存储表示下，使用栈对二叉树进行前序遍历的非递归算法。算法设计的**基本思想**和实现步骤用自然语言描述如下：

S1：将根结点的地址压入栈中。

S2：当栈不空时，重复执行以下步骤。

S21：取出栈顶元素 p（它包含两个基本操作：即读栈顶元素和删除栈顶元素）；

S22：访问指针 p 所指结点数据；

S23：将指针 p 所指结点的右指针、左指针依次压入栈中（当指针字段的值为空时，不进行压栈操作）。

二叉树的前序遍历非递归算法设计如图 7—50 所示，算法中的类型定义和变量说明如下：

```
TYPE  pointer=^node
      node =RECORD                /*二叉树的结点类型*/
          data:datatype
          lchild,rchild:pointer
          END
VAR  root:pointer              /*指向二叉树的根结点*/
     s:ARRAY[1..n] OF pointer       /*栈的存储空间*/
     top:integer                   /*栈顶指针*/
     p:pointer
```

**算法 7—32** preorder（root，s）

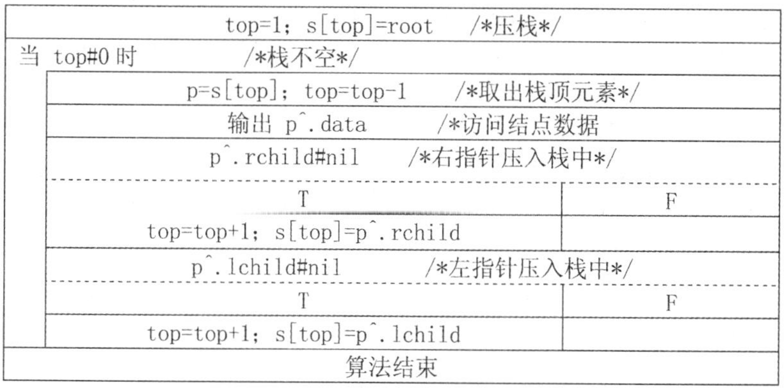

```
top=1; s[top]=root    /*压栈*/
当 top#0 时        /*栈不空*/
    p=s[top]; top=top-1     /*取出栈顶元素*/
    输出 p^.data       /*访问结点数据
    p^.rchild#nil     /*右指针压入栈中*/
        T: top=top+1; s[top]=p^.rchild
        F:
    p^.lchild#nil        /*左指针压入栈中*/
        T: top=top+1; s[top]=p^.lchild
        F:
算法结束
```

**图 7—50　二叉树前序遍历非递归算法**

**算法执行示例：**对于图 7—48 所示的二叉树，写出该树的二叉链表存储表示，给出算法执行时栈的变化情况以及前序序列的输出顺序。假设图 7—48 所示二叉树的二叉链表存储表示如表 7—2 所示。

**表 7—2**　　**给定二叉树的二叉链表存储表示**　　root=1

| 地址 | data | lchild | rchild |
|---|---|---|---|
| 1 | A | 2 | 3 |
| 2 | B | 4 | 5 |
| 3 | C | / | 6 |

续上表

| 地址 | data | lchild | rchild |
| --- | --- | --- | --- |
| 4 | D | 7 | / |
| 5 | E | / | / |
| 6 | F | 8 | 9 |
| 7 | G | / | / |
| 8 | H | / | / |
| 9 | I | / | / |

执行算法 7—32，栈的变化情况以及前序序列的输出顺序，如图 7—51 所示。

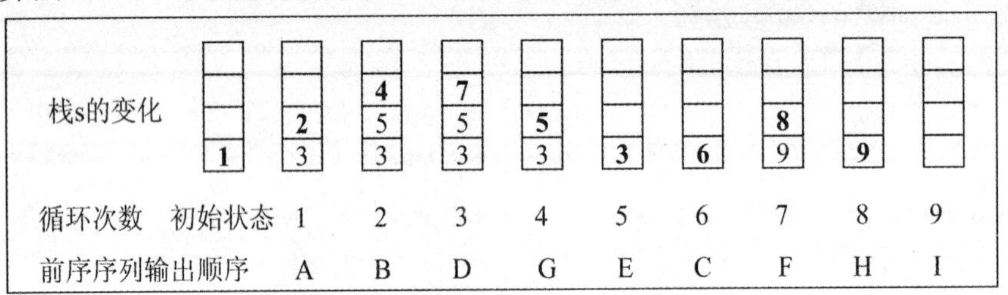


**图 7—51　二叉树前序遍历算法执行示例**

建立动态二叉链表存储表示图 7—48 所示的二叉树。根据算法 7—32 编制 C 源程序如下：

```
//* * * * * * * * * * * * * * * * * * * * * * * * *
//*   程序名称:preorder.cpp                        *
//*   程序功能:动态二叉链表下,二叉树的前序遍历      *
//*   包含函数:void main()                         *
//*              struct node * creat()             *
//*              void preorder (struct node * root) *
//*   作    者:FENGJUN                             *
//*   编制时间:2014 年 3 月 20 日                   *
//* * * * * * * * * * * * * * * * * * * * * * * * *
#include<stdio.h>
#include<malloc.h>         /*动态存储分配函数头文件*/
#define NULL 0             /*空地址*/
#define LEN sizeof(struct node)        /* sizeof 求结构体字节数运算符*/
struct node                /*链表结点类型*/
{  char data;
   struct node *lchild, *rchild;
};
//*主函数*//
```

```
void main()
{ struct node *root;
  struct node *creat();  /*函数声明*/
  void preorder (struct node *root);
  root=creat();
  printf("图 7—48 所示二叉树的前序遍历序列为:");
  preorder (root);printf("\n");
}
/*建立动态二叉链表图 7—48 所示二叉树*/
struct node *creat()
{ struct node *root,*p,*q;
  int j,a[6]={66,68,71,67,70,73};
  root=(struct node*) malloc(LEN);          /*根结点*/
  root->data=65;p=root;
  for (j=0;j<3;j++)                          /*建立左子树*/
  {  q=(struct node*) malloc(LEN);
     q->data=a[j];q->rchild=NULL;
     p->lchild=q; p=q;
     if (j==0)
     {  q=(struct node*) malloc(LEN);
     q->data=69; q->lchild=NULL;q->rchild=NULL;p->rchild=q;
     }
  }
p->lchild=NULL;
p=root;
for (j=3;j<6;j++)                            /*建立右子树*/
{  q=(struct node*) malloc(LEN);
   q->data=a[j];q->lchild=NULL;
   p->rchild=q; p=q;
   if (j==4)
   {  q=(struct node*) malloc(LEN);
     q->data=72; q->lchild=NULL;q->rchild=NULL;
     p->lchild=q;
   }
  }
  p->rchild=NULL;
  return(root);
}
/*前序遍历二叉树*/
```

```
void preorder (struct node * root)
{ struct node * s[6], * p;
  int top;
  top=1;s[top]=root;
  while (top! =0)
  {  p=s[top];top=top-1;
    printf(" %c ",p->data);
    if (p->rchild! =NULL)
    { top=top+1;s[top]=p->rchild;}
    if (p->lchild! =NULL)
    { top=top+1;s[top]=p->lchild;}
  }
 return;
  }
```

---

运行程序得到如下结果：

图 7—48 所示二叉树的前序遍历序列为:A B D G E C F H I

Press any key to continue

在 C 语言中，字符型数据与整型数据可以相互赋值，所以在建立二叉树的函数 struct node * creat () 中，以整数 65～73 作为结点数据。

**2. 二叉树中序遍历非递归算法**

下面讨论二叉树在二叉链表存储表示下，使用栈对二叉树进行中序遍历的非递归算法。算法设计的**基本思想**和**实现步骤**用自然语言描述如下：

S1：将根结点的地址赋值给指针变量 p，并且将栈初始化。

S2：当栈不空或指针变量 p 不空时，重复执行以下步骤。

S21：当指针变量 p 不空时，重复执行。

S211：将指针 p 的值压栈；

S212：将 p 所指结点的左指针值赋值给 p；（即沿着左指针链从上到下将所有左子树的根结点地址压栈，直到某结点的左子树为空）。

S22：当栈不空时，取出栈顶元素 p（它包含两个基本操作：即读栈顶元素和删除栈顶元素）；访问指针 p 所指结点数据；将指针 p 所指结点的右指针字段值赋值给 p。

二叉树中序遍历非递归算法设计如图 7—52 所示，算法中的类型定义和变量说明如下：

```
TYPE  pointer=^node
      node=RECORD                    /*二叉树的结点类型*/
             data:datatype
             lchild,rchild:pointer
             END
```

```
VAR  root:pointer          /* 指向二叉树的根结点 */
     s:ARRAY[1..n] OF pointer      /* 栈的存储空间 */
     top:integer                   /* 栈顶指针 */
     p:pointer
```

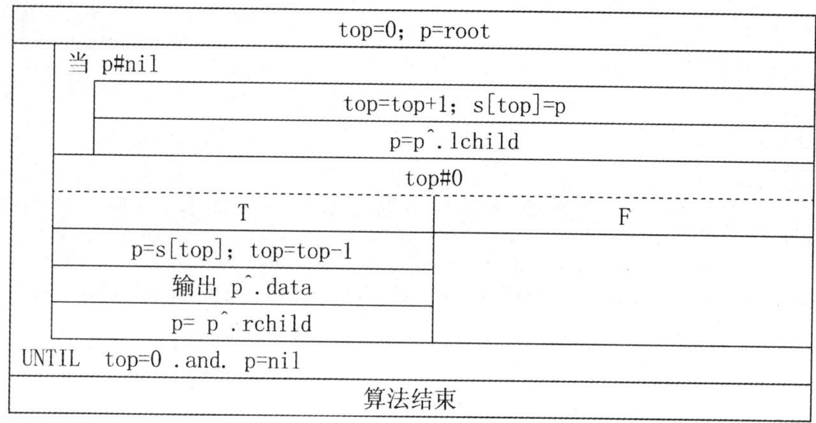


**图 7—52 二叉树中序遍历非递归算法**

**算法执行示例：**对于图 7—48 所示的二叉树，写出该树的二叉链表存储表示，给出算法执行时栈的变化情况以及中序序列的输出顺序。假设图 7—48 所示二叉树的二叉链表存储表示如表 7—2 所示。执行算法 7—33，栈的变化情况以及中序序列的输出顺序如图 7—53 所示。

**算法 7—33** binorder (root, s)

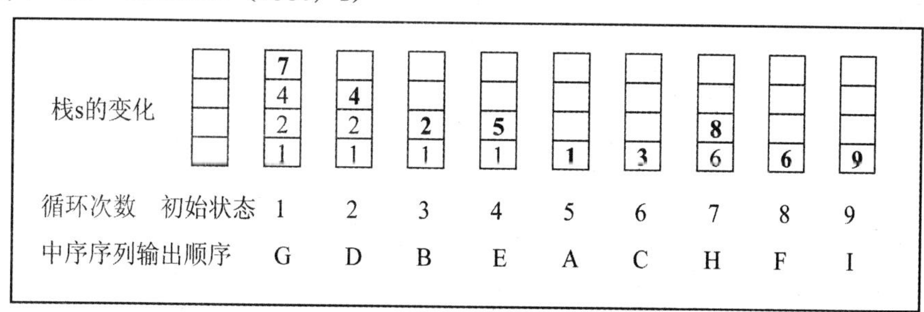


**图 7—53 二叉树中序遍历算法执行示例**

建立结构体数组 struct node tree [10] 表示二叉链表，用以存储图 7—48 所示的二叉树。根据算法 7—33 编制 C 源程序如下：

```
//*************************************************************
//*   程序名称:binorder.cpp                                   *
//*   程序功能:用结构体数组表示二叉链表,中序遍历二叉树           *
//*   包含函数:void main()                                    *
//*            void binorder (int root,struct node tree[10])  *
//*   作    者:FENGJUN                                        *
//*   编制时间:2014 年 3 月 20 日                              *
//*************************************************************
```

```
#include<stdio.h>
struct node                    /*链表结点类型*/
{  char data;
   int lchild,rchild;
};
//*主函数*//
void main()
{ int root;
   /*建立图 7—48 所示二叉树以结构体数组表示二叉链表,下标为 0 的数组元素空
闲*/
   struct node tree[10]={{0,0,0},{65,2,3},{66,4,5},{67,0,6},{68,7,0},
                        {69,0,0},{70,8,9},{71,0,0},{72,0,0},{73,0,0}};
   root=1;
   void binorder (int root,struct node tree[10]);     /*函数声明*/
   printf("图 7—48 所示二叉树的中序遍历序列为:");
   binorder (root,tree);printf("\n");
}
/*中序遍历二叉树*/
void binorder (int root,struct node tree[10])
{ int p,s[6];
   int top;
   top=0;p=root;
   do
   { while (p! =0)
     {  top=top+1;s[top]=p;
        p=tree[p].lchild;
     }
     if (top! =0)
     {  p=s[top];top=top-1;
        printf(" %c ",tree[p].data);
        p=tree[p].rchild;
     }
   }while (top! =0||p! =0);
   return;
}
```

运行程序得到如下结果:

```
图 7—48 所示二叉树的中序遍历序列为:G  D  B  E  A  C  H  F  I
Press any key to continue
```

请读者认真思考，分析比较前序遍历程序与中序遍历程序，两个程序中分别用动态二叉链表和结构体数组二叉链表（静态二叉链表）的形式存储表示图 7—48 所示的二叉树。你觉得哪种存储表示较容易理解接受，你还有哪种存储表示方法。

**3. 二叉树后序遍历非递归算法**

下面讨论二叉树在二叉链表存储表示下，使用栈对二叉树进行后序遍历的非递归算法。在对二叉树进行后序遍历过程中，当指针 p 指向某结点时，并不能马上对它进行访问，先要遍历它的左、右子树，只有当左、右子树都遍历完毕后，再回到该结点时才能被访问。为了标明某结点是否可以被访问，引入一个标志变量 tag，规定

$$tag=\begin{cases}0 & \text{表示该结点暂不访问，先处理其左、右子树}\\1 & \text{表示该结点可以访问}\end{cases}$$

标志变量的值与结点地址一同进出栈。因此，栈中元素具有两个字段：一个用于存放结点地址；另一个用于存放标志变量的值。标志变量的初始值均为 0。算法设计的**基本思想**和**实现步骤**用自然语言描述如下：

S1：将根结点地址与标志变量的值压入栈中。

S2：当栈不空时，重复执行以下步骤。

S21：读出栈顶元素 p（只读取地址分量）。

S22：若栈顶元素标志变量的值等于 1，则删除栈顶元素，并访问指针 p 所指结点；

否则，修改栈顶元素标志变量的值为 1，同时将标志变量的初始值连同指针 p 所指结点的右指针、左指针依次压入栈中（当指针字段的值为空时，不进行压栈操作）。

二叉树后序遍历非递归算法设计如图 7—54 所示，算法中的类型定义和变量说明如下：

```
TYPE  pointer=^node
      node=RECORD                    /*二叉树的结点类型*/
            data:datatype
            lchild,rchild:pointer
            END
      tagtype=RECORD                 /*栈中结点类型*/
              p1:pointer
              tag:0..1
              END
VAR  root:pointer                    /*指向二叉树的根结点*/
     s:ARRAY[1..n] OF tagtype        /*栈的存储空间*/
     top:integer                     /*栈顶指针*/
     p:pointer
```

**算法 7—34** postorder（root，s）

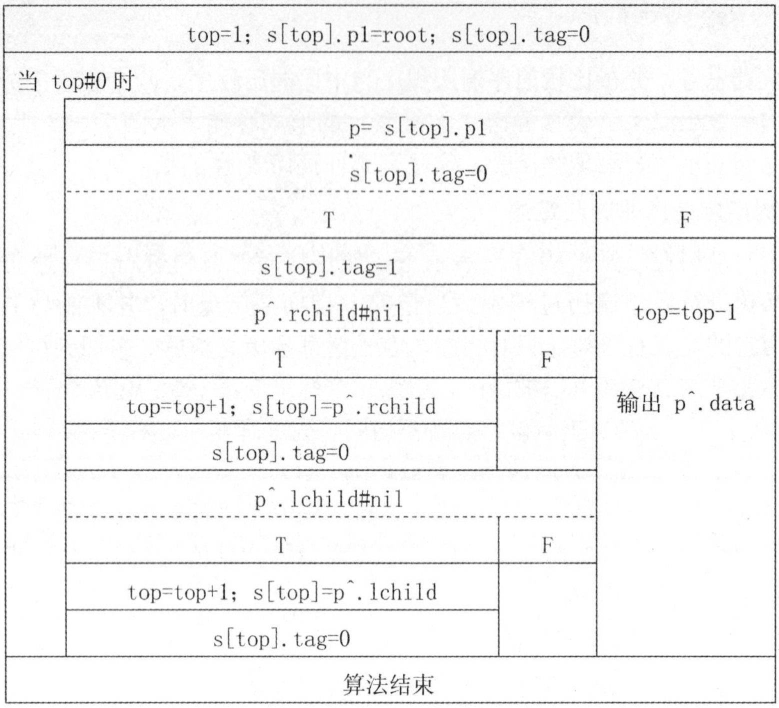

```
top=1；s[top].p1=root；s[top].tag=0
当 top#0 时
    p= s[top].p1
    s[top].tag=0
        T:
            s[top].tag=1
            p^.rchild#nil
                T:
                    top=top+1；s[top]=p^.rchild
                    s[top].tag=0
                F:
            p^.lchild#nil
                T:
                    top=top+1；s[top]=p^.lchild
                    s[top].tag=0
                F:
        F:
            top=top-1
            输出 p^.data
算法结束
```

**图 7—54 二叉树后序遍历非递归算法**

**算法执行示例：**对于图 7—48 所示的二叉树，写出该树的二叉链表存储表示，给出算法执行时栈的变化情况以及后序序列的输出顺序。假设图 7—48 所示二叉树的二叉链表存储表示如表 7—2 所示。执行算法 7—34，栈的变化情况以及后序序列的输出顺序如图 7—55 所示。

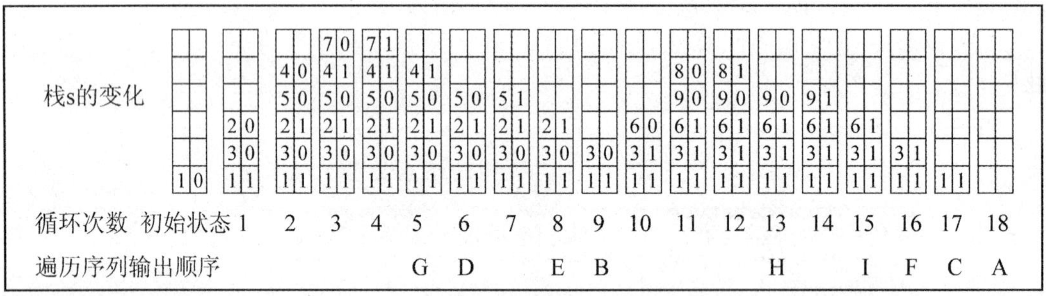

| 循环次数 | 初始状态 | 1 | 2 | 3 | 4 | 5 | 6 | 7 | 8 | 9 | 10 | 11 | 12 | 13 | 14 | 15 | 16 | 17 | 18 |
|---|---|---|---|---|---|---|---|---|---|---|---|---|---|---|---|---|---|---|---|
| 栈s的变化 |  |  |  | 7 0 | 7 1 |  |  |  |  |  |  |  |  |  |  |  |  |  |  |
|  |  |  | 4 0 | 4 1 | 4 1 | 4 1 |  |  |  |  |  | 8 0 | 8 1 |  |  |  |  |  |  |
|  |  |  | 5 0 | 5 0 | 5 0 | 5 0 | 5 0 | 5 1 |  |  |  | 9 0 | 9 0 | 9 0 | 9 1 |  |  |  |  |
|  |  | 2 0 | 2 1 | 2 1 | 2 1 | 2 1 | 2 1 | 2 1 | 2 1 |  | 6 0 | 6 1 | 6 1 | 6 1 | 6 1 | 6 1 |  |  |  |
|  |  | 3 0 | 3 0 | 3 0 | 3 0 | 3 0 | 3 0 | 3 0 | 3 0 | 3 0 | 3 1 | 3 1 | 3 1 | 3 1 | 3 1 | 3 1 | 3 1 |  |  |
|  | 1 0 | 1 1 | 1 1 | 1 1 | 1 1 | 1 1 | 1 1 | 1 1 | 1 1 | 1 1 | 1 1 | 1 1 | 1 1 | 1 1 | 1 1 | 1 1 | 1 1 | 1 1 |  |
| 遍历序列输出顺序 |  |  |  |  |  | G | D |  | E | B |  |  |  | H |  | I | F | C | A |

**图 7—55 二叉树后序遍历算法执行示例**

请读者编程实现二叉树后序遍历非递归算法 7—34。

若用二叉树表示算术表达式，其中，叶子结点表示操作数，分支结点表示操作符，则对二叉树分别进行前序遍历、中序遍历和后序遍历，所得到的遍历序列分别是该表达式的前缀表达式、中缀表达式和后缀表达式。

**4. 二叉树层次遍历算法**

二叉树的前序遍历、中序遍历和后序遍历都是以递归定义的形式给出，设计它们的非递归算法都需要借助于栈作为工具。二叉树在二叉链表的存储表示下，进行层次遍历需要借助于队列作为工具。使用队列对二叉树进行层次遍历，算法设计的**基本思想**和**实现步骤**

用自然语言描述如下：

S1：将根结点的地址进队。

S2：当队列不空时，重复执行以下步骤。

S21：取出队头元素 p（它包含两个基本操作：即读队头元素和删除队头元素）；

S22：访问指针 p 所指结点数据；

S23：将指针 p 所指结点的左指针、右指针依次插入队尾（当指针字段的值为空时，不进行插入操作）。

使用队列对二叉树进行层次遍历的算法设计如图 7—56 所示，算法中的类型定义和变量说明如下：

```
TYPE  pointer=^node
      node=RECORD                /*二叉树的结点类型*/
            data:datatype
            lchild,rchild:pointer
            END
VAR  root:pointer           /*指向二叉树的根结点*/
     q:ARRAY[1..n] OF pointer        /*队列的存储空间*/
     head,tail:integer              /*队头指针和队尾指针*/
     p:pointer
```

**算法 7—35**　levelorder（root，q）

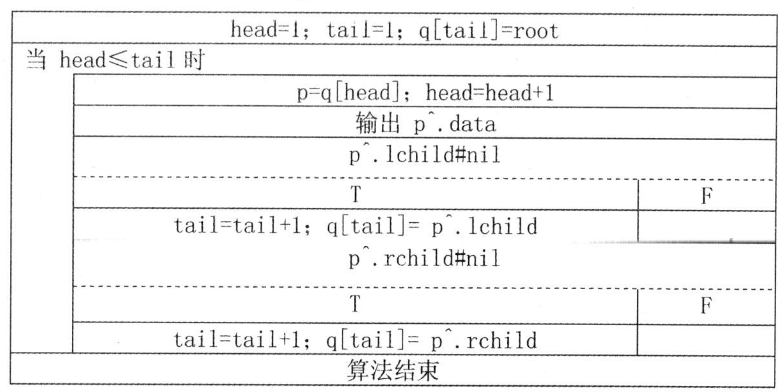

```
head=1; tail=1; q[tail]=root
当 head≤tail 时
    p=q[head]; head=head+1
    输出 p^.data
    p^.lchild#nil
        T: tail=tail+1; q[tail]= p^.lchild
        F:
    p^.rchild#nil
        T: tail=tail+1; q[tail]= p^.rchild
        F:
算法结束
```

**图 7—56　二叉树的层次遍历**

建立结构体数组 struct node tree［10］表示二叉链表，用以存储图 7—48 所示的二叉树。根据算法 7—35 编制 C 源程序如下：

```
//* * * * * * * * * * * * * * * * * * * * * * * * * * * * * * * * *
//*   程序名称:levelorder.cpp                                       *
//*   程序功能:用结构体数组表示二叉链表,层次遍历二叉树                *
//*   包含函数:void main()                                          *
//* void levelorder (int root,struct node tree[10])                 *
//*   作    者:FENGJUN                                              *
//*   编制时间:2014 年 3 月 20 日                                   *
//* * * * * * * * * * * * * * * * * * * * * * * * * * * * * * * * *
```

```
#include<stdio.h>
struct node                    /*链表结点类型*/
{  char data;
int lchild,rchild;
};
//*主函数*//
void main()
{ int root;
  /*建立图 7—48 所示二叉树以结构体数组表示二叉链表,下标为 0 的数组元素空闲*/
  struct node tree[10]={{0,0,0},{65,2,3},{66,4,5},{67,0,6},{68,7,0},
                       {69,0,0},{70,8,9},{71,0,0},{72,0,0},{73,0,0}};
  root=1;
  void levelorder (int root,struct node tree[10]);     /*函数声明*/
  printf("图 7—48 所示二叉树的层次遍历序列为:");
  levelorder (root,tree);printf("\n");
}
/*层次遍历二叉树*/
void levelorder (int root,struct node tree[10])
{ int p,q[10];
  int head,tail;
  head=1;tail=1;q[tail]=root;
  while (head<=tail)
  {p=q[head];head=head+1;
    printf(" %c ",tree[p].data);
    if (tree[p].lchild! =0)
    {tail=tail+1;q[tail]=tree[p].lchild;}
    if (tree[p].rchild! =0)
    {tail=tail+1;q[tail]=tree[p].rchild;}
  }
  return;
}
```

---

运行程序得到如下结果:

图 7—48 所示二叉树的层次遍历序列为:A B C D E F G H I

Press any key to continue

**算法执行示例:** 对于图 7—48 所示二叉树，写出该树的二叉链表存储表示，给出算法执行时队列的变化情况以及层次序列的输出顺序。假设图 7—48 所示二叉树的二叉链表存储表示如表 7—2 所示。执行算法 7—35，队列的变化情况以及层次序列的输出顺序如图

7—57所示。

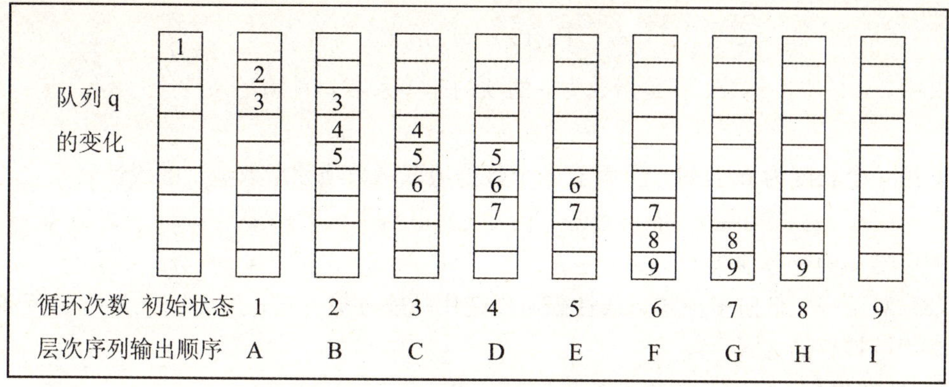


**图 7—57 二叉树层次遍历算法执行示例**

## 7.7 课程设计题目——一元多项式计算器

**【问题描述】**

设计一个一元多项式计算器。

**【基本要求】**

(1) 创建多项式。

(2) 输出多项式。输出形式为整数序列：n，m；$p_1$，$e_1$；$p_2$，$e_2$；…；$p_m$，$e_m$。其中n是多项式的最高次数，m是多项式的项数，$p_i$和$e_i$分别是多项式第i项的系数和指数，序列按指数降序排列。

(3) 两个多项式相加。

(4) 两个多项式相减。

**【测试数据】**

由读者自己设计。

**【实现提示】**

(1) 在数学上，一元n次多项式$P_n$(x)可按升幂写成

$$P_n(x)=p_0+p_1x+p_2x^2+\cdots+p_nx^n$$

它由n+1个系数唯一确定。因此，一元n次多项式可用一个线性表P表示为

$$P=(p_0, p_1, p_2, \cdots, p_n)$$

每一项的指数i隐含在其系数$p_i$的序号里。

假设$Q_m$(x)是一元m次多项式，同样可以用线性表Q表示为

$$Q=(q_0, q_1, q_2, \cdots, q_m)$$

不失一般性，假设m<n，则两个多项式相加或相减的结果$R_n(x)=P_n(x)\pm Q_m(x)$也可用线性表R表示为

$$R=(p_0\pm q_0, p_1\pm q_1, p_2\pm q_2, \cdots, p_m\pm q_m, p_{m+1}, \cdots, p_n)$$

(2) 若只存储非零系数，则必须同时存储相应的指数。

一般情况下，一元 n 次多项式可写成

$$P_n(x) = \sum_{i=1}^{m} p_i x^{e_i}$$

其中，$e_i$是非负整数，$p_i$是指数为 $e_i$的项的非零系数，且满足条件

$$0 \leqslant e_1 < e_2 < \cdots < e_m = n$$

若用一个长度为 m 且每个元素有两个数据项（系数项和指数项）的线性表

$$((p_1, e_1), (p_2, e_2), \cdots, (p_m, e_m))$$

便可唯一确定多项式 $P_n(x)$。

(3) 对于一元低阶多项式，线性表可以选用顺序存储方式；对于一元高阶稀疏多项式可以选用链接存储方式。

**【问题拓展】**

(1) 计算多项式在 x 处的值。

(2) 两个多项式相乘。

(3) 多项式的输出形式为类数学表达式。例如，多项式 $3x^8+6x^4+22x^3+98x+21$ 的输出形式为 3x^8+6x^4+22x^3+98x+21。

(4) 计算器的仿真界面。

## 习　题

**7—1**　试描述以下 3 个概念的区别：表头变量，表头结点，开始结点。

**7—2**　试对顺序表与单链表做综合比较。

**7—3**　简述栈与线性表的差别。

**7—4**　简述栈与队列这两种基本数据结构的异同点。

**7—5**　如果有 3 个元素的进栈次序为 A、B、C，则可能得到的出栈序列是什么？

**7—6**　设队列中有 A、B、C、D、E 这样 5 个元素，其中队头元素为 A，若对这个队列重复执行下列 4 步操作：

(1) 输出队头元素；

(2) 把队头元素插入到队尾；

(3) 删除队头元素；

(4) 删除队头元素。

直到队列为空队列为止，试问可能得到的输出序列是什么？

**7—7**　要求栈 ST 作下列一系列运算：

(1) 依次插入元素 A、B、C、D、E；

(2) 连续弹出元素两次；

(3) 读出栈顶元素；

(4) 再依次插入元素 F、G、H。

试画出示意图，表示运算过程。其中：ST 是顺序存储方式表示的栈，m0=5，初始栈为空。

**7—8**　要求队列 qu（m0=4）作下列一系列运算：

（1）依次插入元素 A，B，C；

（2）删除 A；

（3）读出队头元素；

（4）再依次插入元素 D，E。

在下列 3 种方式下分别画出运算过程示意图（初始队列为空）：

①简单插入、简单删除的顺序队列。

②简单插入和带上推删除的顺序队列。

③循环顺序队列的插入、删除。

**7—9** 请分别画出具有 4 个结点的树和具有 4 个结点的二叉树的所有不同形态。

**7—10** 一棵具有 20 个结点的完全二叉树的深度是多少？

**7—11** 深度为 5 的满二叉树共有多少个结点？

**7—12** 如图 7—58 所示，给定一颗二叉树，试写出该二叉树的前序序列、中序序列、后序序列和层次序列。

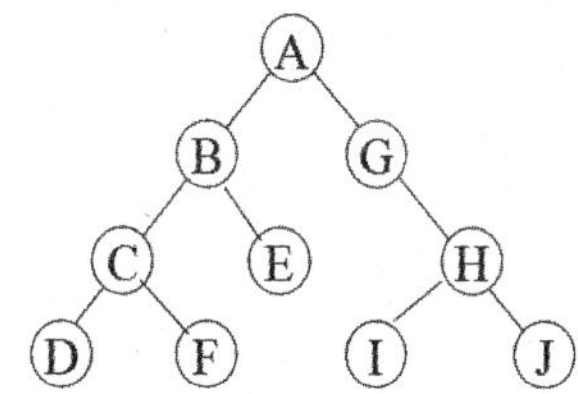


**图 7—58 习题 7—59**

**7—13** 设线性表存储于整型数组 R［1..n0］的前 n 个数组元素中且递增有序。试在线性表中插入一个值为 x 的新元素，并保持线性表的有序性。用 N－S 流程图描述算法，并编程实现。

**7—14** 已知长度为 n 的非空线性表 A 采用顺序存储结构，表中元素按值的大小非递减排列。试设计一个时间复杂度为 O（n）的算法，删除线性表中值相同的元素。用 N－S 流程图描述算法，并编程实现。

**7—15** 已知线性表存储于数组 A［1..n］的前 k 个数组元素中。将线性表逆置，且用尽可能少的辅助存储单元。用 N－S 流程图描述算法，并编程实现。

**7—16** 已知长度为 n 的非空线性表存储于数组 A［1..n］中。将数组 A［1..n］中的所有奇数移到所有偶数之前，要求时间复杂度为 O（n）。用 N－S 流程图描述算法，并编程实现。

**7—17** 将两个递增的单链表 La 和 Lb 合并为一个递减的单链表。用 N－S 流程图描述算法，并编程实现。

**7—18** 分别用递推方法和递归方法求 2 阶 Fiboncci 序列的前 n 项和。并利用栈来模拟递归调用，将递归过程改写为非递归过程。分析这两种算法的时间复杂度。2 阶 Fiboncci 序列定义如下：

$$\mathrm{Fib}(n)=\begin{cases} n & \text{若 } n=0、1 \\ \mathrm{Fib}(n-1)+\mathrm{Fib}(n-2) & \text{若 } n>1 \end{cases}$$

**7—19** 定义递归函数如下：

$$g(m, n) = \begin{cases} 0 & m=0, n \geqslant 0 \\ g(m-1, 2n) + n & m>0, n \geqslant 0 \end{cases}$$

试设计递归算法和非递归算法，用 N－S 流程图描述算法。以 g（5，2）为例，执行非递归算法，画出栈的变化过程。

**7－20** 设二叉树采用二叉链表作为存储结构，试分别设计算法并编程实现下列功能。

（1）统计二叉树中结点个数。

（2）统计二叉树中叶子结点个数。

（3）判断二叉树是否为完全二叉树。

（4）判断二叉树是否为满二叉树。

（5）将二叉树中所有结点的左、右子树相互交换。

**7－21** 编程实现二叉树后序遍历非递归算法 7—34。

# 第 8 章 算法设计中的常用方法

求解一个问题通常会有多种算法可供选择，选择算法的主要标准首先是算法的正确性、可靠性、可读性和可维护性，其次是算法所需要的存储空间和时间效率等。怎样才能得到一个较好的算法呢？在算法设计过程中，常用的算法设计技术和方法主要有枚举法、递推法、递归法、分治法、动态规划法、贪心法、回溯法和分支限界法等。本章介绍这些方法的设计思想和简单应用。

## 8.1 问题的解空间

对于较复杂的问题常常有许多**可能解**（Possible Solution），可能解的全体构成了问题的**解空间**（Solution Space）。确定正确的解空间很重要，因为它是得到正确解的搜索空间。如果确定的解空间不合适，则可能会增加搜索次数，得到许多重复解或根本就找不到正确解。例如，桌子上有 6 根火柴棒，要求以这 6 根火柴棒为边构建 4 个等边三角形。通常总是在二维空间思考问题，可以很容易用 5 根火柴棒构建 2 个等边三角形，再增加 1 根火柴棒却很难将等边三角形个数扩展到 4 个，如图 8—1（a）所示。这个问题的解决必须在三维空间进行思考，如图 8—1（b）所示在三维空间用 6 根火柴棒构建成 4 个等边三角形。

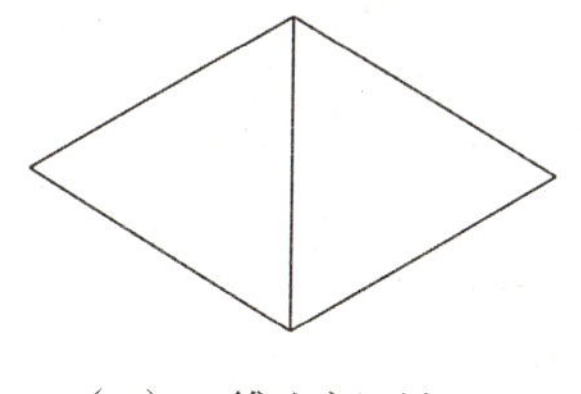

（a）二维空间无解

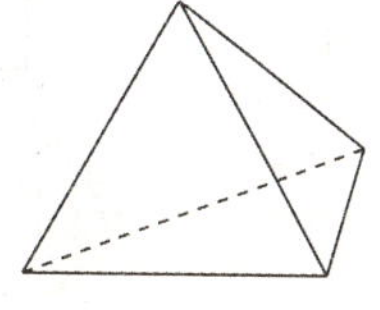

（b）三维空间的解

**图 8—1 构建 4 个等边三角形**

**例 8—1**

**背包问题：**给定 n 种物品和一个背包。假设物品 i（1⩽i⩽n）的重量为 $w_i$，价值为 $v_i$，背包容量为 limit。问应该如何选择物品装入背包，才能使背包内物品的总价值最大？

**问题分析：**在选择物品 i（1⩽i⩽n）装入背包时，可以不装入、可以部分装入或全部装入。问题的解可用 n 元组（$x_1$，$x_2$，…，$x_n$）来表示。其中，$x_i$（$1\leqslant i\leqslant n$）表示物品 i 装入背包的数量，取值在 0~1 之间，即 $w_i\times x_i$ 表示物品 i 装入背包的重量。这样，背包问题的解空间为

$$S=\{(x_1, x_2, \cdots, x_n) \mid x_i\in[0, 1], i=1, 2, \cdots, n\}$$

**例 8—2**

**0—1 背包问题**：与背包问题类似，所不同的是在选择物品 i（$1\leqslant i\leqslant n$）装入背包时，或者不装入，或者全部装入，不能只装入物品 i 的一部分。

**问题分析**：问题的解可用 n 元组（$x_1$，$x_2$，…，$x_n$）来表示。其中，$x_i$（$1\leqslant i\leqslant n$）表示物品 i 是否装入背包，当物品 i 装入背包时，$x_i=1$；否则，$x_i=0$。这样，0—1 背包问题的解空间为

$$S=\{(x_1, x_2, \cdots, x_n) \mid x_i\in\{0, 1\}, i=1, 2, \cdots, n\}$$

因此，给定一个问题，首先对问题进行分析，确定解的表示形式，然后确定可能解的解空间。显然，例 8—1 背包问题的解空间中有无穷多个可能解，0—1 背包问题的解空间中有 $2^n$ 个可能解。在如此庞大的解空间中寻找正确解或最优解，需要采用恰当的搜索方法，好的搜索方法离不开适合的解空间组织形式。问题的解空间一般用**解空间树**（Solution Space Trees，也称为状态树或解答树）的方式进行组织。

**例 8—3**

0—1 背包问题。假设有 3 种物品，背包的容量为 40 公斤。物品 1 的重量 30 公斤，价值 150 元；物品 2 的重量 20 公斤，价值 80 元；物品 3 的重量 10 公斤，价值 70 元。可以构造该问题的状态树如图 8—2 所示。

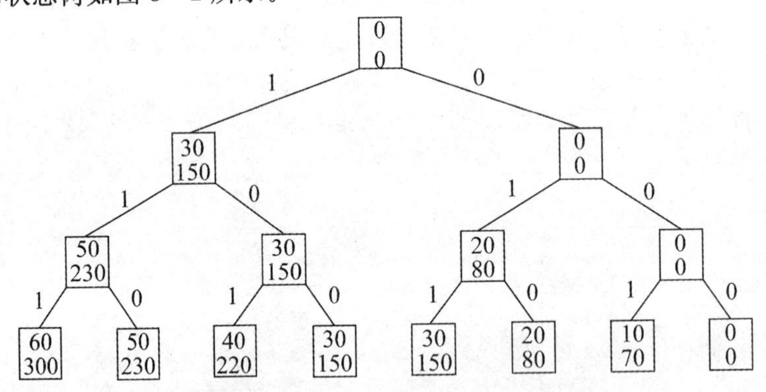


**图 8—2 描述 0—1 背包问题的状态树**

树中每个结点表示背包的一种状态，记录了当前装入背包内物品的总重量 tw 和总价值 tv；每个非叶子结点下面的两条边表示对某件物品是否装入背包的两种不同选择。对于第 i（$1\leqslant i\leqslant 3$）层上的非叶子结点来说，指向左后继的边表示第 i 件物品装入背包，使背包内物品的总重量 tw 增加第 i 件物品的重量 $w_i$，总价值 tv 增加第 i 件物品的价值 $v_i$；指向右后继的边表示第 i 件物品不装入背包，背包内物品的总重量 tw 和总价值 tv 都维持不变。树中每个叶结点表示在考虑了 3 件物品取舍之后的一种最终状态，即从根结点到每个叶子结点的路径信息都构成了解空间中的一个可能解。具有 3 件物品的 0—1 背包问题的

解空间中共有 $2^3=8$ 种可能解。在所有叶子结点中找出满足条件 tw≤limit 且总价值 tv 最大的叶结点，再根据从根结点到该叶结点的路径信息，即可得到 0—1 背包问题的最优解。

在图 8—2 中，每个结点中的第 1 个数字表示当前装入背包物品的总重量，第 2 个数字表示总价值。这个 0—1 背包问题的最优解为（$x_1$，$x_2$，$x_3$）=（1，0，1）。它表示装入背包的物品是第 1 件和第 3 件，物品总重量为 40 公斤，总价值为 220 元。

## 8.2 枚举法

**枚举法**（Enumeration）也叫穷举法，它是算法设计中的基本方法。枚举法采用简单、直观的方法搜索问题的整个解空间。用它所设计的算法易于理解，也易于应用。但是，枚举法只适用于解决规模较小的问题。当问题的解空间呈现问题规模的指数阶且问题规模较大时，使用枚举法所设计的算法将不可解，即解题时间不可行，因为算法的时间复杂度呈现指数阶。

### 8.2.1 枚举法的基本思想

枚举法的基本思想是对问题解空间中的所有可能解按照某种顺序进行逐一枚举检查，从中找出那些符合要求的可能解作为问题的解。这种方法的好处是最大限度地考虑了各种情况，从而为求出最优解创造了条件。

枚举法只适用于问题的解空间是有限的，它常用于解决“是否存在”或“有多少种可能”等类型的问题。使用枚举法的关键是确定解的表示形式和问题的解空间，所确定的解空间其可能解必须不重复、不遗漏。

枚举搜索法通常运用循环结构来实现，在循环体中，根据求解问题的约束条件，运用适当的选择结构实施判断筛选，求出所需要的解。

运用枚举搜索法求解问题的一般步骤如下：

（1）分析问题，确定解的表示形式和问题的解空间。

（2）确定搜索策略，即对解空间的所有可能解按照某种顺序不重复、不遗漏逐一进行枚举检查。

（3）根据问题的约束条件确定筛选条件。

（4）描述解决问题的完整算法。

（5）根据算法编程实现。

### 8.2.2 枚举法应用举例

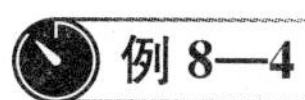

**例 8—4**

运用枚举搜索法编程求解例 8—3 的 0—1 背包问题。

**问题分析：**用数组 x［1..3］表示可能解，其中每个数组元素取值为 1 或 0，当 x［i］=1 时，表示第 i 件物品装入背包；当 x［i］=0 时，表示第 i 件物品不装入背包。这样，

该问题的解空间为

$$S=\{(x[1], x[2], x[3]) \mid x[i] \in \{0, 1\}, i=1, 2, 3\}$$

将可能解 x=（x [1]，x [2]，x [3]）映射到一个 3 位数 M（x），并按升序排定次序。显然

$$M(x_{min})=000$$

$$M(x_{max})=111$$

从 M（$x_{min}$）开始，按照 M（x）的递增序列寻找最优解，直到 M（$x_{max}$）为止。

假设 3 件物品的重量存入数组 w [1..3] 中，价值存入数组 v [1..3] 中。物品装入背包的总重量和总价值分别存入变量 tw 和 tv。背包的容量存入变量 limit。当前背包价值存入变量 tv1，最优解存入数组 y [1..3]。则对任一可能解 x=（x [1]，x [2]，x [3]）有

$$tw=w[1]*x[1]+w[2]*x[2]+w[3]*x[3]$$

$$tv=v[1]*x[1]+v[2]*x[2]+v[3]*x[3]$$

当 tw≤limit 且 tv>tv1 时，则修改当前背包价值 tv1＝tv 和最优解 y＝x。算法设计如图 8—3 所示，算法中的变量说明如下：

```
VAR  w, v, x, y:ARRAY[1..3] OF integer
     limit,tv1, tw, tv:integer
     i,j:integer
```

**算法 8—1**

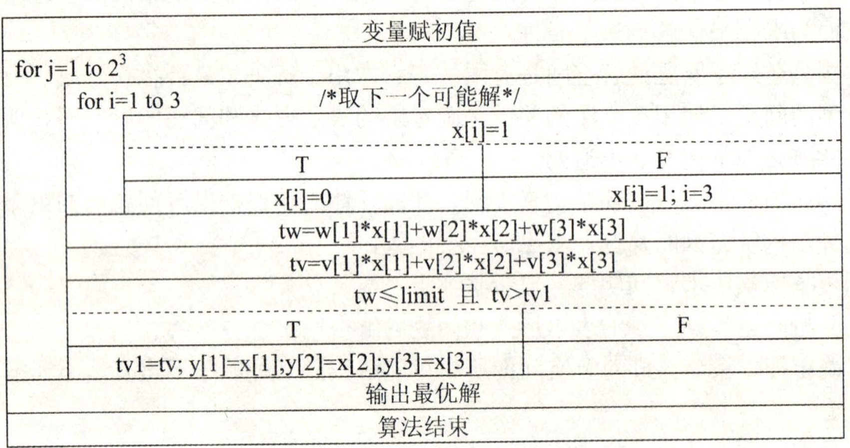


**图 8—3　枚举法求解 0—1 背包问题**

根据算法 8—1 编制 C 源程序如下：

```
//******************************
//*  程序名称:Backpack.cpp              *
//*  程序功能:枚举法求解 0—1 背包问题     *
//*  包含函数:void main()               *
//*          void possible_solution(int x[n])  *
//*  作    者:FENGJUN                   *
//*  编制时间:2014 年 3 月 20 日          *
//******************************
```

```
#include<stdio.h>
#define n 3
//*主函数*//
void main()
{ int w[n]={10,20,30},v[n]={70,80,150};
  int x[n]={0,0,0},y[n]={0,0,0};
  int tw,tv,tvl=0,limit=40;
  int j;
  void possible_solution(int x[n]);     /*函数声明*/
  for (j=1;j<=8;j++)
  {  possible_solution(x);
      tw=w[0]*x[0]+w[1]*x[1]+w[2]*x[2];
      tv=v[0]*x[0]+v[1]*x[1]+v[2]*x[2];
      if (tw<=limit&&tv>tvl)
      { tvl=tv; y[0]=x[0];y[1]=x[1];y[2]=x[2];}
  }
  printf("0—1背包问题的最优解y=(%d,%d,%d)\n",y[0],y[1],y[2]);
  printf("总价值tvl=%d\n",tvl);
}
void possible_solution(int x[n])  /*取下一个可能解*/
{ int i;
for (i=0;i<3;i++)
  if (x[i]! =1) {x[i]=1; return;}
  else x[i]=0;
  return;
}
```

运行程序得到如下结果：

**0—1 背包问题的最优解 y=(1,0,1)**

总价值 tvl=220

Press any key to continue

请读者思考，取下一个可能解的函数 void possible _ solution (int x [n]) 的功能是怎样实现的？

### 8.2.3 枚举算法优化

当问题的解空间呈现问题规模的指数阶且问题规模较大时，使用枚举法所设计的算法将不可解，即解题时间不可行，因为算法的时间复杂度呈现指数阶。在使用枚举法进行算法设计的过程中，运用一些优化手段，可以提高算法的时间效率。一般可以从两个方面进行优化：一方面优化问题的解空间，即想方设法使问题的解空间尽可能的小。另一方面优化循环变量，即巧妙地运用循环变量使解空间中不是解的对象不进行枚举。下面分别举例说明。

### 例 8—5

试求所有 n（n 为偶数）位分段和平方数。不妨设 n=6，所谓 6 位分段和平方数是指将这个 6 位整数分为前后两个 3 位数，两个 3 位数和的平方等于这个 6 位整数。例如，对于 6 位数 494209，有 $(494+209)^2=494209$。

**解法 1：**

**问题分析：**求所有 6 位分段和平方数。问题的解空间是 100000～999999 之间的整数。取解空间的整数 n，运用除法和求余运算将整数 n 分为前后两个 3 位整数 x、y，若整数 n 是（x+y）的平方数，则输出整数 n。根据上述分析编制 C 源程序如下：

```
//*************************
//*   程序名称:square_number1.cpp          *
//*   程序功能:求所有 n(偶数)位分段和平方数  *
//*   包含函数:void main()                 *
//*   作    者:FENGJUN                     *
//*   编制时间:2014 年 3 月 20 日           *
//*************************
#include<stdio.h>
#define m 6
//*主函数*//
void main()
{ int n,x,y;
  int down,up,k=1;
  for (n=1;n<=m/2;n++)
      k=k*10;                    /* k 用于对整数 n 进行分段 */
  down=k*k/10;                /* down,up 分别是解空间的下界和上界 */
  up=down*10-1;
  printf("%d 位分段和平方数有:\n",m);
  for (n=down;n<=up;n++)
  {  x=n/k;y=n%k;              /* m 位整数 n 分为前后两个 m/2 位整数 x、y */
    if (n==(x+y)*(x+y))
      printf("%8d",n);
  }
  printf("\n");
}
```

```
运行程序得到如下结果：
6 位分段和平方数有：
494209   998001
Press any key to continue
若将符号常量 m 定义为 8,则运行程序得到如下结果：
8 位分段和平方数有：
24502500   25502500   52881984     60481729   99980001
Press any key to continue
```

**解法 2：问题分析**：求所有 6 位分段和平方数。问题的解空间是 sqrt（100000）～999 之间的整数。取解空间的整数 n，b=n＊n 得到一个 6 位整数，运用除法和求余运算将整数 b 分为前后两个 3 位整数 x、y，若（x+y）就是整数 n，则输出整数 b。根据上述分析编制 C 源程序如下：

```
//*************************
//*   程序名称:square_number2.cpp                 *
//*   程序功能:求所有 n(偶数)位分段和平方数  *
//*   包含函数:void main()                        *
//*   作      者:FENGJUN                          *
//*   编制时间:2014 年 3 月 20 日                 *
//*************************
#include<stdio.h>
#include<math.h>
#define m 6
//*主函数*//
void main()
{ int b,n,x,y;
int down,up,k=1;
for (n=1;n<=m/2;n++)
  k=k*10;                          /* k 用于对整数 n 进行分段 */
down=sqrt(k*k/10);                 /*down,up 分别是解空间的下界和上界*/
up=k-1;
printf("%d 位分段和平方数有:\n",m);
for (n=down;n<=up;n++)
{   b=n*n;
    x=b/k;y=b%k;                   /*m 位平方数 b 分为前后两个 m/2 位整数 x、y*/
    if (n==(x+y))
       printf("%8d ",b);
  }
```

```
    printf("\n ");
}
```

运行程序得到如下结果:

6位分段和平方数有:

494209　998001

Press any key to continue

容易看出，对于求解所有6位分段和平方数，解法1的解空间中共有90万个枚举对象，解法2的解空间中只有684个枚举对象。两个程序中的基本运算大致相同，因此，解法2比解法1的执行效率要高得多。

请读者思考，程序中的变量 down、up、k 与符号常量 m 的关系是什么？它们在程序中的作用是什么？

### 例 8—6

整币兑零问题。假设有一张1元整币，希望兑换成1分、2分、5分、1角、2角和5角共6种零币，问共有多少种不同的兑换方式？

**问题分析：**设单位币为1分钱，若整币的面值是n个单位币，兑换成面值为1、2、5、10、20、50单位币的张（枚）数分别为 p1、p2、p3、p4、p5 和 p6，则有关系式

$$n=p1+2*p2+5*p3+10*p4+20*p5+50*p6$$

问题的解空间为

E＝｛（p1，p2，p3，p4，p5，p6）｜ $0\leqslant p1\leqslant n$，$0\leqslant p2\leqslant n/2$，$0\leqslant p3\leqslant n/5$，$0\leqslant p4\leqslant n/10$，$0\leqslant p5\leqslant n/20$，$0\leqslant p6\leqslant n/50$，且 p1，p2，p3，p4，p5，p6 都是整数｝

**解法1：**枚举解空间的每一种情况，编制C源程序如下：

```
//*************************
//*  程序名称:Change1.cpp              *
//*  程序功能:整币兑零问题              *
//*  包含函数:void main()              *
//*  作    者:FENGJUN                  *
//*  编制时间:2014年3月20日            *
//*************************
#include<stdio.h>
//*主函数*//
void main()
{ int p1,p2,p3,p4,p5,p6;
  intn,m=0;
  printf("请输入整币面值为多少个单位币(单位币为1分钱)n=");
  scanf("%d",&n);
  printf("    1分  2分  5分  1角  2角  5角\n");
```

```
    for (p1=0;p1<=n;p1++)
      for (p2=0;p2<=n/2;p2++)
        for (p3=0;p3<=n/5;p3++)
          for (p4=0;p4<=n/10;p4++)
            for (p5=0;p5<=n/20;p5++)
              for (p6=0;p6<=n/50;p6++)
              if (n== p1+2*p2+5*p3+10*p4+20*p5+50*p6)
              {  m++;
                printf("%5d%5d%5d%5d%5d%5d\n" ,p1,p2,p3,p4,p5,p6);
              }
    printf("%5d(1,2,5,10,20,50)=%6d\n" ,n,m);
}
```

---

```
运行程序得到如下结果:
请输入整币面值为多少个单位币(单位币为1分钱)n=100↙
  1分  2分  5分  1角  2角  5角
  0    0    0    0    0    2
  0    0    0    0    5    0
  …
  98   1    0    0    0    0
 100   0    0    0    0    0
100(1,2,5,10,20,50)=4562
Press any key to continue
```

由程序运行结果可知，一张1元整币，兑换成1分、2分、5分、1角、2角和5角共6种零币，共有4562种不同的兑换方式。

**解法2**：在上述程序中去掉p1外层循环，p1的值在内层循环体由关系式

$$p1= n -(2*p2+5*p3+10*p4+20*p5+50*p6)$$

确定，若p1为非负整数，则对应的一组（p1，p2，p3，p4，p5，p6）值为1种兑换方式。由此编制C源程序如下：

```
//************************
//*  程序名称:Change2.cpp          *
//*  程序功能:整币兑零问题          *
//*  包含函数:void main()          *
//*  作    者:FENGJUN              *
//*  编制时间:2014年3月20日         *
//************************
#include<stdio.h>
//*主函数*//
```

```
void main()
{ int p1,p2,p3,p4,p5,p6;
  int n,m=0;
  printf("请输入整币面值为多少个单位币(单位币为 1 分钱)n=");
  scanf("%d",&n);
  printf("    1分  2分  5分  1角  2角  5角\n");
  for (p2=0;p2<=n/2;p2++)
    for (p3=0;p3<=n/5;p3++)
      for (p4=0;p4<=n/10;p4++)
        for (p5=0;p5<=n/20;p5++)
          for (p6=0;p6<=n/50;p6++)
          {  p1=n-(2*p2+5*p3+10*p4+20*p5+50*p6);
             if (p1>=0)
             {  m++;
                printf("%5d%5d%5d%5d%5d%5d\n",p1,p2,p3,p4,p5,p6);
             }
          }
  printf("%5d(1,2,5,10,20,50)=%6d\n",n,m);
}
```

运行程序得到如下结果：

```
请输入整币面值为多少个单位币(单位币为 1 分钱)n=200↙
 1分    2分    5分    1角    2角    5角
 200     0      0      0      0      0
 150     0      0      0      0      1
 …
   2    99      0      0      0      0
   0   100      0      0      0      0
200(1,2,5,10,20,50)=69118
Press any key to continue
```

由程序运行结果可知，一张 2 元整币，兑换成 1 分、2 分、5 分、1 角、2 角和 5 角共 6 种零币，共有 69118 种不同的兑换方式。解法 1 程序中的内层循环体的执行次数是解法 2 程序中的内层循环体执行次数的 n 倍。容易看出两个程序解的输出次序有所不同。

**解法 3：**对解法 2 程序中的循环变量的取值范围可以进一步优化。事实上，p3 的取值范围可以从 0～n/5 缩小到 0～（n－2 * p2）/5，因为在 n 中已经包含了 2 * p2。同理，p4 的取值范围为 0～（n－2 * p2－5 * p3）/10；p5 的取值范围为 0～（n－2 * p2－5 * p3－10 * p4）/20；p6 的取值范围为 0～（n－2 * p2－5 * p3－10 * p4－20 * p5）/50。由此编

制C源程序如下：

```
//************************
//*  程序名称:Change3.cpp             *
//*  程序功能:整币兑零问题             *
//*  包含函数:void main()              *
//*  作    者:FENGJUN                  *
//*  编制时间:2014年3月20日            *
//************************
#include<stdio.h>
//*主函数*//
void main()
{ int p1,p2,p3,p4,p5,p6;
  int q2,q3,q4,q5,q6;
  int n,m=0;
  printf("请输入整币面值为多少个单位币(单位币为1分钱)n=");
  scanf("%d",&n);
  printf("    1分  2分  5分  1角  2角  5角\n");
  q2=n/2;
  for (p2=0;p2<=q2;p2++)
  {  q3=(n-2*p2)/5;
    for (p3=0;p3<=q3;p3++)
    {  q4=(n-2*p2-5*p3)/10;
      for (p4=0;p4<=q4;p4++)
      {  q5=(n-2*p2-5*p3-10*p4)/20;
        for (p5=0;p5<=q5;p5++)
        {  q6=(n-2*p2-5*p3-10*p4-20*p5)/50;
          for (p6=0;p6<=q6;p6++)
          {  p1=n-(2*p2+5*p3+10*p4+20*p5+50*p6);
            if (p1>=0)
            {  m++;
              printf("%5d%5d%5d%5d%5d%5d\n",p1,p2,p3,p4,p5,p6);
            }
  }}}}}
  printf("%5d(1,2,5,10,20,50)=%6d\n",n,m);
}
```

---

运行程序得到如下结果：

请输入整币面值为多少个单位币(单位币为1分钱)n=500↙

  1分  2分  5分  1角  2角  5角

```
500    0    0    0    0    0
450    0    0    0    0    1
 ...
  2  249    0    0    0    0
  0  250    0    0    0    0
500(1,2,5,10,20,50)= 3937256
Press any key to continue
```

由程序运行结果可知，一张5元整币，兑换成1分、2分、5分、1角、2角和5角共6种零币，共有3937256种不同的兑换方式。

运用后验分析法统计3个程序分别当n的值为100、200、500时，内层循环体的执行次数，统计结果如表8—1所示。

**表8—1　　内层循环体的执行次数**

| n | 100 | 200 | 500 |
|---|---|---|---|
| 解法1循环体执行次数 | 21417858 | 961353855 | 1.85255　E+11 |
| 解法2循环体执行次数 | 212058 | 4782855 | 369769686 |
| 解法3循环体执行次数 | 4562 | 69188 | 3937256 |

由表中数据可以看出，运用枚举法求解同一问题，解法2的内层循环体的执行次数是解法1的内层循环体执行次数的1/n。当n=100时，解法3的内层循环体的执行次数是解法2的内层循环体执行次数的2/n；当n=200时，解法3的内层循环体的执行次数是解法2的内层循环体执行次数的3/n；当n=500时，解法3的内层循环体的执行次数是解法2的内层循环体执行次数的5/n。细心的读者应该发现解法3的内层循环体的执行次数恰是整币兑零不同兑换方式的种数。因此，对算法进行合理的优化，可以很好地提高程序的执行效率。

## 8.3　递归与递推

构造性是计算学科的基本特征，递归、递推和迭代是最具代表性的构造性方法，它们广泛地应用于各个领域。递归和递推密切相关，实现递归和递推都基于这样一个数学特性：问题的初始解（或称为边界值）已知，要求问题规模为n的解，可以通过与它规模相邻的解来求得。

### 8.3.1　梵天塔问题

相传印度教的天神梵天在创造地球时，建了一座神庙，神庙里竖有3根宝石柱子，柱子由一个铜座支撑。梵天将64个直径大小不一的金盘子按照从大到小的顺序依次套放在第一根柱子上，形成一座金塔。天神让庙里的僧侣们将第一根柱子上的64个盘子借助第二根柱子全部移到第三根柱子上，同时定下 3 条规则。

（1）每次只能移动一个盘子；

（2）盘子只能在 3 根柱子上来回移动，不能放在它处；

（3）在移动盘子的过程中，3 根柱子上的盘子必须始终保持大盘在下，小盘在上。

天神说："当这 64 个盘子全部移到第三根柱子上后，世界末日就到了。"这就是著名的梵天塔问题，如图 8—4 所示是 3 阶梵天塔问题的初始状态。

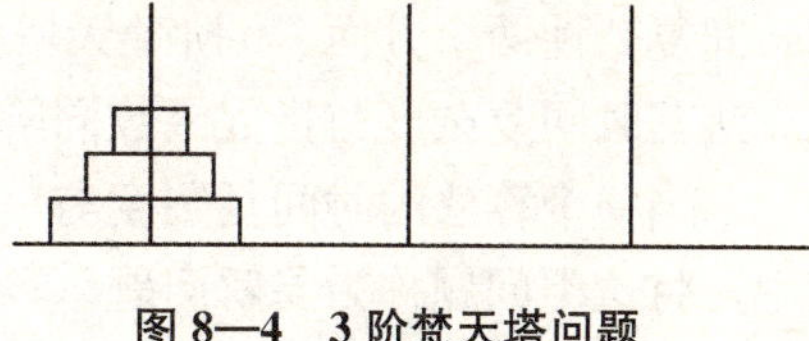

**图 8—4　3 阶梵天塔问题初始状态**

梵天塔问题是一个典型的使用递归方法来解决的问题。它将一个较大的问题分解为一个或多个子问题进行求解。

根据递归方法，将 64 个盘子的梵天塔问题转化为求解 63 个盘子的梵天塔问题。若 63 个盘子的梵天塔问题能够解决，则可以先将 63 个盘子移动到第二根柱子上，再将最后一个盘子直接移动到第三根柱子上，最后又一次将 63 个盘子从第二根柱子上移动到第三根柱子上，这样就可以解决 64 个盘子的梵天塔问题。将 63 个盘子的梵天塔问题转化为求解 62 个盘子的梵天塔问题。若 62 个盘子的梵天塔问题能够解决，则 63 个盘子的梵天塔问题就能够解决。…。依次类推。显然，1 个盘子的梵天塔问题是容易解决的。因此，可以得到求解梵天塔问题的递归算法如图 8—5 所示。

**算法 8—2**　hanoi（n，one，two，three）

<table>
<tr><td colspan="2">n=1</td></tr>
<tr><td>T</td><td>F</td></tr>
<tr><td rowspan="3">move(1, one, _, three)</td><td>hanoi(n-1, one, three, two)</td></tr>
<tr><td>move(1, one, _, three)</td></tr>
<tr><td>hanoi(n-1, two, one , three)</td></tr>
<tr><td colspan="2">算法结束</td></tr>
</table>

**图 8—5　梵天塔问题递归算法**

其中，n 表示盘子的个数，one、two、three 分别表示第一、二、三根柱子。过程 hanoi（n，one，two，three）表示 n 阶梵天塔从第一根柱子上借助第二根柱子移动到第三根柱子上。过程 move（1，one，_，three）表示将第一根柱子上的最后一个盘子直接放到第三根柱子上。

理论上，该问题已经得到解决，即将上述算法编写成程序在计算机上运行，就可以将移动盘子的过程表示出来。事实上，并不一定能行，下面对该问题进行算法分析。

按照上述算法，n 阶梵天塔问题需要移动的盘子数是 n－1 阶梵天塔问题需要移动盘子数的 2 倍加 1。于是有

$$
\begin{aligned}
h(n) &= 2h(n-1)+1 \\
&= 2(2h(n-2)+1)+1 \\
&\cdots \\
&= 2^{n-1}+\cdots+2^{2}+2+1 \\
&= 2^{n}-1
\end{aligned}
$$

因此，64 阶梵天塔问题总共需要移动盘子的次数为

$$2^{64}-1=18446744073709551615$$

如果每秒移动一次，一年有 31536000 秒，则僧侣们一刻不停地来回搬动，需要花费大约 5849 亿年的时间。假设计算机以每秒 1000 万个盘子的速度进行搬动，则需要花费大约 58490 年的时间。这属于算法复杂性方面的研究内容。算法的复杂性包括空间复杂性和时间复杂性两个方面。n 阶梵天塔问题的时间复杂度为 O（$2^n$）。即 n 阶梵天塔问题的递归算法其时间复杂度与指数函数同阶。

当一个算法的时间复杂度与一个多项式函数同阶时，则它是可以处理的。在计算学科中，将这类问题称为**易解问题**（Easy Problem）。当一个算法的时间复杂度大于多项式函数（如与指数函数同阶）时，算法的执行时间将随 n 的增加而急剧增长，以至于即使是中等规模的问题也无法求出解。在计算学科中，将这类问题称为**难解问题**（Hard Problem）。在计算复杂性理论中，将所有可以在多项式时间内求解的问题称为 **P 类问题**；将所有在多项式时间内可以验证的问题称为 **NP 类问题**。

## 8.3.2 再谈递归算法设计

递归算法结构清晰、可读性强、且容易证明其正确性，所以它是算法设计的有力工具。但另一方面由于递归算法的执行效率比较低，因此在使用递归时应扬长避短，我们并没有必要一味地追求递归。如果一个问题的求解过程有明显的递推关系，也能很容易地写出它的递推过程（比如，求阶乘、求斐波那契数列等），则没有必要使用递归方法。如果在对一个问题进行分解、求解的过程中，得到的子问题与原问题具有相同的特征，自然而然地得到一个递归算法，并且它比其他算法更符合人们的逻辑思维，更易于理解，则就使用递归方法。但是要熟练地掌握递归算法的设计方法也不是一件轻而易举的事情。

用计算机求解一个规模较大的问题，往往都需要将这个大问题分解成多个规模较小的子问题，若这些子问题相互独立且与原问题具有相同的特征属性，则就为使用递归技术提供了方便。递归技术是实施众多复杂算法的基础，在后面所介绍的诸多常用算法中递归技术都有着极其广泛的应用。

在设计递归算法时，通常先写出问题求解的递归定义。递归定义一般由基本项和归纳项两部分组成。

递归定义的基本项描述了一个或几个递归过程的终结状态或称递归出口。任何实际应用的递归过程，都必须是经过有限次的递归调用而终结。例如，对于 n 阶梵天塔问题，当 n=1 时，可以直接求得其解。

递归定义的归纳项描述了如何从当前状态向终结状态的转化。递归算法设计的实质是：当一个复杂的问题分解成若干个子问题处理时，若某些子问题与原问题有相同的特征属性，则对这些子问题的处理可以利用与原问题相同的分析处理方法。这些子问题解决了，原问题也就得到了解决。递归定义的归纳项就是用来描述这种原问题与子问题之间的转化关系的。例如，对于 n 阶梵天塔，把它分解成 3 个子问题：（1）将编号为 1 至 n−1 的 n−1 个盘子从第一根柱子上移到第二根柱子上；（2）将编号为 n 的盘子从第一根柱子上移到第三根柱子上；（3）再将编号为 1 至 n−1 的 n−1 个盘子从第二根柱子上移到第三根柱子上。其中（1）和（3）的子问题与原问题的特征属性相同，因此运用了递归调用。

### 8.3.3 快速排序

**快速排序**（Quick Sort）又称为分区交换排序法。快速排序的**基本思想**是：首先在待排序序列 R［1..n］中任取一元素，以该元素作为标准，并把该元素放到序列中的合适位置，使得这个元素左边的所有元素均小于等于它；右边的所有元素均大于等于它。这样以该元素为标准，将其余元素分成两个子列。然后对这两个子列分别重复上述过程，直到所有的元素都排到合适的位置为止。

快速排序具体**实现步骤**如下：

S1：寻找选定元素的合适位置。为了方便起见，不妨把序列中的第 1 个元素作为标准，则寻找该元素合适位置的实现方法是：取左边变元的初始值 i=1，右边变元的初始值 j=n，且将 R［i］的值赋给 R［0］。当 i<j 时，重复执行如下步骤。

S11：当 R［j］≥R［0］且 j>i 时，则重复执行 j=j−1；

S12：当 i<j 时，则 R［i］=R［j］，i=i+1；

S13：当 R［i］≤R［0］且 j>i 时，则重复执行 i=i+1；

S14：当 i<j 时，则 R［j］=R［i］，j=j−1；

S2：退出循环后，找到了标准元素的合适位置 i，将 R［0］的值赋给 R［i］。这样就把待排序序列以元素 R［i］为界分为两个子列：

R［1］，…，R［i−1］和 R［i+1］，…，R［n］

S3：对这两个子列 R［1］，…，R［i−1］和 R［i+1］，…，R［n］分别继续重复执行上述过程，直到所有元素全部被排放到正确位置为止。

**例 8—7**

设待排序序列为 48、86、12、92、37、33，采用快速排序方法实现排序的过程如图 8—6 所示。

| R(0) | R(1) | R(2) | R(3) | R(4) | R(5) | R(6) |
|---|---|---|---|---|---|---|
| 48 | 48 | 86 | 12 | 92 | 37 | 33 |
| | 33 | 86 | 12 | 92 | 37 | 33 |
| | 33 | 86 | 12 | 92 | 37 | 86 |
| | 33 | 37 | 12 | 92 | 37 | 86 |
| | 33 | 37 | 12 | 92 | 37 | 86 |
| | 33 | 37 | 12 | 92 | 92 | 86 |
| | [ 33 | 37 | 12] | 48 | [ 92 | 86] |
| | **12** | 33 | **37** | 48 | **86** | 92 |

**图 8—6 快速排序示例**

下面给出快速排序的递归算法，不妨假设待排序序列存放在数组 R［L..r］中，其中 L 为待排序序列的首元素下标，r 为待排序序列尾元素下标。快速排序的递归定义如下：

$$\text{quick}(R,L,r)=\begin{cases}\text{将标准元素放到合适位置 i。quick}(R,L,i-1);\text{quick}(R,i+1,r) & \text{当 } L<r \text{ 时}\\ \text{返回} & \text{当 } L\geqslant r \text{ 时}\end{cases}$$

因此，快速排序的递归算法设计如图 8—7 所示，不妨假设待排序序列的元素为整数，算法中的变量说明如下：

```
VAR  R:ARRAY[0..n] OF integer
     L,r:integer
     i,j:integer
```

**算法 8—3** quick _ sort1（R，L，r）

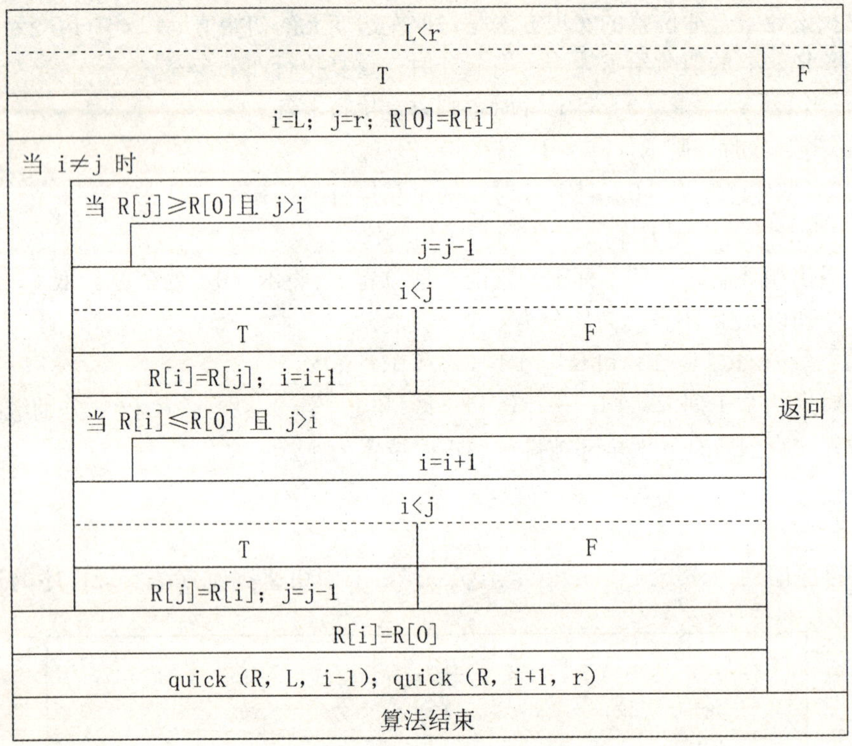


**图 8—7 快速排序递归算法**

根据算法 8—3 编制 C 源程序如下：

```
//* * * * * * * * * * * * * * * * * * * * * * * * * * * * *
//*   程序名称:quick_sort.cpp                              *
//*   程序功能:快速排序                                    *
//*   包含函数:void main()                                 *
//*            void possible_solution(int x[n])            *
//*   作    者:FENGJUN                                     *
//*   编制时间:2014 年 3 月 20 日                          *
//* * * * * * * * * * * * * * * * * * * * * * * * * * * * *
#include<stdio.h>
```

```
#define n 11
//*主函数*//
void main()
{ intr[n]={0,56,10,36,20,98,30,86,45,72,66};  /*数组元素r[0]为工作单元*/
  int j;
  void quick (int r[n],int L1,int L2);     /*函数声明*/
  printf("待排序序列为:");
  for (j=1;j<=10;j++)
    printf(" %5d ",r[j]);
printf("\n");
quick (r,1,10);
    printf("已排序序列为:");
for (j=1;j<=10;j++)
printf(" %5d ",r[j]);
printf("\n");
}
void quick (int r[],int L1,int L2)
{ int i,j;
  if (L1<L2)
  {  i=L1;j=L2;r[0]=r[i];
    while (i! =j)
    {  while (r[j]>=r[0]&&j>i)
         j=j-1;
      if (i<j) {r[i]=r[j];i=i+1;}
      while (r[i]<=r[0]&&j>i)
        i=i+1;
      if (i<j) {r[j]=r[i];j=j-1;}
    }
    r[i]=r[0];
    quick(r,L1,i-1); quick(r,i+1,L2);
  }
  return;
}
```

---

```
运行程序得到如下结果:
待排序序列为:56  10  36  20  98  30  86  45  72  66
已排序序列为:10  20  30  36  45  56  66  72  86  98
```

上面所给出的快速排序算法是一个递归算法，若要改写成非递归算法，则可以引入一个栈，这个栈的大小取决于递归调用的深度，但最多不会超过待排序元素的个数 n，栈中元素用于存放待排序的子列 R［L..r］的首尾元素的下标 L 和 r。首先初始参数进栈；然后进入循环，取出栈顶元素，以某元素作为标准，将待排序序列分成两个子列；最后对这两个子列进行进栈的处理操作。利用栈实现快速排序的非递归算法设计如图 8—8 所示。算法中的类型定义和变量说明如下：

```
TYPE  element=RECORD
            L,r:1..n
            END
      stack=RECORD              /*栈类型*/
           A:ARRAY[1..n]  OF  element
           t:0..n
           END
VAR  R:ARRAY[0..n] OF integer
     i,j:integer
     ST:stack
     x:element
```

**算法 8—4**　quick _ sort2（R，ST）

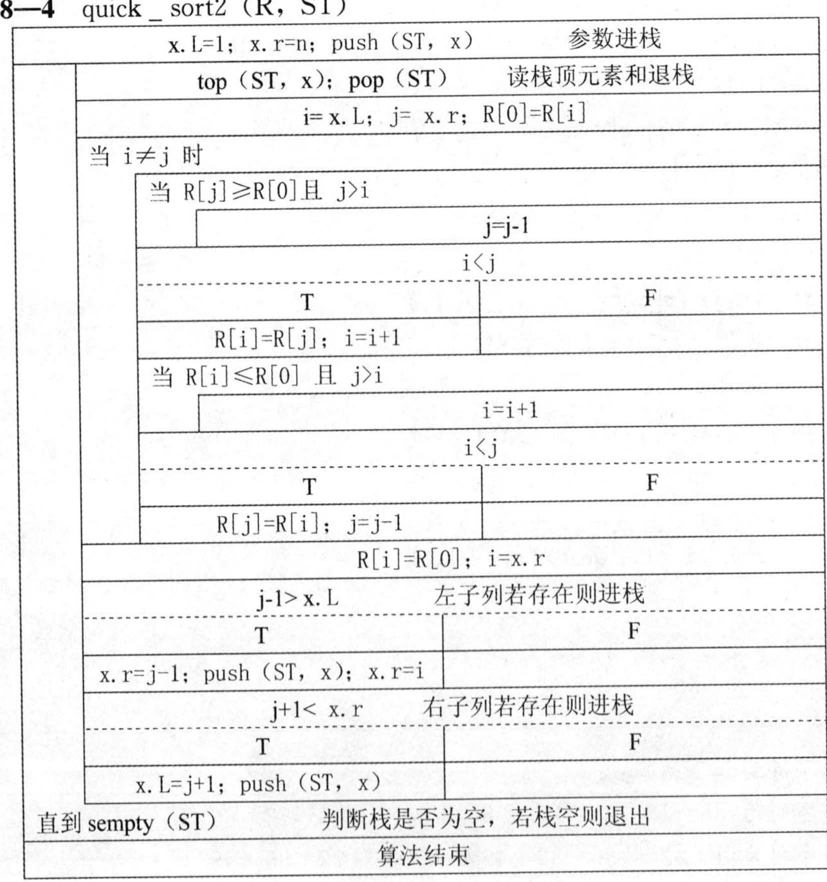


**图 8—8　快速排序非递归算法**

如果每次划分子列的结果都是把标准元素交换到待排序序列的最前面或最后面（例如，对于几乎是排好序的序列），则该算法的效率最差，时间复杂度近似于 O（$n^2$）。事实上，可以通过选取标准元素大大改善快速排序在这种最坏情况下的执行效率。具体做法是：对于待排序序列 R［L..r］，取 R［L］、R［r］、R［（L+r）/2］这 3 个元素中其值为中值的元素作为标准，此时，只要将该元素与数组元素 R［L］的值交换即可，算法 8—3 和算法 8—4 中的其他部分都可以不变。请读者写出改进后的完整算法，并编程实现。

### 8.3.4 递推算法

对于一类问题或一个数列的求解，若已知它的通项公式，则要求出它的某项之值或数列的前 n 项之和，都是十分容易的。事实上，在许多情况下，要得到问题的通项公式是困难的，甚至是无法得到。但是问题的相邻项之间往往存在着一定的关系，可以借助已知项和这种关系，逐项推算出它们各项的值，这样的方法称为**递推方法**或**递推算法**（Recurrence Algorithm）。它将一个复杂问题的求解，分解成连续进行若干步的简单运算。

设计递推算法的首要问题是确定问题相邻项之间的关系，即递推关系。递推关系不仅在数学各分支中发挥着重要作用，由它所体现出来的递推思想在各学科领域中更是显示出独特的魅力。也就是说，递推关系是许多问题本身所具有的特性，利用递推关系设计递推算法是运用计算机解决实际问题的有效手段。

在 7.4 节使用递归算法求解斐波那契数列时，由于产生了大量的重复运算，因此改用递推迭代算法求解斐波那契数列，完全避免了重复运算。递推算法的特点是从初始条件（边界值）出发，利用递推关系式经过若干步简单计算求出目标值；递归算法的特点是从要求解的未知项（目标值）出发，逐层调用自身，直到递归出口（边界值），再依次返回到调用处，最后得到目标值。显然，使用递推算法对于效率的提高和存储空间的节约都是可观的。

Lucas（卢卡斯）数列是与 Fibonacci（斐波那契）数列密切相关的又一个著名的递推数列，Lucas（卢卡斯）数列的递推定义（也是递归定义）如下：

$$L_n=\begin{cases}1 & n=1\\ 3 & n=2\\ L_{n-1}+L_{n-2} & n>2\end{cases}$$

**例 8—8**

求 Lucas（卢卡斯）数列的第 n 项与前 n 项之和。

**问题分析：**设置一维数组 L［n0］存放数列各项的值，数列的递推关系为

$$L[k]=L[k-1]+L[k-2] \qquad k>2$$

数列的初始项 L［1］=1，L［2］=3。数列的前 n 项和用累加变量 s 存放。n 的值由键盘输入。递推算法设计如图 8—9 所示，算法中的变量说明如下：

```
VAR  L:ARRAY[1..n0] OF integer
     k , n , s:integer
```

**算法 8—5** Lucas（L，n）

| L[1]=1；L[2]=3 | |
|---|---|
| s=L[1]+L[2] | |
| for k=3 to n | |
| | L[k]=L[k-1]+L[k-2] |
| | s=s+L[k] |
| 输出数列的第 n 项 L[n]与前 n 项之和 s | |
| 算法结束 | |

**图 8—9 Lucas 数列递推算法**

根据算法 8—5 编制 C 源程序如下：

```
//* * * * * * * * * * * * * * * * * * * * * * * * *
//*    程序名称:Lucas. cpp                          *
//*    程序功能:Lucas(卢卡斯)数列递推算法            *
//*    包含函数:void main()                          *
//*    作    者:FENGJUN                              *
//*    编制时间:2014 年 3 月 20 日                   *
//* * * * * * * * * * * * * * * * * * * * * * * * *
#include<stdio. h>
#define n0 40
//*主函数*//
void main()
{ int L[n0+1];  /*数组元素 L[0]空闲*/
  int k,n,s;
  printf("请输入求 Lucas(卢卡斯)数列的第几项(3~%d):",n0);
  scanf("%d",&n);
  L[1]=1;L[2]=3;
  s=L[1]+L[2];
  for (k=3;k<=n;k++)
  {  L[k]=L[k-1]+L[k-2];
     s=s+L[k];
     }
printf("Lucas(卢卡斯)数列的第%d 项为:%6d\n",n,L[n]);
printf("前%3d 项之和为:%8d\n ",n,s);
}
```

---

运行程序得到如下结果：

请输入求 Lucas（卢卡斯）数列的第几项（3～40）：30↙

Lucas（卢卡斯）数列的第 30 项为：1860498

前 30 项之和为：4870844

数组 L [n] 为静态变量，存储空间需要提前分配，比较浪费存储空间。可以使用简单变量通过迭代实现递推算法。即定义 3 个简单变量 L、a、b。变量 a、b 赋初值，由 L=a+b 计算第 3 项；再辗转赋值 a=b、b=L、L=a+b 计算第 4 项；依次迭代，直到计算出第 n 项的值。按迭代递推算法将上述 C 源程序改写如下：

```
//************************
//*   程序名称:Lucas1.cpp                *
//*   程序功能:Lucas(卢卡斯)数列迭代递推算法 *
//*   包含函数:void main()               *
//*   作    者:FENGJUN                   *
//*   编制时间:2014 年 3 月 20 日          *
//************************
#include<stdio.h>
#define n0 40
//*主函数*//
void main()
{ int L,a,b;
  int k,n,s;
  printf("请输入求 Lucas(卢卡斯)数列的第几项(3~%d):",n0);
  scanf("%d",&n);
  a=1;b=3;
  s=a+b;
  for (k=3;k<=n;k++)
  {L=a+b; s=s+L;
    a=b;b=L;
  }
  printf("Lucas(卢卡斯)数列的第%d项为:%6d\n",n,L);
  printf("前%3d项之和为:%8d\n",n,s);
}
```

---

```
运行程序得到如下结果:
请输入求 Lucas(卢卡斯)数列的第几项(3~40):40↙
Lucas(卢卡斯)数列的第 40 项为:228826127
前 40 项之和为:599074575
Press any key to continue
```

### 例 8—9

猴子爬山问题。一只猴子在一座具有 h 级台阶的小山上跳跃爬山，每一步或跳 1 级台阶或跳 3 级台阶。问猴子爬山共有多少种不同方案？

**问题分析：**运用数组 c [n0] 递推求解。假设爬到第 k 级台阶具有 c [k] 种不同方案。在到达第 k 级台阶之前一步，或在第 k−1 级台阶，或在第 k−3 级台阶。假设爬到第 k−1 级台阶具有 c [k−1] 种不同方案，爬到第 k−3 级台阶具有 c [k−3] 种不同方案，于是得到递推关系

$$c[k]=c[k-1]+c[k-3]$$

显然，初始条件是：c [1] =1，c [2] =1，c [3] =2。小山所具有的台阶数 h 由键盘输入。因此编制 C 源程序如下：

```
//* * * * * * * * * * * * * * * * * * * * * * *
//*  程序名称:Climbing.cpp                    *
//*  程序功能:猴子爬山问题                     *
//*  包含函数:void main()                     *
//*  作    者:FENGJUN                        *
//*  编制时间:2014 年 3 月 20 日               *
//* * * * * * * * * * * * * * * * * * * * * * *
#include<stdio.h>
#define n0 56
//*主函数*//
void main()
{ int c[n0+1];
  int h,k;
  printf("请输入小山共有多少级台阶(3~%d):",n0);
  scanf("%d",&h);
  c[1]=1; c[2]=1; c[3]=2;
  for (k=4;k<=h;k++)
    c[k]=c[k-1]+c[k-3];
  printf("猴子爬具有 %d 级台阶的小山共有 %6d 种不同方案。\n",h,c[h]);
}
```

---

运行程序得到如下结果：

请输入小山共有多少级台阶(3~56):50↙

猴子爬具有 50 级台阶的小山共有 122106097 种不同方案。

请读者思考，若猴子每一步或跳 1 级台阶或跳 2 级台阶或跳 3 级台阶，则猴子爬具有 h 级台阶的小山共有多少种不同方案呢？找出相应的递推关系，并编程实现。

Lucas（卢卡斯）数列是 Fibonacci（斐波那契）数列的推广。请读者认真分析，找出这两个数列的共同特性。它们与猴子爬山问题是否有联系？什么是黄金比（黄金分割）？它们与黄金比是否有联系？你能找到多少它们在生活中的应用（现象）？

## 8.3.5 Wythoff 数对序列

数对序列

$$(1, 2), (3, 5), (4, 7), (6, 10), \cdots, (a_k, b_k), \cdots$$

称为 Wythoff（威佐夫）数对序列。其中，$b_k = a_k + k$，$a_k$是未在前面数对中出现过的最小自然数。

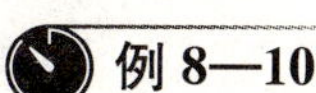

**例 8—10**

试求 Wythoff 数对序列中的第 2014 项，并求出这前 2014 项中（$a_k$/ $b_k$）的值最大的项。

**问题分析：**定义数组变量 a［2015］存放 $a_k$，b［2015］存放 $b_k$。

初始项：a［1］=1，b［1］=2；a［2］=3，b［2］=5。

递推关系：b［k］=a［k］+k；a［k］是前 k−1 项中未出现过的最小自然数，没有明显的递推关系。下面探求 a［k］的确定。

显然，a［k］>a［k−1］，并且可以证明，当 k>2 时，a［k］<b［k−1］。即 a［k］的值是 a［k−1］与 b［k−1］之间的未出现过的最小自然数。又 a 数组与 b 数组最终所存序列严格单调递增。所以一定存在 m，使得 b［m−1］<a［k］<b［m］。确定 m，取 n= a［k−1］+1，若 n<b［m］，则 a［k］=n；若 n=b［m］，则 a［k］=n+1，m=m+1。

用变量 max 记录比值（$a_k$/ $b_k$）最大的项数。因此，Wythoff 数对序列问题的算法设计如图 8—10 所示，算法中的变量说明如下：

```
VAR  a,b:ARRAY[1..n0] OF integer
     k , m,n , max,h:integer
```

**算法 8—6**　Wythoff（a，b，h）

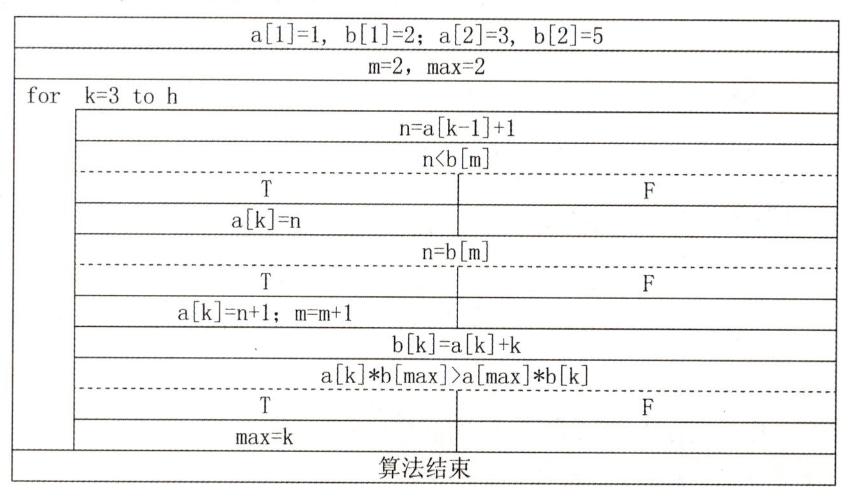


**图 8—10　Wythoff 数对序列**

根据算法 8—6 编制 C 源程序如下：

```
//************************
//*   程序名称:Wythoff.cpp                *
//*   程序功能:Wythoff 数对序列问题           *
//*   包含函数:void main()                *
//*   作    者:FENGJUN                  *
//*   编制时间:2014 年 3 月 20 日            *
//************************
#include<stdio.h>
#define n0 2015
//*主函数*//
void main()
{ int a[n0+1],b[n0+1];
  int k , m,n , max,h;
  printf("请输入求第几项数对(3~%d):",n0);
  scanf(" %d ",&h);
  a[1]=1; b[1]=2;a[2]=3;b[2]=5;
  m=2;max=2;
  for (k=3;k<=h;k++)
  {  n=a[k-1]+1;
     if (n<b[m])  a[k]=n;
     if (n==b[m]) { a[k]=n+1; m=m+1;}
     b[k]=a[k]+k;
     if (a[k]*b[max]>a[max]*b[k]) max=k;
  }
  printf("Wythoff 数对序列的第%5d 项为:(%5d,%5d)\n",h,a[h],b[h]);
  printf("数对序列前%5d 项中比值最大项为: \n",h);
  for (k=1;k<=h;k++)
    if(a[k]*b[max]==a[max]*b[k])
      printf("第%5d 项:(%5d,%5d)  ",k,a[k],b[k]);
  printf("\n");
}
```

运行程序得到如下结果:

请输入求第几项数对(3~2015):2014↙

Wythoff 数对序列的第 2014 项为:(3258,5272)

数对序列前 2014 项中比值最大项为:

第 1597 项:(2584,4181)

Wythoff 数对在数论和对策论中有着广泛的应用。比如，我国民间有一个很古老、很有意思的游戏，有物品若干堆，物品可以是火柴棍或围棋子等等，两个人轮流从物品堆中取物品若干，规定最后一次取完物品者获胜。请看下面 3 种模式。

（1）巴什博弈（Bash Game）。只有一堆 n 个物品，两个人轮流从这堆物品中取物品，规定每次至少取一个，最多取 m 个，最后一次取完物品者获胜。这种模式最为简单，只要第 1 次能取到 n%（m+1）个物品，就能保证获胜。

（2）威佐夫博弈（Wythoff Game）。有两堆各若干个物品，两个人轮流从某一堆或同时从两堆中取同样多的物品，规定每次至少取一个，多者不限，最后一次取完物品者获胜。

这种模式较复杂。用（$a_k$，$b_k$）（$a_k \leqslant b_k$，k=0，1，2，...，n）表示两堆物品的数量并称其为局势。无论谁面对（0，0），都必然失败，这种局势称为奇异局势。Wythoff 数对都是奇异局势。对于任何数对（a，b），你只要能让对方一直面对奇异局势（Wythoff 数对），你就一定能够获胜。

事实上，Wythoff 数对（$a_k$，$b_k$）的通项公式是

$$a_k = \text{int}\left(k\left(1+\sqrt{5}\right)/2\right) \qquad b_k = a_k + k \qquad k=0,1,2,\cdots$$

其中，int（）为取整函数。奇妙的是通项公式中出现了黄金分割数

因此，由 Wythoff 数对（$a_k$，$b_k$）组成的矩形为近似黄金矩形。

（3）尼姆博弈（Nimm Game）。有 3 堆各若干个物品，两个人轮流从某一堆物品中取任意多个物品，规定每次至少取一个，多者不限，最后一次取完物品者获胜。

这种模式很有意思，它与二进制密切相关。用（a，b，c）表示某种局势，则（0，0，0）是奇异局势，无论谁面对奇异局势，都必然失败。局势（0，n，n）、（1，2，3）也是奇异局势。一般地，奇异局势具有什么特性呢？

对于二进制数有一种运算叫做异或运算（相同为假，不同为真），用符号∧表示这种运算。对于任何奇异局势（a，b，c），都有 a∧b∧c =0；反之亦真。因此，当面对一个非奇异局势（a，b，c）时，要想将其变为奇异局势，不妨假设 a＜ b＜ c，只需将 c 变为 a∧b。例如，（14，21，39）是一个非奇异局势，因为 14∧21=27，所以（14，21，27）是一个奇异局势。即面对局势（14，21，39），你只需在第 3 堆中取 12 个物品，就使局势变为奇异局势。

### 例 8—11

任意输入 3 个整数，判断是否是奇异局势。若不是，则将其调整为奇异局势。

**问题分析**：由键盘输入整数 a、b、c。判断 a∧b∧c 是否为 0，若不为 0，则将 a、b、c 由小到大排序，并令 c=a∧b。由此编制 C 源程序如下：

```
//* * * * * * * * * * * * * * * * * * * * * * * * *
//*   程序名称:Nimm_Game.cpp                  *
//*   程序功能:尼姆博弈(Nimm Game)            *
//*   包含函数:void main()                    *
//*   作    者:FENGJUN                        *
//*   编制时间:2014 年 3 月 20 日             *
//* * * * * * * * * * * * * * * * * * * * * * * * *
```

```
#include<stdio.h>
//*主函数*//
void main()
{ int a,b,c;
  int t;
  printf("请输入 3 个整数 a、b、c=");
  scanf("%d%d%d",&a,&b,&c);
  if ((a^b^c)==0)                    /*C语言中的异或运算符是符号 ^ */
    printf("三元组(%d,%d,%d)是奇异局势。\n",a,b,c);
  else
  {  printf("三元组(%d,%d,%d)不是奇异局势。\n",a,b,c);
    if (a>b) {t=a;a=b;b=t;}
    if (a>c) {t=a;a=c;c=t;}
    if (b>c) {t=b;b=c;c=t;}
    c=a^b;
    printf("将其调整为奇异局势(%d,%d,%d)。\n",a,b,c);
  }
}
```

运行程序得到如下结果：

①请输入 3 个整数 a、b、c=1　8　9↙

三元组(1,8,9)是奇异局势。

②请输入 3 个整数 a、b、c=14　21　39↙

三元组(14,21,39)不是奇异局势。

将其调整为奇异局势(14,21,27)。

有许多实际问题不可能或不容易找到递推关系，即无法用递推算法来求解。这时递归算法就表现出明显的优势，尽管递归算法在执行效率和所需附加存储空间方面都存在着不足之处，但是它比较符合人们的思维方式，可以将问题描述得简明扼要，具有良好的可读性。递归算法确实在许多问题上的应用是精彩的和成功的。由于计算机的性能在不断地提高，所以人们更应该着眼于算法设计的方便和高效，让递归算法、递推算法这些强有力的算法设计工具发挥各自应有的作用吧。

## 8.4　分治法

任何一个可以用计算机求解的问题所需的计算时间都与问题的规模有关。问题的规模愈小，解题所需的计算时间就愈少，也较容易处理。对于一个规模较大的问题，要想直接解决，有时是相当困难的。分治法的基本思想就是将一个规模较大的难解问题，分解成若干个规模较小的子问题，以便各个击破，分而治之。

### 8.4.1 分治法概述

**分治法**（Divide and Conquer）是一种非常重要的算法设计策略，它的思想应用于许多算法设计中。分治法的**基本设计思想**是将规模较大的原问题分解成若干个相互独立的子问题；求解这些子问题，并将子问题的解合并得到原问题的解。在这些子问题中，有许多子问题与原问题具有相同的特征属性，这就为使用递归技术提供了方便。分治与递归经常同时应用在算法设计中，并由此产生出许多高效算法。

人们从大量实践中发现，在运用分治法设计算法时，最好使所分解的子问题规模大致相同。也就是说，将一个规模较大的原问题分解成大小相同的 k 个子问题的处理方法是**有效**的。这种使子问题的规模大致相等的做法出自一种**平衡**（Balancing）子问题的思想，它几乎总是比子问题规模不等的做法要好。

**运用分治法求解问题**的一般过程由以下 3 个阶段组成：

（1）分解。将规模为 n 的原问题分解为 k 个相互独立、规模较小的子问题，尽量使更多的子问题与原问题具有相同的特征属性，并尽可能使子问题规模大致相等。

（2）求解子问题。与原问题具有相同特征属性的子问题，通过递归调用求解；其余子问题直接求解。

（3）子问题解的合并。将所有子问题的解合并，得到原问题的解。

由此可以看出，运用分治法所能解决的问题一般应具有这样的**基本特征**：原问题能够分解为相互独立、规模大致相等的子问题；其中，许多子问题与原问题具有相同的特征属性，其余子问题可以直接简单求解；对所有子问题解的合并可以得到原问题的解。递归算法是应用分治法求解问题的基础。

### 8.4.2 数字旋转方阵

**例 8—12**

编程输出 n 阶顺时针数字旋转方阵。如图 8—11 所示是 6 阶顺时针数字旋转方阵。

**问题分析：**用二维数组 m 存储数字旋转方阵。要输出数字旋转方阵，关键是填写数字旋转方阵。下面探讨顺时针数字旋转方阵的填写。将图 8—11 所示的 6 阶数字旋转方阵分解为内外层两个子问题，外层子问题按顺时针填写数字 1、2、…、20；内层子问题是一个 4 阶顺时针数字旋转方阵，与原问题具有相同特征属性，可以进行递归调用填写数字。

| | | | | | |
|---|---|---|---|---|---|
| 1 | 2 | 3 | 4 | 5 | 6 |
| 20 | 21 | 22 | 23 | 24 | 7 |
| 19 | 32 | 33 | 34 | 25 | 8 |
| 18 | 31 | 36 | 35 | 26 | 9 |
| 17 | 30 | 29 | 28 | 27 | 10 |
| 16 | 15 | 14 | 13 | 12 | 11 |

**图 8—11 6 阶数字旋转方阵**

令 size 表示方阵的阶，初始值为 n；begin 表示每个方阵的起始位置，初始值为 0；number 表示当前要填的数字，初始值为 1。

定义递归函数 Square（m，begin，size，number）。

当 size 为 0 时，返回（递归出口）；

当 size 为 1 时，令 m［begin］［begin］＝ number，返回（递归出口）；

当 size>1 时，问题分解为内外层两个子问题。关键是完成外层子问题的数字填写。将外层分解为如图 8—12 所示的 4 个区域。用 h 表示数字所在的行；v 表示数字所在的列；用循环组织分别填写 4 个区域的数字。内层子问题只需做函数的递归调用即可。

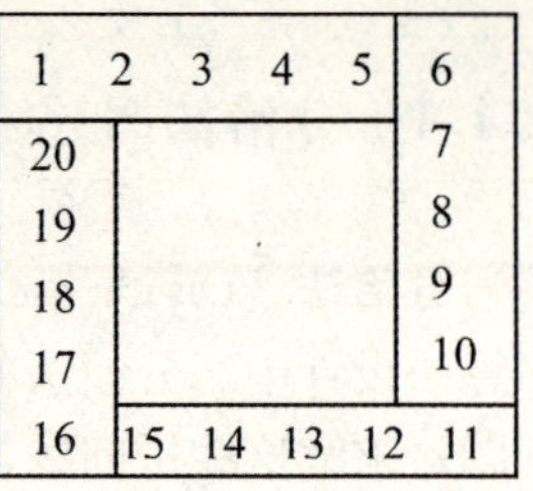


**图 8—12 6 阶方阵的外层**

递归函数的算法设计如图 8—13 所示，算法中的变量说明如下：

```
VAR  m:ARRAY[1..n0] OF integer
     begin,size,number:integer
     h,v,j:integer
```

**算法 8—7** Square（m，begin，size，number）

<table>
<tr><td colspan="4">size=0</td></tr>
<tr><td>T</td><td colspan="3">F</td></tr>
<tr><td rowspan="16">返<br>回</td><td colspan="3">size=1</td></tr>
<tr><td>T</td><td colspan="2">F</td></tr>
<tr><td rowspan="14">m[begin] [begin]= number<br>返　回</td><td colspan="2">h= begin ; v= begin</td></tr>
<tr><td colspan="2">for j=0 to size-1</td></tr>
<tr><td rowspan="2"></td><td>m[h] [v]= number</td></tr>
<tr><td>v=v+1 ; number= number+1</td></tr>
<tr><td colspan="2">for j=0 to size-1</td></tr>
<tr><td rowspan="2"></td><td>m[h] [v]= number</td></tr>
<tr><td>h=h+1 ; number= number+1</td></tr>
<tr><td colspan="2">for j=0 to size-1</td></tr>
<tr><td rowspan="2"></td><td>m[h] [v]= number</td></tr>
<tr><td>v=v-1 ; number= number+1</td></tr>
<tr><td colspan="2">for j=0 to size-1</td></tr>
<tr><td rowspan="2"></td><td>m[h] [v]= number</td></tr>
<tr><td>h=h-1 ; number= number+1</td></tr>
<tr><td colspan="2">Square（m，begin+1，size-2，number）</td></tr>
<tr><td colspan="4">算法结束</td></tr>
</table>

**图 8—13 填写数字方阵的递归函数**

根据算法 8—7 编制 C 源程序如下：

```
//* * * * * * * * * * * * * * * * * * * * * * * * * * * * * * * *
//*   程序名称:Number_Square.cpp                                  *
//*   程序功能:输出数字旋转方阵                                   *
//*   包含函数:void main()                                        *
//*   void Square(int m[][],int begin,int size,int number)        *
//*   作    者:FENGJUN                                            *
//*   编制时间:2014 年 3 月 20 日                                 *
//* * * * * * * * * * * * * * * * * * * * * * * * * * * * * * * *
```

```
#include<stdio.h>
#define n0 7
//*主函数*//
void main()
{ int m[n0][n0]={0};
  int begin=0,size=n0,number=1;
  int h,v;
  void square(int m[n0][n0],int begin,int size,int number);  /*函数说明*/
  square(m,begin,size,number);
  printf("%d阶顺时针数字旋转方阵如下。\n",n0);
  for (h=0; h<n0; h++)            /*输出数字旋转方阵*/
  {  for (v=0; v<n0; v++)
    printf("%4d ",m[h][v]);
  printf("\n");
  }
}
void square(int m[n0][n0],int begin,int size,int number)      /*递归函数*/
{ int j;
  int h=begin,v=begin;
  if (size==0) return;                /*递归出口*/
  if (size==1) { m[begin][begin]=number ;return;}
  /*外层填写数字子问题,直接解决*/
  for (j=1; j<size; j++)
  {  m[h][v]- numbcr;
    v++ ; number++;      }
  for (j=1; j<size; j++)
  {  m[h][v]= number;
    h++ ; number++;      }
  for (j=1; j<size; j++)
  {  m[h][v]= number;
    v-- ; number++;      }
  for (j=1; j<size; j++)
  {  m[h][v]= number;
    h-- ; number++;      }
  square(m,begin+1,size-2,number);          /*内层子问题递归调用*/
}
```

运行程序得到如下结果:

7 阶顺时针数字旋转方阵如下：

| | | | | | | |
|---|---|---|---|---|---|---|
| 1 | 2 | 3 | 4 | 5 | 6 | 7 |
| 24 | 25 | 26 | 27 | 28 | 29 | 8 |
| 23 | 40 | 41 | 42 | 43 | 30 | 9 |
| 22 | 39 | 48 | 49 | 44 | 31 | 10 |
| 21 | 38 | 47 | 46 | 45 | 32 | 11 |
| 20 | 37 | 36 | 35 | 34 | 33 | 12 |
| 19 | 18 | 17 | 16 | 15 | 14 | 13 |

请读者思考，编程实现 n 阶逆时针数字旋转方阵的数字填写和方阵输出。

### 8.4.3 最大子段和问题

最大子段和问题是指给定由 n 个整数组成的序列（$a_1$，$a_2$，…，$a_n$），求该序列形如$\sum_{k=i}^{j} a_k$ 的最大值（$1\leqslant i\leqslant j\leqslant n$）。

**例 8—13**

用分治法求解最大子段和。

**问题分析：**按照平衡子问题的原则，将序列（$a_1$，$a_2$，…，$a_n$）划分为长度大致相等的两个子序列（$a_1$，$a_2$，…，$a_{[n/2]}$）和（$a_{[n/2]+1}$，…，$a_n$）。这样，求解最大子段和问题分解为 3 个子问题：（1）求解序列（$a_1$，$a_2$，…，$a_{[n/2]}$）的最大子段和；（2）求解序列（$a_{[n/2]+1}$，…，$a_n$）的最大子段和；（3）求解形如$\sum_{k=i}^{j} a_k$ 的最大值（$1\leqslant i\leqslant [n/2]$，$[n/2]+1\leqslant j\leqslant n$）。

子问题（1）和（2）与原问题具有相同的特征属性，可以采用递归调用求解。子问题（3）可以按下式分别计算

$$s1=\max_{1\leqslant i\leqslant (n/2)}\left(\sum_{k=i}^{(n/2)} a_k\right) \qquad s2=\max_{(n/2)+2\leqslant j\leqslant n}\left(\sum_{k=(n/2)+1}^{j} a_k\right)$$

即 s1＋s2 为子问题（3）的最大值。

比较 3 个子问题的求解结果，最大值为原问题的解。

定义数组 a［n］存放序列（$a_1$，$a_2$，…，$a_n$）；变量 left、right 分别存放序列首尾元素下标；变量 sum 存放最大子段和。定义递归函数 maxsum（a，left，right）。

当 left＝right 时，即序列中只有一个元素，则 sum＝a［left］，返回（递归出口）；

当 left＜right 时，用分治法求解。

递归函数的算法设计如图 8—14 所示，算法中的变量说明如下：

```
VAR  a:ARRAY[1..n0] OF integer
     left,right,sum:integer
     center,leftsum,rightsum:integer
     s1,s2,lefts,rights,j:integer
```

**算法 8—8** maxsum（a，left，right）

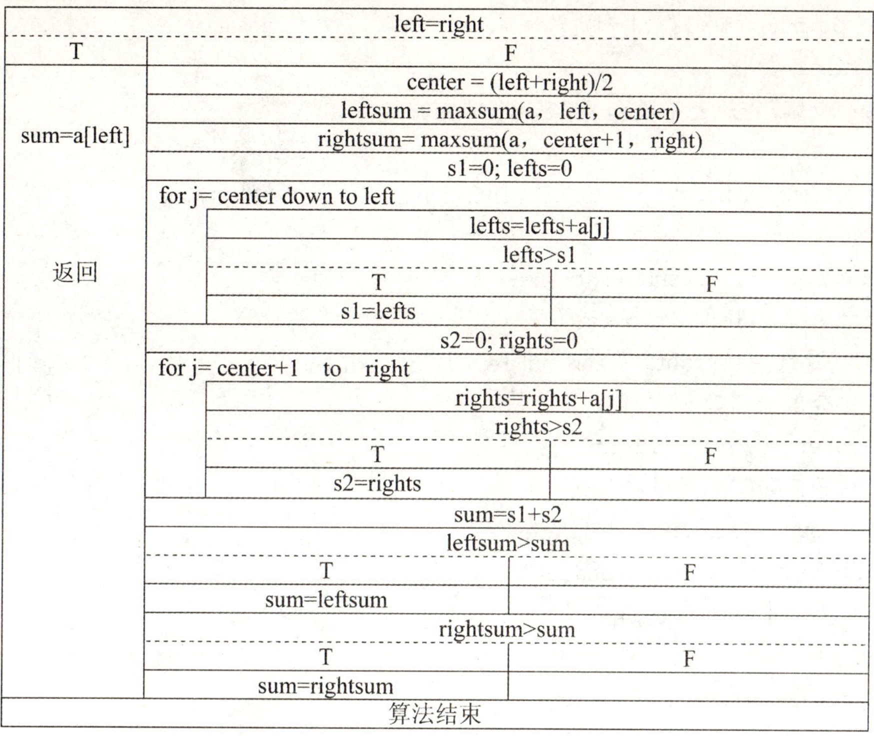


**图 8—14 求最大子段和的递归函数**

根据算法 8—8 编制 C 源程序如下：

```
//*****************************
//*   程序名称:maxsum.cpp                                    *
//*   程序功能:分治法求解最大子段和                            *
//*   包含函数:void main()                                   *
//*             int maxsum(int a[n0],int left,int right)    *
//*   作    者:FENGJUN                                       *
//*   编制时间:2014 年 3 月 20 日                              *
//*****************************
#include<stdio.h>
#define n0 10
//*主函数*//
void main()
{ int a[n0]={34,6,-8,4,-9,23,-12,10,-7,8};
  int left=0,right=n0-1,sum;
  int j;
  int maxsum(int a[n0],int left,int right);    /*函数说明*/
  sum=maxsum( a,left,right);
  printf("序列(");                       /*输出问题的解*/
```

```
  for (j=0; j<n0; j++)
    printf(" %5d ",a[j]);
  printf(")\n");
  printf("的最大子段和为：%5d\n ",sum);
}
int maxsum(int a[n0],int left,int right)          /*递归函数*/
{ int j,sum;
  int center,leftsum,rightsum;
  int s1,s2,lefts,rights;
  if (left==right) { sum=a[left]; return sum; }                  /*递归出口*/
  /*分解原问题*/
  center = (left+right)/2;
  /*子问题①和②递归调用*/
  leftsum = maxsum(a,left,center);
  rightsum= maxsum(a,center+1,right);
  /*直接求解子问题③*/
  s1=0; lefts=0;
  for (j= center ; j>=left ; j--)
  {  lefts=lefts+a[j];
    if (lefts>s1) s1=lefts;
  }
  s2=0; rights =0;
  for (j= center+1 ; j<=right ; j++)
  {  rights = rights +a[j];
    if (rights>s2) s2=rights;
  }
  /*子问题解的合并*/
  sum=s1+s2;
  if (sum<leftsum) sum=leftsum;
  if (sum<rightsum) sum=rightsum;
  return sum;
  }
```

---

运行程序得到如下结果：

序列(34　6　-8　4　-9　23　-12　10　-7　8)

的最大子段和为：50

用枚举法求解最大子段和的C源程序如下：

```
//************************
//*  程序名称:maxsum1.cpp               *
//*  程序功能:枚举法求解最大子段和         *
//*  包含函数:void main()               *
//*  作    者:FENGJUN                  *
//*  编制时间:2014年3月20日              *
//************************
#include<stdio.h>
#define n0 10
//*主函数*//
void main()
{ int a[n0]={34,6,-8,4,-9,23,-12,10,-7,8};
  int sum,lsum;
  int i,j;
  /*求最大子段和*/
  sum=0;
  for (i=0 ; i<n0 ; i++)
  {  lsum=0;
    for (j= i ; j<n0 ; j++)
    {  lsum = lsum +a[j];
      if (lsum >sum) sum= lsum;
    }
  }
  /*输出结果*/
  printf("序列(");
  for (j=0; j<n0; j++)
    printf(" %5d ",a[j]);
  printf(")\n");
  printf("的最大子段和为: %5d\n ",sum);
}
```

---

运行程序得到如下结果:

序列(34  6  -8  4  -9  23  -12  10  -7  8)

的最大子段和为: 50

请读者认真分析比较这两个程序的执行效率，你更愿意接受哪个程序?

# 8.5 动态规划法

**动态规划**（Dynamic Programming）是运筹学的一个分支，它是解决多阶段决策过程的最优化问题的一种方法。20世纪50年代美国数学家贝尔曼（Rechard Bellman）等人在研究多阶段决策过程的最优化问题时，根据这类问题的特性，提出了最优性原理，从而创建了解决最优化问题的一种新方法——动态规划。

动态规划方法在经济管理、生产调度和最优控制等方面都得到了广泛应用。例如，对于库存管理、最短路线和资源分配等问题，运用动态规划方法比用其他方法求解更为方便有效。

## 8.5.1 动态规划法概述

动态规划法适用于解决**多阶段决策过程的最优化问题**。在现实生活中，有这样一类问题：该类问题可归纳为求解满足一定约束条件，使目标函数取得最大值或最小值的问题。问题的解空间具有许多可能解，满足约束条件的可能解称为问题的可行解，使目标函数取得最大值或最小值的可行解称为问题的最优解，这类问题称为**最优化问题**。例如，8.1节的0—1背包问题是最优化问题，它的解空间为

$$S=\{(x_1, x_2, \cdots, x_n) \mid x_i\in\{0, 1\}, i=1, 2, \cdots, n\}$$

约束条件为

$$\sum_{i=1}^{n} x_i w_i \leqslant limit$$

目标函数为

$$\max\sum_{i=1}^{n} x_i v_i$$

对于可能解具有n个分量的最优化问题，其求解过程可以划分为若干个相互联系的阶段，每个阶段的决策仅依赖于前一阶段的状态，由决策使状态发生转换，成为下一阶段的决策依据。如图8—15所示，$S_0$是初始状态，依据状态$S_0$做出决策$P_1$；$P_1$使状态转换为$S_1$，依据状态$S_1$做出决策$P_2$；…；最终到达状态$S_n$。一个决策序列（$P_1$，$P_2$，…，$P_n$）在不断变化的状态中产生，这个决策序列的产生过程称为**多阶段决策过程**。例如，对于具有n个物品的0—1背包问题，求解过程可以划分为n个阶段，每个阶段决策一种物品是否装入背包。

$$S_0 \xrightarrow{P_1} S_1 \xrightarrow{P_2} S_2 \rightarrow \cdots \rightarrow S_{n-1} \xrightarrow{P_n} S_n$$

**图8—15 多阶段决策过程**

多阶段决策过程的最优化问题满足**最优性原理**（Principle of Optimality）。所谓最优性原理是指无论决策过程的初始状态和初始决策是什么，其余决策都必须相对于初始决策所产生的当前状态，构成一个最优决策序列。也就是说，在多阶段决策过程中，各子问题的解只与它前面的子问题的解相关，而且各子问题的解都是相对于当前状态的最优解，整

个问题的最优解是由各个子问题的最优解构造而成。满足最优性原理的问题又称该问题具有最优子结构性质。具有最优子结构性质是运用动态规划法求解最优化问题的必要条件。例如，0−1 背包问题具有最优子结构性质。事实上，设（$x_1$，$x_2$，…，$x_n$）是 0−1 背包问题的最优解，则（$x_2$，…，$x_n$）必然是 0−1 背包子问题（有 n−1 种物品，物品 i（$2 \leqslant i \leqslant n$）的重量为 $w_i$，其价值为 $v_i$，背包的容量为 limit− $x_1 w_1$）的最优解。若不然，设（$y_2$，…，$y_n$）是该子问题的最优解，则按（$x_1$，$y_2$，…，$y_n$）装入背包比按（$x_1$，$x_2$，…，$x_n$）装入背包的价值更大，即（$x_1$，$y_2$，…，$y_n$）是 0−1 背包问题的最优解，矛盾。

运用动态规划法求解最优化问题的**基本设计思想**是：将问题分解成若干个相互重叠的子问题，子问题间的重叠关系表现为子问题求解过程中的递推关系，这个递推关系称为动态规划函数；每个子问题对应决策过程的一个阶段，从初始状态出发，求解每个子问题，并将子问题的解填入表中，以便在下阶段求解子问题时查表使用，从而避免了大量的重复计算。

**运用动态规划法求解最优化问题**，通常按以下 4 个步骤进行。

（1）分解。将原问题分解为若干个相互重叠的子问题，每个子问题对应决策过程的一个阶段，形成一个多阶段决策过程。检验问题是否满足最优性原理，它是运用动态规划法求解问题的必要条件。

（2）确定动态规划函数。分析子问题之间的重叠关系，根据各阶段的状态转换，确定最优值的递推关系和初始条件，即动态规划函数。这是动态规划算法设计的关键。

（3）求最优值。运用递推关系自底向上通过填表方式计算最优值，这是动态规划算法的实施过程。

（4）构造最优解。最优解存在于最优决策序列中，在计算最优值的过程中，记录各阶段最优决策的相关信息，根据这些信息构造问题的最优解。

由此可以看出，运用动态规划法所能解决的最优化问题一般应具有这样的**基本特征**：原问题可以分解为若干相互重叠的子问题，并由此形成一个多阶段决策过程，即原问题应具有子问题重叠性质；原问题具有最优子结构性质，即由多阶段决策过程能够产生一个最优决策序列，问题的最优解中包含着诸多子问题的最优解；根据子问题之间的重叠关系以及各阶段的状态转换能够确定动态规划函数。这样，就可以从初始状态开始，以自底向上的方式，由子问题的最优解逐步构造出整个问题的最优解。递推算法是应用动态规划法求解最优化问题的基础。

### 8.5.2 多段图的最短路径问题

**例 8—14**

如图 8—16 所示是一个多段图。多段图的最短路径问题是求从源点 0 到终点 9 的最短路径。

**问题分析：**图中具有 10 个顶点，可以分解为一个 4 阶段决策过程。

多段图的最短路径问题满足最优性原理。事实上，设 0、s1、s2、s3、9 是一条从源点 0 到终点 9 的最短路径，则 s1、s2、s3、9 必然是一条从 s1 到终点 9 的最短路径。若不

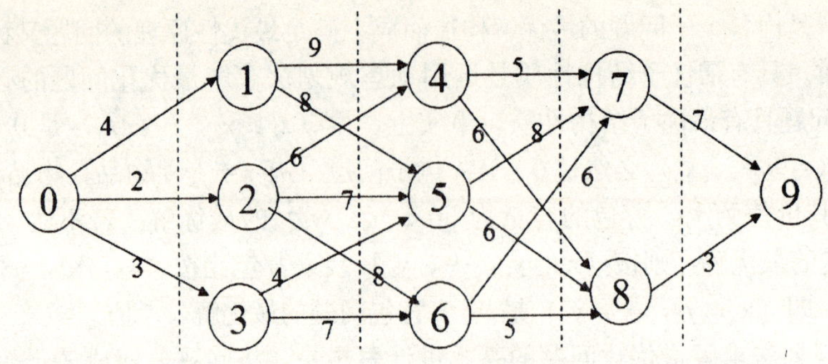

图 8—16　一个多段图

然，设 s1、r1、r2、9 是一条从 s1 到终点 9 的最短路径，则 0、s1、r1、r2、9 是一条比 0、s1、s2、s3、9 更短的从源点 0 到终点 9 的路径，矛盾。因此，多段图的最短路径问题可以运用动态规划法求解。

用二维数组 c [10] [10] 存储表示多段图，即 c [i] [j] 用于存储从顶点 i 到顶点 j 边上的权值，当两个顶点间不存在边时，对应数组元素存储一个非常大的数（本例这个数不妨设为 20）。用符号 d (s, 9) 表示从顶点 s 到终点 9 的最短路径，则多阶段决策过程如下：

第 1 阶段，各子问题的最优值有

d(8,9)＝c[8][9]＝3(8→9)　　　　　　d(7,9)＝c[7][9]＝7

第 2 阶段，各子问题的最优值有

d(6,9)＝min{c[6][7]＋d(7,9),c[6][8]＋d(8,9)}＝min{6＋7,5＋3}＝8

d(5,9)＝min{c[5][7]＋d(7,9),c[5][8]＋d(8,9)}＝min{8＋7,6＋3}＝9(5→8→9)

d(4,9)＝min{c[4][7]＋d(7,9),c[4][8]＋d(8,9)}＝min{5＋7,6＋3}＝9

第 3 阶段，各子问题的最优值有

d(3,9)＝min{c[3][5]＋d(5,9),c[3][6]＋d(6,9)}＝min{4＋9,7＋8}＝13(3→5→8→9)

d(2,9)＝min{c[2][4]＋d(4,9),c[2][5]＋d(5,9),c[2][6]＋d(6,9)}＝min{6＋9,7＋9,8＋8}＝15

d(1,9)＝min{c[1][4]＋d(4,9),c[1][5]＋d(5,9)}＝min{9＋9,8＋9}＝17

第 4 阶段，原问题的最优值为

d(0,9)＝min{c[0][1]＋d(1,9),c[0][2]＋d(2,9),c[0][3]＋d(3,9)}

＝min{4＋17,2＋15,3＋13}＝16(0→3→5→8→9)

因此，多段图的最短路径为 0→3→5→8→9（参照上述决策过程中的下划线部分），最短路径长度为 16。

根据上述求解过程归纳总结，用一维数组 cost [10] 存储子问题的最优值，即 cost [i] 用于存储从顶点 i 到终点 9 的最短路径长度，cost [0] 的值就是多段图的最短路径的最优值。用一维数组 path [10] 存储决策状态，即 path [i] 用于存储从顶点 i 到终点 9 的最短路径上顶点 i 的下一个顶点序号。于是有如下递推关系：

$$\begin{cases} cost[i] = \begin{cases} 0 & i=9 \\ \min\{c[i][j]+cost[j] \mid j>i \text{ 且 } j, i \text{ 为邻接顶点}\} & 0 \leqslant i < 9 \end{cases} \\ path[i] = \text{使}(c[i][j]+cost[j])\text{取得最小值的 } j \end{cases}$$

运用动态规划法求解多段图最短路径算法设计如图 8—17 所示，算法中的变量说明如下：

```
CONST  n0=10
VAR  c:ARRAY[0..n0-1,0..n0-1] OF integer
     cost , path:ARRAY[0..n0-1] OF integer
     k:integer
     i,j:integer
```

**算法 8—9** shortpath (c)

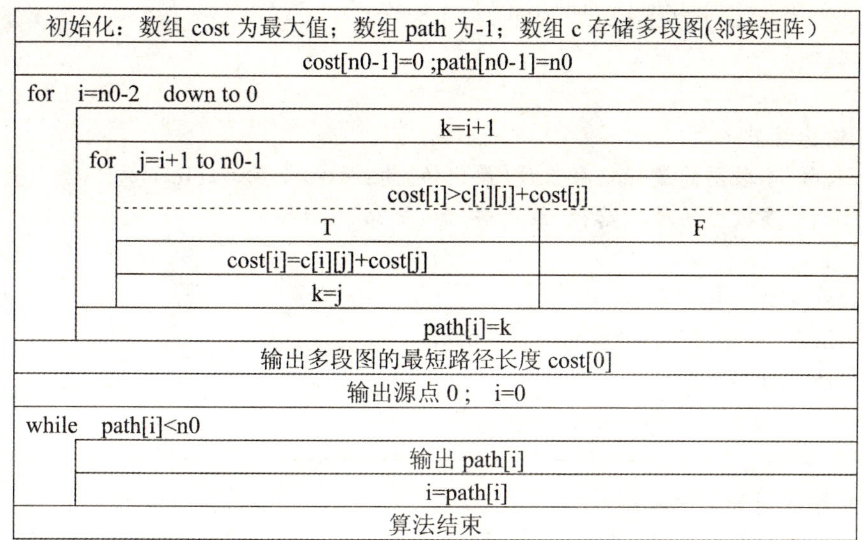


**图 8—17 动态规划法求解多段图的最短路径**

根据算法 8—9 编制 C 源程序如下：

```
//**************************
//*  程序名称:shortpath.cpp              *
//*  程序功能:动态规划法求解多段图的最短路径   *
//*  包含函数:void main()                *
//*  作    者:FENGJUN                   *
//*  编制时间:2014 年 3 月 20 日           *
//**************************
#include<stdio.h>
#define n0 10
//*主函数*//
void main()
{ int c[n0][n0]={ {20,4,2,3,20,20,20,20,20,20},{20,20,20,20,9,8,20,20,20,20},
          {20,20,20,20,6,7,8,20,20,20},{20,20,20,20,20,4,7,20,20,20},
          {20,20,20,20,20,20,20,5,6,20},{20,20,20,20,20,20,20,8,6,20},
          {20,20,20,20,20,20,20,6,5,20},{20,20,20,20,20,20,20,20,20,7},
          {20,20,20,20,20,20,20,20,20,3},{20,20,20,20,20,20,20,20,20,20}};
  int cost[n0]={20},path[n0]={-1};
  int i,j,k;
```

```
    /* 动态规划求解 */
    cost[n0-1]=0 ;path[n0-1]=n0;
    for (i=n0-2 ; i>=0 ; i--)
    { k=i+1;
      for (j=i+1; j<n0 ; j++)
        if (cost[i]>c[i][j]+cost[j])
        {  cost[i]=c[i][j]+cost[j] ; k=j; }
      path[i]=k;
    }
    /* 输出结果 */
    printf("多段图的最短路径长度(最优值)为:%d\n" ,cost[0]);
    printf("多段图的最短路径(最优解)为:%2d" , 0);
    i=0;
    while(path[i]<n0)
    {printf("→%2d ",path[i]); i=path[i] ; }
    printf("\n");
}
```

运行程序得到如下结果:

多段图的最短路径长度(最优值)为:16

多段图的最短路径(最优解)为:0→3→5→8→9

运用动态规划求解多段图的最短路径的填表过程如表 8—2 所示。表中从右到左直线箭头表示求最优值（填表）过程；从左至右折线箭头表示构造最优解的过程。

**表 8—2　　多段图的最短路径求解的填表过程**

| i | 0 | 1 | 2 | 3 | 4 | 5 | 6 | 7 | 8 | 9 |
|---|---|---|---|---|---|---|---|---|---|---|
| cost[i] | 16 | 17 | 15 | 13 | 9 | 9 | 8 | 7 | 3 | 0 |
| path[i] | 3 | 5 | 4 | 5 | 8 | 8 | 8 | 9 | 9 | 10 |

## 8.5.3　0—1 背包问题

**例 8—15**

0—1 背包问题。假设有 5 种物品，其重量分别为（2，2，6，5，4），价值分别为（6，3，5，4，6），背包的容量为 10。问如何选择物品装入背包，才能使背包内物品的总价值最大?

**问题分析：** 0—1 背包问题具有最优子结构性质；求解过程可以划分为 n 个阶段，每个阶段决策一种物品是否装入背包。因此，0—1 背包问题可以运用动态规划法求解。

用变量 limit 存储背包容量；一维数组 w [5] 存储物品重量；一维数组 v [5] 存储物品价值；一维数组 x [5] 存储解向量；二维数组 m [5] [limit] 存储子问题的最优值，即 m [i] [j] 用于存储子问题背包容量为 j，选择装入前 i 种物品的最优值。这样当0≤j<w（i）时，物品i不可能装入，则最优值m［i］［j］与m［i−1］［j］相同。

当j>w（i）时，有两种选择：（1）不装入物品i，则最优值m［i］［j］与m［i−1］［j］相同。（2）装入物品i，则价值增加v［i］，前一个子问题转换为背包容量为j−w（i），选择装入前i−1种物品，最优值m［i］［j］与m［i−1］［j−w（i）］＋v［i］相同。于是有如下的递推关系（动态规划函数）：

$$m[i][j]=\begin{cases} m[i-1][j] & i>1,0\leqslant j<w[i] \\ \max\{m[i-1][i],m[i-1][j-w[i]]+v[i]\} & i>1,j\geqslant w[i] \\ v[1] & i=1,j\geqslant w[1] \\ 0 & i=0,j<w[1] \end{cases}$$

原问题最优值存放在数组元素m［5］［limit］中。

构造最优解。令limit _ w=limit，i=n、n−1、…、2，重复执行

若m［i］［limit _ w］> m［i−1］［limit _ w］，则x［i］=1，limit _ w= limit _ w−w［i］;否则x［i］=0。

最后确定x［1］的值。因此，运用动态规划法求解0−1背包问题的算法设计如图8—18所示，算法中的变量说明如下：

```
CONST n0=5 , limit=10
VAR  m:ARRAY[1..n0,1..limit] OF integer
     w , v , x:ARRAY[1..n0] OF integer
     limit_w , sv,sw:integer
     i,j:integer
```

**算法8—10**　knap（w , v , limit）

```
for  j=1 to limit                         初始条件
    j>=w[1]
    T: m[1][j]=v[1]        F: m[1][j]=0
for i=2 to n0                             计算各子问题的最优值
    for  j=1 to limit
        j>=w[i]且m[i-1][j]<m[i-1][j-w[i]]+v[i]
        T: m[i][j]=m[i-1][j-w[i]]+v[i]    F: m[i][j]=m[i-1][j]
limit_w=limit ; sv=0 ; sw=0               构造最优解
for i=n0 down to 2
    m[i][limit_w]> m[i-1][limit_w]
    T: x[i]=1; limit_w= limit_w-w[i] ;  sv=sv+v[i] ;sw=sw+w[i]    F: x[i]=0
m[n0][limit]>sv
T: x[1]=1 ;sw=sw+w[0]     F: x[1]=0
输出最优值和最优解
算法结束
```

**图8—18　动态规划法求解0−1背包问题**

根据算法 8—10 编制 C 源程序如下：

```
//*************************
//*  程序名称:knap.cpp                    *
//*  程序功能:动态规划法求解 0-1 背包问题    *
//*  包含函数:void main()                  *
//*  作    者:FENGJUN                      *
//*  编制时间:2014 年 3 月 20 日             *
//*************************
#include<stdio.h>
#define n0 5
#define limit 10
//*主函数*//
void main()
{ int m[n0][limit+1];
  int w[n0]={2,2,6,5,4},v[n0]={6,3,5,4,6},x[n0];
  int  limit_w , sv , sw;
  int i,j;
  /*动态规划求解(置初始条件)*/
  for (j=0; j<=limit ; j++)
  if (j>=w[0])  m[0][j]=v[0];
  else m[0][j]=0;
/*计算各子问题的最优值*/
for (i=1 ; i<n0 ; i++)
  for (j=0; j<=limit ; j++)
    if (j>=w[i]&&m[i-1][j]<m[i-1][j-w[i]]+v[i])
      m[i][j]=m[i-1][j-w[i]]+v[i];
    else
      m[i][j]=m[i-1][j];
/*构造最优解*/
limit_w=limit ; sv=0;sw=0;
for (i=n0-1 ; i>0 ; i--)
    if (m[i][limit_w]> m[i-1][limit_w])
    {  x[i]=1;limit_w= limit_w-w[i];sv=sv+v[i]; sw=sw+w[i];}
    else  x[i]=0;
if (m[n0-1][limit]>sv) { x[0]=1; sw=sw+w[0];}
else x[0]=0;
/*输出结果*/
printf("0-1 背包问题(装入背包的物品重量和价值以表格形式输出如下): \n");
printf(" i      w[i]      v[i]\n");
```

```
for (i=0 ; i<n0 ; i++)
  if (x[i]==1)
    printf(" %6d %6d %6d\n ",i,w[i],v[i]);
printf("装入背包的总重量为：%4d ;总价值为：%4d。\n",sw,m[n0-1][limit]);
}
```

---

运行程序得到如下结果：
0—1 背包问题(装入背包的物品重量和价值以表格形式输出如下)：
i　　w[i]　　v[i]
0　　2　　6
1　　2　　3
4　　4　　6
装入背包的总重量为:8 ；总价值为:15。

运用动态规划法求解 0—1 背包问题的填表过程如表 8—3 所示。表中求最优值（填表）过程是从上到下、从左至右进行，即按从上到下按行填写；从右至左折线箭头表示构造最优解的过程。

**表 8—3　　0—1 背包问题求解的填表过程**

| j | 0 | 1 | 2 | 3 | 4 | 5 | 6 | 7 | 8 | 9 | 10 | x[i] |
|---|---|---|---|---|---|---|---|---|---|---|---|---|
| m[0][j] | 0 | 0 | 6 | 6 | 6 | 6 | 6 | 6 | 6 | 6 | 6 | 1 |
| m[1][j] | 0 | 0 | 6 | 6 | 9 | 9 | 9 | 9 | 9 | 9 | 9 | 1 |
| m[2][j] | 0 | 0 | 6 | 6 | 9 | 9 | 9 | 9 | 11 | 11 | 14 | 0 |
| m[3][j] | 0 | 0 | 6 | 6 | 9 | 9 | 9 | 10 | 11 | 13 | 14 | 0 |
| m[4][j] | 0 | 0 | 6 | 6 | 9 | 9 | 12 | 12 | 15 | 15 | 15 | 1 |

## 8.6　贪心法

求解最优化问题，人们常常会想到运用动态规划方法。事实上，对于某一类最优化问题会有更简单、更有效的方法。先来看一个找硬币的例子，假设有 4 种硬币，它们的面值分别为 2 角、1 角、5 分和 1 分，现在要找给顾客 5 角 7 分钱。人们会拿出 2 个 2 角、1 个 1 角、1 个 5 分和 2 个 1 分的硬币交给顾客。人们下意识地使用了这样的找硬币方法：首先选择一个面值不超过 5 角 7 分的最大面值硬币，即 2 角硬币，然后从 5 角 7 分中减去 2 角，剩下 3 角 7 分，接着再选择一个面值不超过 3 角 7 分的最大面值硬币，即 2 角硬币，如此选择下去，最终得到一个解。这个找硬币的方法就是贪心法，贪心法是一种常用的求解最优化问题的简单有效方法。

### 8.6.1　贪心法概述

**贪心法（Greedy Method）**是将一个规模较大的最优化问题逐步转化为一系列规模较

小的局部最优化子问题，对每个局部最优化子问题进行求解，每一步求解都是对前一步所确定的部分解的扩充，直到最后获得原问题的整体解。即贪心法求解问题的过程表现为：通过一系列的局部最优选择，使问题规模变得越来越小，部分解越来越接近于整体解。

贪心法是从当前情况来看总是最优的选择，它并不从整体上去考虑，所做出的选择只是某种意义上的局部最优解。当然，人们希望运用贪心法得到的最终解也是整体最优解，例如，上述找硬币所得到的最终结果就是一个整体最优解。若对上述找硬币例子做一些修改，假设有 3 种硬币，其面值分别为 1 角 1 分、5 分和 1 分硬币，要找给顾客 1 角 5 分钱，运用贪心法，将会找给顾客 1 个 1 角 1 分和 4 个 1 分硬币。显然，找 3 个 5 分硬币是整体最优解。虽然贪心法不能对所有最优化问题都得到整体最优解，但是对于许多典型问题，运用贪心法都能产生整体最优解。在一般情况下，即使运用贪心法不能得到整体最优解，但得到的最终解也是最优解的很好近似解。由于贪心法的简单、直观、有效，并且它省去了其他方法为了寻找最优解，要穷尽所有可能情况而必须耗费的大量运算，所以贪心法是一种非常实用的方法。

运用贪心法求解最优化问题的**基本设计思想**是：根据最优化问题的目标函数和约束条件，确定问题的解空间和局部最优选择策略，将问题自顶向下分解为一个多阶段决策过程。自顶向下对当前的子问题做局部最优选择，并且一旦选定将永不更改，每一阶段的局部最优选择都是对前一阶段的部分解进行扩充，最终得到整体解。

**运用贪心法求解最优化问题**，通常考虑以下 3 个方面。

(1) 确定问题的解空间。为了构造问题的解，需要确定解的形式和问题的可能解。问题的最终解是对解空间可能解的解分量进行多阶段局部最优选择而最后确定的。例如，找硬币问题的解空间是各种面值的硬币应该各找几枚。

(2) 确定局部最优选择策略。即贪心策略，这是贪心法的核心，它与目标函数和约束条件有关。例如，在找硬币问题中，局部最优选择策略是确定不超过当前要找货币总额的最大面值几枚。

(3) 自顶向下多阶段决策。按照贪心策略在解空间逐步构造问题的整体解。这是贪心法的实施过程。例如，上述找硬币问题的选择过程。

由此可以看出，运用贪心法所能解决的最优化问题一般应具有这样的**基本特征**：问题具有最优子结构性质。问题属于另一类多阶段决策问题。初始阶段即原问题，每个阶段总是作一个使局部最优的贪心选择，它与前面各阶段的决策无关，即各阶段的选择一旦作出，在后面阶段中将无法改变；只与当前阶段和以后阶段的决策有关，即将问题不断转换为规模更小的子问题。每个阶段所作出的选择都是对前面部分解的扩充，直到构造出原问题的整体解。运用贪心法求解最优化问题，困难的是如何判断对于哪一类最优化问题，构造出的整体解就是最优解。

### 8.6.2 背包问题

给定 n 种物品和一个背包。假设物品 i（$1\leqslant i\leqslant n$）的重量为 $w_i$，价值为 $v_i$，背包的容量为 limit。物品 i（$1\leqslant i\leqslant n$）装入背包时，可以不装入、可以部分装入或全部装入。问应该如何选择物品装入背包，使得装入背包内的物品的总价值最大？

**问题分析**：背包问题适用于贪心法，构造出的整体解就是最优解。问题的解可用 n 元组（$x_1$，$x_2$，…，$x_n$）来表示。其中，$x_i$（$1\leqslant i\leqslant n$）表示物品 i 装入背包的数量，取值在 0～1 之间，即 $w_i\times x_i$表示物品 i 装入背包的重量。这样，背包问题的解空间为

S=｛（$x_1$，$x_2$，…，$x_n$）｜$x_i\in[0,1]$，i=1，2，…，n｝

约束条件为

$$\sum_{i=1}^{n}x_i w_i=limit$$

目标函数为

$$\max\sum_{i=1}^{n}x_i v_i$$

背包问题具有最优子结构性质，属于多阶段决策问题。为了使装入背包内物品的总价值最大，依据贪心选择策略，将尽可能多的单位重量价值最高的物品装入背包；若该物品全部装入背包后，背包内的物品总重量未达到 limit，则选择单位重量价值次高的物品尽可能多地装入背包；依此策略选择装入物品，直到背包内物品重量达到 limit 为止。背包问题的贪心算法设计如图 8—19 所示，算法中的变量说明如下：

```
CONST  n0=5 , limit=100
VAR    w , v , x:ARRAY[1..n0] OF real
       limit_w , sv:real
       j:integer
```

**算法 8—11**　GreedyKnap（w , v , limit）

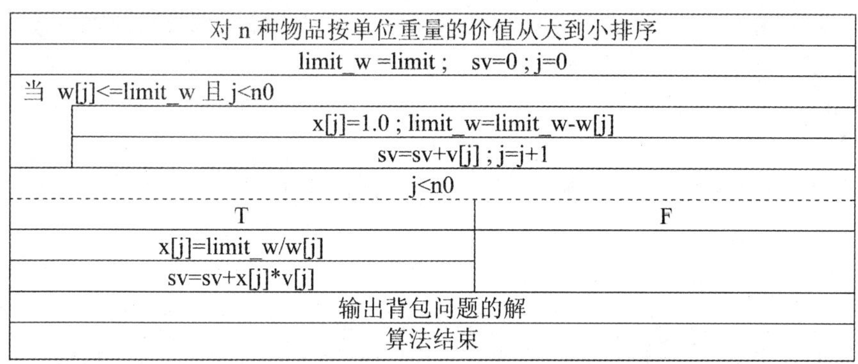


**图 8—19　背包问题的贪心算法**

根据算法 8—11 编制 C 源程序如下：

```
//* * * * * * * * * * * * * * * * * * * * * * * * * * *
//*   程序名称:GreedyKnap.cpp                            *
//*   程序功能:贪心法求解背包问题                          *
//*   包含函数:void main()                               *
//*            void sort(int w[n0],int v[n0],int n)     *
//*   作    者:FENGJUN                                  *
//*   编制时间:2014 年 3 月 20 日                         *
//* * * * * * * * * * * * * * * * * * * * * * * * * * *
#include<stdio.h>
```

```
#define n0 5
#define limit 100
//*主函数*//
void main()
{ int w[n0]={32,25,37,41,28};
  int v[n0]={56,40,70,78,40};
  float x[n0];
  float  sv,sw;
  int limit_w,j,n=n0;
  void sort(int w[n0],int v[n0],int n);     /*函数说明*/
  sort(w,v,n);          /*调用排序函数,按单位重量价值排序*/
  /*贪心法求解*/
  limit_w =limit ;  sv=0 ; j=0 ;
  while (j<n0 && w[j]<=limit_w)
{  x[j]=1.0 ; limit_w=limit_w-w[j];
    sv=sv+v[j] ; j=j+1;
  }
  if (j<n0)  {  x[j]=(float)limit_w/w[j] ; sv=sv+x[j]*v[j]; }
  /*输出结果*/
  printf("背包问题(装入背包的物品重量和价值以表格形式输出如下): \n");
  printf(" j         w[j]         v[j]\n");
  j=0 ;
  while  (x[j]==1)
  {  printf(" %5d %8d %8d \n ",j,w[j],v[j]); j=j+1; }
  if (j<n0 &&x[j]>0)
    printf(" %5d %5.1f( %3d) %5.1f( %3d) \n ",j,w[j]*x[j],w[j],v[j]*x
[j],v[j]);
  printf("装入背包的总重量为: %4d ;总价值为: %5.1f。\n",limit,sv);
}
void sort(int w[],int v[],int n)  /*从大到小排序函数*/
{ int i,j,k;
  int x;
  for (i=0;i<n-1;i++)
  {  k=i;
for (j=i+1;j<=n-1;j++)
      if (w[j]*v[k]<w[k]*v[j])  k=j;
    x=w[i];w[i]=w[k];w[k]=x;
    x=v[i];v[i]=v[k];v[k]=x;
  }
```

```
    return;
}
```

运行程序得到如下结果：

背包问题(装入背包的物品重量和价值以表格形式输出如下)：

| j | w[j] | v[j] |
|---|---|---|
| 0 | 41 | 78 |
| 1 | 37 | 70 |
| 2 | 22.0(32) | 38.5(56) |

装入背包的总重量为：100；总价值为：186.5。

### 8.6.3 0—1 背包问题及贪心 k 阶优化方法

给定 n 种物品和一个背包。假设物品 i（$1\leqslant i\leqslant n$）的重量为 $w_i$，价值为 $v_i$，背包的容量为 limit。物品 i（$1\leqslant i\leqslant n$）装入背包时，或者不装入，或者全部装入，不能只装入物品 i 的一部分。问应该如何选择物品装入背包，才能使背包内物品的总价值最大?

**问题分析：**0—1 背包问题具有最优子结构性质，属于多阶段决策问题。运用贪心法求解 0—1 背包问题一般可以得到近似最优解。问题的解可用 n 元组（$x_1$，$x_2$，…，$x_n$）来表示。其中，$x_i$（$1\leqslant i\leqslant n$）表示物品 i 是否装入背包，当物品 i 装入背包时，$x_i=1$；否则，$x_i=0$。这样，0—1 背包问题的解空间为

$$S=\{(x_1, x_2, \cdots, x_n) \mid x_i\in\{0, 1\}, i=1, 2, \cdots, n\}$$

约束条件为

$$\sum_{i=1}^{n} x_i w_i \leqslant limit$$

目标函数为

$$\max\sum_{i=1}^{n} x_i v_i$$

运用贪心法求解 0—1 背包问题，至少有 3 种看似合理的贪心策略。

(1) 价值贪心策略。从所有待装入的物品中，选出满足约束条件的价值最大的物品装入背包，使背包价值增长最快。这种策略不能保证得到问题最优解，例如，对于 0—1 背包问题 n=3，w [ ] = (100，10，10)，v [ ] = (20，15，15)，limit=105。运用价值贪心策略，获得的解为 x [ ] = (1，0，0)，总价值为 20。事实上，该问题的最优解为 x [ ] = (0，1，1)，总价值为 30。

(2) 重量贪心策略。从所有待装入的物品中，选出满足约束条件的重量最轻的物品装入背包，使背包的容量消耗最慢。这种策略虽然对（1）中的例可以得到最优解，但也不能保证对所有问题得到最优解，例如，对于 0—1 背包问题 n=2，w [ ] = (10，20)，v [ ] = (5，100)，limit=25。运用重量贪心策略，获得的解为 x [ ] = (1，0)，总价值为 5。事实上，该问题的最优解为 x [ ] = (0，1)，总价值为 100。

(3) 单位重量价值贪心策略。从所有待装入的物品中，选出满足约束条件的单位重量价值最大的物品装入背包，这是综合考虑背包价值增长和容量消耗两个方面的较好贪心策

略。该策略仍然不能保证得到问题最优解，例如，对于0—1背包问题n＝3，w［］＝（20，15，15），v［］＝（40，25，25），limit＝30。运用单位重量价值贪心策略，获得的解为x［］＝（1，0，0），总价值为40。事实上，该问题的最优解为x［］＝（0，1，1），总价值为50。

运用单位重量价值贪心策略求解0—1背包问题虽然不能保证得到问题的最优解，但对于大多数问题，可以得到很好的近似最优解。实践表明，随机产生n个0—1背包问题，运用这种贪心策略求解，有30%左右的问题可以得到最优解；有90%以上的解与其最优解相差在10%以内。

这样的实践无法证明存在一个数x（x＜100），使得运用贪心法求解0—1背包问题所得的解与其最优解相差在x%以内。但是，运用贪心k阶优化方法求解0—1背包问题所得的解与其最优解相差可以控制在x%以内。

**贪心k阶优化**（k-Optimal）方法。首先将最多k（0≤k≤n）件物品装入背包（若j（0＜j≤k）件物品的总重量大于limit，则放弃该选择）；然后对背包的剩余容量按单位重量价值策略装入剩余物品。

例如，对于0—1背包问题n＝4，w［］＝（2，4，6，7），v［］＝（6，10，12，13），limit＝11。记物品的集合为c＝｛1，2，3，4｝。

当k＝0时，运用单位重量价值贪心策略，获得的解为x［］＝（1，1，0，0），总价值为16。

当k＝1时，首先在4件物品中取最多1件物品装入背包，即首先装入背包的物品子集有5个｛｝、｛1｝、｛2｝、｛3｝和｛4｝。首先将子集｛1｝和｛2｝的物品装入背包，对剩余容量运用单位重量价值贪心策略获得的解均为x［］＝（1，1，0，0），总价值为16。首先将子集｛3｝的物品装入背包，对剩余容量5运用单位重量价值贪心策略获得的解为x［］＝（1，0，1，0），总价值为18。首先将子集｛4｝的物品装入背包，对剩余容量4运用单位重量价值贪心策略获得的解为x［］＝（1，0，0，1），总价值为19，这是当k＝1时所获得的最终解。

当k＝2时，首先在4件物品中取最多2件物品装入背包，除了考虑k＜2的物品子集外，还需要考虑首先恰好装入2件物品的子集｛1，2｝、｛1，3｝、｛1，4｝、｛2，3｝、｛2，4｝和｛3，4｝共6个。首先将子集｛3，4｝的物品装入背包是不可行的，将其放弃。首先将其余5个子集的物品分别装入背包，对各自的剩余容量运用单位重量价值贪心策略获得的解x［］分别为（1，1，0，0）、（1，0，1，0）、（1，0，0，1）、（0，1，1，0）和（0，1，0，1），总价值分别为16、18、19、22和23。因此，当k＝2时，所获得的最终解为x［］＝（0，1，0，1），总价值为23。这个解就是问题的最优解。

事实上，运用贪心k阶优化方法求解0—1背包问题所得的解与其最优解相差在（100/（k+1））%以内。即当k＝1时，所获得的解与其最优解相差在50%以内；当k＝2时，所获得的解与其最优解相差在33.33%以内；当k＝3时，所获得的解与其最优解相差在25%以内；…。

请读者思考，用N—S图描述贪心k阶优化算法，并编程实现。

## 8.7 回溯法

在现实世界中，有相当一类问题是求问题的全部解、或求问题的最优解。最基本的方法是通过枚举法搜索问题的解空间。但许多问题解空间的大小随问题规模 n 的增长呈指数规律增长，这就使问题理论上可解而实际不可行。为了使搜索空间减少到尽可能小，就需要采用良好的搜索技术。回溯法就是一种较好的搜索技术。

### 8.7.1 回溯法概述

**回溯法（Backtracking）**又称为试探法，它是一种有效的试探回溯搜索技术。即运用回溯法求解问题不是基于某种确定的计算法则，而是通过大量反复的试探和回溯。回溯法适用于寻找给定问题的解集或者需要找出满足某些约束条件的最优解。对这类问题的分解，一般子问题的数目按指数规律增长，采用试探和回溯方法，根据问题的特征性质，可以决定某些检验准则，使得某些子问题中途“夭折”，无须再继续分解下去，这就使得解决整个问题所需要的运算量降低在一个可容许的范围之内。

运用回溯法求解问题时，每次搜索试探只构造可行解的一部分，检查这个部分解，若这个部分解有可能导出一个可行解，则继续向前搜索试探；否则回溯，即退回上一步，继续搜索试探下一个部分可行解。回溯法的基本特性就是有效地组织搜索。采用回溯法求解问题的整个过程贯穿了搜索——试探——决定回溯或前进这三种基本运算。

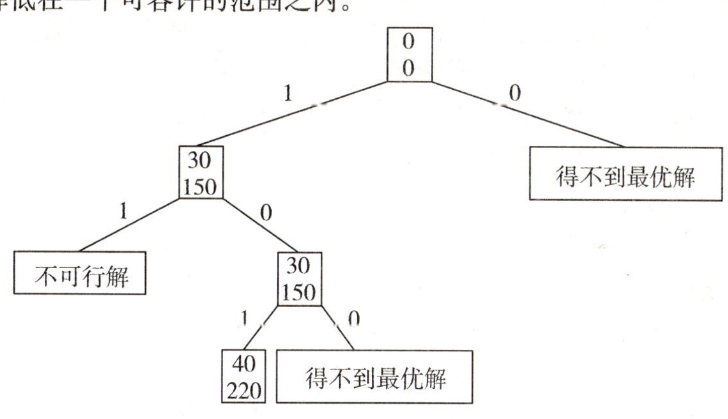

**图 8—20 0—1 背包问题的搜索空间**

为了有效地运用回溯法对解空间进行搜索，通常将解空间组织成**解空间树**（状态树）的形式，如 8.1 节例 8—3 中的 0—1 背包问题的状态树。运用回溯法求解问题是从根结点出发，按前序遍历（深度优先）的次序搜索试探解空间树。当搜索试探至树中任一结点时，判断该结点对应的部分解是否可能导出问题的可行解，若不能导出，则不再对以该结点为根的子树进行搜索，即所谓的**剪枝**（Pruning）；否则，对以该结点为根的子树继续按前序遍历的次序进行搜索试探。例如，运用回溯法求解例 8—3 中的 0—1 背包问题，搜索空间如图 8—20 所示。这个解空间树中共有 $2^4-1=15$ 个结点，回溯法只搜索了其中的 7 个结点就找到了问题的最优解（1，0，1），其背包的最大价值为 220 元。

在搜索试探过程中，当搜索到第 3 个结点时，装入第 2 件物品，重量 50 超出背包容量 40，根据约束条件实施剪枝；当搜索到第 7 个结点时，即使装入剩余所有物品（即第

2、3件物品)，其背包价值也不会超过220元，根据目标函数实施剪枝。

通常有两种典型的解空间树。

(1) **子集树**(Subset Trees)。当所给问题是从n个元素的集合中寻找满足某种性质的子集时，相应的解空间树称为子集树。子集树中每个结点具有相同数目的子树，不妨设每个结点具有m棵子树，则子集树中共有 $m^n$ 个叶子结点。

(2) **排列树**(Permutation Trees)。当所给问题是确定n个元素满足某种性质的排列时，相应的解空间树称为排列树。排列树中共有n！个叶子结点。

运用回溯法求解问题的**基本设计思想**是：确定问题解的形式为 $(x_1, x_2, \cdots, x_n)$，其中 $x_i$ $(1 \leqslant i \leqslant n)$ 的取值范围可以枚举。确定解空间树的结构及按前序遍历(深度优先)次序进行搜索试探回溯。每次只构造解的一个分量 $x_i$ $(1 \leqslant i \leqslant n)$，若 $(x_1, x_2, \cdots, x_n)$ 已是问题的一个可行解，则输出这个解，然后回溯继续搜索试探下一个可行解。若由部分解 $(x_1, x_2, \cdots, x_i)$ $(1 \leqslant i < n)$ 可以导出可行解，则向前继续搜索试探确定解的下一个分量 $x_{i+1}$。若由部分解 $(x_1, x_2, \cdots, x_i)$ $(1 \leqslant i < n)$ 不能导出可行解，则实施剪枝，向后回溯重新搜索试探确定解的上一个分量 $x_{i-1}$。直到搜索试探完毕整个解空间(除去剪枝空间)，求得全部解或最优解。

**运用回溯法求解问题**，通常考虑以下3个方面：

(1) 确定问题的解空间。定义解的形式，确定问题的解空间。

(2) 确定解空间的结构和搜索策略。一般将解空间确定为树型结构，按树的前序遍历(深度优先)次序对解的分量进行搜索试探回溯。

(3) 搜索问题的解。搜索到叶子结点即得到问题的一个可行解。在搜索试探的过程中，根据目标函数和约束条件对解空间树实施剪枝。对于求解最优化问题，根据目标函数在可行解中确定最优解。对于求解全部解的问题，所有可行解构成问题的全部解。

由此可以看出，运用回溯法所能解决的问题一般应具有这样的**基本特征**：问题属于多阶段决策问题。问题的解的形式可以确定为 $(x_1, x_2, \cdots, x_n)$，且 $x_i$ $(1 \leqslant i \leqslant n)$ 的取值范围可以枚举。问题的解空间可以构造为解空间树，在搜索试探过程中，利用约束条件或目标函数可以对解空间树实施剪枝，使求解整个问题的运算量降低在一个可容许的范围之内，回溯法是对枚举法的优化。递归算法或迭代算法是应用回溯法求解问题的基础。

### 8.7.2 0－1背包问题与回溯递归算法

给定n种物品和一个背包。假设物品i $(1 \leqslant i \leqslant n)$ 的重量为 $w_i$，价值为 $v_i$，背包的容量为limit。物品i $(1 \leqslant i \leqslant n)$ 装入背包时，或者不装入，或者全部装入，不能只装入物品i的一部分。问应该如何选择物品装入背包，才能使背包内物品的总价值最大?

**问题分析**：0－1背包问题属于多阶段决策问题。问题的解可用n元组 $(x_1, x_2, \cdots, x_n)$ 表示。其中，$x_i$ $(1 \leqslant i \leqslant n)$ 表示物品i是否装入背包，当物品i装入背包时，$x_i = 1$；否则，$x_i = 0$。这样，0－1背包问题的解空间为

$S = \{(x_1, x_2, \cdots, x_n) \mid x_i \in \{0, 1\}, i = 1, 2, \cdots, n\}$

约束条件为

$$\sum_{i=1}^{n} x_i w_i \leqslant limit$$

目标函数为

$$\max\sum_{i=1}^{n} x_i v_i$$

确定 0—1 背包问题的解空间树如例 8—3 图 8—2 所示。定义一维数组 w [n] 存储物品的重量，一维数组 v [n] 存储物品的价值；一维数组 x [n] 存储 0—1 背包问题的最优解，变量 total 用于存放与最优解对应的背包内物品的总价值；变量 sw、sv 分别存储装入背包的物品总重量和总价值，limit 存储背包的容量；一维数组 y [1..n] 用于记录一个叶结点在考虑了 n 件物品取舍之后的路径信息。算法从第 1 件物品开始，逐一试探每件物品的取舍，并记录于数组 y。在试探了 n 件物品的取舍之后，将数组 y 对应的叶结点表示的背包内物品总价值 sv 与存放最优解的数组 x 对应的总价值 total 进行比较，如果 tv>total，则说明找到了一个更好的解，此时，分别用 y 和 sv 的值更新 x 和 total 的值。当检测到某个分支结点时，若发现该结点的 sw 值已大于背包容量 limit，就没有必要扩展其左子树，即利用约束函数实施剪枝；若发现该结点的 sv 值加上所有尚未试探物品的总价值也不会大于迄今求得的最优解 total，就没有必要扩展其右子树，即利用目标函数实施剪枝。当检测了所有叶结点之后，保存在数组 x 中的信息就是 0—1 背包问题的最优解。运用回溯法求解 0—1 背包问题可以设计回溯递归算法和回溯迭代算法两种。运用回溯法求解 0—1 背包问题的回溯递归算法设计如图 8—21 所示，算法中的变量说明如下：

```
CONST  n0=5                    /*物品件数*/
       limit=10                /*背包容量*/
VAR  w,v:ARRAY[1..n0]  OF  integer      /*存放物品的重量和价值*/
     x,y:ARRAY[1..n0]  OF  integer      /*存放物品取舍信息*/
     total:integer                      /*存放最优解对应的物品总价值*/
     sw,sv,t,j,tv:integer
```

**算法 8-12**　backknap（x [ ]，y [ ]，sw，sv，t：integer)

<table>
<tr><td colspan="4">t<=n0</td></tr>
<tr><td colspan="2">T</td><td colspan="2">F</td></tr>
<tr><td colspan="2">sw+w[t]<=limit　　扩展左子树</td><td colspan="2">sv>total</td></tr>
<tr><td>T</td><td>F</td><td>T</td><td>F</td></tr>
<tr><td>y[t]=1; sw=sw+w[t] ; sv=sv+v[t]<br>backknap（x，y，sw，sv，t+1）<br>sw=sw-w[t] ; sv=sv-v[t];</td><td></td><td rowspan="5">{更新最优解}<br>total=sv<br>x=y</td><td rowspan="5"></td></tr>
<tr><td colspan="2">tv=0</td></tr>
<tr><td colspan="2">for j=t+1 to n0<br>　tv=tv+v[j]</td></tr>
<tr><td colspan="2">sv+tv>total　　扩展右子树</td></tr>
<tr><td>T<br>y[t]=0<br>backknap（x，y，sw，sv，t+1）</td><td>F</td></tr>
<tr><td colspan="4">返回值 total</td></tr>
<tr><td colspan="4">算法结束</td></tr>
</table>

**图 8—21　求解 0—1 背包问题的回溯递归算法**

根据算法 8—12 编制 C 源程序如下：

```
//*******************************
//*   程序名称:backknap.cpp              *
//*   程序功能:回溯递归法求解 0—1 背包问题    *
//*   包含函数:void main()                *
//* int backknap(int x[n0],int y[n0],int sw,int sv,int t)  *
//*   作    者:FENGJUN                   *
//*   编制时间:2014 年 3 月 20 日            *
//*******************************
#include<stdio.h>
#define n0 5
#define limit 10
int w[n0]={2,2,6,5,4},v[n0]={6,3,5,4,6};
int  total=0;
//*主函数 *//
void main()
{ int  sv=0,sw=0,j;
  int t=0;
  int x[n0],y[n0];
  int backknap(int x[n0],int y[n0],int sw,int sv,int t);     /*函数说明*/
  total=backknap(x,y,sw,sv,t);
  /*输出结果*/
  printf("0—1 背包问题(装入背包的物品重量和价值以表格形式输出如下)：\n");
  printf(" j          w[j]          v[j]\n");
  for (j=0;j<n0;j++)
    if (x[j]==1)
      printf(" %5d %8d %8d \n ",j,w[j],v[j]);
    printf("装入背包的总价值为：%6d。\n",total);
}
int backknap(int x[n0],int y[n0],int sw,int sv,int t)  /*回溯递归函数*/
{ int j,tv;
  if (t>n0)           /*更新最优解*/
  {  if (sv>total)
    {  total=sv;
      for (j=0;j<n0;j++)  x[j]=y[j];
    }
  }
```

```
    else
    {  if  (sw+w[t]<=limit)                          /* 扩展左子树与约束条件剪枝 */
       {  y[t]=1; sw=sw+w[t] ; sv=sv+v[t];
          total=backknap(x,y,sw,sv,t+1);
          sw=sw-w[t] ; sv=sv-v[t];
       }
       tv=0;
       for (j=t+1;j<n0;j++)  tv=tv+v[j];
       if  (sv+tv>total)                          /* 扩展右子树与目标函数剪枝 */
       {  y[t]=0;
          total=backknap(x,y,sw,sv,t+1);
       }
    }
    return total;
  }
```

运行程序得到如下结果：

0—1 背包问题（装入背包的物品重量和价值以表格形式输出如下）：

```
j    w[j]    v[j]
0     2       6
1     2       3
4     4       6
```

装入背包的总价值为：15。

### 8.7.3 0—1 背包问题与回溯迭代算法

求解 0—1 背包问题的回溯迭代法。问题描述与问题分析同上节。设标志数组 flag [n0]，扩展左子树，令 flag [j] =1；扩展右子树，令 flag [j] =2；左右子树的情况都考虑后，令 flag [j] =3。当 flag [j] =3 时，回溯返回父结点。运用回溯法求解 0—1 背包问题的迭代算法设计如图 8—22 所示，算法中的变量说明如下：

```
CONST   n0=5                 /* 物品件数 */
        limit=10             /* 背包容量 */
VAR   w,v:ARRAY[1..n0]  OF  integer        /* 存放物品的重量和价值 */
      x,y:ARRAY[1..n0]  OF  integer        /* 存放物品取舍信息 */
      flag:ARRAY[1..n0]  OF  integer        /* 标志数组 */
      total:integer                        /* 存放最优解对应的物品总价值 */
      sw,sv,t,j,tv:integer
```

**算法 8—13** backknap1（w［］，v［］：integer）

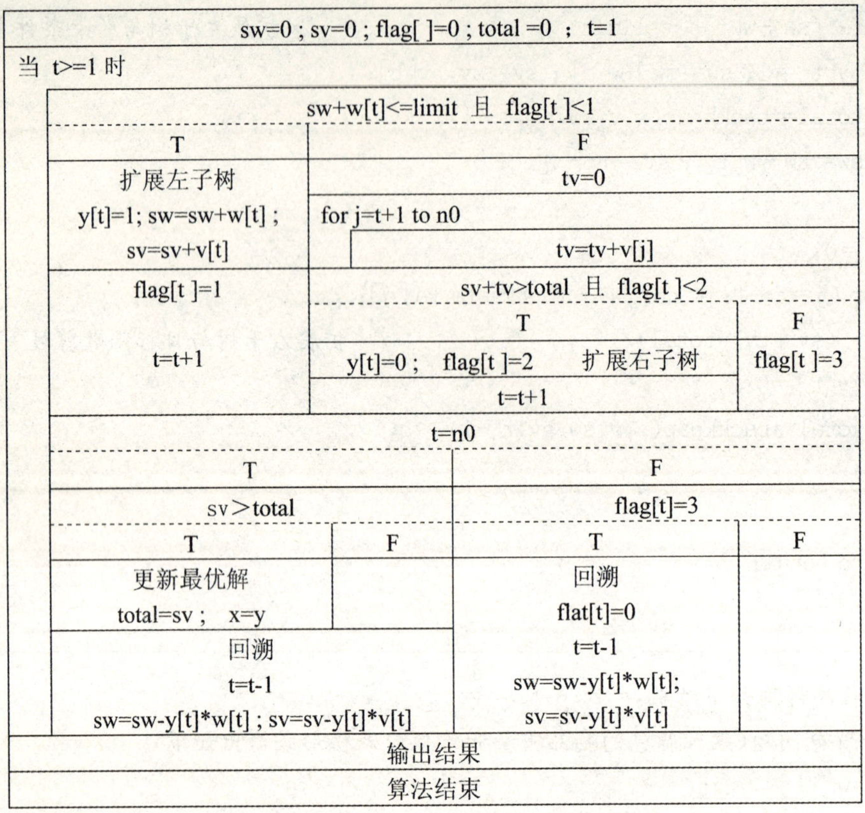

sw=0 ; sv=0 ; flag[ ]=0 ; total =0 ; t=1

当 t>=1 时

sw+w[t]<=limit 且 flag[t ]<1

| T | F |
| --- | --- |
| 扩展左子树<br>y[t]=1; sw=sw+w[t] ;<br>sv=sv+v[t] | tv=0<br>for j=t+1 to n0<br>　tv=tv+v[j] |
| flag[t ]=1<br>t=t+1 | sv+tv>total 且 flag[t ]<2<br>T: y[t]=0 ; flag[t ]=2 扩展右子树<br>　t=t+1<br>F: flag[t ]=3 |

t=n0

| T | F |
| --- | --- |
| sv＞total<br>T: 更新最优解<br>　total=sv ; x=y<br>F: | flag[t]=3<br>T: 回溯<br>　flat[t]=0<br>　t=t-1<br>　sw=sw-y[t]*w[t];<br>　sv=sv-y[t]*v[t]<br>F: |
| 回溯<br>t=t-1<br>sw=sw-y[t]*w[t] ; sv=sv-y[t]*v[t] | |

输出结果

算法结束

**图 8—22 求解 0—1 背包问题的回溯迭代算法**

根据算法 8—13 编制 C 源程序如下：

```
//＊＊＊＊＊＊＊＊＊＊＊＊＊＊＊＊＊＊＊＊＊＊
//＊  程序名称:backknap1.cpp              ＊
//＊  程序功能:回溯迭代法求解 0—1 背包问题  ＊
//＊  包含函数:void main()                 ＊
//＊  作    者:FENGJUN                     ＊
//＊  编制时间:2014 年 6 月 20 日           ＊
//＊＊＊＊＊＊＊＊＊＊＊＊＊＊＊＊＊＊＊＊＊＊
#include<stdio.h>
#define n0 5
#define limit 10
//＊主函数＊//
void main()
{ int w[n0]={2,2,6,5,4},v[n0]={6,3,5,4,6};
  int flag[n0]={0,0,0,0,0};
  int  total=0;
  int  sv=0,sw=0,j,tv;
```

```
    int x[n0],y[n0];
    int t=0;
    while (t>=0)
    {  if (sw+w[t]<=limit&&flag[t]<1)        /* 扩展左子树与约束条件剪枝 */
      {  y[t]=1; sw=sw+w[t] ; sv=sv+v[t];
        flag[t]=1;t=t+1;
      }
      else
      {  tv=0;
        for (j=t+1;j<n0;j++)  tv=tv+v[j];
        if (sv+tv>total&&flag[t]<2)       /* 扩展右子树与目标函数剪枝 */
          {  y[t]=0; flag[t]=2;t=t+1; }
        else { flag[t]=3;}
      }
      if (t==n0)
      {  if (sv>total)             /* 更新最优解 */
        {  total=sv;
          for (j=0;j<n0;j++)  x[j]=y[j];
        }
        /* 回溯 */
        t=t-1;
        sw=sw-y[t] * w[t] ; sv=sv-y[t] * v[t];
      }
      else
        if  (flag[t]==3)
        {  /* 回溯 */
          flag[t]=0; t=t-1;
          sw=sw-y[t] * w[t] ; sv=sv-y[t] * v[t];
        }
    }
    /* 输出结果 */
    printf("0-1 背包问题(装入背包的物品重量和价值以表格形式输出如下): \n");
    printf(" j          w[j]          v[j]\n");
    for (j=0;j<n0;j++)
      if (x[j]==1)
        printf(" %5d %8d %8d \n ",j,w[j],v[j]);
    printf("装入背包的总价值为: %6d。\n",total);
}
```

运行程序得到如下结果：

0—1 背包问题(装入背包的物品重量和价值以表格形式输出如下)：

| j | w[j] | v[j] |
|---|---|---|
| 0 | 2 | 6 |
| 1 | 2 | 3 |
| 4 | 4 | 6 |

装入背包的总价值为：15。

### 例 8—16

算法执行示例。给定 0—1 背包问题：假设有 5 种物品，重量分别为（2，2，6，5，4），价值分别为（6，3，5，4，6），背包的容量为 10。上述回溯递归与回溯迭代程序都是针对这个 0—1 背包问题得到运行结果。对应的搜索空间树如图 8—23 所示。解空间树中共有 $2^6-1=63$ 个结点，运用回溯法只试探了 18 个结点，就找到了最优解（1，1，0，0，1），最优值为 15。

请读者思考，认真分析回溯递归与回溯迭代这两个程序，它们的设计思想各是什么？两个程序有什么相同或不同之处？它们的执行效率如何？你能对它们进行优化吗？至少做这样两件事：(1) 在程序中添加适当语句，统计基本运算的执行次数；(2) 在程序中添加适当语句，依次输出搜索到的结点，与图 8—23 中的结点对照，熟悉程序执行流程，深刻理解试探回溯搜索思想。

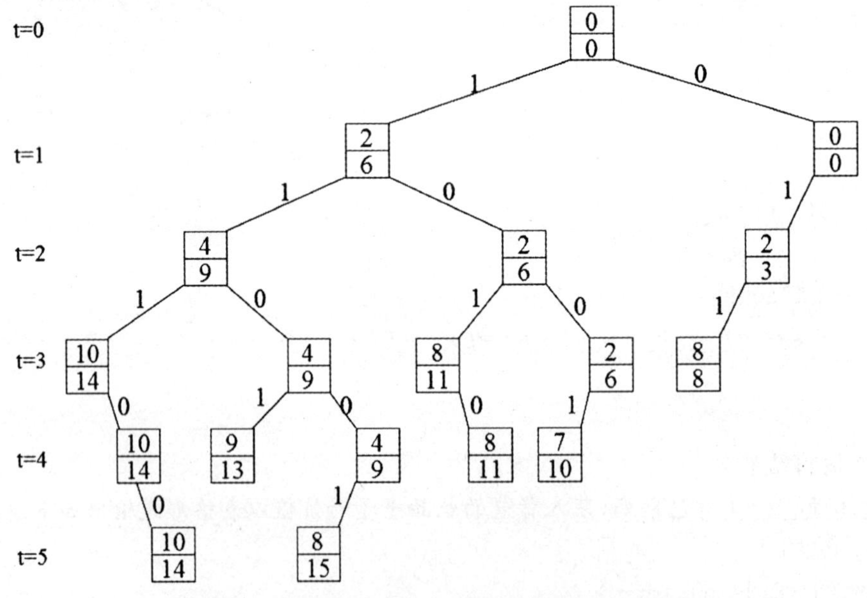


图 8—23 回溯法求解 0—1 背包问题的搜索空间

## 8.8 分支限界法

回溯法与分支限界法都是以构造一颗解空间树为基础的枚举法。回溯法按前序遍历（深度优先）次序搜索解空间树，在搜索试探回溯过程中，运用约束条件或目标函数实施剪枝。**分支限界法**（Branch and bound method）按层次遍历（广度优先）次序搜索解空间树，在搜索过程中，适时调整目标函数的界，根据限界函数估算待处理结点的目标值，运用约束条件或目标函数的界实施剪枝。分支限界法适用于求解最优化问题。

### 8.8.1 分支限界法概述

分支限界法是一种有效的搜索技术，它适用于求解最优化问题。运用分支限界法求解最优化问题，首先，确定一个合理的限界函数，根据限界函数确定目标函数的界［down，up］。对于最小化问题，根据限界函数确定目标函数的下界，上界可以用某种启发式方法得到；对于最大化问题，根据限界函数确定目标函数的上界，下界可以用某种启发式方法得到。然后，按层次遍历次序搜索解空间树。在扩展一个结点时，对该结点的所有孩子结点根据限界函数分别估算它们的目标函数的可能取值，若某结点的目标函数的可能取值超出目标函数的界，或不满足约束条件，则实施剪枝（即将该结点丢弃）；否则，将该结点添加到待处理结点表（以下简称表 PT）。若添加到表 PT 中的结点是叶子结点，且该结点的目标函数值在表 PT 中取得最值，则这个结点对应的解就是问题的最优解，搜索结束；否则，可以根据这个叶结点的目标函数值修正目标函数的界，并对表 PT 中的结点实施剪枝。再从表 PT 中选取一个结点作为当前的扩展结点，重复上述过程，直到得到最优解。

表 PT 可以组织为先进先出的队列，也可以组织为后进先出的堆栈，最有效的算法是组织为优先权队列，即按目标函数值排序，取得最值的结点优先作为扩展结点。

**例 8—17**

以 0—1 背包问题为例说明分支限界法的搜索过程。假设有 5 种物品，重量分别为（2，2，5，4，5），价值分别为（6，3，4，5，6），背包的容量（limit）为 10。将物品按单位重量价值从大到小排序，结果如表 8—4 所示。

**表 8—4　　0—1 背包问题的价值/重量排序结果**

| 物品序号 | 重量（$w_i$） | 价值（$v_i$） | 价值/重量 |
|---|---|---|---|
| 1 | 2 | 6 | 3 |
| 2 | 2 | 3 | 1.5 |
| 3 | 4 | 5 | 1.25 |
| 4 | 5 | 6 | 1.2 |
| 5 | 5 | 4 | 0.8 |

运用贪心法求得近似解为（1，1，1，0，0），获得的价值为 14，这个值可以作为 0—1 背包问题目标函数的下界；若背包内全部装入第 1 件物品，则获得的价值为 30，这个值可以作为 0—1 背包问题目标函数的上界。

假设 0—1 背包问题的解空间树中的第 i 层结点已装入物品重量为 sw，获得价值为 sv，则该结点的下一层结点的限界函数为

$$bound = sv + (limit - sw) * (v_{i+1} / w_{i+1})$$

分支限界法求解 0—1 背包问题的搜索空间如图 8—24 所示。

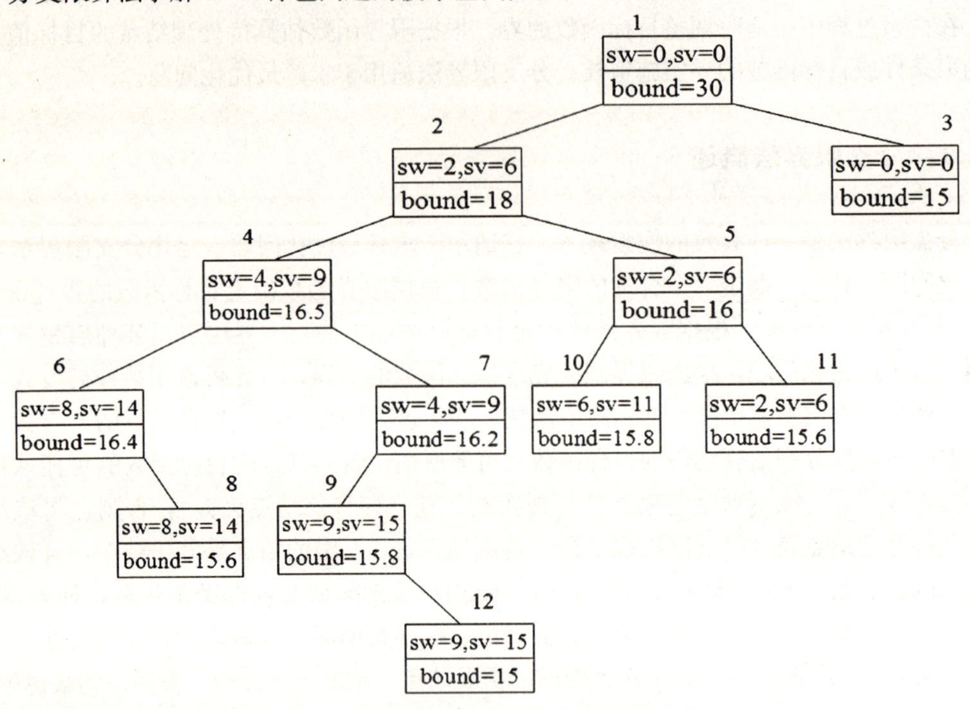


**图 8—24　分支限界法求解 0—1 背包问题的搜索空间**

运用分支限界法求解最优化问题的**基本设计思想**是：确定问题解的形式为（$x_1$，$x_2$，…，$x_n$），其中 $x_i$（$1 \leqslant i \leqslant n$）的取值范围可以枚举。确定解空间树的结构及按层次遍历（广度优先）次序进行结点扩展搜索。确定限界函数和目标函数的上下界。首先扩展根结点，根据限界函数估算每个孩子结点的目标函数值，运用约束条件或目标函数的上下界实施剪枝，符合条件的按序插入到表 PT 中；然后在表 PT 中确定下一个扩展结点。每次扩展结点只构造解的一个分量 $x_i$（$1 \leqslant i \leqslant n$），若（$x_1$，$x_2$，…，$x_n$）的目标函数值是表 PT 中结点的目标函数值的最值，则（$x_1$，$x_2$，…，$x_n$）就是问题的最优解；否则，以（$x_1$，$x_2$，…，$x_n$）的目标函数值调整目标函数的上界（最小化问题）或下界（最大化问题），并对表 PT 中的结点实施剪枝。再在表 PT 中确定下一个扩展结点，重复上述过程，直到得到问题的最优解。

运用分支限界法求解最优化问题，通常考虑以下 5 个方面。

（1）确定问题的解空间。定义解的形式，确定问题的解空间。

（2）确定解空间的结构和搜索策略。一般将解空间确定为树型结构，按树的层次遍历（广度优先）次序对结点进行扩展。

(3) 确定合适的限界函数和目标函数的上下界。由限界函数估算扩展结点的孩子结点的目标函数值，由约束条件或目标函数的上下界实施剪枝，确定孩子结点是否添加到表PT中。

(4) 表PT的组织形式。可以组织为先进先出的队列，也可以组织为后进先出的堆栈，最有效的算法是组织为具有优先权的队列。对于表PT中的结点，应当考虑如何存储根结点到该结点的路径。

(5) 扩展结点的确定与处理。最有效的算法是在表PT中选取目标函数取最值的结点作为扩展结点。当扩展结点为叶子结点时，则得到问题的最优解和最优值，结束求解过程；否则，按层次遍历（广度优先）次序对该结点进行扩展。

由此可以看出，运用分支限界法所能解决的最优化问题一般应具有这样的**基本特征**：问题属于多阶段决策问题。问题的解的形式可以确定为（$x_1$，$x_2$，…，$x_n$），且 $x_i$（$1\leqslant i\leqslant n$）的取值范围可以枚举。问题的解空间可以构造为解空间树。易于确定限界函数和目标函数的上下界，在结点扩展过程中，利用约束条件或目标函数的上下界对解空间树实施剪枝。通过在表PT中选择扩展结点，不断调整搜索方向，对最有可能取得最优解的子树进行优先搜索，尽快找到问题的最优解。通过剪枝使求解最优化问题的运算量降低在一个可容许的范围之内，分支限界法是对枚举法的优化。

### 8.8.2 分支限界法求解0—1背包问题

给定n种物品和一个背包。假设物品i（$1\leqslant i\leqslant n$）的重量为 $w_i$，价值为 $v_i$，背包的容量为limit。物品i（$1\leqslant i\leqslant n$）装入背包时，或者不装入，或者全部装入，不能只装入物品i的一部分。问应该如何选择物品装入背包，才能使背包内物品的总价值最大？

**问题分析**：0—1背包问题属于多阶段决策问题。问题的解可用n元组（$x_1$，$x_2$，…，$x_n$）表示。其中，$x_i$（$1\leqslant i\leqslant n$）表示物品i是否装入背包，当物品i装入背包时，$x_i=1$；否则，$x_i=0$。这样，0—1背包问题的解空间为

$$S=\{(x_1, x_2, \cdots, x_n) \mid x_i\in\{0, 1\}, i=1, 2, \cdots, n\}$$

约束条件为

$$\sum_{i=1}^{n} x_i w_i \leqslant limit$$

目标函数为

$$\max\sum_{i=1}^{n} x_i v_i$$

运用分支限界法求解0—1背包问题的搜索空间如图8—24所示。定义一维数组w[n]存储物品的重量，一维数组v[n]存储物品的价值；定义结构体类型struct PTtype，它包括5个成员：成员t存储结点所在层次，成员数组x[n]存储0—1背包问题的部分解（即从根结点到该结点的路径），成员sw、sv分别存储装入背包的物品总重量和总价值，成员bound存储目标函数值；结构体类型struct PTtype数组变量PT[n]存储待处理结点表（即表PT）；变量limit存储背包的容量；变量down、up分别存储目标函数的上下界；变量r记录表PT中的元素个数。

数组 PT [n] 中数据按目标函数值降序排列，每次总是以数组中的第 1 个元素作为扩展结点，并以带前推的形式删除该结点（即数组 PT [n] 组织为带前推删除和按序插入的队列)。若扩展结点是叶子结点，则对应的成员变量 bound 中存放的就是最优值，成员数组 x [n] 中存储的就是最优解，求解过程结束；否则，对该结点进行扩展。在扩展过程中，运用限界函数估算目标函数值，运用约束条件或目标函数的上下界实施剪枝，对于符合条件的结点以目标函数值为依据按序插入到数组 PT [n] 中。

运用分支限界法求解 0—1 背包问题的算法设计如图 8—25 所示，算法中的类型定义和变量说明如下：

```
CONST  n0=5                /*物品件数*/
       limit=10            /*背包容量*/
TYPE  PTtype=RECORD                  /*表 PT 中的元素类型*/
            t:integer
            x:ARRAY[1..n0]  OF  integer
            sw,sv,bound:integer
            END
VAR  w,v:ARRAY[1..n0]  OF  integer        /*存放物品的重量和价值*/
     PT:ARRAY[1..n0]  OF  PTtype        /*待处理结点*/
     x,y:PTtype
     down,up,j,k,r:integer
```

**算法 8—14**　Branchknap (w [ ], v [ ], n0, limit: integer)

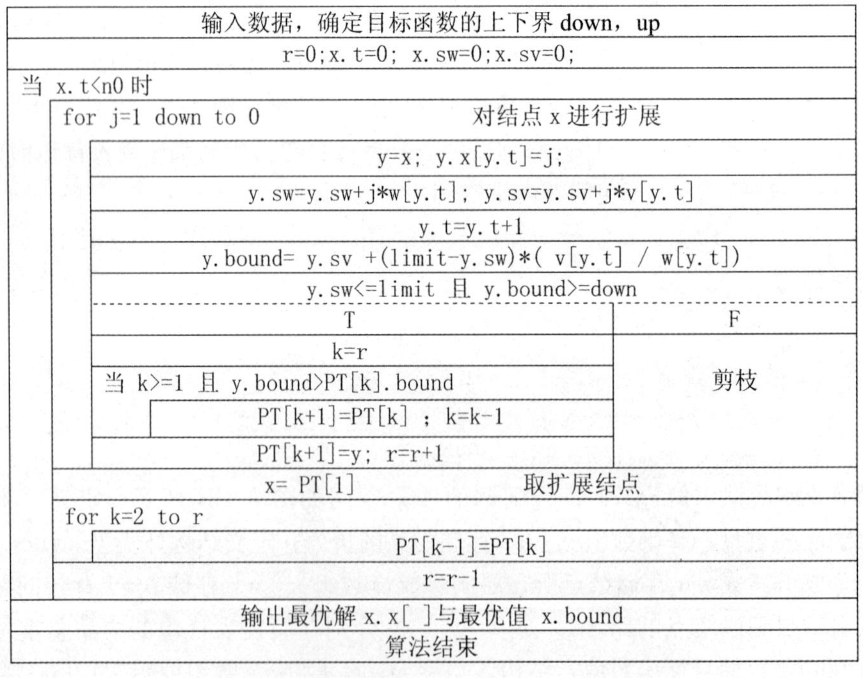


**图 8—25　分支限界法求解 0—1 背包问题**

根据算法 8—14 编制 C 源程序如下：

```
//* * * * * * * * * * * * * * * * * * * * * * *
//*   程序名称:Branchknap.cpp                   *
//*   程序功能:分支限界法求解 0—1 背包问题      *
//*   包含函数:void main()                      *
//*   作    者:FENGJUN                          *
//*   编制时间:2014 年 6 月 20 日               *
//* * * * * * * * * * * * * * * * * * * * * * *
#include<stdio.h>
#define n0 5
#define limit 10
struct PTtype                    /*表 PT 中的元素类型*/
{    int  t ;
     int  x[n0] ;
     int  sw,sv,bound ;
} ;
//*主函数 *//
void main()
{ int w[n0]={2,2,3,5,5},v[n0]={10,8,9,10,5};
  struct PTtype  PT[10];                 /*待处理结点表*/
  struct PTtype  x,y ;
  int  j,k ;
  int down=27,up=50;
  int  r=-1;
  x.t=0; x.sw=0;x.sv=0;
  while (x.t<n0)
  {  /*对结点 x 进行扩展表*/
    for (j=1;j>=0;j--)
    {  y=x; y.x[y.t]=j;
      y.sw=y.sw+j*w[y.t]; y.sv=y.sv+j*v[y.t];
      y.t=y.t+1;
      y.bound= y.sv +(limit-y.sw)*(v[y.t]/w[y.t]);
      if (y.sw<=limit&&y.bound>=down)
      {  k=r;
        while (k>=0&&y.bound>PT[k].bound)
          { PT[k+1]=PT[k];k=k-1;}
        PT[k+1]=y; r=r+1;
      }
    }
    /*取下一个扩展结点*/
```

```
    x=PT[0];
    for (k=1;k<=r;k++)
      PT[k-1]=PT[k];
    r=r-1;
  }
  /*输出结果*/
  printf("0—1 背包问题(装入背包的物品重量和价值以表格形式输出如下): \n");
  printf(" j          w[j]           v[j]\n");
  for (j=0;j<n0;j++)
    if (x.x[j]==1)
      printf(" %5d %8d %8d \n ",j,w[j],v[j]);
  printf("装入背包的总重量为: %6d;总价值为: %6d。\n",x.sw, x.bound);
}
```

运行程序得到如下结果:

0—1 背包问题(装入背包的物品重量和价值以表格形式输出如下):

```
j    w[j]    v[j]
0      2      10
2      3      9
3      5      10
```

装入背包的总重量为:10;总价值为:29。

### 例 8—18

算法执行示例。给定 0—1 背包问题:假设有 5 种物品,重量分别为(2,2,3,5,5),价值分别为(10,8,9,10,5),背包的容量为 10。上述程序是针对这个 0—1 背包问题得到运行结果。程序中的初值确定如下。首先,将物品按单位重量价值从大到小排序,结果如表 8—5 所示。

**表 8—5　　0—1 背包问题的价值/重量排序结果**

| 物品序号 | 重量($w_i$) | 价值($v_i$) | 价值/重量 |
|---|---|---|---|
| 1 | 2 | 10 | 5 |
| 2 | 2 | 8 | 4 |
| 3 | 3 | 9 | 3 |
| 4 | 5 | 10 | 2 |
| 5 | 5 | 5 | 1 |

然后,运用贪心法求得近似解为(1,1,1,0,0),获得的价值为 27,这个值可以作为 0—1 背包问题目标函数的下界,即 down=27;若背包内全部装入第 1 件物品,则获得的价值为 50,这个值可以作为 0—1 背包问题目标函数的上界,即 up=50。解空间树中的第 y.t 层结点的限界函数为

y.bound=y.sv +(limit−y.sw) *(v [y.t+1] /w [y.t+1])

对应的搜索空间树如图 8—26 所示。解空间树中共有 $2^6-1=63$ 个结点，运用分支限界法只对 14 个结点进行扩展，就找到了最优解（1，0，1，1，0），最优值为 29。

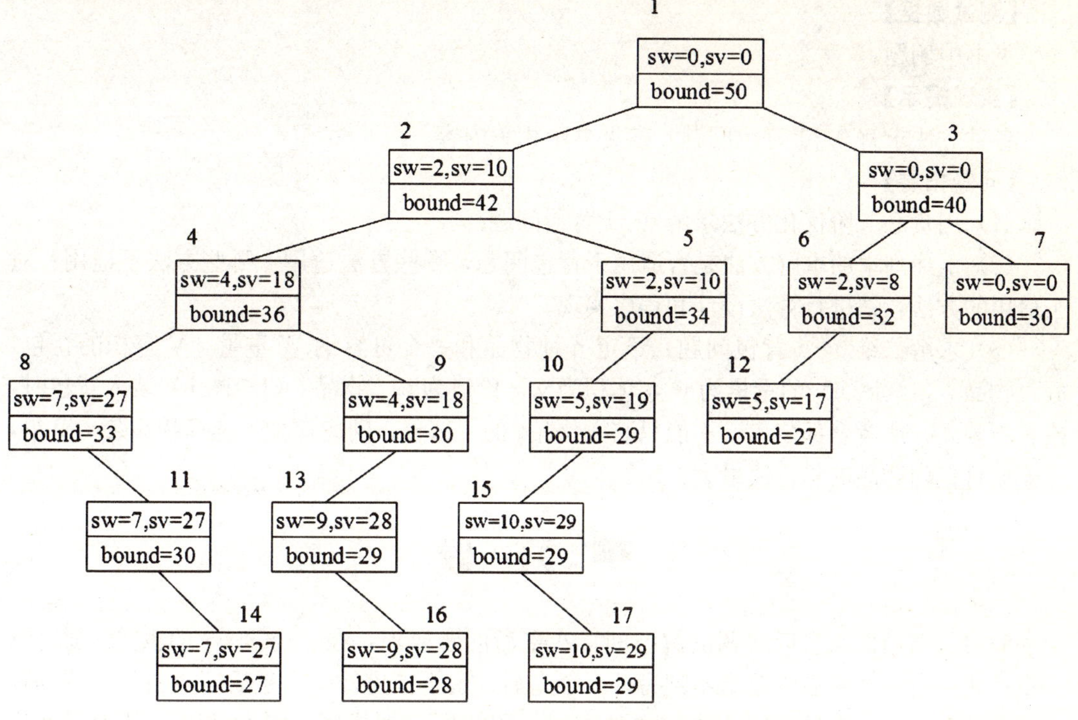


**图 8—26　分支限界法求解 0—1 背包问题的搜索空间**

请读者思考，认真分析这个程序，它的设计思想是什么？它的执行效率如何？你能对它进行优化吗？至少做这样 3 件事：（1）在程序中添加适当语句，统计基本运算的执行次数。（2）在程序中添加适当语句，输出表 PT 中的待扩展结点的相关数据，主要包括成员 t、sw、sv 和 bound 的值，与图 8—26 中的结点对照，熟悉程序执行流程，深刻理解分支限界法的搜索思想。（3）使程序具有对物品按单位重量价值排序的功能（即任意给定 n 件物品的重量和价值，首先对其按单位重量价值排序）和确定目标函数上下界的功能。

## 8.9　课程设计题目——0—1 背包问题

**【问题描述】**

给定 n 种物品和一个背包。假设物品 i（1≤i≤n）的重量为 $w_i$，价值为 $v_i$，背包的容量为 limit。物品 i（1≤i≤n）装入背包时，或者不装入，或者全部装入，不能只装入物品 i 的一部分。问应该如何选择物品装入背包，才能使背包内物品的总价值最大？

**【基本要求】**

（1）至少完成以下 4 个版本的算法设计和程序实现。

（2）用枚举法求解 0—1 背包问题。

（3）用动态规划法求解 0—1 背包问题。

（4）用回溯递归法和回溯迭代法求解 0—1 背包问题。

(5) 用分支限界法求解 0−1 背包问题。

(6) 分析比较各求解方法。

**【测试数据】**

见书中例题。

**【实现提示】**

各种方法求解 0−1 背包问题，参见书中相关内容。

**【问题拓展】**

(1) 用贪心 k 阶优化方法求解 0−1 背包问题。

(2) 上述列举的求解方法是否适用于背包问题，哪些方法适用？哪些方法不适用？对于适用的方法，请进行算法设计和程序实现。

(3) 求解二维 0−1 背包问题：给定 n 种物品和一个可容纳 W 重量、V 容积的背包。假设物品 i（$1 \leqslant i \leqslant n$）的重量为 $w_i$，体积为 $v_i$，价值为 $p_i$。物品 i（$1 \leqslant i \leqslant n$）装入背包时，或者不装入，或者全部装入，不能只装入物品 i 的一部分。问应该如何选择物品装入背包，才能使背包内物品的总价值最大？

## 习 题

**8−1** 请给出八皇后问题的解空间。八皇后问题要求：在一个 8＊8 的棋盘上放置 8 个皇后，使得每个皇后既攻击不到另外 7 个皇后，也不被另外 7 个皇后所攻击。按照国际象棋的规则，一个皇后可以攻击与之处在同一行或同一列或同一对角线上的其他任何棋子。因此，八皇后问题就是要求 8 个皇后中的任意 2 个皇后不能被放置在同一行或同一列或同一对角线上。

**8−2** 简述枚举法的基本设计思想和枚举算法的优化策略。

**8−3** 若正整数 n 的所有正因子之和等于 n 本身，则数 n 称为完全数。试求 1～2000 之内的所有完全数。

**8−4** 简述递归算法与递推算法。

**8−5** 对于任意一个正整数 N，都可以分解为若干个正整数之和，问如何分解能使这若干个数的乘积最大？并输出这个最大值。请分别设计递归算法和递推算法，并编程实现。

**8−6** 根据算法 8—4 编程实现快速排序的非递归算法。

**8−7** 对于快速排序算法，如果每次划分子列的结果都是把标准元素交换到待排序序列的最前面或最后面（例如，对于几乎是排好序的序列），则该算法的效率最差，时间复杂度近似于 O（$n^2$）。事实上，可以通过选取标准元素大大改善快速排序在这种最坏情况下的执行效率。具体做法是：对于待排序序列 R［L..r］，取 R［L］、R［r］、R［（L+r）/2］这 3 个元素中其值为中值的元素作为标准，此时，只要将该元素与数组元素 R［L］的值交换即可，算法 8—3 和算法 8—4 中的其他部分都可以不变。请用 N−S 图描述改进后的完整算法，并编程实现。

**8−8** 简述分治法的基本设计思想与求解过程。

**8−9** 循环赛日程安排问题。设有 $n=2^k$ 个选手要进行网球循环赛，即每个选手必须与其他 n－1 个选手各比赛一次，每个选手每天安排一次比赛。请编程输出比赛日程表。

**8－10** 数字折叠方阵如图 8—27 所示。运用分治法设计算法并编程输出 n 阶数字折叠方阵。

| | | | |
|---|---|---|---|
| 10 | 11 | 14 | 19 |
| 13 | 12 | 15 | 20 |
| 18 | 17 | 16 | 21 |
| 25 | 24 | 23 | 22 |

**图 8—27　4 阶数字折叠方阵**

**8－11** 简述动态规划法的基本设计思想与求解步骤。

**8－12** 插入运算符号问题。在给定的数字序列中插入若干个乘号，求乘积的最大值或最小值。运用动态规划法求解插入乘号的最大化问题。用 N－S 图描述算法，并编程实现。

**8－13** 简述贪心法的基本设计思想与求解过程。

**8－14** 活动安排问题。设有 n 个活动的集合 E＝｛1，2，…，n｝，其中每个活动都要求使用同一资源（如报告厅），在同一时间内只能有一个活动使用这一资源。每个活动 i（$1\leqslant i\leqslant n$）都有一个使用该资源的开始时间 $s_i$ 和结束时间 $f_i$。若 $f_i\leqslant s_j$ 或 $f_j\leqslant s_i$ 时，则称活动 i 与活动 j 是相容的。活动安排问题要求在给定的活动集合中确定最大的相容活动子集。运用贪心法求解活动安排问题，用 N－S 图描述算法并编程实现。

**8－15** 简述回溯法的基本设计思想与求解步骤。

**8－16** 在图论中有一个很著名的"哈密尔顿回路问题"——在任一给定的图中，能不能找到这样的路径，即从一个顶点出发不重复地经过所有顶点，最后又回到原出发顶点。这是爱尔兰著名学者威廉·哈密尔顿爵士（W. R. Hamilton）1859 年提出的一个数学问题：对于任一给定的图是否存在"哈密尔顿回路"，至今仍未找到判定规则。如图 8—28 所示是一个无向图，从顶点 A 出发，运用回溯法求解哈密尔顿回路问题，用 N－S 图描述算法并编程实现。

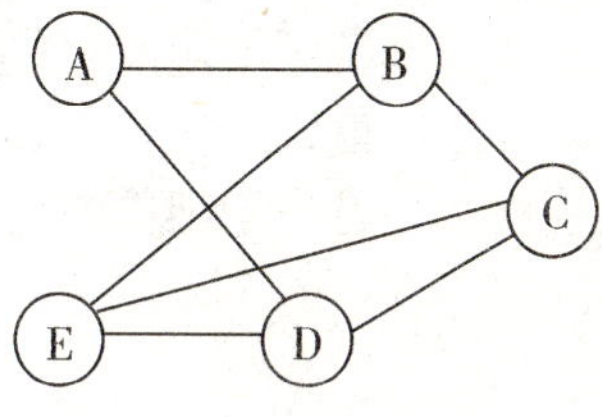

**图 8—28　一个无向图**

**8－17** 德布鲁金环序列。由 $2^n$ 个 0 或 1 组成一个数字环序列，若所有 n 位二进制数在环序列中恰好都出现一次，则这个环序列称为 n 阶德布鲁金（Debrujin）环序列。例如，3 阶德布鲁金环序列有 00010111 与 00011101 两个解。由键盘输入 n，求所有 n 阶德布鲁金环序列，用 N－S 图描述算法并编程实现。

**8－18** 简述分支限界法的基本设计思想与求解步骤。

**8－19** 旅行商问题。旅行商问题（Traveling Salesman Problem，简称 TSP）是威廉·哈密尔顿与英国数学家克克曼（T. P. Kirkman）于 19 世纪初提出的一个数学问题。这是一个典型的 NP 完全性问题：有若干个城市，任何两个城市之间的距离都是确定的，现要求一旅行商从某城市出发，必须经过每一个城市且只能在每个城市逗留一次，最后回到原出发城市。问如何确定一条路径，使所走路程最短（或旅行的费用最少）。如图 8—29 所示是一个带权无向图，从城市 A 出发，运用分支限界法求解旅行商问题，用 N－S 图描述算法并编程实现。

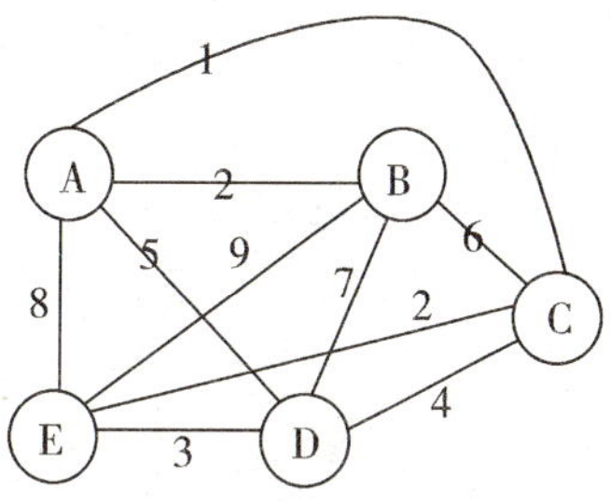

**图 8—29　一个无向图**

**8－20** 对于求解八皇后问题。哪些方法适用？哪些方法不适用？对于适用的方法，请进行算法设计和编程实现。

# 第9章 以解决问题为中心

学习程序设计的目的在于应用，运用所学知识解决实际问题。实际应用程序显然比教科书中的例子要大得多。研制开发大规模程序与编写小程序相比有许多不同。除了需要有很好的耐心和细心外，更需要仔细的规划、详细的设计和好的风格。本章以几个典型问题为例，着重讨论如何综合运用前面所学知识来解决这些问题。试图为读者建立一些在程序设计中的重要观念和思想，能够运用所学知识分析问题，设计算法，编写出风格优雅、可读性强、更易于维护的程序。

## 9.1 一元多项式问题

在实际应用中，经常遇到多项式函数求值、多项式相加以及多项式相乘等问题。本节讨论一元多项式的存储表示以及两个一元多项式的乘法运算。

### 9.1.1 问题描述

在数学上，一元 n 次多项式 $P_n(x)$ 可以按升幂写成

$$P_n(x)=p_0+p_1x+p_2x^2+\cdots+p_nx^n$$

它由 n+1 个系数唯一确定。因此，一元 n 次多项式可用一个线性表 P 表示为

$$P=(p_0, p_1, p_2, \cdots, p_n)$$

每一项的指数 i 隐含在系数 $p_i$ 的序号中。

假设 $Q_m(x)$ 是一元 m 次多项式，同样可以用线性表 Q 表示为

$$Q=(q_0, q_1, q_2, \cdots, q_m)$$

不失一般性，设 $m<n$，则两个多项式相加的结果 $R_n(x)=P_n(x)+Q_m(x)$ 可以用线性表 R 表示为

$$R=(p_0+q_0, p_1+q_1, p_2+q_2, \cdots, p_m+q_m, p_{m+1}, \cdots, p_n)$$

对于两个多项式相乘 $P_n(x) * Q_m(x)$，则分项相乘展开，合并同类项。那么，在程序设计中，如何实现这些多项式的符号操作呢?

### 9.1.2 问题分析

**1. 多项式存储表示**

显然，可以对线性表 P、Q 和 R 采用顺序存储结构，这样使得多项式加法运算的实现十分简单易行。然而，在实际应用中，多项式的次数可能很高且变化很大，使得顺序存储结构的最大长度难以确定。特别是在处理形如

$$S(x)=1+3x^{10000}+2x^{20000}$$

的多项式时，需要开辟具有 20001 个存储单元的连续存储空间来存储表示线性表 S，表中却仅有 3 个非零元素，这种对存储空间的浪费在程序设计中是应该避免的。若只存储非零系数，则必须同时存储相应的指数。

一般情况下，一元 n 次多项式可写成

$$P_n(x)=\sum_{i=1}^{m}p_i x^{e_i}$$

其中，$e_i$是非负整数，$p_i$是指数为 $e_i$的项的非零系数，且满足条件

$$0\leqslant e_1<e_2<\cdots<e_m=n$$

若用一个长度为 m 且每个元素有两个数据项（系数项和指数项）的线性表

$$((p_1,e_1),(p_2,e_2),\cdots,(p_m,e_m))$$

存储表示，则可以唯一确定多项式 $P_n(x)$。在最坏情况下，n+1（=m）个系数全不为零，则比只存储每项系数的方案多存储一倍的数据。但是，对于 S（x）类多项式，这种存储表示将大大节省存储空间。

表示一元 n 次多项式的线性表可以选用顺序存储方式，也可以选用链接存储方式。在实际应用中选取哪一种存储方式，需要根据多项式做何种运算而定。若只对多项式进行“求值”等不改变多项式的系数和指数的运算，则采用顺序存储结构；否则，采用链接存储结构。单链表存储形式的一元多项式的类型定义和变量说明如下：

```
TYPE  pointer=^node
      node=RECORD
            coef:integer        {系数}
            expn:integer        {指数}
            link:pointer
            END
VAR  La,Lb,Lc:pointer
```

**2. 多项式乘法运算**

下面讨论在单链表存储形式下的一元多项式的乘法运算。两个一元多项式相乘的运算，可以利用两个多项式相加的运算来实现，因为乘法运算可以分解为一系列加法运算。所以，先讨论两个多项式加法运算的实现。例如，多项式

$$A(x)=7+3x+9x^8+5x^{17}$$

和

$$B(x)=6x+2x^7-9x^8$$

可用图 9—1 所示的两个带表头结点的单链表存储表示。

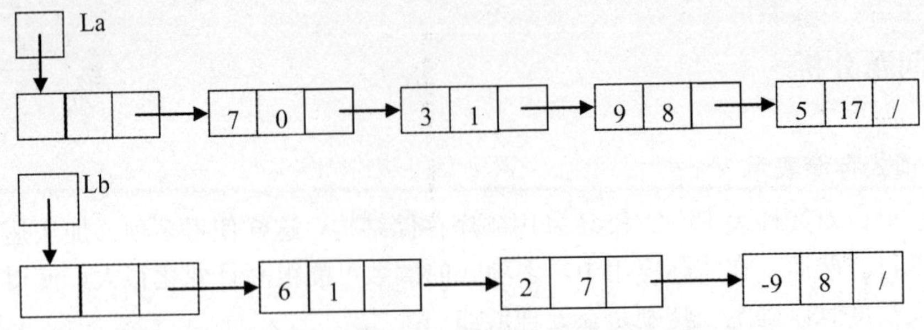


**图 9—1　多项式 A（x）和 B（x）的单链表存储表示**

单链表中各结点是按指数的升序排列。两个多项式相加运算的规则是：两个多项式中所有指数相同的项，对应的系数相加，若和不为零，则生成结果多项式中的一项；所有指数不同的项均复制到结果多项式中。上述两个多项式相加的结果如图 9—2 所示。

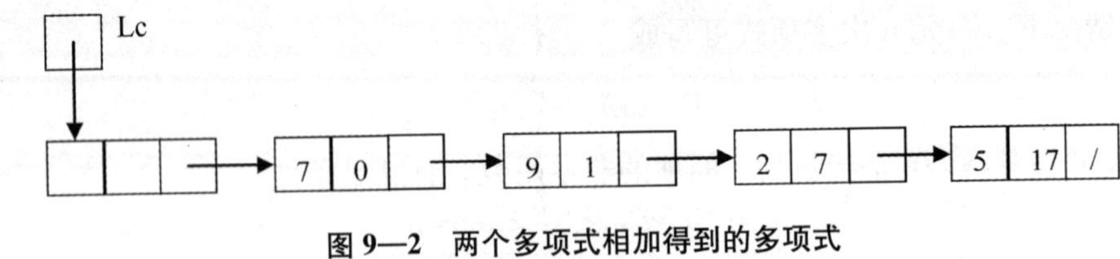


**图 9—2　两个多项式相加得到的多项式**

## 9.1.3　算法设计

假设表头变量为 La 和 Lb 的单链表分别是多项式 A（x）和 B（x）的存储表示，则对单链表 La 和 Lb 合并同类项得到的单链表 Lc 就是多项式 A（x）+B（x）的存储表示。

引入三个指针变量 pa、pb 和 pc，其中：pa 和 pb 分别指向单链表 La 和 Lb 中当前待比较的结点，pc 指向单链表 Lc 中当前最后一个结点。

（1）如果 pa 和 pb 所指结点的指数值相等，则将它们的系数值相加。若系数值之和 x 不等于 0，则在 pc 所指结点后面插入一个系数值为 x、指数值与 pa 所指结点指数值相等的新结点；否则在 Lc 链表中不插入结点。

（2）如果 pa 所指结点的指数值大于 pb 所指结点的指数值，则将 pa 所指结点插入到 pc 所指结点之后；否则，将 pb 所指结点插入到 pc 所指结点之后。

显然，指针的初始状态为：当 La 和 Lb 为非空单链表时，则 pa 和 pb 分别指向单链表 La 和 Lb 中的开始结点；否则它们的值为空；pc 指向空链表 Lc 中的表头结点。

循环条件是 pa 和 pb 都不为空，当其中一个为空时，说明有一个单链表中的结点已处理完。这时，只需要将另一个单链表中未处理的结点插入到 pc 所指结点之后。

在合并同类项（多项式相加）过程中，若保留原有单链表，则在插入结点时，就需要开辟新的存储空间。若不保留原有单链表，则将单链表 La 和 Lb 合二为一，即将相加结果仍用单链表 La 存储表示，合并同类项之后多余的存储空间（结点）释放。两个多项式相加之后不保留原有单链表的算法设计如图 9—3 所示，算法中的类型定义和变量说明如下：

```
TYPE  pointer=^node
      node=RECORD
            coef:integer
```

```
        expn:integer
        link:pointer
        END
VAR  La,Lb,Lc,Lc1:pointer
     pa,pb,pc:pointer
     p,q:pointer
     x:integer
```

**算法 9—1**　add（La，Lb）

```
pa=La^.link，pb=Lb^.link，p=La，Lb^.link=nil
当 pa<>nil .and. pb<>nil
    pa^.expn=pb^.expn
    T:
        x=pa^.coef+pb^.coef　合并同类项
        x=0
        T:
            q=pa
            pa=pa^.link
            p^.link=pa
            dispose(q)
        F:
            修改 pa 所指结点
            pa^.coef=x
            p=pa
            pa=pa^.link
        q=pb；pb=pb^.link
        dispose(q)　　删除 pb 所指结点
    F:
        pa^.expn<pb^.expn
        T:
            p=pa
            pa=pa^.link
        F:
            pb 所指结点插入到
            链表 La
            p^.link=pb
            p=pb
            pb=pb^.link
            p^.link=pa
pb<>nil
T:
    p^.link=pb
F:
算法结束
```

**图 9—3　两个多项式相加之后不保留原有单链表**

单项式乘以多项式可分解为单项式乘积之和，所得结果仍为多项式。两个单项式相乘，只需将系数相乘、指数相加。p 所指结点（单项式）乘以单链表 Lb（多项式）得到单链表 Lc（多项式）的算法设计如图 9—4 所示，算法中的类型定义和变量说明同上。

**算法 9—2**　multiply（Lb，p，Lc）

```
pb=Lb^.link，pc=Lc
当 pb<>nil 时
    new(q)
    q^.coef=p^.coef*pb^.coef
    q^.expn=p^.expn+pb^.expn
    pc^.link=q，　pc=q
    pb=pb^.link
pc^.link=nil
算法结束
```

**图 9—4　单项式乘以多项式**

两个多项式相乘可以分解为单项式乘以多项式之和。因此，利用算法 9—1 和算法 9—

2 实现两个多项式相乘，多项式 La 乘以多项式 Lb 得到多项式 Lc 的算法设计如图 9—5 所示，算法中的类型定义和变量说明同上。

**算法 9—3** Lmultiply（La，Lb，Lc）

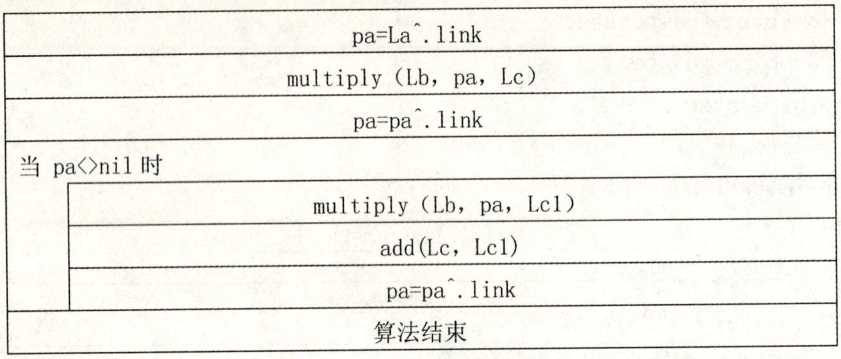

| | |
|---|---|
| pa=La^.link | |
| multiply（Lb，pa，Lc） | |
| pa=pa^.link | |
| 当 pa<>nil 时 | |
| | multiply（Lb，pa，Lc1） |
| | add(Lc，Lc1) |
| | pa=pa^.link |
| 算法结束 | |

**图 9—5 两个多项式相乘**

## 9.1.4 C 语言程序实现与程序运行

根据算法 9—1、算法 9—2 和算法 9—3 编制 C 源程序如下：

```
//* * * * * * * * * * * * * * * * * * * * * * * * * * * * * * * * * * *
//*   程序名称:Lmultiply.cpp                                          *
//*   程序功能:两个多项式相乘                                          *
//*   包含函数:void main()                                             *
//* void add(struct node *La,struct node *Lb)                          *
//*               void print(struct node *La)  ;                       *
//*    void multiply(struct node *Lb,struct node *pa,struct node *Lc)  *
//*   作    者:FENGJUN                                                 *
//*   编制时间:2014 年 3 月 20 日                                      *
//* * * * * * * * * * * * * * * * * * * * * * * * * * * * * * * * * * *
#include<stdio.h>
#include<malloc.h>          /*动态存储分配函数头文件*/
#define NULL 0             /*空地址*/
#define LEN sizeof(struct node)       /* sizeof 求结构体字节数运算符*/
struct node                /*链表结点类型*/
{  int coef,expn;
  struct node *link; };
//*主函数*//
void main()
{ int i;
  struct node *La, *Lb, *Lc, *Lc1;
  struct node *p, *q, *pa;
```

```
int a[4][2]={{7,0},{3,1},{9,8},{5,17}};     /*多项式A(x)的系数与指数*/
int b[3][2]={{6,1},{2,7},{-9,8}};           /*多项式B(x)的系数与指数*/
/*开辟表头结点空间*/
La=(struct node* ) malloc(LEN);
Lb =(struct node* ) malloc(LEN);
Lc =(struct node* ) malloc(LEN);
Lc1 =(struct node* ) malloc(LEN);
/*建立具有4个结点的单链表La,即多项式A(x)*/
p=La;
for (i=0;i<4; i++)
{  q=(struct node* ) malloc(LEN);
  q->coef=a[i][0]; q->expn =a[i][1];
  p->link=q;p=q;
  }
p->link=NULL;
/*建立具有3个结点的单链表Lb,即多项式B(x)*/
p= Lb;
for (i=0;i<3; i++)
{  q=(struct node* ) malloc(LEN);
q->coef=b[i][0]; q->expn =b[i][1];
p->link=q;p=q;
}
p->link=NULL;
void add(struct node *La,struct node *Lb);   /*函数声明*/
void multiply(struct node *Lb,struct node *pa,struct node *Lc);
void print(struct node *La);
/*两个多项式相乘*/
pa=La->link;
multiply(Lb,pa,Lc);
pa=pa->link;
while (pa! =NULL)
{multiply(Lb,pa,Lc1);
  add(Lc,Lc1);
  pa=pa->link;
}
printf("单链表La的结点(多项式A(x)的系数与指数)序列如下:\n");
print(La);
printf("单链表Lb的结点(多项式B(x)的系数与指数)序列如下:\n");
print(Lb);
```

```
  printf("单链表Lc的结点(多项式A(x) * B(x)的系数与指数)序列如下:\n");
  print(Lc);
}
//*单链表输出函数*/
void print(struct node *L1)
{ struct node *p1;
  p1=L1->link;
  while (p1!=NULL)
  {  printf("(%5d, %5d)  ",p1->coef, p1->expn);
     p1=p1->link;
  }
  printf("\n");
  return;
}
/*单链表归并(两个多项式相加)函数*/
void add(struct node *La,struct node *Lb)
{ struct node *p, *q, *pa, *pb;
  int x;
  pa=La->link;pb=Lb->link;p=La; Lb->link=NULL;
  while (pa!=NULL&& pb!=NULL)
  {  if (pa->expn==pb->expn)          /*合并同类项*/
     {  x=pa->coef+pb->coef;
       if (x==0)                    /*删除pa所指结点*/
         {  q=pa;pa=pa->link;
           p->link=pa; free(q);     /*释放q所指结点空间*/
         }
         else        /*修改pa所指结点数据*/
         {  pa->coef=x; p=pa; pa=pa->link; }
         /*删除pb所指结点*/
         q=pb;pb=pb->link; free(q);
     }
     else
     {  if (pa->expn<pb->expn)
        {  p=pa; pa=pa->link; }        /*指针p、pa后移*/
        else                        /* pb所指结点插入到链表La中 */
        {  p->link=pb; p=pb;
          pb=pb->link; p->link=pa;
        }
     }
```

```
    }
  if (pb! =NULL)  p->link=pb;
  return;
}
/*单项式乘以多项式函数*/
void multiply(struct node *Lb,struct node *p,struct node *Lc)
{struct node *q,*pb,*pc;
  pb=Lb->link; pc=Lc;
  while (pb! =NULL)
  {  q=(struct node* ) malloc(LEN);
    q->coef=p->coef*pb->coef;
    q->expn=p->expn+pb->expn;
    pc->link=q; pc=q;
    pb=pb->link;
  }
  pc->link=NULL;
  return;
}
```

---

运行程序得到如下结果：

单链表 La 的结点(多项式 A(x)的系数与指数)序列如下：

( 7, 0)  ( 3, 1)  ( 9, 8)  ( 5,17)

单链表 Lb 的结点(多项式 B(x)的系数与指数)序列如下：

( 6, 1)  ( 2, 7)  (−9, 8)

单链表 Lc 的结点(多项式 A(x) * B(x)的系数与指数)序列如下：

(42, 1)  (18, 2)  (14, 7)  (−57, 8)  (27, 9)  (18,15)  (−81,16)  (30,18)  (10,24)  (−45,25)

测试程序运行。例如，多项式 $A(x)=7+3x+9x^8+5x^{17}$

乘以多项式 $B(x)=6x+2x^7-9x^8$

得到多项式 $A(x)*B(x)=42x+18x^2+14x^7-57x^8+27x^9+18x^{15}-81x^{16}+30x^{18}+10x^{24}-45x^{25}$

## 9.2 八皇后问题

八皇后问题是高斯（Gauss）于1850年提出的。当时，高斯本人并没有完全解决该问题。因为这个问题的求解需要有大量的试验和计算，用手工计算是难以胜任的（各种可能的布局数目约等于 $2^{24}$）。

### 9.2.1 问题描述

八皇后问题是指在一个 8＊8 的棋盘上放置 8 个皇后，使得每个皇后既攻击不到另外 7 个皇后，也不被另外 7 个皇后所攻击。按照国际象棋规则，一个皇后可以攻击与之处在同一行或同一列或同一对角线上的其他任何棋子。因此，八皇后问题就是要求 8 个皇后中的任意两个皇后不能同时放置在同一行或同一列或同一对角线上，找出满足这个约束条件的所有布局。

### 9.2.2 问题分析

对 8＊8 棋盘的行和列分别从左到右、从上到下编号为 1，2，…，8。对八个皇后也编号为 1，2，…，8。由于要求不同的皇后不能放在同一行，不失一般性，不妨将皇后 i（$1\leqslant i\leqslant 8$）安放在第 i 行。这样，八皇后问题的解可用 8 元组

$$(x_1, x_2, \cdots, x_8)$$

来表示。其中，$x_i$（$1\leqslant i\leqslant 8$）表示皇后 i 所在列的列号。

这样，八皇后问题的解空间为

$$E=\{(x_1, x_2, \cdots, x_8) \mid x_i\in S, i=1, 2, \cdots, 8, S=\{1, 2, \cdots, 8\}\}$$

可行解满足下列约束条件

1. $x_i\neq x_j$　（皇后 i 与皇后 j 不在同一列）
2. $x_i-i\neq x_j-j$　（皇后 i 与皇后 j 不在同一左对角线，即从左上角到右下角）
3. $x_i+i\neq x_j+j$　（皇后 i 与皇后 j 不在同一右对角线，即从右上角到左下角）

为了寻找满足约束条件的整体解 x，可依次产生部分解（$x_1$），（$x_1$，$x_2$），…，直到最后产生出整体解（$x_1$，$x_2$，…，$x_8$）。每一步安放皇后 i（$1\leqslant i\leqslant 8$）都要求与前面所安放的皇后 j（$1\leqslant j\leqslant i-1$）不在同一列、不在同一对角线上。

确定八皇后问题的解空间树。如图 9—6 所示，给出四皇后问题的部分解空间树。

采用回溯法搜索八皇后问题的解空间树。先在第 1 行、第 1 列的位置上安放一个皇后，然后在第 2 行合适的位置安放第 2 个皇后，…，最后在第 8 行合适的位置安放第 8 个皇后。一般地，若在第 i（$1\leqslant i\leqslant 8$）行找到合适位置并安放皇后之后，就继续在第 i+1 行上寻找合适位置。若在第 i 行上找不到合适位置，则回溯到第 i−1 行，向后寻找另一个合适位置重新安放皇后之后，再在第 i 行寻找合适位置安放皇后。当 i=9 时，搜索到八皇后问题的一个可行解，输出这个可行解，回溯继续搜索下一个可行解。当 i=0 时，搜索过程结束。

### 9.2.3 算法设计

下面运用模块化方法和逐步求精方法讨论求解八皇后问题的回溯算法。先考虑求解八皇后问题的一个可行解的回溯算法。根据上一节的分析，求解八皇后问题的一个可行解的回溯主算法（模块）设计如图 9—7 所示，算法中的变量说明如下：

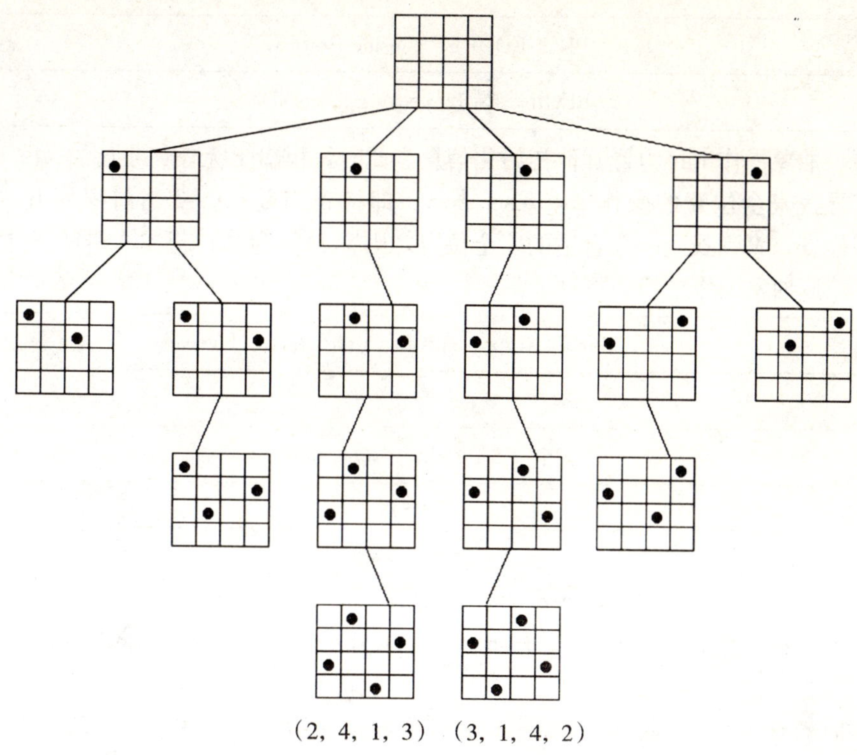


**图 9—6　四皇后问题部分解空间树**

```
VAR  safe:boolean
     i:integer
```

**算法 9—4**　eightqueen

| considerfirstrow　　//初始化 | | |
|---|---|---|
| 当 i≥1 .and. i≤8 时 | | |
| | trypresentrow(safe)　　//寻找安全位置 | |
| | safe | |
| | T | F |
| | considernextrow<br>//安放皇后并准备寻找下一个安全位置 | regress　　//回溯 |
| i=9 | | |
| T | F | |
| print　　//输出 | | |
| 算法结束 | | |

**图 9—7　八皇后问题的主算法（模块）**

在主算法 9—4 中，包含了 5 个抽象操作，用变量 i、j 分别表示当前行和当前列，对主算法中的 5 个抽象操作做如下求精。

(1) 初始化操作 considerfirstrow。即置当前行为第 1 行，当前列为第 0 列，并置其他初始化信息。该抽象操作求精如下：

<table>
<tr><td>PROCEDURE　considerfirstrow</td></tr>
<tr><td>BEGIN　i=1；j=0；init　END</td></tr>
</table>

其中，抽象操作 init 为置其他初始化信息。此时，棋盘上无任何皇后。

（2）寻找安全位置的操作 trypresentrow。即检查当前行，从当前列的下一列开始，进行逐列检查，直到找到一个合适的安全位置，则置 safe 为真；若找不到安全位置，则置 safe 为假。该抽象操作求精如下：

<table>
<tr><td colspan="2">PROCEDURE　trypresentrow（VAR　safe：boolean）</td></tr>
<tr><td colspan="2">safe=. F.</td></tr>
<tr><td colspan="2">当 j<8 . AND.　. NOT. safe</td></tr>
<tr><td rowspan="2"></td><td>j=j+1</td></tr>
<tr><td>safe=testsqueen（i，j）</td></tr>
</table>

其中，抽象操作 testsqueen 为检查在当前第 i 行，第 j 列的位置上安放皇后之后，是否会与前面各行已经安放的皇后发生冲突。若不发生冲突，则置 safe 为真；否则置 safe 为假。

（3）回溯操作 regress。由于 safe 为假，即表示当前行已找不到一个安全位置，所以必须后退一行，并移去该行已安放的皇后，然后以该皇后所在列作为当前列，继续向后寻找安全位置。若当前列已是最后一列，则需要再后退一行。这就是说，有时可能需要连续后退两行，但是，最多也只可能连续后退两行。该抽象操作求精如下：

<table>
<tr><td colspan="4">PROCEDURE regress</td></tr>
<tr><td colspan="4">i=i−1</td></tr>
<tr><td colspan="4">i⩾1</td></tr>
<tr><td colspan="2">T</td><td colspan="2">F</td></tr>
<tr><td colspan="2">removequeen（i，j）</td><td colspan="2"></td></tr>
<tr><td colspan="4">j=8</td></tr>
<tr><td colspan="3">T</td><td>F</td></tr>
<tr><td colspan="3">i=i−1</td><td rowspan="4"></td></tr>
<tr><td colspan="3">i⩾1</td></tr>
<tr><td>T</td><td colspan="2">F</td></tr>
<tr><td>removequeen（i，j）</td><td colspan="2"></td></tr>
</table>

其中，抽象操作 removequeen 为移去当前行上已安放的皇后，并置该皇后位置的列为当前列。

（4）安放皇后并准备寻找下一个安全位置的操作 considernextrow。由于 safe 为真，即在当前行找到一个安全位置，因此，可在该位置安放一个皇后，并将下一行作为当前行，第 0 列作为当前列，为在下一行中寻找安放皇后的安全位置做准备。该抽象操作求精如下：

| PROCEDURE　considernextrow |
| --- |
| BEGIN　setqueen (i, j); i=i+1; j=0　END |

其中，抽象操作 setqueen 为在第 i 行、第 j 列的位置上安放一个皇后。

(5) 打印输出八皇后问题的一个可行解的操作 print。

综合分析可知，4 个抽象操作 init、testsqueen、setqueen、removequeen 以及主算法中的 print 操作，它们的实现都密切依赖于可能解的具体数据表示。因此，将它们组合成一个模块 squeen。将整型变量 i、j 以及主算法中的另外 4 个抽象操作 considerfirstrow，trypresentrow，considernextrow，regress 组合成另一个模块 matchchess。这样，就得到模块 matchchess 的结构描述如图 9—8 所示，模块中的变量说明如下：

```
VAR  i,j:integer
```

**模块 9—1**　matchchess

| MODULE　matchchess | | |
| --- | --- | --- |
| EXPORTS　considerfirstrow, trypresentrow, considernextrow, regress | | |
| IMPORTS　squeen(init, testsqueen, setqueen, removequeen) | | |
| PROCEDURE　considerfirstrow; | BEGIN　…　END; | |
| PROCEDURE　trypresentrow; | BEGIN　…　END; | |
| PROCEDURE　considernextrow; | BEGIN　…　END; | |
| PROCEDURE　regress; | BEGIN　…　END; | |
| END　matchchess | | |

**图 9—8　模块 matchchess 的结构描述**

下面进一步来设计模块 squeen 中的数据结构及其操作。

用数组 x [8] 存放八皇后问题的一个可行解。在执行操作 testsqueen 时，为了便于检查皇后之间是否发生冲突，再引入 3 个布尔数组 a [8]、b [15]、c [15]，这里，a [k] ($1\leqslant k\leqslant 8$) 为真，表示第 k 列无皇后占据；b [k] ($2\leqslant k\leqslant 16$) 为真，表示某一条右对角线上无皇后占据；c [k] ($-7\leqslant k\leqslant 7$) 为真，表示某一条左对角线上无皇后占据。

容易看出，行列坐标之和相等的诸方格在同一条右对角线上；而行列坐标之差相等的诸方格在同一条左对角线上。这样，b [i+j] 和 c [i−j] 的值就分别表示了位置 (i, j) 所在的两条对角线上是否有皇后占据。因此，模块 squeen 的结构描述如图 9—9 所示，模块中的变量说明如下：

```
VAR  x:ARRAY[1..8] OF integer
     a:ARRAY[1..8] OF boolean
     b:ARRAY[2..16] OF boolean
     c:ARRAY[-7..7] OF Boolean
     k:integer
```

**模块 9—2** squeen

```
MODULE  squeen
  EXPORTS  init, testsqueen, setqueen, removequeen, print
  PROCEDURE  init
    BEGIN  置数组 a，b，c 各数组元素的值均为真    END
  FUNCTION  testsqueen(i, j: integer): boolean
    BEGIN    testsqueen=a[j].AND.b[i+j].AND.c[i-j]    END
  PROCEDURE  setqueen(i, j: integer)
    BEGIN      x[i]=j; a[j]=.F.; b[i+j]=.F.; c[i-j]=.F.    END
  PROCEDURE  removequeen(i, j: integer)
    BEGIN      j=x[i]; a[i]=.T.; b[i+j]=.T.; c[i-j]=.T.    END
  PROCEDURE  print
    BEGIN      输出数组 x 的各元素的值    END
End  squeen
```

**图 9—9 模块 squeen 的结构描述**

以上各模块是以数据结构为基础来划分的。在主模块中，仅有一个数据 safe，用于表示是否找到安放皇后的安全位置，并由它来调整和选择安放皇后布局。在第二个模块中，进一步把数据表示精确化，引入行列坐标 i、j，由此进一步对各操作进行求精。在最后一个模块中，确定了解与约束条件的具体表示，给出了相应的操作过程。

这样设计出来的模块功能相对独立，每个模块以及模块中各个操作都实现了既定的要求。这些模块组装起来就完成了全部算法，整个算法结构如图 9—10 所示。

**算法 9—5** eightqueen

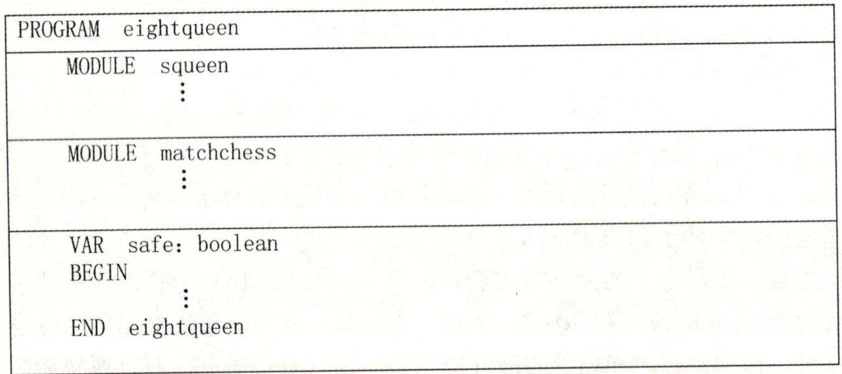

```
PROGRAM  eightqueen
    MODULE  squeen
              ⋮
    MODULE  matchchess
              ⋮
    VAR  safe: boolean
    BEGIN
              ⋮
    END  eightqueen
```

**图 9—10 八皇后问题的算法结构**

通常，刚完成一个算法或系统的设计之后，人们会发现原先设计的算法可能存在这样或那样的问题，如不够完善、有某些漏洞，甚至不能得到所希望的结果。此时，需要自底向上进行检查，对某些模块进行一些扩充或修改。这样反复地进行自顶向下的求精和自底向上的修改，最后才能得到理想的算法和程序。

由于采用了模块化的设计方法，算法结构清晰、修改方便，显示出极大的优越性。当出现问题时，只需要扩充或修改少数几个模块，其他模块可以原样不动，即不需要重新考虑和设计整个算法。现在，将上述算法做一些扩充，不仅求得八皇后问题的一个可行解，而且求出符合约束条件的所有可行解。

为了解决这个扩充的八皇后问题，关键在于：首先，寻找从问题的一个解出发，产生下一个解的方法；其次，确定所有解是否都已经产生完毕。

将所有可能解 $x=(x_1, x_2, \cdots, x_8)$ 映射到一个八位数 M（x），并按大小排定次序。显然

$$M(x_{min})=11111111$$

$$M(x_{max})=88888888$$

从 $M(x_{min})$ 出发按 M（x）的递增次序寻找可行解，找到一个可行解后，回溯继续按 M（x）的递增次序找下去，求得下一个可行解，直到 $M(x_{max})$ 为止。

基于以上策略，只需修改主模块，使得找到一个可行解之后，算法并不结束，输出这个可行解的信息，然后，回溯再继续寻找下一个可行解。在这个过程中，一旦当前行已是第 1 行，但仍须回溯，从而使得当前行小于 1 时，退出循环，算法结束。根据上述分析，八皇后主模块扩充算法如图 9—11 所示。

**算法 9—6** eightqueenexp

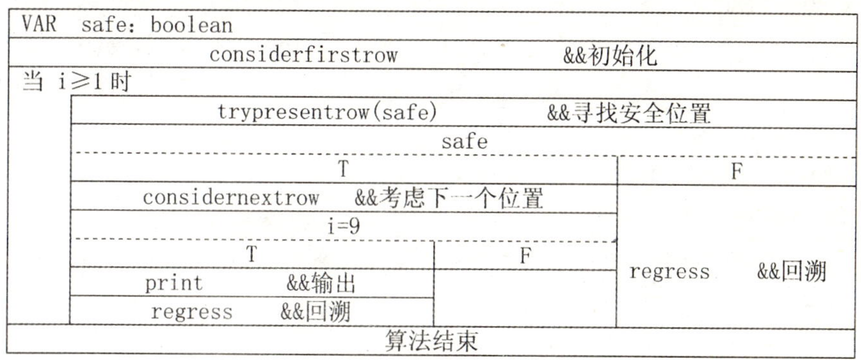


**图 9—11 八皇后主模块扩充算法**

其他模块不需要作任何改变，就可以得到解决扩充的八皇后问题的整个算法。这里，算法设计采用的是模块化方法和自顶向下逐级抽象数据表示的方法。就方法而言，它适用于一切算法设计，按这种方法设计出来的算法，结构清晰，容易理解，易于保证正确性。当这样的算法设计出来以后，可以进一步优化，最终得到高效的可执行程序。

## 9.2.4 C 语言程序实现与程序运行

根据上述算法编制 C 源程序如下：

```
//* * * * * * * * * * * * * * * * * * * * * * * * * * * * * * * * *
//*  程序名称:eightqueenexp.cpp                                    *
//*  程序功能:八皇后问题                                            *
//*  包含函数:void main()                                           *
//*          void print(int x[n0]);                                 *
//*          int trypresentrow( * ip, * jp, a[ ], b[ ], c[ ])       *
//*          void regress(int * ip, * jp,a[ ],b[ ],c[ ],x[ ])       *
//*  void considernextrow(int * ip, * jp, a[ ], b[ ], c[ ], x[ ])  *
//*  作    者:FENGJUN                                               *
//*  编制时间:2014 年 3 月 20 日                                    *
//* * * * * * * * * * * * * * * * * * * * * * * * * * * * * * * * *
```

```
#include<stdio.h>
#define n0 8
//*主函数*//
void main()
{ int a[n0+1]={0},b[2*n0]={0},c[2*n0]={0},x[n0+1]={0};
  int i=1,j=0;
  int *ip=&i, *jp=&j;
  int m=0,safe=0;
  void print(int x[n0+1]);                    /*函数声明*/
  int trypresentrow(int *ip,int *jp,int a[n0+1],int b[2*n0], int c[2*n0]);
  void considernextrow(int *ip,int *jp,int a[n0+1],int b[2*n0],int c[2*
n0],int x[n0+1]);
  void regress(int *ip,int *jp,int a[n0+1],int b[2*n0],int c[2*n0],int x
[n0+1]);
  while (i>=1)
  {  safe=trypresentrow(ip,jp,a,b,c);
    if (safe==1)
    {  considernextrow(ip,jp,a,b,c,x);
      if (i==n0+1)
      {  m=m+1; print(x);
        regress(ip,jp,a,b,c,x);
      }
    }
    else
      regress(ip,jp,a,b,c,x);
  }
  printf("\n"); printf("%3d皇后问题共有%4d个可行解。\n",n0,m);
}
//*寻找安全位置*/
int trypresentrow(int *ip,int *jp,int a[ ],int b[ ], int c[ ])
{ int safe=0;
  while (*jp<n0&&safe==0)
  {  *jp=*jp+1;
    if (a[*jp]==0&&b[*ip+*jp-1]==0&&c[n0+*ip-*jp]==0)
    /*操作testsqueen*/
      safe=1;
  }
  return safe;
}
```

```
//＊安放皇后并准备寻找下一个安全位置＊/
void considernextrow(int ＊ip,int ＊jp,int a[ ],int b[ ],int c[ ],int x[ ])
{  x[＊ip]=＊jp; a[＊jp]=1;                         /＊操作 setqueen＊/
   b[＊ip+＊jp-1]=1; c[n0+＊ip-＊jp]=1;
   ＊ip=＊ip+1; ＊jp=0; return;
}
//＊回溯＊/
void regress(int ＊ip,int ＊jp,int a[ ],int b[ ],int c[ ],int x[ ])
{   ＊ip=＊ip-1;
   if (＊ip>=1)                                  /＊操作 removequeen＊/
   {   ＊jp=x[＊ip]; a[＊jp]=0;
      b[＊ip+＊jp-1]=0; c[n0+＊ip-＊jp]=0;
   }
   if (＊jp==n0)
   {   ＊ip=＊ip-1;
      if (＊ip>=1)
      {   ＊jp=x[＊ip]; a[＊jp]=0;
         b[＊ip+＊jp-1]=0; c[n0+＊ip-＊jp]=0;
      }
   }
   return;
}
//＊输出一个可行解＊/
void print(int x[ ])
{  int k;
   for (k=1;k<=n0;k++)
      printf("%1d",x[k]);
      printf("    ");
      return;
}
```

---

```
运行程序得到如下结果：
15863724  16837425  17468253  17582463  24683175  25713864  25741863
…
82417536  82531746  83162574  84136275
8 皇后问题共有  92 个可行解。
```

请读者思考，程序中为什么要定义两个整型指针变量 ip 和 jp，并且函数的参数传递都使用指针变量或数组名？运算符 & 和 ＊ 的含义是什么？表达式 ＊ip 和 &i 表示什么？

### 9.2.5 VFP 语言程序实现与程序运行

数组 x 用于存储当前所找的八皇后问题的可行解。布尔变量 safel 表示是否找到安全位置。在第 i 行寻找安全位置，对任意 k＜i，若逻辑表达式 j＃x（k）.and. i＋j＃k＋x（k）.and. i－j＃k－x（k）为真，则在第 j 列上安放皇后是安全的。将八皇后问题的所有可行解存入数据表 queen. dbf 中，数据表 queen. dbf 的结构如表 9—1 所示。

**表 9—1　　存储八皇后问题所有可行解的数据表结构 queen. dbf**

| 字段名 | 数据类型 | 宽度 | 小数位数 |
|---|---|---|---|
| a1 | 数值型 | 1 | |
| a2 | 数值型 | 1 | |
| a3 | 数值型 | 1 | |
| a4 | 数值型 | 1 | |
| a5 | 数值型 | 1 | |
| a6 | 数值型 | 1 | |
| a7 | 数值型 | 1 | |
| a8 | 数值型 | 1 | |

根据上述思想编制 VFP 源程序如下：

```
* * * * * * * * * * * * * * * * * * * * * *
*  程序名称:eightqueenexp. prg            *
*  程序功能:八皇后问题                    *
*  使用数据表:queen. dbf                  *
*  作    者:FENGJUN                       *
*  编制时间:2014 年 3 月 20 日            *
* * * * * * * * * * * * * * * * * * * * * *
set talk off
set default to D:\程序设计基础\中国人民大学出版社\书稿\源程序\第 9 章
use queen                    && 打开数据表
zap
dime x(8)
x=0
m=0
i=1
j=0
do while i>=1
  safel=.f.
  do while j<8 .and. .not. safel            && 寻找安全位置
```

```
        j=j+1
        k=1
        do while  k<i.and.j#x(k).and.i+j#k+x(k).and.i-j#k-x(k)
          k=k+1
        enddo
        if i=k
          safe1=.t.
        endif
    enddo
    if safe1                          && 安放皇后
        x(i)=j
        if i=8                         && 找到一个可行解,输出
          for n=1 to 8
              ?? x(n)
          endf
          ?
          appe blan                        && 追加一条空白记录
          gath from x fiel a1,a2,a3,a4,a5,a6,a7,a8        && 将可行解写人数据表
          m=m+1
          i=i-1                          && 回溯
          j=x(i)
        else
          i=i+1                      && 向前试探,准备在下一行安放皇后
          j=0
        endif
    else
        i=i-1                          && 回溯
        if i>=1
          j=x(i)
        endif
    endif
enddo
use                    && 关闭数据表
? "八皇后问题共有 "+str(m,4)+ "个可行解。"
set talk on
```

---

运行程序得到如下结果:

15863724　16837425　17468253　17582463　24683175　25713864　25741863

…

82417536　82531746　83162574　84136275

8 皇后问题共有　92 个可行解。

请读者思考，分析比较 C 语言程序与 VFP 语言程序。你更愿意接受哪个程序？

## 9.3　骑士游历问题

分治法、回溯法、递归技术和逐步求精思想是解决规模较大问题的有效技术和方法。下面以骑士游历问题为例，介绍这些技术和方法的综合运用。

### 9.3.1　问题描述

给定 N×N 棋盘，如图 9—12 所示，骑士从开始位置（x，y）出发，按“马跳日字”象棋规则，问该骑士能否在 $N^2-1$ 步内遍历棋盘上的所有位置（即每个位置刚好游历一次）。若能够，则找出这样一种游历的次序来。

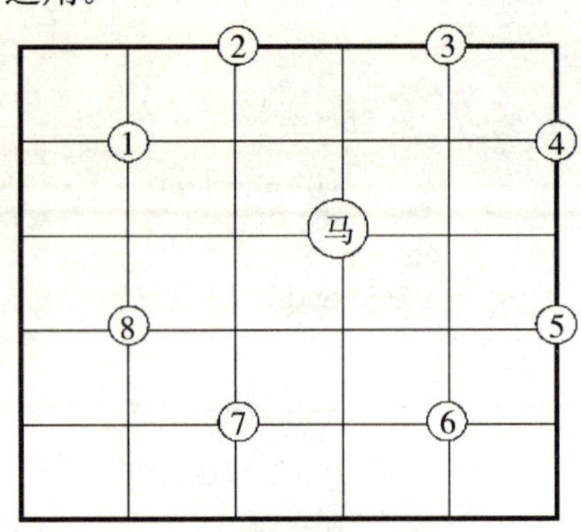


图 9—12　骑士游历问题

### 9.3.2　问题分析与算法设计

求解问题的关键是做出马跳一步的决策。马跳出一步之后，或者骑士可以继续游历下去最终游历整个棋盘；或者此路不通，即从此位置出发，骑士没有任何可能游历的位置。按照象棋规则，马跳日字有 8 种可能跳法，这样，在每个位置试探马跳一步的问题就可以分解成在 8 个相继位置上试探马跳一步的子问题。因此，骑士游历问题的递归算法设计如图 9—13 所示。

**算法 9—7**　trymove

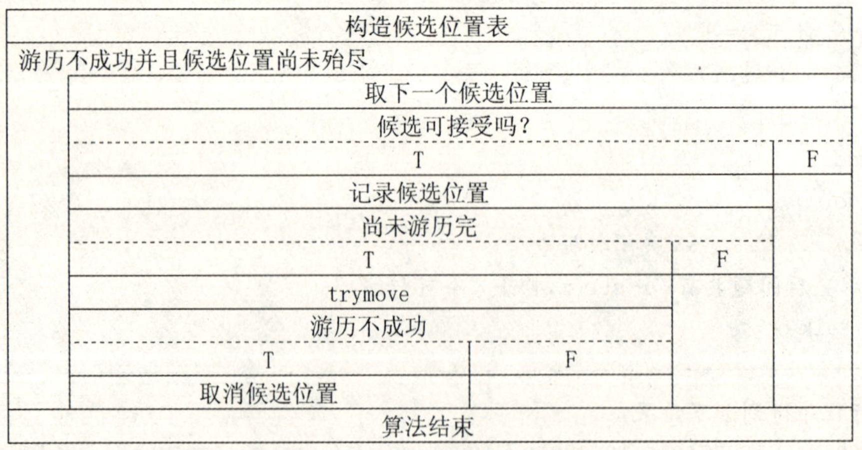


图 9—13　骑士游历递归过程

对这个递归过程进行求精。首先确定相应的数据结构，用二维数组 board [N，N] 表示棋盘，若位置（x，y）尚未游历过，则令 board [x，y] =0；若位置（x，y）在第 i（$0<i<N^2+1$）步游历，则令 board [x，y] =i。然后确定递归过程中的参数，过程必须知道如下参数。

（1）骑士正在从什么位置出发？用（x，y）表示当前骑士位置。

（2）骑士已经走了多少步？用 i 表示骑士游历的步数。

（3）从这个位置出发，骑士能否成功地遍历棋盘？用布尔变量 q 表示游历能否成功。

（4）令（u，v）是从候选位置表中选出的下一个候选位置，则算法 9—7 中的条件“候选可接受吗?”求精为：（0<u<N+1）.AND.（0<v<N+1）.AND. board [u，v] = 0。记录候选位置，即令 board [u，v] =i。取消候选位置，即令 board [u，v] =0。

最后，引入局部布尔变量 q1，用来作为递归调用过程的结果参量。若游历不成功，则令 q1 为假。这样，算法 9—7 可求精为如图 9—14 所示，算法中的变量说明如下：

```
VAR  board:ARRAY[1..N,1..N]  OF  integer
     i,x,y,u,v:integer
     q,q1:boolean
```

**算法 9—8** try2（i，x，y，q）

```
构造候选位置表
q1=.F.
.not.q1 .and. 候选位置尚未殆尽
    取下一个候选位置(u,v)
    (0<u<N+1).AND.(0<v<N+1).AND.board[u,v]=0
        T:
            board[u,v]=i
            i<N²
                T:
                    try2(i+1, u, v, q1)
                    .not.q1
                        T: board[u,v]=0
                        F:
                F:
                    q1=.T.
        F:
q=q1
算法结束
```

**图 9—14 骑士游历递归过程第 1 次求精**

对算法 9—8 继续求精。从给定位置（x，y）出发，根据马跳日字规则，可以选择的 8 个候选位置如下：

（x+2，y+1）　（x+1，y+2）　（x−1，y+2）　（x−2，y+1）

（x−2，y−1）　（x−1，y−2）　（x+1，y−2）　（x+2，y−1）

因此，可以设置两个一维数组 a [N] 和 b [N] 分别用于存放 x 坐标和 y 坐标的增量。这样，候选位置表中的 8 个位置只要用一个下标变量 k 就可以唯一确定，“取下一个候选位置（u，v）”，即令 k=k+1；u=x+a [k]；v=y+b [k]。因此，算法 9—8 可以进一步求精为如图 9—15 所示，算法中的变量说明如下：

```
VAR  board:ARRAY[1..N,1..N]  OF  integer
     a,b:ARRAY[1..N] OF integer
```

```
     k,i,x,y,u,v:integer
     q,q1:boolean
```

**算法 9—9** tryl (i, x, y, q)

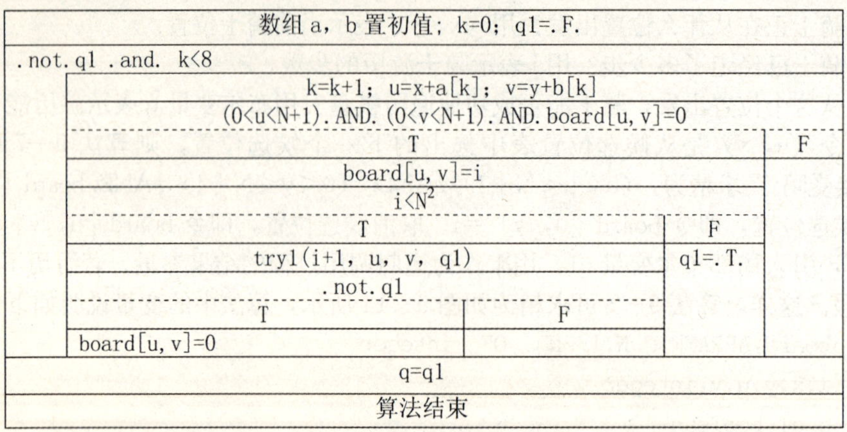

图 9—15 骑士游历递归过程第 2 次求精

至此，骑士游历问题的递归过程设计完成。利用这个递归过程，求解骑士游历问题的主算法设计如图 9—16 所示，算法中的变量说明如下：

```
VAR  board:ARRAY[1..N,1..N]  OF  integer
     x,y:integer
     q:boolean
```

**算法 9—10** knight

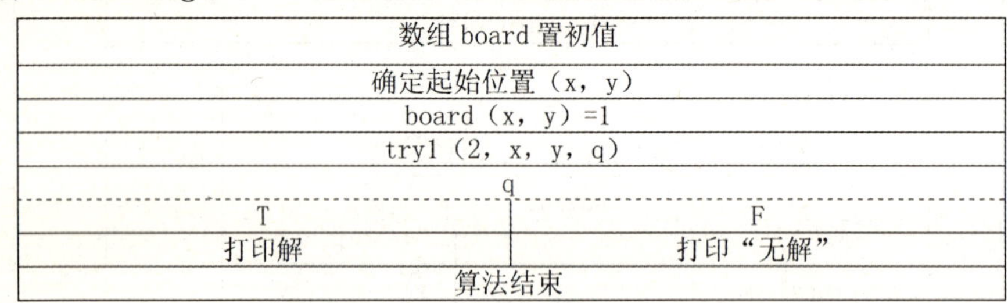

图 9—16 骑士游历问题主算法

### 9.3.3 C 语言程序实现与程序运行

根据上述算法编制 C 源程序如下：

```
//* * * * * * * * * * * * * * * * * * * * * * * * *
//*   程序名称:knight.cpp                          *
//*   程序功能:骑士游历问题                         *
//*   包含函数:void main()                          *
//*            int tryl(int i,int x,int y)          *
//*   作    者:FENGJUN                              *
//*   编制时间:2014 年 3 月 20 日                    *
//* * * * * * * * * * * * * * * * * * * * * * * * *
```

```
#include<stdio.h>
#define n0 6
//*主函数*//
int board[n0+1][n0+1]={0};
void main()
{ int i=2,x=1,y=1,q;
  int j,k;
  int try1(int i,int x,int y);          /*函数声明*/
  board[1][1]=1;
  q=try1(i,x,y);
  if (q==1)                    /*输出一种游历次序*/
  {  printf("%3d×%3d骑士游历问题的一种游历次序如下。\n",n0,n0);
    for (j=1;j<=n0;j++)
    {  for (k=1;k<=n0;k++)
         printf("%6d", board[j][k]);
       printf("\n");
    }
  }
  else
    printf("%3d×%3d骑士游历问题无解。\n",n0,n0);
}
/*骑士游历递归过程(函数)*/
int try1(int i,int x,int y)
{ int u,v,k=0,q=0;
  int a[9]={0,2,1,-1,-2,-2,-1,1,2},b[9]={0,1,2,2,1,-1,-2,-2,-1};
  while (q==0&&k<8)
    {  k=k+1;u=x+a[k];v=y+b[k];
    if (u>0&&u<=n0&&v>0&&v<=n0&&board[u][v]==0)
    {  board[u][v]=i;
       if (i<n0*n0)
       {  q=try1(i+1,u,v);
          if (q==0)  board[u][v]=0;
       }
       else  q=1;
    }
  } return q;
}
```

运行程序得到如下结果：

6×6 骑士游历问题的一种游历次序如下：

| | | | | | |
|---|---|---|---|---|---|
| 1 | 16 | 7 | 26 | 11 | 14 |
| 34 | 25 | 12 | 15 | 6 | 27 |
| 17 | 2 | 33 | 8 | 13 | 10 |
| 32 | 35 | 24 | 21 | 28 | 5 |
| 23 | 18 | 3 | 30 | 9 | 20 |
| 36 | 31 | 22 | 19 | 4 | 29 |

请读者思考，在 4×8 的棋盘格上，一匹马从左下角跳到右上角，只允许向右跳，不允许向左跳，共有多少种游历（跳步）方案。试设计算法并编程实现。

## 9.4 哈夫曼树与哈夫曼编码

**哈夫曼（Huffman）**树又称为最优二叉树，它是一类带权路径长度最短的二叉树，有着十分广泛的应用。哈夫曼编码就是利用哈夫曼树得到的二进制前缀编码，它在数据通信、数据压缩等技术领域广泛使用。

### 9.4.1 问题描述

二叉树中任一结点到根结点都存在一条**路径**，路径上的结点个数减 1 称为**路径长度**。一般情况下，二叉树的**路径长度（Path Length，PL）**是指从二叉树的根结点到其余每个结点的路径长度之和。

假设二叉树中有 m 个叶结点，所谓带权，就是给每个叶结点分别赋予一个权值，则二叉树的**带权路径长度（Weight Path Length，WPL）**为

$$WPL=\sum_{i=1}^{m} w_i l_i$$

其中，$w_i$为第 i 个叶结点的权值，$l_i$为从根结点到第 i 个叶结点的路径长度。

**例 9—1**

给定一组权值 W=（7，5，2，4），总共可以构造出 120 棵不同的带权二叉树，如图 9—17 所示，只列出了其中的 3 棵，这 3 棵二叉树的带权路径长度各不相同，它们分别是

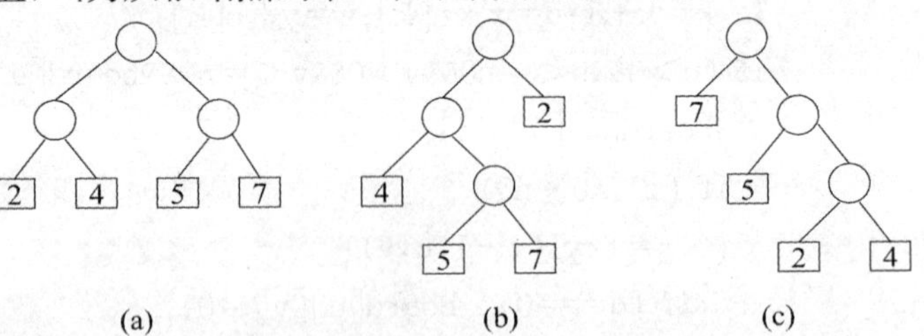


**图 9—17 拥有同一组权值的 3 棵二叉树**

(a) WPL=2×2+4×2+5×2+7×2=36

(b) WPL=2×1+4×2+5×3+7×3=46

(c) WPL=7×1+5×2+4×3+2×3=35

由此可见，带权路径长度最短的二叉树不一定是完全二叉树。那么，怎样构造出的带

权二叉树，才可以使二叉树的带权路径长度最短呢？

**1. 哈夫曼树与哈夫曼算法**

一般地，假设有 n 个权值（$w_1$，$w_2$，…，$w_n$），如何构造具有 n 个叶子结点的二叉树，使得每个叶子结点各带一个权值 $w_i$，且其带权路径长度 WPL 为最小，这是一个很有实际意义的问题。哈夫曼在 1952 年给出了一种算法，很好地解决了这个问题。因此，人们把这种具有最短带权路径长度的二叉树称为**哈夫曼树**（Huffman Tree）或**最优二叉树**。相应的算法称为**哈夫曼算法**。算法的**基本步骤**如下：

（1）根据给定的 n 个权值（$w_1$，$w_2$，…，$w_n$），构成 n 棵二叉树的集合 F=（$T_1$，$T_2$，…，$T_n$），其中每棵二叉树 $T_i$（$1 \leqslant i \leqslant n$）都是只有一个带权为 $w_i$ 的根结点，没有左右子树。

（2）在二叉树的集合 F 中选取两棵根结点的权值最小的二叉树作为左右子树，构造一棵新的二叉树，且令新二叉树根结点的权值为其左右子树根结点权值之和。

（3）在二叉树集合 F 中删除这两棵二叉树，同时将新构成的二叉树加入到集合 F 中。

重复步骤（2）和（3），直到二叉树集合 F 中只含有一棵二叉树为止。这棵二叉树就是所求的哈夫曼树。

**例 9—2**

给定一组权值 W=（7，5，2，4），构造哈夫曼树的过程如图 9—18 所示。其中，结点上标注的数字为所赋予的权值。用归纳法可以证明这样构造的二叉树必然具有最小带权路径长度。

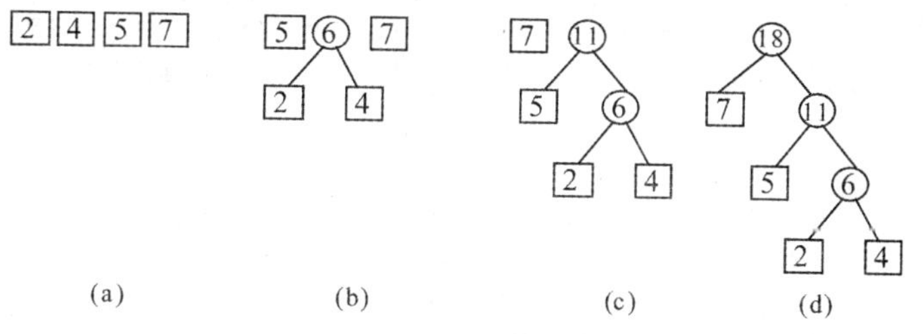


**图 9—18　构造哈夫曼树的过程示例**

哈夫曼树的应用很广，在不同的应用中，叶子结点的权值可以有不同的解释。当哈夫曼树应用到判定过程中时，叶子结点的权值可以看成是某类数据出现的频率；当应用到信息编码中时，叶子结点的权值可以看成是某个符号出现的频率；当应用到排序问题时，叶子结点的权值可以看成是已排好次序等待合并的序列长度。

**2. 哈夫曼编码**

哈夫曼树在通信、编码和数据压缩等技术领域有着广泛的应用。一般地，在进行数据处理或数据传输时，需要将数据转换成二进制编码。例如，假设要传输的数据为“ABACCDA”，该文字串只有 4 种字符，用两位二进制编码即可分辨。若 A、B、C 和 D 的编码分别为 00、01、10 和 11，则上述文字串可编码为“00010010101100”，码长 14 位。接收端可按两位一分节进行译码。这种编码形式是一种**等长编码**。

二进制编码的长度取决于数据中不同字符的个数，假设数据中可能出现 256 种不同的字符，则等长编码的码长为 8。当然，人们希望被传输数据的码长尽可能地短，这就需要为字符设计**不等长编码**。

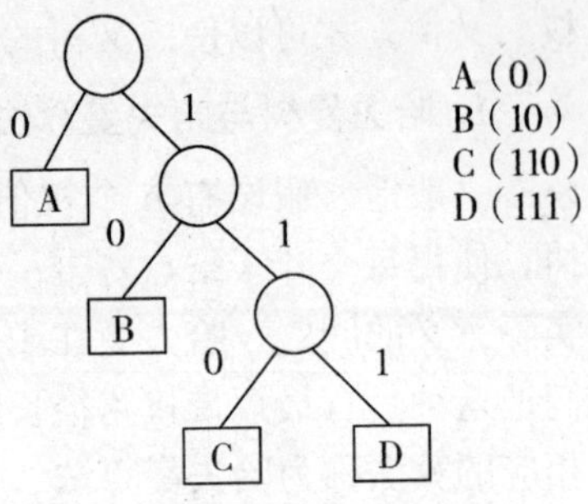

**图 9—19　前缀编码示例**

在设计不等长编码时，要求任一字符的编码都不能作为另一字符编码的前缀，这种编码称为**前缀编码**。前缀编码的设计可以利用二叉树来实现。例如，给定一棵二叉树，如图 9—19 所示，二叉树中的 4 个叶子结点分别表示字符 A、B、C 和 D，约定在二叉树中，每一条从双亲到左孩子的边上标注数字 0，从双亲到右孩子的边上标注数字 1，则从根结点到每个叶子结点都有一条路径，将路径上的数字标注 0、1 顺序排列就得到该叶子结点所对应字符的二进制编码。容易证明，这样得到的编码必为二进制前缀编码。由图 9—19 可得字符 A、B、C、D 的二进制前缀编码分别为 0、10、110 和 111。

在设计前缀编码时，需要考虑使那些使用频率高的字符用尽可能短的编码，以保证传输数据的编码总长度最短。这可以通过构造哈夫曼树来实现。假设 C＝（$c_1$，$c_2$，…，$c_n$）为需要编码的字符集合，$w_i$（$1 \leqslant i \leqslant n$）为 $c_i$ 的使用频率，则以字符 $c_1$，$c_2$，…，$c_n$ 作为叶子结点，以 $w_1$，$w_2$，…，$w_n$ 分别作为各叶子结点的权值，构造哈夫曼树，就可以得到符合要求的二进制前缀编码。利用哈夫曼树得到的二进制前缀编码称为**哈夫曼编码**。

**例 9—3**

设某通信系统中只可能出现 6 种字符 a、b、c、d、e、f，这些字符的使用频率分别为 5、7、8、14、3、11，试设计哈夫曼编码。

**问题分析**：根据题意，C＝（a，b，c，d，e，f），W＝（5，7，8，14，3，11），n＝6，m＝11。按照哈夫曼算法构造的哈夫曼树如图 9—20（a）所示；给哈夫曼树中的每一条边上加数字标注得到如图 9—20（b）所示；由此产生哈夫曼编码表，如图 9—20（c）所示。

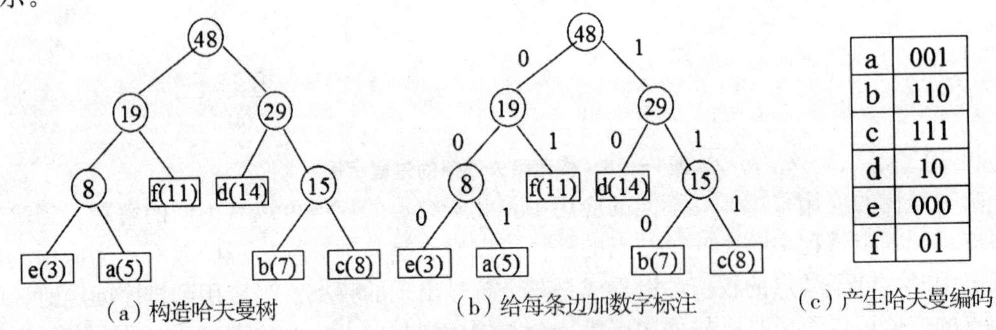


| a | 001 |
|---|---|
| b | 110 |
| c | 111 |
| d | 10 |
| e | 000 |
| f | 01 |

**图 9—20　哈夫曼编码的设计过程**

## 9.4.2　问题分析与算法设计

### 1. 构造哈夫曼树的哈夫曼算法设计

采用静态三重链表作为哈夫曼树的存储结构。由于哈夫曼树中没有度数为 1 的结点，所以一棵含有 n 个叶子结点的哈夫曼树共有 m＝2n－1 个结点。在算法中，用一维数组 htree［1..m］存储哈夫曼树，其中，htree［1..n］存储 n 个叶子结点，htree［m］存储根结点。结点结构可以由实际应用需求确定，这里，结点形式如下：

| parent | lchild | data | rchild |
|---|---|---|---|

其中，data 用于存储结点的权值；指针 lchild 和 rchild 分别存储该结点左后继、右后继的地址；parent 用于存储该结点双亲结点的地址，它的初始值均为 0。当 parent 的值为 0 时，表示该结点尚未链接到二叉树中；一旦该结点链接到二叉树中，就置 parent 的值为该结点双亲结点的地址。

在算法中，变量 root 存储哈夫曼树根结点的地址；引入变量 m1、m2，分别用于存放最小权值和次小权值；再引入变量 x1、x2，分别用于存放具有最小权值 m1 和次小权值 m2 的结点地址。

假设 n 个叶子结点的权值已经存入数组 htree 中。令变量 m1 和 m2 的初始值足够大（比如大于 n 个叶子结点权值之和，这里取值 32767），变量 x1 和 x2 的初始值为 0。哈夫曼算法设计如图 9—21 所示，算法中的类型定义和变量说明如下：

```
CONST  n=…;     {二叉树中叶子结点个数}
       m=2*n-1
TYPE  node=RECORD
            data:integer
            parent:integer
            lchild,rchild:integer
            END
VAR  htree:ARRAY[1..m]  OF  node
     root:integer
     m1,m2,x1,x2,i,j:integer
```

**算法 9—11**　huffmantree（htree，root）

```
i=0
当 i<n-1 时
    m1=32767; m2=m1; x1=0; x2=x1
    FOR  j=1  TO  n+i
        htree[j].data<m1 .and. htree[j].parent=0
        T:
            m2=m1; x2=x1
            m1=htree[j].data
            x1=j
        F:
            htree[j].data<m2 .and. htree[j].parent=0
            T:
                m2=htree[j].data
                x2=j
            F:
    i=i+1
    htree[x1].parent=n+i; htree[x2].parent=n+i
    htree[n+i].data=htree[x1].data+htree[x2].data
    htree[n+i].lchild=x1; htree[n+i].rchild=x2; htree[n+i].parent=0
root=2*n-1
算法结束
```

**图 9—21　构造哈夫曼树**

**算法执行示例：** 对于例 9—3，执行算法 9—11 得到哈夫曼树的存储表示如图 9—22 所示（htree 数组的变化情况）。

数组 htree

| | 1 | 2 | 3 | 4 | 5 | 6 | 7 | 8 | 9 | 10 | 11 |
|---|---|---|---|---|---|---|---|---|---|---|---|
| data | 5 | 7 | 8 | 14 | 3 | 11 | | | | | |
| parent | 0 | 0 | 0 | 0 | 0 | 0 | | | | | |
| lchild | 0 | 0 | 0 | 0 | 0 | 0 | 0 | 0 | 0 | 0 | 0 |
| rchild | 0 | 0 | 0 | 0 | 0 | 0 | 0 | 0 | 0 | 0 | 0 |

（a）初始状态

数组 htree

| | 1 | 2 | 3 | 4 | 5 | 6 | 7 | 8 | 9 | 10 | 11 |
|---|---|---|---|---|---|---|---|---|---|---|---|
| data | 5 | 7 | 8 | 14 | 3 | 11 | 8 | 15 | 19 | 29 | 48 |
| parent | 7 | 8 | 8 | 10 | 7 | 9 | 9 | 10 | 11 | 11 | 0 |
| lchild | 0 | 0 | 0 | 0 | 0 | 0 | 5 | 2 | 7 | 4 | 9 |
| rchild | 0 | 0 | 0 | 0 | 0 | 0 | 1 | 3 | 6 | 8 | 10 |

（b）结果状态　　root=11

**图 9—22　例 9—3 哈夫曼树存储表示**

**2. 产生哈夫曼编码的算法设计**

**方法 1**：从根结点出发，对哈夫曼树进行前序遍历，在遍历过程中记录下所经过的路径，即从根结点到每个叶子结点的路径上的数字标注组合就是各个对应字符的哈夫曼编码。

**方法 2**：从每个叶子结点出发，走一条从叶结点到根结点的路径，从而产生哈夫曼编码。下面给出以方法 2 产生哈夫曼编码的算法设计。

n 个字符以及它们的编码可用一维数组 table 存储表示。假设 n 个字符已存入数组 table［1..n］.symbol 中，字符的编码用 codetype 类型描述。其中，bits 字段是整型数组，用于存放二进制数字串；start 字段指出数字串的起始位置。比如，对于 table［i］.symbol 中字符，其编码存放在字符数组 table［i］.code.bits［start］～table［i］.code.bits［n］中。

产生哈夫曼编码的算法设计如图 9—23 所示，算法中的类型定义和变量说明如下：

```
CONST  n=…;      {二叉树中叶子结点个数}
       m=2*n-1
TYPE  node=RECORD
            data:integer
            parent:integer
            lchild,rchild:integer
            END
      codetype=RECORD
                start:integer
                bits:ARRAY[1..n]  OF  integer
                END
         element=RECORD
                  symbol:char
                  code:codetype
```

```
                END
VAR  htree:ARRAY[1..m]  OF  node
     table:ARRAY[1..n]  OF  element
     j,s,f:integer
     c:codetype
```

**算法 9—12**　sethufcode（htree，table）

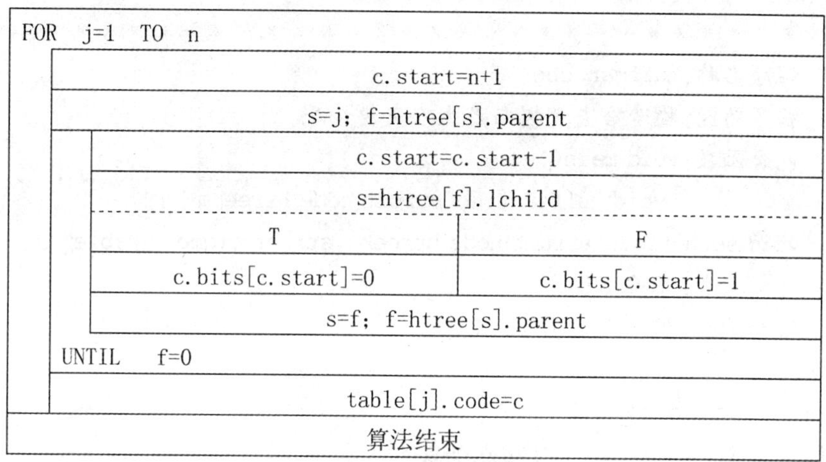


**图 9—23　产生哈夫曼编码**

**算法执行示例**：对于例 9—3，构造的哈夫曼树的存储表示如图 9—23 所示（htree 数组的变化情况）；执行算法 9—12 产生的哈夫曼编码表，如图 9—24 所示（table 数组的变化情况）。

| 数组 table<br>字段名 | symbol | 数组 bits 1 | 2 | 3 | 4 | 5 | 6 | start |
|---|---|---|---|---|---|---|---|---|
| 1 | a | | | | | | | 0 |
| 2 | b | | | | | | | 0 |
| 3 | c | | | | | | | 0 |
| 4 | d | | | | | | | 0 |
| 5 | e | | | | | | | 0 |
| 6 | f | | | | | | | 0 |

（a）初始状态

| 数组 table<br>字段名 | symbol | 数组 bits 1 | 2 | 3 | 4 | 5 | 6 | start |
|---|---|---|---|---|---|---|---|---|
| 1 | a | | | | 0 | 0 | 1 | 4 |
| 2 | b | | | | 1 | 1 | 0 | 4 |
| 3 | c | | | | 1 | 1 | 1 | 4 |
| 4 | d | | | | | 1 | 0 | 5 |
| 5 | e | | | | 0 | 0 | 0 | 4 |
| 6 | f | | | | | 0 | 1 | 5 |

（a）结果状态

**图 9—24　例 9—3 哈夫曼编码表存储表示**

请读者思考，从根结点出发，对哈夫曼树进行前序遍历，产生哈夫曼编码。试设计相应的算法并编程实现。

### 9.4.3 C语言程序实现与程序运行

根据算法 9—11 与算法 9—12 编制 C 源程序如下：

```
//* * * * * * * * * * * * * * * * * * * * * * * * * * * * * * * * * * *
//*   程序名称:huffman.cpp                                              *
//*   程序功能:构造哈夫曼树与产生哈夫曼编码                              *
//*   包含函数:void main()                                              *
//*            void huffmantree(struct node htree[m+1])                 *
//*   void sethufcode(struct node htree[],struct element table[])       *
//*   作    者:FENGJUN                                                  *
//*   编制时间:2014 年 3 月 20 日                                        *
//* * * * * * * * * * * * * * * * * * * * * * * * * * * * * * * * * * *
#include<stdio.h>
#define n 6              /*叶结点个数*/
#define m 11             /*哈夫曼树中结点个数*/
struct node              /*哈夫曼树中结点类型*/
{ int data;
  int parent;
  int lchild,rchild;
};
struct codetype              /*字符编码的存储类型*/
{  int start;
  int bits[n+1];
};
struct element               /*哈夫曼编码表的存储类型*/
{  char symbol;
  struct codetype code;
};
//*主函数*//
void main()
{ int root=m;
  struct node htree[m+1]={0};
  struct element table[n+1];
  int i,j;
  int a[n]={5,7,8,14,3,11};
  for (j=0;j<n;j++)
```

```
  {  htree[j+1].data=a[j];
     table[j+1].symbol=97+j;
     table[j+1].code.start=0;
  }
  void huffmantree(struct node htree[m+1]);        /*函数声明*/
  void sethufcode(struct node htree[m+1],struct element table[n+1]);
  huffmantree(htree);
  sethufcode(htree,table);
  /*输出哈夫曼树存储表示与哈夫曼编码表存储表示*/
  printf("            数组 htree                         数组 table\n ");
  printf("j data parent lchild rchild  symbol  start  bits\n ");
  for (j=1;j<=m;j++)
  {  printf(" %2d %5d %7d",j,htree[j].data,htree[j].parent);
     printf(" %7d %7d", htree[j].lchild,htree[j].rchild);
     if (j<=n)
     {  printf("   %7c %6d     ",table[j].symbol,table[j].code.start);
        for (i=table[j].code.start;i<=n;i++)
          printf(" %1d",table[j].code.bits[i]);
     }
     printf(" \n");
  }
}
/*构造哈夫曼树函数*/
void huffmantree(struct node htree[ ])
{ int m1,m2,x1,x2,i=0,j;
while (i<n-1)
{  m1=32767;m2=m1;x1=0;x2=x1;
   for (j=1;j<=n+i;j++)
     {  if (htree[j].data<m1&&htree[j].parent==0)
        {  m2=m1;x2=x1;
           m1=htree[j].data;x1=j;
        }
        else
          if (htree[j].data<m2&&htree[j].parent==0)
          {  m2=htree[j].data;x2=j;}
     }
   i=i+1;
   htree[x1].parent=n+i;htree[x2].parent=n+i;
   htree[n+i].data=htree[x1].data+htree[x2].data;
```

```
    htree[n+i].lchild=x1;htree[n+i].rchild=x2;htree[n+i].parent=0;
  }
  return;
}
/*产生哈夫曼编码表函数*/
void sethufcode(struct node htree[],struct element table[])
{ int j,s,f;
  struct codetype c;
  for (j=1;j<=n;j++)
  {  c.start=n+1; s=j;f=htree[s].parent;
     do
     {  c.start=c.start-1;
        if (s==htree[f].lchild)  c.bits[c.start]=0;
        else  c.bits[c.start]=1;
        s=f;f=htree[s].parent;
     }while (f! =0);
     table[j].code=c;
  }
  return;
}
```

运行程序得到如下结果：

| | | 数组 htree | | | | 数组 table | |
|---|---|---|---|---|---|---|---|
| j | data | parent | lchild | rchild | symbol | start | bits |
| 1 | 5 | 7 | 0 | 0 | a | 4 | 001 |
| 2 | 7 | 8 | 0 | 0 | b | 4 | 110 |
| 3 | 8 | 8 | 0 | 0 | c | 4 | 111 |
| 4 | 14 | 10 | 0 | 0 | d | 5 | 10 |
| 5 | 3 | 7 | 0 | 0 | e | 4 | 000 |
| 6 | 11 | 9 | 0 | 0 | f | 5 | 01 |
| 7 | 8 | 9 | 5 | 1 | | | |
| 8 | 15 | 10 | 2 | 3 | | | |
| 9 | 19 | 11 | 7 | 6 | | | |
| 10 | 29 | 11 | 4 | 8 | | | |
| 11 | 48 | 0 | 9 | 10 | | | |

## 9.5 课程设计题目——哈夫曼编/译码系统

【问题描述】

利用哈夫曼编码进行通信可以提高信道利用率，缩短信息传输时间，降低传输成本。但是，这要求在发送端通过一个编码系统对待传输数据进行编码；在接收端将传过来的数据进行译码。对于双工信道（可以双向传输信息的信道），两端都需要一个完整的编/译码系统。试为信息收发站设计一个哈夫曼编/译码系统。

【基本要求】

作为一个完整的系统，应具有以下功能。

（1）初始化（Initialization）。输入字符集所含字符个数 n，以及 n 个字符与 n 个字符的相应权值，构建哈夫曼树和产生哈夫曼编码表。

（2）编码（Encoding）。利用哈夫曼编码表，将待传输文件（输入待传输文件）进行编码，并将结果存入编码文件。

（3）译码（Decoding）。利用哈夫曼编码表，将接收到的编码文件进行译码，并将译码结果存入译码文件。

（4）显示（Display）。显示哈夫曼树、哈夫曼编码表、待传输文件、编码文件以及译码文件。

【测试数据】

表 9—2 给出字符与字符使用频率。根据表 9—2 构建哈夫曼树和产生哈夫曼编码表。对待传输文件“THIS PROGRAM IS MY FAVORITE”进行编码；对编码结果进行译码。读者也可以自己设计测试数据。

表 9—2　　字符与字符使用频率

| 字符 | 空格 | A | B | C | D | E | F | G | H | I | J | K | L | M |
|---|---|---|---|---|---|---|---|---|---|---|---|---|---|---|
| 频率 | 186 | 64 | 13 | 22 | 32 | 103 | 21 | 15 | 47 | 57 | 1 | 5 | 32 | 20 |
| 字符 | N | O | P | Q | R | S | T | U | V | W | X | Y | Z | |
| 频率 | 57 | 63 | 15 | 1 | 48 | 51 | 80 | 23 | 6 | 18 | 1 | 16 | 1 | |

【实现提示】

（1）系统按功能划分模块，系统的用户界面设计为“菜单”方式。

（2）系统初始化只需要进行一次，若所需哈夫曼树和哈夫曼编码表已经存在，则无须再进行初始化操作。

【问题拓展】

在系统运行过程中，实现字符使用频率的统计，若新统计的数据与已经建立的哈夫曼树和哈夫曼编码表中的字符使用频率的标准差超过某一定值，则修正哈夫曼树和哈夫曼编码表。

## 习 题

**9—1** 你认为在程序设计中，最关键的问题是什么？

**9—2** 你对数据结构和算法有多少了解？

**9—3** 对所学内容进行分类总结，你掌握了哪些程序设计技术和方法？

**9—4** 给定一组权值 W＝（14，15，7，3，20，4，6，9，34，21）。试构造出相应的哈夫曼树，计算哈夫曼树带权路径长度 WPL。用 N－S 流程图描述算法并编程实现。

**9—5** 假设用于通信的电文仅由 8 个字符 A、B、C、D、E、F、G、H 组成，这些字符在电文中出现的频率分别为 7、19、2、6、32、3、21、10。试为这 8 个字符设计哈夫曼编码。用 N－S 流程图描述算法并编程实现。

**9—6** 从根结点出发，对哈夫曼树进行前序遍历，产生哈夫曼编码表。用 N－S 流程图描述算法并编程实现。

**9—7** 桥本分数式。日本数学家桥本吉彦提出这样的填数趣题：将 1、2、…、9 这 9 个数字填入下式的 9 个方格中，使分数等式成立

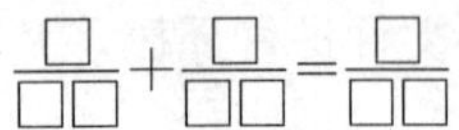

问共有多少种填数方案？试求出所有解答。用 N－S 流程图描述算法并编程实现。

**9—8** 在 4×8 的棋盘格上，一匹马从左下角跳到右上角，只允许向右跳，不允许向左跳，共有多少种游历（跳步）方案。用 N－S 流程图描述算法并编程实现。

**9—9** 开发一个实用的通讯录系统。通讯录系统中的数据项包括：姓名、工作单位、固定电话、移动电话、E－mail 地址等，系统要求具有以下功能。

（1）添加一条新纪录；

（2）删除一条记录；

（3）分页显示所有信息；

（4）按姓名或工作单位进行排序；

（5）按姓名、工作单位或电话号码查询；

（6）系统操作界面以菜单驱动。

# 参考文献


[1] 冯俊．算法与程序设计基础教程．北京：清华大学出版社，2010.

[2] 冯俊．数据结构．北京：清华大学出版社，2007.

[3] 谭浩强．C程序设计（第4版）．北京：清华大学出版社，2010.

[4]（美）Stewart Venit Elizabeth Drake. 程序设计基础（第3版）．北京：清华大学出版社，2008.

[5] 刘艺，蔡敏，李炳伟．计算机科学概论．北京：人民邮电出版社，2008.

[6] 谭浩强．C程序设计（第4版）学习辅导．北京：清华大学出版社，2010.

[7] 翁惠玉．C++程序设计思想与方法．北京：人民邮电出版社，2008.

[8]（美）K. N. King. C语言程序设计现代方法．北京：人民邮电出版社，2007.

[9] 王红梅．算法设计与分析．北京：清华大学出版社，2006.

[10] 杨克昌．计算机常用算法与程序设计教程．北京：人民邮电出版社，2008.

图书在版编目（CIP）数据

程序设计基础：思想与方法/中国高等教育学会组织编写；冯俊编著.
—北京：中国人民大学出版社，2014.8
普通高等教育“十二五”应用型本科规划教材·计算机系列.
山西省高等学校省级教学成果奖配套教材
ISBN 978-7-300-19694-7

Ⅰ.①程… Ⅱ.①中… ②冯… Ⅲ.①C语言-程序设计-高等学校-教材 Ⅳ.①TP312

中国版本图书馆CIP数据核字（2014）第179268号

普通高等教育“十二五”应用型本科规划教材·计算机系列
山西省高等学校省级教学成果奖配套教材
**程序设计基础——思想与方法**
中国高等教育学会　组织编写
冯　俊　编著
Chengxu Sheji Jichu Sixiang Yu Fangfa

---

| | | | |
|---|---|---|---|
| **出版发行** | 中国人民大学出版社 | | |
| **社　　址** | 北京中关村大街31号 | **邮政编码** | 100080 |
| **电　　话** | 010-62511242（总编室） | | 010-62511770（质管部） |
| | 010-82501766（邮购部） | | 010-62514148（门市部） |
| | 010-62515195（发行公司） | | 010-62515275（盗版举报） |
| **网　　址** | http://www.crup.com.cn | | |
| | http://www.ttrnet.com（人大教研网） | | |
| **经　　销** | 新华书店 | | |
| **印　　刷** | 北京昌联印刷有限公司 | | |
| **规　　格** | 185mm×260mm　16开本 | **版　　次** | 2014年8月第1版 |
| **印　　张** | 24.25 | **印　　次** | 2014年8月第1次印刷 |
| **字　　数** | 570 000 | **定　　价** | 48.00元 |

---

## 教师信息反馈表

为了更好地为您服务，提高教学质量，中国人民大学出版社愿意为您提供全面的教学支持，期望与您建立更广泛的合作关系. 请您填好下表后以电子邮件或信件的形式反馈给我们.

<table>
<tr><td>您使用过或正在使用的我社教材名称</td><td></td><td>版次</td><td></td></tr>
<tr><td>您希望获得哪些相关教学资料</td><td colspan="3"></td></tr>
<tr><td>您对本书的建议（可附页）</td><td colspan="3"></td></tr>
<tr><td>您的姓名</td><td colspan="3"></td></tr>
<tr><td>您所在的学校、院系</td><td colspan="3"></td></tr>
<tr><td>您所讲授的课程名称</td><td colspan="3"></td></tr>
<tr><td>学生人数</td><td colspan="3"></td></tr>
<tr><td>您的联系地址</td><td colspan="3"></td></tr>
<tr><td>邮政编码</td><td></td><td>联系电话</td><td></td></tr>
<tr><td>电子邮件（必填）</td><td colspan="3"></td></tr>
<tr><td>您是否为人大社教研网会员</td><td colspan="3">□ 是，会员卡号：＿＿＿＿＿＿<br>□ 不是，现在申请</td></tr>
<tr><td>您在相关专业是否有主编或参编教材意向</td><td colspan="3">□ 是　　　　□ 否<br>□ 不一定</td></tr>
<tr><td>您所希望参编或主编的教材的基本情况（包括内容、框架结构、特色等，可附页）</td><td colspan="3"></td></tr>
</table>

**我们的联系方式：北京市西城区马连道南街 12 号**
**中国人民大学出版社应用技术分社**
邮政编码：100055
电话：010-63311862
网址：http://www.crup.com.cn
E-mail：smooth.wind@163.com